U0936340

人民共和国的建设者

中国人民大学校友专访录精编版

（上卷）

RENMIN GONGHEGUO DE JIANSHEZHE

中国人民大学校报编辑部 编

中国人民大学出版社
·北京·

编委会

报效祖国

服务人民

勤诺

始终奋进在
时代前列

刘伟

坚守人民本色　永葆家国情怀

时间是最忠实的记录者，也是最客观的见证者。

今年是中华人民共和国成立70周年。1949年10月1日，毛泽东在天安门城楼上向全世界庄严宣告中华人民共和国成立。新中国的成立，标志着中华民族浴火重生，从此开启了从站起来到富起来、强起来的历史征程。从1949年到2019年，中国共产党引领中国人民改天换地，创造了一个又一个伟大奇迹，绘就了一幅又一幅国家富强、民族振兴、人民幸福的历史画卷。70载斗转星移、沧海桑田，70载披荆斩棘、砥砺奋进，我们既有踏上复兴之路的欢欣与惊喜，更有执着于实现中国梦的追求与担当和阔步行进在新时代的憧憬与希望。

回望新中国走过的这70年，作为中国共产党亲手创立的第一所新型正规大学，在新中国建设发展的各个历史阶段，中国人民大学始终与共和国同心同向、风雨同舟，始终与党和国家同呼吸、共命运，始终坚持为党和人民事业服务。这不仅是这所从抗日烽火中走来的学校传承至今的光荣传统，更是这所以人民为本的大学80余年来生生不息的精神基因。

从陕北公学至今，中国人民大学共培养了近30万名高水平的优秀建设者和各行各业、各个层面的卓越人才，被誉为“人民共和国建设者的摇篮”。可以说，从这所学校走出的一代代人大人，不仅是国家发展、社会进步的忠实见证者、受益者，也是重要的

参与者、推动者。

1937 年，毛泽东在为陕北公学成立题词时写道："要造就一大批人，这些人是革命的先锋队。……这些人不是狂妄分子，也不是风头主义者，而是脚踏实地富于实际精神的人们。中国要有一大群这样的先锋分子，中国革命的任务就能够顺利的解决。"从陕北公学到中国人民大学，从延安到北京，走过 80 余载办学历程，中国人民大学校徽上的红色基因已与深厚的家国情怀一道，熔铸进了每一位毕业生的血脉深处。

他们之中，既有不怕牺牲、为民族解放事业奋斗终生的革命家，也有追求真理、潜心治学的专家学者；既有直面百姓疾苦，求索改革之路的政界精英，也有筚路蓝缕、艰苦创业的商界翘楚；既有志愿付出、为公共利益奔走呼号的道德模范，也有心怀梦想、德艺双馨的文艺工作者。他们体认现实，又憧憬未来，他们实事求是，又满怀理想，他们富有激情，又不失理性，他们不虚与委蛇，不沽名钓誉，他们脚踏实地、勇于担当、坚守信念，他们承载的是人民，穿越的是时代，经历的是一个民族伟大复兴的历史征程。

每年仲夏，一勺池畔湖光依旧，一张张满是收获喜悦的面孔定格在毕业照上，宣示着又有一批人大学子完成了从在校生到毕业生的身份转换。毋庸置疑，毕业生是高校最宝贵的资源和财富，也是学校育人成果与整体形象的集中体现。一所大学之所以拥有令人尊敬的社会声望和历久弥新的蓬勃生命力，主要源于其培养出的毕业生为国家社会发展所做出的卓越贡献，对中国人民大学这样一所有着"人民共和国建设者的摇篮"美誉的学校而言尤为如此。

呈现在读者面前的这部《人民共和国的建设者——中国人民大学校友专访录精编版》，遴选精编了自本丛书 1987 年成书以来收录的 200 余位中国人民大学杰出校友的专访，旨在于新中国成

立70周年之际，向新中国70华诞献礼，并以此展现一代代人大人与共和国同呼吸共命运、“始终奋进在时代前列”的使命担当。

由于条件所限，我们不能尽访校友，但收入本书的部分校友，确足以勾勒出中国人民大学校友群像的剪影。迈进新时代，我们相信有更多的人大人，将在世界面临百年未有之大变局的今天，把个人的生涯与历史的嬗变、时代的发展融汇到一起，勇担时代使命，砥砺家国情怀，为实现中华民族伟大复兴的中国梦注入源源不竭的人大力量。

郑水泉于明德楼

2019年8月

目　　录

吴玉章：中国革命最先进最觉悟的老战士

◉ 陈骊骊

吴玉章简历

吴玉章（1878—1966），四川省荣县人。早年是戊戌变法维新运动的拥护者和宣传者，后来参加孙中山领导的同盟会和辛亥革命。1925年加入中国共产党。1927年参加南昌起义。1927年底至1937年期间，由党派往苏联和法国等地工作，参加过共产国际第七次代表大会等。早在20世纪40年代，就与董必武、林伯渠、徐特立、谢觉哉一起被誉为中国共产党著名的“延安五老”。中华人民共和国成立后，任中国人民大学校长、中央社会主义学院院长，担任中央人民政府委员会委员、全国人大常委会委员、中国文字改革委员会主任、中国科学院哲学社会科学部委员、中国教育工会主任等职。六十寿诞之际，毛泽东称他是“一辈子做好事，不做坏事，一贯地有益于广大群众，一贯地有益于青年，一贯地有益于革命”，中共中央致贺词称赞他为“中国革命最先进最觉悟的老战士”。邓小平在1987年题词评价他是“我国杰出的无产阶级革命家、教育家、历史学家、语言文字学家”。

辛亥首义救国心

1878年12月30日，吴玉章出生在四川荣县，家族书香传世，号称“三荣望族”。尽管双亲早逝，但家人对他多有呵护，祖母亦是严加管教，吴玉章也坚持上进。他爱读史书，读到南宋偏安一隅，不禁为国运伤怀；读到岳飞的《满江红》、文天祥的《正气歌》，他心中民族气节的种子迅速萌发，立志“富贵不能淫，贫贱不能移，威武不能屈”，要做一个顶天立地的人。

少年时，吴玉章辗转求学于成都尊经书院、自贡旭川书院、泸州经纬学堂等，但清朝末年腐败的学政，最终使他弃学回家。甲午战争后，《马关条约》的签订使他痛心疾首，后来，吴玉章从新书报中读到了康梁变法维新的言论，深感中国将由此得救，兴奋不已，决心做一个变法维新的志士。戊戌变法失败后，吴玉章透过现实苦闷地领悟到：在中国改良是行不通的，必须寻找新路。1903年2月，吴玉章变卖田产，辞别妻儿，离开故乡，东渡日本，希望一边求学一边寻求救国之路。船过三峡时，他以诗述怀：“不辞艰险出夔门，救国图强一片心。莫谓东方皆落后，亚洲崛起有黄人。”

在日本求学期间，吴玉章接触到孙中山的三民主义，对孙中山的主张深以为然，他加入了同盟会，修订了救国图存的方向。遗憾的是，他和同盟会的同仁为推翻清朝所做的努力均以失败告终。1911年初，吴玉章参与筹备广州起义，担负起赴日购运军火的任务，虽然在起义当天未及赶回广州，但黄花岗烈士碑记中仍称他为“当日不死同志”。

1911年，清王朝大厦将倾之际，社会各阶层矛盾聚积，四川的保路运动点燃了摧毁旧世界的导火线。此时，吴玉章受同盟会安排回到荣县，与龙鸣剑共同领导革命，擎起“驱除鞑虏，恢复

中华，创立民国，平均地权”四面大旗，宣告荣县独立，建立了全国第一个县级资产阶级民主革命政权，引起海内震动。荣县首义后，相邻的井研、仁寿、威远等县相继宣告独立，15 天后，武昌起义爆发，辛亥革命的烈火席卷全国，中国社会由此发生了本质的变化。回忆这段历史，吴玉章激动地说：“我奔走革命最荣幸快活之事，无过于此。”

辛亥革命胜利后，南京临时政府曾派人送给吴玉章一张疆理局局长的委任状，被吴玉章谢绝了，他说：“我们革命党不是为了做官。”然而，由于历史的局限性，轰轰烈烈的辛亥革命并未完成反帝反封建的民主革命任务。在救国之路上再次陷入迷茫的吴玉章，不得不登上了远赴法国的轮船。为了寻找革命真理，他进入巴黎法科大学学习政治经济学，同时积极关注国内的革命形势发展。再次回到祖国时，他仍在不断地寻找革命的曙光。

留作青年好范畴

十月革命的胜利和五四运动的爆发，为吴玉章拨开眼前迷雾，带来了光明和希望。他深刻地意识到，要革命，必须走俄国人的道路，必须依靠工人和群众，必须建立列宁式的政党来领导革命。在得知中国共产党已经建立的时候，吴玉章极为兴奋。1925 年，47 岁的吴玉章如愿以偿地加入了中国共产党。

历经戊戌变法、辛亥革命、讨袁战争，吴玉章终于找到了马克思主义真理，从一个民主主义者转变成坚定的共产主义战士，每每忆及那一段曲折路程，他都会感慨万千：“我的前半生是在一条崎岖不平的道路上摸索前进的。我从少年时代起就为国家的忧患而痛苦，而焦虑，而奔走，企图在豺狼遍地的荒野中找到一条光明大道。但是我找了将近三十年，经过失败，胜利，再失败，

直到‘十月革命’，马克思主义传到中国以后，我才找到了真理，踏上一条光明的大道。”

从此，他开始了为共产主义事业而奋斗的光辉历程。抗日战争中，出于对吴玉章革命威望的重视，蒋介石想借机拉拢他为国民党效力，但吴玉章斩钉截铁地说：“我深知只有共产主义才是社会发展的唯一正确道路，对于这一点我决不动摇，决不会二三其德!”蒋介石哑口无言，只得悻悻而退。吴玉章对共产主义的坚定信仰，在任何时候都不曾动摇。

“春蚕到死丝方尽，人至期颐亦不休。一息尚存须努力，留作青年好范畴!”82岁的吴玉章以此诗自励。这是他对自己一生的高度概括，也足以使人铭记他为党为人民无悔而伟大的奉献。

一辈子只做好事

吴玉章既是一位革命家，又是一位教育家。他始终认为教育应当作为立国之本，早年就曾撰写《劝游学书》以动员国内更多的人去日本留学，还参加和组织了留法预备学校的工作。他说：“我们希望在这个动乱的环境中培养出一些人才”，于是两千多名学生得以留学法国，周恩来、邓小平等都在其中，他们也和吴玉章一样，在欧洲大陆寻找到了真理和希望。

抗日烽火中，为了挽救民族危亡，中国共产党决定成立陕北公学，专门培养抗战人才，吴玉章深以为然并积极为其奔走筹备，对如何办好陕北公学提了许多好意见，而他自己则在欧洲在《救国时报》的文化阵地上进行抗日战争的国际宣传。

回到延安后，吴玉章更是亲力亲为办教育，同时不断推行文字改革。他担任过延安各界宪政促进会会长、陕甘宁边区自然科学研究会会长、陕甘宁边区新文字协会会长、陕甘宁边区政府文

化委员会主任、鲁迅艺术学院院长、新文字干部学校校长，并为《新文字报》撰写发刊词，领导开展了新文字运动。

在当时，董必武、林伯渠、徐特立、谢觉哉、吴玉章五位老同志被尊为“延安五老”，吴玉章在“延安五老”中年龄排第二，他始终是忙碌的，连六十寿辰都是在国民参政会上过的，完全没有像样的庆祝。后来，经党中央和毛泽东提议，1940 年 1 月 15 日，中共中央在延安中央大礼堂隆重举行“吴玉章同志六十寿辰庆祝会”。毛泽东在祝寿会上即兴发表讲话时说：“人总是要老的，……可贵的是他一辈子总是做好事，不做坏事，做有益于人类的事，不做害人的事。如果开头做点好事，后来又做坏事，这就叫做没有坚持性。一个人做点好事并不难，难的是一辈子做好事，不做坏事，一贯地有益于广大群众，一贯地有益于青年，一贯地有益于革命，艰苦奋斗几十年如一日，这才是最难最难的啊!”“我们的吴玉章老同志就是这样一个几十年如一日的人。”短短几句话，将吴玉章的精神品质勾勒得恰如其分。

1948 年，为了迎接全国解放和建立新中国，华北大学应运诞生了。年已七旬的吴玉章当之无愧地成为华北大学的校长。他在华北大学倾注了大量心血，更对毕业生寄予厚望。每当毕业生离开学校，吴玉章都会叮嘱他们，要“积极参加解放战争，把革命进行到底”，“实行社会革命，进行土地改革，组织农民发展生产；参加城市工作，把工商业发达起来”。短短一年多的时间，近两万名建国英才带着吴玉章的嘱托，投入解放战争的各条战线，更为年轻的中华人民共和国做好了充分的人才准备。

心怀人民办教育

新中国百废待兴，吴玉章谢绝了政务院拟委任的重要行政领

导职务，毅然决心投身教育事业，为社会主义建设培养人才。因此，在党中央决定成立新中国第一所新型正规大学时，德高望重的吴玉章被任命为首任校长。他不顾自己年事已高，仍亲自奔波筹措校舍，准备招生开学。1950 年 10 月 3 日，中国人民大学（以下简称“人大”）正式开学，揭开了由中国共产党亲手创办社会主义新型正规大学的新篇章。

建校初期，吴玉章结合新中国成立初期的社会实际，经过深思熟虑，决定面向工农开门办学，采用本科、研究生班、专修科、短训班、预科、工农速成中学和函授院等多种形式。他一贯主张办学要将理论与实践相结合，将马列主义、毛泽东思想作为办学的指导方针，要求学生“都要用马列主义毛泽东思想武装起来”，以便完成“培养新中国的各种建设干部的任务”。

吴玉章十分关心工农学员，为了让他们顺利完成学业、尽快投身国家建设，他带领教师队伍专门设计教学方案，真正做到因材施教。全国政协原副主席郝建秀就是工农速成中学的一名学员，忆起老校长，她深情地说：“他给了我殷切的关怀、教导和帮助。因为我原来的文化基础太差，学习中遇到了很多的困难。他把我邀请到他那简朴而有许多藏书的家中，专门给我做重点辅导。他多次亲切地鼓励我说：‘你的困难一定不少，尽管提出来，我们会帮助你解决的。不要着急，以后逐渐走上轨道就好了，我相信你一定能学好。还要注意身体，参加体育锻炼，将来有了文化科学知识，又有了健康的身体，就能为国家建设做出更大的贡献。’”

不论是受家学渊源的影响，还是多年革命实践的领悟，吴玉章都认为从严治校是办好一所学校之本。为了培养严谨的学风，他要求每一个系部、每一个专业的每一位教师在教学实践之前必须列出详细的教学计划，他还常常告诫年轻教师：“教师上课要准时到课堂，这正如学校要求学生准时上课一样，如果都可以随便迟到或不上课，这个学校就办不好了。”为了提高教师教学水平和

教学质量，吴玉章经常组织试讲，还经常亲自讲课和组织师生座谈，在学校培养起教学相长的良好风气。

在吴玉章担任校长的17年中，人大为国家培养了各类建设人才近五万人。他所创立的适合中国建设与发展需要的教育理论和教学方法，使得人大迅速成为新中国高等教育特别是人文社会科学教育领域的一面旗帜。吴玉章出色地完成了党赋予他的使命，也为人大奠定了宏伟的基业。

人大校园，教学楼一隅，竹林掩映中有一组铜像，那是吴玉章老校长和青年学生在一起。驻足他们之间，仿佛依稀还能听到老校长的谆谆嘱托："青年人首先要树雄心，立大志，其次就要决心为国家、人民做一个有用的人才；为此就要选择一个奋斗的目标来努力学习和实践。"他把一生献给了革命，献给了教育事业，献给了青年，真正做到了"一辈子做好事"。

（原文发表于2018年）

范文澜：史海求真　如水归壑

◉ 杨　默/整理

范文澜简历

范文澜（1893—1969），初字芸台，后改字仲沄（另一说字仲潭），浙江绍兴人，历史学家。曾在南开大学、北京大学、河南大学、北京师范大学、中国大学、辅仁大学、中原大学等校任教，著有《中国通史简编》，并长期从事该书的修订工作，还著有《中国近代史》（上册）、《文心雕龙注》、《范文澜史学论文集》等。1946年4月，到达晋冀鲁豫边区，任北方大学校长。1947年，兼任历史研究室主任。1948年，北方大学与华北联合大学合并为华北大学，任副校长兼研究部主任、历史研究室主任。1949年，随华北大学迁至北平，参加中华全国社会科学工作者代表会议筹备会；9月，由该会推选，参加中国人民政治协商会议第一届全体会议。1950年，华北大学历史研究室改为中国科学院中国近代史研究所，任所长。1954年，当选为第一届全国人民代表大会代表。1956年，当选为中国共产党第八届中央委员会候补委员。1959年，当选为第二届全国人民代表大会代表，当选为中国人民政治协商会议第三届全国委员会常务委员。1965年，当选为第三届全国人民代表大会常务委员会委员。1969年，当选为中国共产党第九届中央委员会委员。

“离经叛道”的求学时代

范文澜生在旧社会所谓“诗书门第”的家庭里。父亲性格极严肃，对儿子们很少表示亲切的态度，母亲和蔼得多，但儿子们怕她，不比怕父亲差多少。范文澜回忆，他幼时顽皮，经常令父母担忧生气，“在父母面前，装得十分恭顺，‘无懈可击’，一出监视范围，就雀跃鼠窜，畅所欲为”。

范文澜七岁进书房，刚开始读司空图《二十四诗品》，之后读四书五经。十四岁那年春天，父亲送他进县立高等小学堂。校长特别“优待”，让他插入三年级，他却因此大吃苦头。他英文和算学基础不好，拼命赶上去，白天在同学的帮助下学习，晚上“非法”偷开夜车，逐渐克服了这两门课程学习的困难。此外，还要背诵《易经》《尚书》，又兼唱歌、图画、手工之类，课业十分沉重。

从县立小学毕业后，范文澜投考浦东中学堂，插入二年级，似乎还有些余力。在小学，他已经自发地憎恶清王朝，当时还不知道怎样反抗，只知道辫子是可恨的东西。每次剃头，他总谆嘱理发匠剃去一圈长发。有的肯，有的不肯，日久头顶仅存烧饼那样大的一块长头发。正面看去，很像和尚。在那时候这是极不美观的。范文澜说，提倡质朴的校长黄炎培，认为他不趋时髦，值得夸奖，是品学兼优的学生之一，却不知他这发型，多少含些“大逆不道”的意义。

在浦东读了一年书，范文澜转学到杭州安定中学堂。安定管理宽松，功课也不太紧，他感觉很“自由”。辛亥革命爆发，学生们十分高兴，他也被“共和”这个名词吸引了，任何愚民教育，都掩不住青年爱好前进的热情。

范文澜的叔父在河南，拍电报让他考北京大学。北京大学前身是京师大学堂，一般认为很难录取。他冒险去上海国文预科考试，自觉卷子写得不成模样，录取绝无希望。叔父鼓励他，仍叫他去北京进私立大学。到了北京，表弟在车站接范文澜，说他已经被录取了。范文澜感到，一刹那间，他的心境在不露形色中震动了一下。

军阀混战，政治污浊，学校腐朽，学生醉梦，这是五四运动大风暴前的寂静时代。就在这个时期，范文澜毕业了。他认为自己当时只学得些“头脑顽固”，一切都立在腐朽方面，深信天下学问只有“好古”一家，别无分号，曾跟古文经学家摇过旗，曾跟“选学妖孽”呐过喊，觉得十分惭愧。

革命不是快意高谈

毕业后，范文澜决定选择教书做职业。从民国七年（1918 年）起，他一直教下去，宣讲“好古”之学 。五四运动没有打动他的“好古”根基，他不赞成白话文，甚至替鲁迅惋惜，以为他“离经叛道”“走错道路”。五卅运动兴起来，才有些打动他，他开始知道帝国主义的凶恶残忍，非轰跑它不能救中国。他参加天津市民大游行，从出发到回校，没有掉队，嗓子叫哑了。半路上坐车回校的同事们半取笑半当真地问他：“你老夫子也会起劲吗？明天再游行，你该叫得更响些。”他很愤怒，用同样态度答道：“你们真是聪明家伙，连叫口号也留后步。”

过了不久，有一位共产党员因同乡关系找范文澜谈话，他们一见如故，谈得很痛快。这位同乡耐心地为他解答了许多疑问，并且借给他进步书籍看，他读了以后才知道革命不是快意高谈，而是伟大艰苦的实际行动，他毫不犹豫地放弃老营寨，愿意在新

时代前面缴械投降。

范文澜到北京教书多年，接触青年学生不少。使范文澜愤怒的是：凡是学业最好、品行最好的青年，十之八九逃脱不了逃亡被捕坐牢受刑失踪的命运；反之所谓“思想纯正，行动稳健”的先生们，则大抵旨趣卑污、学问平凡，洋装革履、油头粉面，崇拜“曲线美”“大洋钱”之徒。

汪精卫在北平闹“扩大会议”那一年，“茅庐之中”的范文澜被宪兵突然“枉顾”，口称司令来请，他本人连同到他家闲谈的七八个青年学生鱼贯前去“参观”木栅子小屋。还好，仅仅两个星期，汪精卫等从北平离去，他也从木栅子小屋出来了，究竟还是不知所犯何罪。

“‘九一八’以后中国只有抗战一条道路，我虽说是个‘学究’也还懂得不抗战就要亡国。”范文澜细心考察，切实证明了共产党抗日主张的言行一致，想救自己免当亡国奴，理应对共产党以及好青年表示亲近。于是，他又被宪兵“请”去。这一“请”比前次路途远了，“从北平，到南京”，木栅子小屋也变成了铁栅子小屋。总算运气好，在“我要抗日，不知其他”的立场上，在“内抗强权，外搬救兵”的策略下，他居然从铁栅子小屋回到了北平。不过树欲静而风不止，他接着又从北平被“请”到了开封。这一次，还是不知所犯何罪。

“教书匠”升级当“教员”

范文澜在河南大学教着书，卢沟桥的大炮响了。在进步人士的动员下，河南先进青年都感觉到学习救亡理论和实务的必要。在河大当局以及一些朋友的帮助下，范文澜成立了河南大学抗敌工作训练班。青年们投考踊跃，学习热心，使他确信中国绝不会

亡，抗战必然胜利。训练班主要课目是稽文甫任课的中国问题与马致远任课的游击战术，这两位台柱子撑起训练班的“金字招牌”，声名很好，在青年中起着颇大的影响。那时候他们的预定计划是挑选一部分学生沿平汉线（重要城市）办短期训练班，兼做民运工作，联合当地青年，广播救亡种子，最后目的是到信阳去打游击。

训练班一个月毕业，他们决定从开封步行到许昌，路程二百四十里，作为毕业考试的试题。这在住惯城市的人看来，确是一个颇难的“试题”，可是应试的几乎是全体学生（约二百人）。他们的经费和经验都很缺乏，只能允许七十几个学生“应试”，名称改为河大抗训班服务团。团长稽文甫留在开封做统一战线工作，免得顽固分子造谣捣乱。他们在许昌办了一个两星期的训练班，收获不坏，虽然也有不少想破坏的人，但当地官绅教育界以及驻军某军团长却给了许多帮助。正当阴历年底，九十个人的服务团，浩浩荡荡向舞阳县行进了。

大队到了舞阳，驻军某师长表示欢迎，师部参谋政治工作人员更相处很好。他们决计办训练班，舞阳青年救国会会员两三千人，愿意轮流进城受训，却受到了重重阻挠，范文澜更被逼上鸡公山——河南大学新迁的校址所在。他考虑轻重利害，正好上山重当“教书匠”，服务团改称战时教育工作团，依然不顾困难环境，继续活动。

敌人的炮火一步一步逼过来，范文澜在高山上彷徨着，找不到该走的道路。他退还聘书，参加了新四军，在游击队里当教员。大树下草垛旁，大家都聚精会神在听范文澜授课，他感到很高兴，觉得自己当了二十几年的仅凭出卖教书技术吃饭的“教书匠”，竟升级当“教员”，成为群众的一分子，可以和群众彼此自由地交换智识了。

“边区是全中国最快乐的地方”

1940 年 1 月，在朋友的介绍下，范文澜到达延安。“过五关斩六将”，冲破若干险阻，到了“寤寐求之”的边区，范文澜“快乐地把铺盖丢在汽车上”，高呼：“多光明的边区啊！我到边区了！清算过去四五十年的生活，一言以蔽之曰烦恼。现在开始清爽快乐地生活了！”

范文澜回忆，以前在边区外当教书匠，极少学习的机会。即使偶有，因怕“别人说闲话，找碴儿”“听来历不明人讲演，惹是非”等原因，不得增益新知识，而在边区对马列主义的学习进步许多。边区是中国的文化中心地，也就是新兴文化的心脏。许多著名学者，聚集在延安周围几里路以内，他们研究的心得，随时开会报告。还有各式各样的讨论会、座谈会、研究会、学习小组，请他们出席指导做结论也令他获益良多。中共中央领导人的政治指导和人格示范，更起着不可言喻的伟大影响。

党中央和毛泽东对范文澜的到来很重视，任命他为马列学院历史研究室主任，1941 年，为中央研究院副院长兼历史研究室主任。这期间，范文澜和夫人戴冠芳带着十几岁的儿子范元维，住在延安的一孔窑洞里。这窑洞既是寝室、书房、工作室，也是客厅、餐厅和厨房。一块床板加四条腿就是书桌和餐桌，他每天坐在一个冰冷的无靠背的长方形木板凳上写作，疲倦了就靠着窑洞墙壁略微休息一下，再继续写作。

后来，戴冠芳帮他做了一个棉垫子钉在墙壁上，另在小凳子上铺一个垫子，算是改进了工作环境。晚上点的是油灯。当时延安发动大生产运动，实行勤俭节约，范文澜晚上奋笔疾书，为了节省灯油，总是将灯头弄得小一些，他就在这微弱的灯光下，利

用当时仅有的一部开明书局出版的字体极小的二十四史吃力地研读，常常是通宵达旦地写作。后来，范文澜住到中宣部，工作条件才得以改善，有了两孔窑洞，分了寝室和工作室，工作室也配有一张两屉书桌，两把椅子，一盏有玻璃罩的煤油灯。在艰难的条件下，范文澜还以饱满的政治热情，写成《中国通史简编》。

1946 年 4 月，范文澜到达晋冀鲁豫边区，担任北方大学校长，后兼任历史研究室主任。1948 年，北方大学与华北联合大学合并为华北大学，他担任副校长兼研究部主任、历史研究室主任。新中国成立后，他基本上用一只眼睛来继续读书和写作。他每天都和助手一样，到办公室工作，夏季昼长，他总要工作到日落。“文革”中，他带病工作，直到逝世。

坐冷板凳，不放空炮

范文澜经常教导青年人的一句话是：做学问，要坐得住冷板凳。他认为：文学创作，没有才华是不行的。特别是当诗人，没有灵感是不行的。而历史的学习和研究就不一样，只要肯下死功夫，持之以恒，就必然会有成就。下一分功夫，就有一分成就，功夫愈深，成就愈大。因此，他劝人坐冷板凳，而且一坐就得十年。许多人都听过他这样的叮嘱。

范文澜经常教导青年人的另一句话是：做学问，写文章，要言之有物，不要空话连篇。1961 年，他针对当时一些文风不正的现象，发表了一篇反对放空炮的讲话，对历史学界影响很大，大家认为他讲得很对。从他的著作中也可以看出这样一个特点：材料丰富，文笔生动，寓论于史，引人入胜。范文澜做学术报告、在座谈会上发言也从来不说空话、大话。他对青年人进行思想教育，也是现身说法，循循善诱，从不拿大帽子压人，也不摆长者

的架子训人。他在 1949 年担任华北大学副校长时就说："真理在我们这边，依靠真理就是一切成功的保证，我们的任务在于诚恳地、耐心地、循循善诱地引导青年们看见真理之所在。我们相信，青年一旦看见了真理，那就如水归壑，沛然莫之能御了。坐春风而化时雨，人人乐于自我改造，这才是教育成功。"又说："我们教育工作者，对广大青年应抱'类我类我，久则肖之'的信心慎重将事，来完成党给华大的重大任务。"

一条是坐冷板凳，一条是不要放空炮。这是范文澜经常教导青年人要记住的最重要的两条治学经验。著名学者韩儒林曾将范文澜的为学态度概括为：

> 板凳须坐十年冷，
> 文章不写一句空。

（本文写于 2017 年，史料史实摘自范文澜自述《从烦恼到快乐》、彭明文章《范文澜：板凳须坐十年冷　文章不写一句空》）

何思敬：毛泽东称他为“全国第一流的法学家”

◉ 刘宜卫

何思敬简历

何思敬（1896—1968），浙江杭县人。著名学者、马克思主义法学家、哲学家、马克思主义经典著作翻译家。1920 年考入日本东京帝国大学。在日期间，他受到河上肇影响走上革命道路，先后翻译了马克思的《巴黎手稿》《哲学的贫困》《哥达纲领批判》等。1932 年加入中国共产党。1938 年到达延安，曾在陕北公学担任教员。同年 9 月，在毛泽东亲自倡议下，延安成立新哲学会，毛泽东任会长，实际工作由艾思奇、何思敬主持。1941 年就任延安大学法学院法律系主任，是历史上首位中国共产党领导的大学法学院法律系主任。1946 年，随毛泽东赴重庆，参加国共谈判，任中共代表团法律顾问。新中国成立后，历任中共中央办公厅法律组副组长，中国人民政治协商会议第一届全体会议代表，北京大学教授，中国人民大学法律系主任、哲学系主任，中央法律委员会委员，外交部专门委员，政府学会常务理事。《中华人民共和国宪法》主要起草人之一。为我国民主和法制建设及法学教育事业做出重大贡献，被毛泽东称为“全国第一流的法学家”。

三尺讲台，一方天地

何思敬早年留学日本。在那里，受日本马克思主义研究的先驱者、经济学家河上肇教授影响很大，他有意识地阅读马克思、恩格斯的著作，参加进步活动。1923年，他开始以“何畏”的笔名向成仿吾、郭沫若、郁达夫等人组织的创造社投稿，后来还发展成为创造社成员，因其敏锐的形势分析能力被誉为创造社的“眼睛”。

1927年，何思敬结束留学生活，回国投身于汹涌澎湃的革命斗争。1932年5月，他通过了培训考察，成为一名中国共产党党员。他先后在中山大学执教十年，那时正值土地革命战争时期。为了在教学过程中达到宣传马克思主义学说的目的，何思敬常常采取各种巧妙方式来掩饰授课内容。他在课程开设的名目上加以转换，通过了学校的检查，而讲授的实际内容则由自己安排。课程表上排出的是“经济学”，他讲授的内容却是《资本论》；课程表上排出的是“方法论”，他讲授的却是唯物辩证法。

何思敬讲课从不照本宣科，而是紧密联系实际，力求深入浅出、通俗易懂。他讲“战争哲学”这门课时，先从德国克劳塞维茨的《战争论》谈起，联系日本侵略中国和国民党发动内战的实际，运用辩证唯物主义的观点，说明这两种战争的发展前途和胜利必属于中国人民的道理。当时，思想进步的学生非常关心红军长征情况，从反动报纸上又得不到任何真实消息。何思敬便把自己从各方面得到的红军长征情况和所运用的战略战术，用克劳塞维茨的军事理论加以分析，说明红军长征必胜，使同学们受到很大的鼓舞。

“我们经过抗日战争的熊熊烈火，必然会诞生出一个新中国

来!”何思敬的课堂，更像是一场扣人心弦的爱国主义演说。他给学生们讲“凤凰涅槃”，以满腔爱国激情，借凤凰“集香木自焚，复从死灰中更生”的神话故事，来喻明旧世界旧中国的毁灭和新世界新中国的诞生是符合历史发展规律的。他在三尺讲台上积极开拓革命事业，激励鼓舞学生们投身到抗日救亡运动中。

言语为枪，执笔作剑

1934年以后，何思敬经常以开设学术讲演的形式，将中山大学文明路西堂文学院最大的课堂作为讲演会场，或讲述当前形势，宣传抗日救国，或以介绍各种社会学说流派的名义，宣传马克思主义理论。

他曾在讲演中满怀信心地说：“国民党不去抗日而去‘剿共’，‘剿’到世界的末日吧，共产党是永远不会被‘剿’灭的，只会越‘剿’越多，不久的将来，我们会在东方建立起第二个莫斯科。”听众报以热烈掌声。何思敬从外文刊物上看到中共的《八一宣言》后，以讲演的形式，向群众进行宣传，讲明中国共产党关于抗日救国的十大主张，是当前挽救民族危亡的重大决策，号召大家以实际行动加以拥护，并特别号召青年学生做抗日的先锋。他的讲演吸引了校内外越来越多的听众，甚至连国民党燕塘军校的学员也脱下军装、穿上便服前往听讲。会场总是挤得水泄不通，没有凳子坐就站着听，室内站不下就站室外，无不一听为快。反动当局对此非常忌恨，指使特务连续向何思敬发出要暗杀他的恐吓信，但他置若罔闻，照样继续讲演。他的勇敢精神让学生们深为感动，称赞他“摸着老虎屁股骂老蒋，真使人佩服!”此外，何思敬还为一些院系开设不计报酬的“义务课堂”，讲授社会科学知识和回答学生关心的各种问题，让学生们更加关注国家大事。

同时，何思敬通过写文章、办刊物，积极宣传中共关于建立抗日民族统一战线的政治主张，坚决批驳偏袒日本侵略中国的国际舆论，引起了广大师生的强烈共鸣。1935 年 3 月，他联合中大近百名教授，向全国发出《反对中日亲善之通电》，指出："日人以武力掠夺东北，蹂躏淞沪，不自后悔，反北图蒙察，东扰平津，南窥闽厦，中扼长江，在此强权压迫下，而与之言合作，非投降而何?"同年 11 月，他又发表了《悲壮的民族史诗·序曲——抗战之号召》，号召国人以"乾坤一掷，乾坤再造"的大无畏精神奋起抗争。何思敬在《大众日报》《民族阵线》《在抗战的旗帜下》等报刊上发表了不少抗日救亡文章，在其参与成立的全国各界救国会华南区总会主持工作时又编辑了《存亡》《前夜》杂志，用笔杆为抗日救国壮大力量。

学贯中西，以文辅政

何思敬在延安整整生活了九个年头，主要从事翻译马列著作、研究和宣传马列主义的工作。他精通日、德、英、法等国文字，是革命队伍里少有的翻译家。他翻译的著作广受军政干部欢迎，其翻译出版的马克思的《哥达纲领批判》一书被列为当时干部必读之书。

1938 年 4 月，毛泽东在延安主持克劳塞维茨《战争论》的研究会，组织了数十名高级军事干部参加，让何思敬主讲。"由于当时只有一本文言译本，词意不顺，毛主席便指定何老根据德文原本译出。每次开会介绍一章，并印发复写译文，来帮助讨论。"当时参加研究会的莫文骅回忆说，"学完之后（也许在学习中），毛主席便写了《论持久战》。"

何思敬在法学上同样造诣颇深，毛泽东高度评价他为"有正义

感、有勇气、有学问的人”，并称赞他是“全国第一流的法学家”。

抗战胜利后，何思敬作为中共代表团的法律顾问参加了重庆谈判。他积极协助毛泽东、周恩来等拟定谈判原则和方案。《双十协定》签字后，何思敬随周恩来等留在重庆，就未能达成协议的问题继续会谈。在此期间，他多次接见《新华日报》记者，在谈话中抨击国民党抢夺抗战胜利果实、与人民争夺权利的行径，被社会舆论评价为“真有骨气”。政协会议期间，为了帮助群众认清国民党推行所谓“宪政”的欺骗性和“五五宪草”的反动实质，他在《解放日报》发表了《宪法谜语判析》一文，通俗地讲明宪法的概念和基本原理，对制定“五五宪草”的反动行为进行了严厉批判。

1948年，他根据中央指示，协助周恩来草拟《中国人民政治协商会议共同纲领》，并为起草新中国第一部宪法做准备。他作为知识分子代表参加了中国人民政治协商会议第一届全体会议，为新中国的成立积极贡献力量。

法量天下，薪火相传

身为学术造诣极高的法学家，何思敬心系青年，在法律教学中做出了突出贡献。

1950年，何思敬奉调中国人民大学任法律系主任。他带着领导班子完善法律系制度建设，全面建立了系委会会议制度。他亲自参与课程讲授，帮助青年教员提高教学水平。他十分重视科研工作，使法律系教员的教学和科研能力得到全面提升。

何思敬重视学员的思想教育。法律系建立初期处于新中国成立初期，新招收的学员政治思想理论水平不高。为此，何思敬做了一次关于端正学习态度的报告，驳斥了“怀疑四年也学不到什

么东西”的错误观点。

在法律系的初创过程中，有十余位苏联专家前来援助。何思敬非常尊重苏联专家，十分关注这些教员的生活与安全。在苏联专家生病时，他主动前去探望；当苏联专家回国时，他便组织送行。这体现了当时中苏两国教员纯洁的同志式友谊。

1955年，何思敬任中国人民大学哲学系主任，全面负责该系的筹建工作。他迅速组建起教学机构，调配了教师队伍，制定了教学计划，为如期招生创造了条件。后来，他调任马列主义发展史研究所教授，从此更加积极地宣传马克思主义哲学。

出于对马克思主义这一科学世界观的崇敬和热爱，遵照列宁提出的“不懂得黑格尔就不懂得马克思”的深层研究方向，何思敬在20世纪60年代，不顾年老体衰，以高度的热情和严肃的态度，对马克思主义哲学发展进行了溯本求源的研究。甚至在生命的最后四年，他仍根据原文翻译了黑格尔的巨著《大逻辑》，为后人留下了该书的未定译稿。为了译好这本巨著，他克服了年老体弱、视力衰退、缺少得力助手等种种困难，整整花了四年的时间去研读《大逻辑》，并拿德、英、日三种版本对照把它重新译为中文。不论是严冬还是酷暑，从不间断。

买书、读书和译书，是何思敬的最大嗜好。他到北京工作后，经济条件大为改善，除了家庭生活费用之外，其余收入大都用于买书。

何思敬一生没有留下什么财产，只有用心血化成的几箱手稿和满屋的藏书。

（原文发表于2017年）

成仿吾：在党的教育事业中“长征”

◉ 刘宜卫

成仿吾简历

成仿吾（1897—1984），我国无产阶级革命家、忠诚的共产主义战士、新文化运动的重要代表、无产阶级教育家和社会科学家、中共中央顾问委员会委员、中共中央党校顾问、中国人民大学名誉校长。1897年出生于湖南省新化县。1910年东渡日本，先后在名古屋第五中学、冈山第三高等学校二部和东京帝国大学学习。1928年加入中国共产党。1934年参加长征。1937年8月起，担任陕北公学校长。1939年7月起，担任华北联合大学校长。1948年，华北联合大学与北方大学合并，成立华北大学，成仿吾任副校长。1949年12月，中央决定成立中国人民大学，成仿吾任副校长，协助吴玉章工作。1952年以后，历任东北师范大学校长、山东大学校长，为新中国的教育事业做出了重要贡献。1978年春，受命主持恢复中国人民大学的工作，任党委书记、校长。

由“文化人”成为“革命人”

成仿吾早年受富国强兵思想的影响，东渡日本留学，在东京帝国大学专攻兵器制造工程。留学期间，成仿吾深感革命文艺对启迪国民觉醒的重要性。五四运动后，他和郭沫若、郁达夫等人从事反帝反封建的革命文化活动，建立了著名的革命文学团体——创造社。在这期间，成仿吾发表了大量的文艺评论、小说、诗歌，对启迪人民的思想、向封建愚昧宣战、推进新文化运动起了重要的作用，这使他成为当时颇具影响力的文学家。他在《从文学革命到革命文学》《全部的批判之必要》等文艺批评文章中，已经运用辩证唯物主义的世界观和方法论，分析文学发展的方向和中国革命应走的道路。

1925年，成仿吾受聘任广东大学理学院力学教授兼德语教授。1928年，成仿吾前往欧洲，在那里系统学习了马克思主义理论，并加入了中国共产党。1931年回国后，他在鄂豫皖和中央苏区从事党的宣传教育工作，直接投身于艰苦的革命洪流之中，锻炼成为一位无产阶级革命家。1934年10月，成仿吾担任红一方面军干部团政治教员，与徐特立、谢觉哉、董必武等老革命家同行，从江西瑞金出发参加了长征。一床毯子、一袋干粮、一个装着简单衣物和马列经典著作的挂包，这位长征路上唯一的大学教授，就这样和每一个普通红军士兵一样，踏上了漫漫征程。

飞机场上的教育史奇迹

1937年“七七”事变爆发，日本帝国主义侵略的战火激起了

全中国人民抗日救亡的怒潮。那些急切地寻找抗日救国方法的青年和知识分子成批地奔向延安，他们把延安看作照亮中国抗日救国的一座灯塔。为了把这些来到延安的青年和知识分子培养成革命干部，并吸引更多的人以壮大革命队伍，党中央决定成立陕北公学，成仿吾被任命为陕北公学校长兼党团书记。

"我们就在这黄土高原上的延安城飞机场旁，创办了中国第一所崭新的革命干部学校——陕北公学，我们培养出来的学生，就从这里出发派到全国各战区，成为各条战线上的抗日新生力量。"成仿吾在回忆艰苦创校的历史时说。陕北公学校址设在延河之滨的飞机场上，原是汽车训练班用的一些平房。学校成立之初只有十几名干部，成仿吾就在简陋的条件下创建和领导陕北公学，肩负起为抗日斗争壮大力量的重任。

成仿吾领导陕北公学，贯彻毛泽东教育思想，坚持教育为抗日战争服务、为党的政治路线服务的方针，创造了一整套以理论与实际相结合为准则的教学内容、教学环节、教学计划与教学措施，取得显著成绩。从 1937 年 11 月开学到 1939 年 7 月，陕北公学在不到两年时间内为抗战培养了 6 000 多名干部，吸收了 3 000 多名优秀分子入党。他们被分配到各个抗日前线去，创造出惊天动地的事业。在那样艰苦的条件下，在那样短的时间内，造就出这么多优秀人才，这是中国教育史上的创举，也是世界教育史上的奇迹。

"背起背包行军，放下背包上课"

1939 年春、夏两季，日军增兵华北，妄图渡过黄河进攻陕北。党中央经过开会决定让陕甘宁边区几所主要大学的大部分师生向前方挺进，其中，陕北公学、鲁迅艺术学院、安吴堡战时青年训

练班、延安工人学校等四校联合，成立华北联合大学，由成仿吾任校长，一起开赴敌后，坚持在华北抗战，并开展国防教育。“为了神圣的民族解放事业，为了新中国的创造，我们又一次踏上新的长征，再上前线，心情是豪迈的，也深感职责之重大和光荣。”成仿吾曾回忆说。

考虑到身处敌后，经常有日军的“扫荡”和“围剿”，成仿吾立即采取新的措施。当他们踏过胭脂河上的薄冰，靠近较为平静的边区的西南部分时，成仿吾提出了“背起背包行军，放下背包上课”的口号。白天，行军休息时，学生们就聚集在隐蔽的树林里上课；晚上，睡觉前，学生们就热烈地进行讨论。“哲学概论”“音乐概论”“戏剧概论”“中国近代革命运动史”等课程就是在边行军边学习的战斗生活中学完的。就这样，学生们在行军过程中依然完成了重要课程的学习，而且学得扎实、学得生动，同时这一学习方式也为敌后教育开辟了新途径，共产党人创造了教育史上的奇迹。

1941 年 8、9 月间，日寇集中 7 万兵力向晋察冀边区中心腹地阜平、平山地区“扫荡”，华北联大被迫停止集中教学，化整为零，转移到山区，在群众掩护下，分散住在小山村里。敌人迫近时，就躲到山洞里。尽管生活十分艰苦，还不时有敌人的飞机在上空盘旋、乱投炸弹，但成仿吾心中始终装着全校师生，他经常骑着马到各个村庄去看望教师和学生。有的村里只有一两个人，他也要走到，给大家发银元，付给老乡生活费。有的学生当时见到成校长时都不敢相信自己的眼睛，顷刻间像看见亲人一样痛哭起来。成仿吾带给学生鼓励和关怀，告诉大家坚持下去就是胜利，极大地鼓舞了师生坚持反“扫荡”的斗志和努力学习的热情。

“使苏联经验与中国情况密切结合”

1949年12月16日，根据中央政治局的建议，中央人民政府政务院第十一次政务会议通过了《关于成立中国人民大学的决定》，并任命吴玉章为中国人民大学校长，胡锡奎和成仿吾为副校长。在中国人民大学创建的过程中，成仿吾显示出作为一位杰出的无产阶级教育家和革命家的创造性和坚定性，对办学中面临的各种实际问题进行分析和解决。

在学习苏联先进经验问题上，政务院规定中国人民大学的教学方针是“教学与实际联系，苏联经验与中国情况相结合”。成仿吾反复强调，学习苏联经验要避免生搬硬套的弊病：“为了达到学以致用的目的，必须加强人民大学与各企业部门的联系，使苏联经验与中国情况密切结合起来。”那时，中国人民大学聘请了一批苏联专家，主讲马克思列宁主义基础课。成仿吾提出：“学习马克思列宁主义必须联系中国的实际，理解毛泽东等老一辈无产阶级革命家是如何运用马克思列宁主义来解决中国革命问题，并从而发展了马克思列宁主义的。”成仿吾坚持的观点被社会实践证明是正确的，也是富有创造性的。

创办中国人民大学时，成仿吾虽已年过半百，但为了迅速掌握苏联高等教育的经验与管理条例，他开始努力学习俄文，以便直接阅读苏联有关文献。他译校了不少学校的条例，比如现在全国通用的“教研室”这个名词，就是经过他反复考虑翻译确定下来的。他还在中国人民大学首先建立起了41个教研室，为我国高等教育做出了重要探索。在中国人民大学的经验启示下，全国高等学校纷纷成立了教研室，这是学习苏联先进的教育科学管理的一大成果。

复校不是简单的复原

1978年，中国人民大学在邓小平的指示下复校，成仿吾被任命为中国人民大学校长兼党委书记。已是八十高龄的成仿吾不辞劳苦，四处奔波，把分散到各单位的设备、物资找回来，把流落到全国各地的干部和教师找回来。他英姿焕发，全身心地投入，让不少干部和教师敬佩道："成老不怕困难、征服困难的战斗精神和创造精神丝毫未减当年。"

"恢复绝不是简单的复原!"在1978年7月26日的中国人民大学复校会师大会上，成仿吾慷慨激昂地说。作为中国人民大学复校总设计师，他对整顿、复校工作提出了两步走的设想：第一步，恢复整顿，树立骨架，建立保证教学科研活动正常进行所必要的秩序；第二步，迅速向前发展，使中国人民大学在各方面都做出突出成绩，在较短时间内能达到较好地适应四个现代化要求的新水平。

成仿吾是一位说的少、做的多的领导干部。他宣布了分两步走的计划以后，立刻抓紧落实，使纸上的东西成为现实。

开学后，成仿吾坚持实践是检验真理的唯一标准，要求教职员工解放思想，大力开展科学研究工作；同时，积极贯彻"百花齐放，百家争鸣"的方针，要求大家在讨论会上展开不同意见的争论，并力求解决问题。1979年4月，成仿吾组织专家学者专门讨论了计划与市场的问题，为当时正在酝酿的经济管理体制改革做了理论上的准备。此后几年，成仿吾撰写了《战火中的大学——从陕北公学到人民大学的回顾》，校译了《反杜林论》，并主持了《成仿吾教育文选》的编辑工作，直至去世前夕，一直笔耕不辍。

成仿吾是中国共产党内从事教育工作时间最长的同志之一，他对党的教育事业具有十分浓厚的感情和非常执着的精神，从不计较个人得失，心甘情愿地在教育岗位上兢兢业业、默默无闻地奉献着。他的一生，是为共产主义事业永远进击的一生，是为无产阶级教育事业艰苦开拓和创造的一生，是为马列主义、毛泽东思想的传播鞠躬尽瘁的一生。

（原文发表于 2017 年）

尚钺："马克思主义史学家要有史德"

◉ 毛佩琦

尚钺简历

尚钺（1902—1982），原名仲武、忠武，字健庵，河南罗山县人，著名历史学家。1921年入北京大学预科，后毕业于本科英国文学系。1927年南下投身革命，同年9月在开封加入中国共产党。1942年到云南大学任讲师、副教授。1946年由上海入山东解放区，任山东大学教授，后于北方大学、华北大学任教。1950年，中国人民大学成立，历任中国人民大学中国历史教研室主任兼中国科学院哲学社会科学部历史研究所学术委员等职。1972年，以中国人民大学（"文革"期间停办）中国历史教研室为基础成立清史研究小组，尚钺任副组长。1978年中国人民大学复校后，成立历史系，尚钺任主任。

尚钺，字健庵，原名仲吾、忠武，1902 年 3 月生于河南罗山县。1907 年入家乡私塾，1917 年就读于开封省立二中。1919 年五四运动爆发，尚钺被推举为本省学生运动的负责人之一。

1921 年，尚钺考入北京大学预科，后入本科英国文学系学习，曾学习鲁迅《中国小说史略》等课程，并在鲁迅指导下开始进行文学创作，是《莽原》《狂飙》等刊物的积极撰稿者。这时，尚钺受到李大钊等人的影响，开始学习马克思主义，逐渐倾向革命，并于 1927 年春南下参加革命工作。蒋介石发动“四一二”反革命政变，尚钺极为愤慨。在全国一片白色恐怖中，他毅然于 1927 年 9 月 6 日在河南开封加入了中国共产党。

尚钺入党后，就在党的领导下从事革命工作，同时仍搞些文学创作。他曾受命回河南罗山、光山一带发动秋收起义，组织工农革命军，建立苏维埃政权；曾任中共豫南特委宣传鼓动部部长、上海党中央《红旗日报》采访部主任、满洲省委秘书长等职。

全面抗日战争爆发，党组织介绍他到武汉工作。1938 年春，他在郭沫若主持的国民政府军事委员会政治部第三厅任中校科长、图书资料室主任。1939 年随之迁往重庆。由于国民党真反共、假抗日的政策，三厅的工作受到限制。周恩来号召有条件的同志要努力成为一方面的专家，准备在思想战线上同敌人进行斗争。从此，尚钺开始了他的历史研究工作，努力钻研中国历史文献，着手探索中国历史的发展规律。

1941 年，皖南事变发生后，尚钺遵照党的指示到了昆明，先后在云瑞中学和云南大学任教，同时以此身份开展了新的革命活动。抗战胜利后，国民党反动派制造了“一二·一”惨案和“李闻惨案”，尚钺不顾反动派的威胁，仍然坚持斗争。

1946 年 8 月，在党的关怀下，尚钺经上海到达山东解放区。从此，他先后在山东大学、北方大学、华北大学任教并担任史地系主任等职。1950 年，中国人民大学成立，尚钺先后担任中国历

史和中国革命史教研室、中国历史教研室副主任、主任，并兼任中国科学院哲学社会科学部历史研究所学术委员、北京市历史学会副会长、北京市政协常委等职。

为了党的文化和教育事业，尚钺表现出了高度的责任心。新中国成立初，他响应党的号召，坚持以马克思列宁主义、毛泽东思想指导教学科研、教材建设和师资队伍建设，为此倾注了大量的心血。在短短几年中，他编写了一部近 200 万字的《中国通史讲义》，培养了 80 余名研究生，为马克思主义史学队伍的发展做出了可贵的贡献。

尚钺是为了党的事业而从事历史研究的。他在研究历史之先，已经有了较深的马克思主义的修养。他十分强调马克思主义理论对历史研究的指导作用，注意对历史规律的探索。他常说："没有马克思主义，历史是躺着的；有了马克思主义，历史就站起来了。"他不囿于成说，勇于提出新的见解，而又力求实事求是，得出接近科学的结论；他摒弃烦琐哲学，总是努力纵观全局抓住要害问题。在教学中，他强调使学生学会用马克思主义探索历史发展规律的本领。因此，他重视通史教学，努力改变旧大学通史不通的状况，努力"使学生完整地了解中国历史发展的规律和进程"。他还强调通过历史对学生进行爱国主义教育。他把爱国主义与马克思主义、阶级斗争相并列，作为历史教学必须坚持的三原则。中国古代社会性质即古代史分期问题和中国封建社会内部的资本主义萌芽问题，是他用力较多的两个领域。他在这方面的观点，构成了他对中国历史的系统认识。

尚钺是魏晋封建说的较早提出者和主要代表。他根据马克思主义生产关系必然与一定阶段的生产力相适应的原理提出了自己的看法。他认为：从西周到春秋，中国社会还没有完全脱离原始公社的脐带，当时的基本生产关系是"以家长制公社为基础的早期奴隶制的关系"；从战国到两汉，则是中国奴隶制从发展到没落

的阶段，而西汉初期就已产生了封建关系的萌芽；直到魏晋，中国才进入了封建社会。他认为，任何社会经济形态都不可能是单一的、纯粹的。氏族公社和农村公社的残余长期存留于奴隶社会，而预示着较高级的社会经济形态的雇佣制、租佃制在封建社会形成之前即已存在。在整个社会中起着主导、制约作用的那种生产形式，则反映出社会的根本性质。他从生产工具、生产力发展水平，生产资料占有情况，劳动者与统治者的身份和他们之间的关系，以及政治思想、法律诸方面论证了这一学说，从而使魏晋封建说成为值得重视的一家之言。

关于中国资本主义萌芽问题，前人虽有论及，但尚未展开深入研究。尚钺是较早对这一问题进行详细研究的研究者。他根据马克思列宁阐明的资本主义发生发展的原理，指出中国至迟在明代已产生资本主义萌芽。这并不是偶然的、孤立的现象，而是中国封建社会内部经济结构发生变化的必然结果。他以大量材料来论证工场手工业的出现、商品经济和城市的发展、小农业与小手工业相结合的经济结构的变化，以及意识形态的新特色等等。他认为自鸦片战争后中国进入了半殖民地半封建社会。但他强调，中国历史有其自身的发展线索，鸦片战争这个外因是通过中国社会的内因才起作用的，中国历史的发展线索不能因此而割断。

尚钺很注意国外史学研究成果的介绍。他参与发起《历史问题译丛》的编辑工作，还曾编辑《奴隶社会历史译文集》《封建社会历史译文集》两书，由三联书店出版。

1954年，他主编的《中国历史纲要》出版了。这是一部简明晓畅的中国通史。它以马克思主义为指导，提纲挈领地阐述了几千年的中国历史，眉目清楚、脉络分明，受到了学校师生和广大干部的欢迎，引起了史学界的重视。国外很快出现了日、俄、波兰等几种文字的译本。1956年《中国资本主义关系发生及演变的初步研究》《先秦生产形态之探讨》等论著相继出版或发表，引起

了广泛的讨论。

1959年，在“左”的思想指导下，尚钺受到了不公正的批判，“文化大革命”使他的身心和家庭受到更严重的摧残。但是尚钺对马克思主义的信仰坚定不移，在极端困难的境遇中，他完成了专著《中国原始社会史探索》和多篇学术论文，表现了一个史学家高贵的品德和坚韧的毅力。

1978年，中国人民大学复校，历史系成立，尚钺任系主任。他不顾年迈多病，孜孜不倦地为教学与研究努力工作。同时他着手整理旧日文稿，组织人力增订《中国历史纲要》，编写《续编》，并计划对大型《中国通史讲义》进行整理。他在最后一篇论文中写道：“我们马克思主义史学家也要有一种史德。我想，这就是光明磊落、实事求是的品格。”“史学工作者应该用自己辛勤的劳动，拿出独立的研究成果去丰富历史科学的宝库，即使不是珠玑，哪怕是砖瓦也好。”“一个优秀的史学家，应该能识别历史发展的方向。他们争的不是‘一时之是非’，而是‘万世之是非’；所追求的不是一时的荣显，而是客观真理。历史学家研究历史，历史也将考验他们的研究。”这正是尚钺精神面貌的真实写照。

（原文发表于1993年）

丁玲：纤笔一枝谁与似　三千毛瑟精兵

◉ 李明珠

丁玲简历

丁玲（1904—1986），原名蒋伟，字冰之，又名蒋炜、蒋玮、丁冰之，笔名彬芷、从喧等，湖南临澧人，毕业于上海大学中国文学系，中共党员，著名作家、社会活动家。1936年11月，到达陕北保安，为陕甘宁边区原本力量薄弱的文艺运动增添了新鲜的血液。1937年参加陕北公学成立大会并发言，随后坚持辅导陕北公学业余文艺小组。1947年参加了华北联合大学组织的土改工作，教学生小说创作等课程，在华北联大创作完成获得斯大林文学奖的小说——《太阳照在桑干河上》。在中国现代文学史上做出过无法取代的贡献，代表著作有处女作《梦珂》、长篇小说《太阳照在桑干河上》、中篇小说《莎菲女士的日记》、短篇小说集《在黑暗中》等。

沅水河畔，湘水之滨，临澧古城，是楚文化的重要传承地。这里孕育了许多文化名人，他们的精神气质和思想意识感染着一辈又一辈的子孙，影响着一代又一代的文人。丁玲就是这寰宇中渺小而又伟大的一颗明星，“一颗明亮的，曾经子夜高悬，几度隐现云端，多灾多难，与祖国的命运相伴随，而终于不失其光辉的星”（孙犁）。闪亮于历史的天空，照亮在中国的大地。

走出书斋，投入实际

丁玲继承了父亲的才气，自小熟读四书、四大名著，更受到母亲独立自强、进步民主、热心公益、为公忘私的影响，又接受了诸如岳云中学等开明进步学校的先进教育，结识了陈启明、杨开慧等进步青年，阅读《新青年》《新潮》等刊物，了解中国的秋瑾和法国的罗兰夫人的悲壮而崇高的女杰故事，体悟鲁迅及《语丝》的作品思想，很快就成熟成长为一名有着巨大文学才能、关心国家民族命运、充满革命热情与活力的进步文人，其创作也从小资产阶级民主主义文学转向无产阶级革命文学。丁玲在国统区、苏区、边区，手执“纤笔一枝”，心怀满腔热忱，创作了一部又一部文学作品，塑造了一个又一个鲜活人物，为陕甘宁边区原本力量薄弱的文艺运动增添了新鲜的血液，向群众、友军宣传了我党的抗日主张，扩大了我们党和军队的政治影响。

为反对国民党文化“围剿”，1931 年，中央宣传部决定要丁玲留在上海创办并主编《北斗》。在左联史上，《北斗》意义非凡，这是丁玲第一次接受组织分派的工作，是她走出书斋投入实际工作的转折。丁玲自己也说，在这之前，她是小资产阶级知识分子。创编《北斗》期间，丁玲加入了中国共产党，秉持着“不要使自己脱离大众，不要把自己当一个作家。记得自己就是大众中的一

个，是在替大众说话，替自己说话”的宗旨和“愿意做一颗螺丝钉，党需要做什么就做什么”的热情，花心思动脑子，加强与工人作者、工人读者的联系，有意识地到群众中去描写革命者和工农。这一时期成为她的一个创作高峰期，《田家冲》《水》应运而生。丁玲在创编《北斗》中付出的坚毅与热心，使得《北斗》一度成为左联众多刊物中水平很高、影响很大、独树一帜的刊物。

服务战地，宣传革命

说起丁玲，人们的第一印象多是清瘦淡然的女文人形象，“昨日文小姐，今日武将军”。陕北十年，“寒冷的天气，尖利的西北风，寡油少味的伙食，不洁的饮水”磨砺着她，革命战士影响着她。丁玲不消极、不沮丧，努力寻找着亮点和希望，逐渐蜕变为一名刚毅精干的革命者——“中间有一个较胖的，扬着清脆而尖锐的声音在滔滔不绝地谈着路上的情形。一颗头发剪得短如男子而且乌黑光亮的、衬着一张圆面庞的头，一会儿左一会儿右地在转动着。从她的姿态和那双生动乌黑的眼睛看来，使人感到她是一个活跃的中国女性。她身上穿的是一套灰色军装，一顶军帽已经给她卸在手中弄着”（朱正明描述在延安大街上与丁玲意外相逢的印象）。

1936 年，丁玲到延安后，“为着联络各地的文艺团体、各方面的作家，以及一切对文艺有兴趣者，在抗日民族统一战线目标下，共同推动新的文艺工作，结成统一战线中新的战斗力量”，筹备成立并主持了中国文艺协会，这是中共在苏区成立的第一个文艺协会组织。毛泽东说：“这是近十年来苏维埃运动的创举”，是“发扬苏维埃的工农大众文艺，发扬民族革命战争的抗日文艺”。1936 年 11 月 23 日，中国文艺协会举行第一次干事会，推选丁玲为主

任，并决定在苏维埃中央政府机关报《红色中华》上出版《红中副刊》。《红中副刊》第1期在11月30日出版，丁玲写了《刊尾随笔》，这是她到陕北后的第一篇文字，简洁明快，风格有了很大变化。文章劈头就写道："战斗的时候要枪炮，要子弹，要各种各样的东西，要这些战斗的工具，用这些工具去摧毁敌人；但我们还不应忘记使用另一样武器，那帮助着冲锋侧击和包抄的一枝笔！一枝笔写下了汉奸秦桧，几百年来秦桧就一直长跪在岳庙门前，受尽古往今来游人的咒骂；《三国演义》把曹操写得很坏，直到现在戏台上曹操的脸上就涂着可怕的白色，那象征着奸诈小人的白色。所以有人说一枝笔可以生死人，我们也可说一枝笔是战斗的武器。"与此同时，丁玲参加了大型革命回忆录《长征记》的稿件编辑工作，每一本稿件她都改写得非常认真，字里行间密密麻麻填满了细小的字。海伦·斯诺说，丁玲的武器是艺术。

1937年卢沟桥事变后，全面抗日战争爆发。丁玲找吴奚如商定组织战地记者团去前线采访，将抗战胜利的消息写成通讯，鼓舞士气。抗大青年文协会员们热情高涨，纷纷要求参加，并提议扩大宣传，不只是写通讯稿，同时也编排一些节目。于是，丁玲为主任，组成了西北战地服务团（简称"西战团"）。《西北战地服务团纲领》说："以戏剧、音乐、讲演、标语、漫画、口号各种方式向抗日战士及群众做大规模之宣传，使能彻底明了民族革命战争之意义与目标，借以唤起中华民族之儿女们的斗争情绪与求生存的牺牲精神。"西北战地服务团出发前，丁玲致辞："战地服务团的组织虽然小，但是他好像小河流一样，慢慢的流入大河，聚会着若干河的水，变成一个洪流，把日寇完全覆灭在我们的洪水中。"随后，丁玲带着团员们陆续编写《重逢》《保卫卢沟桥》《八百壮士》等话剧，排演《送郎当红军》《打倒日本升平舞》《大战平型关》《三打雁门关》等曲艺节目。老百姓十分喜欢西战团的演出，有一次西战团在临汾演出结束后，"五千多观众仍不肯散去，

群情激愤，高呼抗日口号，其中许多人喊哑了嗓子”。

西安，当时是国民党反共、“剿共”的前线指挥部，是“防共”“限共”的大本营。为了争取在西安的演出，丁玲“每天在国民党衙门前递片子”，“连天东奔西走，四方求见，在有卫兵站岗的门前，在传达室，在廊上，伫候的心情是不好受的”，但是她忍耐了，最后找到陕西省抗敌委员会，才勉强安排下来。西战团被安排的驻扎地——女子中学隶属省教育厅，住着战时青年训练班。西战团到达时已经是晚上9点多，屋子里却一片漆黑，一应食用全部没有，连水都没的喝。丁玲连夜开会研究对策，她说：“越是不欢迎我们，就越要在这里站住脚跟，我们都是见过世面的，这点困难难不住！”第二天她又去交涉，搞到一些铺板，第三天又交涉到桌子板凳，但电灯却始终没有，西战团在西安期间一直点蜡烛，而邻室却灯火辉煌。在如此艰难的情况下，西战团不妥协、不放弃，反而越挫越勇，这股韧劲感动了西安易俗社。易俗社为他们减免场地租金，保障服装道具，提供演出指导，支持演员力量，使得西战团在西安的演出格外成功。西战团临走时，易俗社还专门组织了告别的联欢会，在会上，易俗社社长高培支讲话说：“有人告诉我，说你们是共产党，让我们不要接近，可是我亲眼看见，你们才是真正抗日的队伍，廉洁的队伍，不为钱，不图利，我佩服你们，尊敬你们！”他让人拿出一套衣箱，说：“这套剧装行头不是新的，新的我也送不起，你们回到延安演出，这些也够用了，算是易俗社的一点心意吧！”

《丁玲传》中写到丁玲回延安时正赶上陕北公学成立，毛泽东在会上讲话说，中国因为有了中国共产党，中国不会亡。丁玲也应同学们要求在大会上发言，她套用毛泽东的句式说，中国有了西北战地服务团，中国不会亡。当时在西战团工作、后来成为她的爱人的陈明说她太夸张。事实上，西北战地服务团在向群众、友军宣传我党的抗日主张，扩大我们党和军队的政治影响方面确

实做出了不可磨灭的贡献。

深入生活，扎根人民

1940年，边区文协副主任丁玲在《作家与大众》中谈到创作与生活、作家与大众的关系。她认为：首先，创作“不能脱离现实生活”，作家“的思想意志是生活对他的影响，是被决定于围绕着他的社会存在的一切东西”。其次，作品都“有政治作用”，文艺的价值“是应该以其为谁说话而决定，以其是否将人类的生活向光明推进而决定”，因此“文艺便必须是大众的”。再次，“要使文艺能成为服务大众的武器，就非熟悉大众的生活不可”，作家“要写出一些有价值的作品，那他就不能不到大众生活里去”，“如果赶不上生活，对生活没有正确的态度，作家是不能正确地描写生活，是写不出好的有价值的作品来的”。又次，“作家还得时时注意提高自己的技巧”，要写出大众喜爱的作品，“不特要具备大众的情操，同时也得运用大众的语言”。最后，丁玲对作家提出希望：“更深入生活些，深入生活更长久些，忘记自己是特殊的人（作家），与大家生活打成一片。”在这种创作思想的指引下，丁玲写出了《田保霖》《一二九师与晋冀鲁豫边区》等作品，得到了毛泽东和广大人民群众的充分认可。后来，丁玲接受赵超构的采访时，赵超构犀利地说道：“我感觉这里只有共产党的文艺，并没有你们个人的作品。”丁玲却笑了起来：“我们个人的思想，和党的要求是完全一致的呀，这里并没有什么对立！共产党号召我们去描写工农兵，反映工农兵的生活和思想，我们都在朝着这个方向努力，我们都应当放弃个人的主观主义的写作，从个人的小圈子里面解放出来，到群众中间去，到最广大的人民中间去，为人民大众服好务！”她始终坚持着创作要“深入生活，扎根人民”，始

终维护着党的文艺主张。

1946年，国民党军队大肆进攻热河、绥远、冀东等解放区，组织安排丁玲赴晋察冀。晋察冀边区文艺界热情欢迎延安来的文艺工作者，在华北联合大学礼堂召开了联欢会。丁玲被邀去讲演，她在青年讲座上讲了《青年知识分子的修养》，围绕着人生观问题展开，她再次强调"我们必须向人民大众学习，向他们学习知识，也学习他们优良的品质"。她举了袁广发的例子，又举了几个延安医务工作者的例子，告诉青年们："知识分子如不同群众运动、群众生活相结合，最好，也只可以起点小小的作用；但如果一到群众中去，和群众生活结合，则立即可以成为英雄人物。"这次讲演对华北联大的学生坚持联系实际、联系群众起到了重要影响。不久，丁玲与陈明和华北联大的逯斐，去了张家口东宣化，到森下瓦窑厂采访，写了配合清算反霸斗争的三幕话剧《望乡台畔》。当时华北联大文工团准备排这个戏，可惜因为国民党军队进攻张家口就没有排成。

1947年，全国土地会议结束后，丁玲就随华北联大文艺学院院长沙可夫去了华北联大文艺学院，参加了1947年底华北联合大学组织的土改工作队。丁玲装束"很像一名冀中农村劳动妇女，手提花布包包，肩披蓝色围巾，穿一身土布衣服"，和师生一起到宋村搞了4个多月的土改，她决心用一次复查实践来检验自己长篇小说的构思，以及人物、情节的安排是否妥当。后来，丁玲就一直住在正定的华北联大继续写作《太阳照在桑干河上》，并抽出时间来教华北联大的学生小说写作，也讲一些她的小说故事。学生们也参与到了《太阳照在桑干河上》的誊写工作中，对此书塑造的文学形象、思想内涵和现实意义有了更深入的认识。曾是华北联大学生的白航回忆说："那个年代条件非常艰苦，华北联大还没有固定的教室和办公室，教员、学生都是住在当地老乡家里。誊稿子我们都是分散在老乡家里誊，丁玲也住在老乡家里。后来

河北省正定县的一个大教堂，成了我们的校址，才算稳定下来。”经过反复修改，至1948年6月，《太阳照在桑干河上》终于定稿。

“她大眼、浓眉、粗糙的皮肤、矮胖的身材、灰色军服，声音洪亮，有一点像女人。”这是赵超构在《延安一月》中初见丁玲的印象。以丁玲为代表的从“文小姐”变成“武将军”的女性革命者，大多在有形无形的硝烟战火中、若即若离的峥嵘岁月里，慢慢失去了自我，却也凭“纤笔一枝”，渐渐成就了自己。陈国良的诗作《有这样一群人》便对包括她们在内的革命先锋进行了恰如其分的讴歌：

> 七十多年前/有这样一群人/来自四面八方/怀揣梦想/宝塔的熔炼，延河的洗礼……用热血和生命/让胜利的旗帜在神州高高飘扬……虽然没有青春的年华/精神却永远昂扬向上/在平凡的岗位/他们依然激情飞扬/虽然没有强健的体魄/却有钢铁般的意志/千斤重担，撼动不了他们坚挺的脊梁/虽然没有激昂的口号/心中却有澎湃的信仰/只要有召唤，红旗所指/就是他们勇往直前的方向/永远有这样一群人/不要问他们从哪里来/他们的母亲是黄河长江/不要问他们到哪里去/中华大地是他们生根发芽的土壤/春风吹来/处处洋溢着蓬勃的生机/处处点染着明媚的春光。

（本文写于2019年，史料史实摘自李向东、王增如著的《丁玲传》）

李培之：把一生交给党和人民的事业

◉ 张腾霄

李培之简历

李培之（1904—1994），河北省赤城县人，1924年加入中国共产党。无产阶级革命家王若飞的夫人，我党早期工人运动和妇女工作杰出领导人之一。曾先后在陕北公学、抗日军政大学和中央党务研究室从事教学和研究工作。新中国成立后，曾任中国人民大学党委副书记、副校长，邮电部顾问等职。第一届全国政协委员，第一届、二届全国人大代表。

李培之是中国共产党的优秀党员、久经考验的忠诚的共产主义战士、高等学校优秀的领导干部。她与世纪同行，在长达70余年的革命生涯中，经历了20世纪中国历史的风云变幻，为中国人民的解放事业和共产主义事业做出了应有的贡献。她对党对人民无限忠诚，在极其艰苦的战争环境和敌人的白色恐怖中忠贞不渝、始终如一。在和平建设中，她勤奋工作、成绩卓著。在政治生活中，她一向坚持原则、刚直不阿，敢于同各种错误倾向做斗争。她关心同志、爱护青年，在历次政治运动中有人受到不公正待遇时，她总是给他们以可能的支持和帮助。她为人襟怀坦白、光明磊落、淡泊名利、廉洁奉公，从不计较个人得失。她的高风亮节和伟大人格，充分表现了一个共产党员应有的崇高品质，她因此受到了党内外人士的爱戴和尊敬。

李培之出生于察哈尔省龙关县一个没落地主家庭。当地人民群众自古以来富有斗争传统，但那里交通不便，风气闭塞，经济落后，群众生活异常困苦。李培之从小就是在这种环境中成长起来的，她富有正义感，同情受剥削受压迫的穷苦农民，尤其是对农村妇女的痛苦遭遇充满同情。

李培之幼年丧父，按照传统的习俗，一个女孩子是不能上学读书的，但她的母亲深明大义，宁肯自己节衣缩食，也要送自己的女儿去读书。开始，李培之在本地上小学，1919年转到怀来县读高小，毕业后考入河北省保定第二女子师范。

当时，保定女二师是一个深受五四运动精神影响的学校，校内有一些思想进步的老师。年轻的李培之向往光明，酷爱自由，在进步思想的影响下，很快就走上了革命道路。1923年，她积极参与并领导了保定女二师的反帝、反军阀的学生运动，1924年春加入中国共产党。在党组织的教育下，她的革命觉悟有了进一步的提高，从此下决心做一名为无产阶级和民族解放事业奋斗终生的职业革命家。她曾经担任保定女二师党组织的领导人，1925年

担任中共保定市第一届市委委员和出席当时国民会议促成会全国代表大会的河北代表。通过参加实际斗争的锻炼，她在政治上逐渐成熟起来，思想水平也有很大的提高。

1925 年 7 月，她受党组织派遣到河南郑州市豫丰纱厂做工人运动工作，并参与市委的领导。在豫丰纱厂，她很快和工人特别是女工建立了密切的联系。通过艰苦细致的工作，工人的政治觉悟逐步提高，不少人积极参加了革命斗争。在这期间，她和中国共产党早期领导人之一王若飞恋爱、结婚。

1925 年底，李培之经党组织批准到苏联莫斯科中山大学学习，以后又转入列宁学院。学习期间，她十分勤奋，很快掌握了俄文，系统地阅读了许多马克思、恩格斯、列宁的著作，坚定了共产主义信念，进一步树立了科学的世界观和革命的人生观。

在苏联学习期间，在中国留学生中成立了党支部，李培之是支部委员之一。1926 年夏，李培之参加了旅莫斯科支部反对叛徒任卓宣（即叶青）的斗争。从 1927 年至 1929 年，在莫斯科中山大学历次的党内斗争中，李培之目睹了王明的种种恶劣表现，从那时起就疏远了王明。

1931 年 9 月，李培之遵照组织决定回国，到贺龙领导的湘鄂西苏区工作。她由蒙古入境，历经许多艰险，于同年 11 月到达红二方面军所在地湖北房县苏区，任红 25 师政治部宣传科科长。尔后，在洪湖苏区历任《反帝周报》编辑、《红旗日报》编辑等职。

1932 年秋，在蒋介石对洪湖苏区发动的第四次“围剿”中，由于红军主力转移到外线作战，相机消灭敌人，后方机关工作人员撤退到洪湖芦苇荡中隐蔽。李培之与同志们在湖中隐蔽了一个月左右，一次突然被搜索的敌军发现。为了保守党的秘密，李培之和另一位女同志投水自杀，不幸被俘。随后，她以巧妙的斗争艺术骗取了敌人的信任，最后脱离了虎口。

1932 年 11 月，李培之经武汉到了上海，很快接上了党的关

系，成为沪东区党组织负责人之一，从事工运工作。在工作中，她积极贯彻党关于工人运动要同抗日斗争相结合的指示，在广大工人群众中大力开展抗日救亡的宣传工作和组织工作，出色地完成了党交给的任务。1937 年 6 月，李培之赴山西太原，在牺盟会办的学校里讲授马克思主义理论和抗日民族统一战线理论。“七七”事变后，她奔赴革命圣地延安，先后在陕北公学、抗日军政大学任教，在中央党务研究室从事研究工作。1945 年到重庆中共南方局任妇女组组长。1946 年到晋绥解放区工作，参与并领导了那里的土地改革运动。1948 年任中央妇女委员会委员。

新中国成立后，李培之先后当选为第一届全国政协委员，第一届、二届全国人大代表，历任华北人民革命大学二部主任、最高人民法院审判委员、华北行政委员会委员、全国妇联执行委员、察哈尔省政府委员等职。1950 年春调中国人民大学工作，任校党组成员、教务部副部长、专修科主任，1955 年 7 月任校党组成员、函授部部长。1956 年 10 月中国人民大学实行党委领导下的校长负责制后，任校党委常委、监委书记、函授部部长。1959 年 3 月起兼任校务委员会副主任委员，同年 4 月任中国人民大学党委副书记、副校长兼函授部部长。1959 年 12 月，在中国人民大学函授部的基础上成立中国人民大学函授学院，李培之兼任函授学院院长。在中国人民大学任职的 15 年间，她协助吴玉章、胡锡奎、成仿吾、郭影秋等同志工作，全面贯彻党的教育方针，为中国人民大学的建设、发展、巩固、提高做出了重要贡献。

一是正确地学习苏联经验，全面贯彻中央确定的中国人民大学教学方针。

中国人民大学是新中国成立后中央创办的第一所新型的、正规的大学。中央确定中国人民大学的教学方针是：“教学与实际联系，苏联经验与中国实际情况相结合。”为了全面贯彻执行这一教学方针，李培之就专业设置、教学计划、课程安排、教学内容、

教学方法等问题倾注了许多心血，做了许多卓有成效的工作。建校初期，不少教研室都有苏联专家，不少课程由苏联专家讲课。李培之十分注意选拔和培养青年教师，让他们向苏联专家学习，用最短的时间掌握课程内容和讲授方法。她常常这样说：专家不能跟你一辈子，要用最快的速度、最好的方法，把自己变成专家。

在教学工作中，李培之很尊重苏联专家的意见，但又不完全以他们的意见作为开展工作的唯一准则。她经常讲：苏联专家都是诚心诚意把教学工作做好，但他们不了解或很少了解中国的情况，我们要积极提出自己的意见，经过共同的研究，使我们的教学工作做得更好。

李培之认为，首先要弄懂苏联经验，然后再联系中国实际。她曾经说过：不弄懂苏联经验，盲目联系中国实际，很容易发生经验主义；弄懂了苏联的经验，不主动联系中国实际，就要发生教条主义。我们要正确处理苏联经验和中国实际的关系。

二是全面贯彻党的教育方针，正确处理政治与业务、红与专的关系，坚定不移地培养又红又专的人才。

在1958年开始的“教育大革命”中，由于众所周知的原因，同全国各地高等学校一样，中国人民大学一度出现生产劳动、社会实践、科学研究、政治运动过多的现象，冲击了以教学为主的方针，影响了教学质量。在当时那样的形势下，李培之坚持全面贯彻党的教育方针不动摇。1959年6月6日，她在中国人民大学团委召开的共青团代表会议上，就红专关系和团的工作问题讲了话。

关于红专关系，李培之说：“我们不仅要红，而且要红透；不仅要专，而且要专深。要成为又红又专的专家，就要刻苦钻研、认真读书，不读书怎么能红、能专呢？红，要读书；专，也要读书。现在看来，青年不是说书读得多了，而是读得少了。有人想当专家、当工程师，这是力争上游的表现。我们要培养有共产主

义觉悟、有多方面爱好和科学知识的人才，每个学生都应力争上游。不要把读书看成是个人主义。国家拿这么大的力量办学校，是培养个人主义吗？这不对。有些人有个人主义，但不能把读书就当作个人主义。”“青年时代是学习的最好时机，青年精力充沛、记忆力强，学得快、记得快。在这时候，我们应争取在科学上多学、学好，不但自己学好，还要带动别人都学好，成为又红又专的专家。”针对当时片面强调集体互助、忽视个人独立钻研的倾向，李培之强调指出：“关于集体互助问题，集体互助本来是个好事情，但是要看用在什么场合，有些东西集体不了、互助不了，如吃饭，只能吃到自己的肚子里，怎么能互助？学习、看书，别人也不能代替。学习好的可以帮助学习差的，但我们应强调教师的主导作用，有问题还是应该找教师解决。”

关于怎样培养又红又专的人才，李培之说：“党中央早就提出‘教育为无产阶级的政治服务，教育与生产劳动相结合’的方针。不要忘记学校的目的和任务，也就是你们的目的和任务，即：培养又红又专、为无产阶级的政治服务的、热爱生产劳动的、理论与实际相结合的红色专家。你们正是要为把自己培养成为这样的专家而努力。学校的党、团、工会组织都要为贯彻这一方针而努力。因此，各级团的组织应积极引导广大团员和青年树立认真读书的风气，并为他们创造一个好的读书环境。”

关于共青团的工作，李培之说：“我们学校青年团作为党的助手，做了不少工作，在各种运动和学习中发挥了助手作用，不过还应该做更多的工作，发挥更大的作用。就团的任务讲，要对几千名团员和青年做思想政治工作，任务很重大。因此，你们应该经常注意自己的言行，经常用党的助手的要求来衡量自己，每个人都应该老老实实地决心终生为共产主义事业而奋斗，都应该生气勃勃地在不同战线上成为国家的好儿女、党的好助手。”李培之特别强调充分发扬民主作风的问题。她指出：“毛主席说又民主又

集中。而在民主方面，我们要有意识地更多注意一些，这对我们更有好处。这在思想解放上、学术上、心情舒畅上都会有好处。同时，要善于商量，要多和人家商量，把党的意见变成群众的意见。”最后，她强调指出：“共青团员都是年轻人，共青团的工作应该做得生气勃勃，为广大团员和青年创造一个心情舒畅、安心读书的环境。”

李培之的这个讲话，对于学校全面贯彻党的教育方针，坚持以教学为主的原则，培养又红又专的人才，发挥了积极作用。

三是坚持“两条腿走路”的方针，在办好全日制教育的同时，办好函授教育，促进中国人民大学函授教育的发展、巩固、提高。

在20世纪50年代，高等函授教育在我国尚处于初创阶段。中国人民大学于1952年在全国率先举办函授教育，刚刚迈出了第一步。李培之把很多精力倾注于中国人民大学的函授教育工作，在工作中紧紧抓住三个工作重点，做出显著成绩，成为新中国高等函授教育的创始人和开拓者之一。

李培之抓的第一个工作重点是多层次、多形式办学。在1955年7月李培之接任中国人民大学函授部部长时，函授部仅仅开办了两年制的函授专修科、夜校专修科、函授特别班。从1956年暑假开始，函授部增设五年制的函授本科和两年制的夜校特别班。函授本科设工业经济、贸易经济、法律三个专业，在北京、天津、保定、石家庄招收学员400人。夜校特别班设工业经济、贸易经济、工业会计专业，在北京招收学员400人。原有的两年制函授特别班增为8个专业，在天津招收学员1 190人。随后，函授部又增设了一年制的专业选修班和仅仅讲授一门课程的课程选修班，并招收选修生，在人才培养上分别不同层次、不同规格，适应了国家建设的需要，同时也更好地满足了在职干部不同的学习要求。

李培之抓的第二个工作重点是函授教材建设。1955年7月李培之任函授部部长前，函授部只有少数课程编有函授教材。她上

任以后，同胡林昀等一起狠抓函授教材建设，到1957年12月底共编写了36门课程的函授讲义和13种学习指导教材。后来，又经过多年努力，到1966年“文化大革命”前，函授学院开设的近50门课程，大多数编出了包括函授讲义、教学大纲、学习方法指导书、名词解释和问题解答等的配套成龙的教材，保证了函授教学需要，有的还被兄弟院校采用，受到了广泛好评。

李培之抓的第三个工作重点是教师干部队伍建设。在中国人民大学举办函授教育的头几年，函授教师的编制分别在有关各系、教研室，这样不便于对函授教学加强领导、提高函授教学质量。1959年9月，经校党委常委讨论决定，在函授部领导下单独成立了哲学、政治经济学、马列主义基础、中共党史、工业经济、农业经济、贸易经济、财务会计、基本建设财务会计、国民经济计划和法律等12个函授教研组，共有84名专职函授教师。以后又增设了建筑经济、统计教研组，并建立了马列主义理论、工农贸经济、计划财务教研室，分别领导各有关教研组，专职函授教师发展到105人。与此同时，又先后增设了呼和浩特、济南、沈阳函授教学辅导站，函授教育干部发展到49人，这就为学校办好函授教育、提高教育质量创造了重要条件。

在李培之等的领导下，中国人民大学函授教育迅速发展、巩固、提高。到1965年，中国人民大学函授教育办学地区从初创阶段3个省、直辖市3个教学点，发展到北京、天津、山西、河北、内蒙古、辽宁、山东、江苏、上海9个省、自治区、直辖市近40个教学点，在校的函授、夜校生发展到8 495人。

四是在新中国成立后的历次政治运动中，李培之一贯坚持实事求是、坚持党性原则，捍卫党和人民的利益。

在新中国成立后的历次政治运动中，李培之对上级的意见决不盲从，而是认真考虑上级的意见是否正确以及正确的程度，凡是符合实际情况的，就坚决贯彻执行，凡是不符合实际情况的，

就仗义执言，向上级反映自己的意见。在1957年的反右派斗争中，在中国人民大学党委召开的划定右派的会议上，李培之总要询问材料落实的情况，特别是青年学生被划为右派时，她常常提醒与会同志慎重处理。她常常这样说："人家才18岁，请高抬贵手，刀下留情。"在她的保护下，一些青年学生免遭被错划为右派的厄运。1958年秋至1959年夏，中国人民大学和北京大学联合组织了人民公社调查组，到河南、河北农村调查人民公社情况，实事求是地写出了调查报告。在1959年秋开始的"反右倾"运动中，人民公社调查组受到错误的批判。而李培之却始终认为调查组所写的调查报告基本上是符合当时农村情况的，被批判的同志是受了委屈的，对他们给予极大的爱护与同情。在"反右倾"运动中，她本人也受到了错误批判。作为一名老共产党员，她首先考虑的不是自己的委屈，而是党和人民的利益。

1965年2月，李培之因工作需要，调任中共中央监察委员会驻邮电部监察组组长。在工作中，她坚决贯彻党中央关于监察工作的指示精神，做出了成绩。

在十年内乱中，李培之受到林彪、"四人帮"的残酷迫害，长期被审查、被批判，并被投入监狱，但她始终坚信党、坚信马克思主义，同林彪、"四人帮"进行了坚决的斗争。粉碎"四人帮"后，李培之被释放出狱，任邮电部顾问，尔后离休。

（原文发表于1995年）

尹达：做一个坚定的革命人

◉ 黄幸群　孙盛琳　王丽萍　蒋达德

尹达简历

尹达（1906—1983），原名刘燿，字照林，河南滑县人，考古学家、历史学家。1932年，从河南大学毕业后到中央研究院历史语言研究所考古组工作。1937年底赴延安参加革命，1938年4月加入中国共产党。曾在陕北公学任教，后在马列学院历史研究室等处工作。新中国成立初期，曾任中国人民大学研究部副部长、北京大学副教务长。后任中国科学院历史研究所副所长，兼任考古研究所副所长、所长。自1955年起，担任中国科学院哲学社会科学部学部委员会常务委员。曾任《历史研究》主编。参与主持中国历史博物馆的建馆工作，具体组织郭沫若主编的《中国史稿》一书的编写工作。1979年、1983年先后被推选为中国考古学会第一、第二届理事会副理事长，1980年被选为中国史学会常务理事，1983年初任文化部国家文物委员会委员，同年去世。曾参加殷墟、浚县辛村和日照两城镇的发掘。在考古发掘、史学研究和学术组织工作中，为中国马克思主义史学的发展做出了贡献。

“人民大学是一所有革命传统的学校。她要培养革命的人，这些人必须具有革命的坚定性。”当年的陕公教员、中国人民大学第一任研究部副部长尹达教授曾对中国人民大学提出这样的希望。

尹达曾担任中国科学院历史研究所副所长。早在青年时代，他就参加了殷墟发掘，对考古学很有研究。他最早批驳瑞典人安特生的所谓“中国文化西来说”。1937年，正当他学业奋进的时候，全面抗日战争爆发了。尹达目睹国民党统治的黑暗无道，官场腐败，毁灭文化，他痛苦，他愤恨。他是学历史的，深爱着自己的祖国，国将不国，何以安心钻研学问？就这样，他丢下了刚写好的论文，直奔延安，成了陕公第10队的学员。几十年来，尹达分别在陕公、北方大学、华北大学、中国人民大学和中国科学院工作，为革命和建设事业培养了一批专业人才。他既是治学严谨的老学者，又是久经锻炼的革命老战士，深受人们尊重。

回忆起陕公和中国人民大学初办时的情景，尹达说，陕公、人大曾造就、培养了大批人才，遍布全国。尹达对学校的教育工作十分关心，他说：“学习人文社会科学，一定要注意思想品德锻炼。否则，学到了知识也不懂得为谁服务。过去就有这样的人，党史背得滚瓜烂熟，考试也得五分，但一遇风浪就摇摆，究其原因，还是思想不坚定。”他语重心长地说：“我从参加延安整风起，直到经历十年浩劫，几十年来，我深深感到，最重要的一条就是实事求是，任何时候都不能说瞎话，政治上、学术上都一样。”在“文化大革命”中，尹达由于坚持说真话，曾受到林彪、“四人帮”的打击迫害。当时有人对他说：只要你放弃自己的观点，跟着走，一切都好办。他拒绝了。于是，当时已经六十多岁、身体多病的尹达被批来批去没个完，最后被赶到了干校……尽管这样，他还是没有失去一个正直的历史学家所具有的坚定性，在高压下没有屈服。

谈到青年人应怎样学习、怎样培养自己的政治坚定性的问题，

尹达认为：学习一定要用功，但不要只是去追高分。要扎扎实实打好基础。一旦选定方向，就要坚持深入地去研究，要常常有问题在脑子里转，不要让脑子闲着。他说："我是赞成学分制的。我读大学时，修完了学分，就自己钻研问题，后来离开学校去参加考古学习。事实证明这没有什么坏处。"他特别强调要认真学习各门基础理论，指出：任何一门学科总要有理论做指导，特别是社会科学，现在青年人在学习中有一种轻视理论的倾向，这种状况是绝不可能长久的。尹达说："林彪、'四人帮'搞反革命阴谋，一个是从文学，一个是从史学首先发难的。可见他们在理论上有空子可钻。理论斗争什么时候都会有，要真正不做风派人物，就必须扎扎实实学好基础理论。"他希望中国人民大学发扬过去的好传统，抓好理论课的教学，为各行各业培养真正掌握马克思主义理论的专业人才。

尹达深情地说："我是热爱母校的。我希望我的母校办得更好，这不仅是有必要的，也是完全有可能、有条件办到的。"

（原文发表于 1987 年）

何干之：他始终站在理论研究的最前沿

◉ 胡　华

何干之简历

何干之（1906—1969），原名谭郁居（毓均），又名谭秀峰。广东台山县人，出生于华侨家庭。著名历史学家。1929年东渡日本，入早稻田大学和明治大学经济科。1931年"九一八"事变爆发后回国。1932年到广州，受聘为国民大学教授兼经济系主任。由于宣传马克思主义，被当局通缉，1933年底逃亡至上海。1934年初，参加上海社会科学家联盟；5月，加入中国共产党。1936年开始用笔名"何干之"发表文章。在20世纪30年代的主要学术成就是参加中国社会性质和社会史问题论战，先后出版了《中国经济读本》《中国的过去现在和未来》《中国社会性质问题论战》《中国社会史问题论战》等专著，运用马克思主义分析中国的社会政治和经济，论证了中国是一个半殖民地半封建社会，批驳了那种认为中国已是资本主义社会的观点。

何干之是我国著名的马克思主义史学家、教育家、党史专家。他从事教育工作40年，桃李满天下。缅怀他革命的一生和学术上的卓越贡献，有助于促进我国历史科学和教育事业的发展。

一

何干之1906年4月11日生于广东台山县一个旅美华侨家庭。他少年时代勤奋好学，五四运动后开始接触新思潮，1925年中学未毕业，依靠自学，以第一名的优异成绩考入广东大学（即后来的中山大学）教育系。在大革命浪潮的影响下，他广泛阅读社会科学书籍和各种党的刊物，经过对当时各种主义的对比研究，确信马克思主义是真理。他在自传中说：自1925年开始，即走上共产主义知识分子的道路，之后逐步接受了马克思主义。

1927年大革命失败后，何干之走出书斋，开始参加实际的革命活动，开办了一个书店，经售进步书刊，书店取名“秋明”，表示对瞿秋白的景仰。1928年，他被学校开除，反动当局查封了秋明书店，并通缉任经理的何干之，他被迫去日本。

二

1929年至1931年，何干之在日本读经济科，认真自学了马列主义著作。1930年暑期回国，在家乡台山县举办学术研究班，主讲“现代世界观”，宣传辩证唯物主义和历史唯物主义。这个讲稿曾在《台山日报》连载，可惜在十年动乱中散失了，未能收入文集。1931年“九一八”事变爆发，他参加抗议日本侵略的罢课斗争后回国。

何干之在青年学生时代是在白色恐怖中自觉地追求真理，学习马克思主义，走上革命道路的。

三

1931年至1933年，何干之在广州国民大学当教授，被聘为经济系主任。他讲授了“中国经济”和“社会科学”两门课，介绍马克思主义和分析中国社会性质问题，很快成为广州知名的左派教授。同时，在课外组织读书会和创办进步刊物《世界情势》。1932年，世界情势社联合广东几个进步文化团体，成立广州文化大同盟。后通过何思敬（中山大学教授，秘密党员）同上海联系，文化大同盟改组为中国左翼文化界总同盟（简称“文总”）广州分盟，何干之任书记，积极开展活动，组织盟员学习马列主义，出版刊物，宣传抗日，讨论中国革命问题。不久，何干之的革命活动受到当局的注意。国民大学副校长要求何干之公开声明与共产党无关，则可留任。当时并非共产党员的何干之断然拒绝了这一要求。分盟决定已公开职业的同志迅速转移，这时秘密通缉谭秀峰（即何干之）的命令已下达，何干之得到消息，立刻和一批同志离开广东到上海。陈济棠打电报给上海市市长吴铁城，追查何干之等人的下落。自此，何干之化名转入地下。

四

1934年至1937年，何干之在上海坚持革命文化工作。1934年3、4月间，他在上海参加了中国左翼文化界总同盟社会科学家联盟，和艾思奇、柳湜等编社联内部刊物，并把“中国经济”讲

义整理成《中国经济读本》出版，用笔名杜鲁人，该书后译成日文在日本发行。吴大琨说在日本留学时曾读到这本书。

1934年5月，经许涤新介绍，何干之加入中国共产党，在文总宣传部工作。1935年2月，中央文委和文总党团都被敌人破坏，中央军委交通员通知何干之转移，他和一批社联成员再次东渡日本，在日本悉心研究中国社会性质和中国社会史问题，为回国参加理论斗争做准备，同时参加东京文总，任宣传部部长。

1936年春，何干之回到上海。这时，国内形势变化，党中央倡导建立抗日民族统一战线。为了适应政治形势，上海文总所领导的左联等组织解散，社联改组为上海著作人协会，何干之在协会党团工作。这时，周扬对他说：现在可以公开写文章了。自此，他开始用何干之做笔名发表文章。为什么取名何干之呢？他自己解释说："取'做什么'的意义，意思是说为马克思主义的党做文化斗争的工作。"

何干之这时奋笔写作，1936年至1937年的一年里出版了7本专著，发表了30多篇论文，约70万字，平均每月发表6万字，这是他学术生涯中创作最丰硕的时期。当时，年轻的进步作家得到生活书店的大力支持。张仲实曾回忆说："干之写的书官方出版社不给出版，我们给出，还要高速度，三四个月就出版一本十几万字的专著，很快何干之就成为知名著作家了。"

何干之研究领域很广，涉及中国古代近代社会、中国经济、世界经济、国际政治和抗日战争诸方面。其中影响最大的著作有《中国的过去现在和未来》《中国社会性质问题论战》《中国社会史问题论战》《近代中国启蒙运动史》等。

五

1937年至1949年，在革命战争年代，何干之为革命培养了大

批干部。1937年“七七”事变后，党中央调何干之、周扬、艾思奇、李初梨等到延安陕北公学、抗大、中央党校等校任教。这些年，何干之以主要精力从事教育工作。他坚持理论教学密切结合中国革命实际的原则，一年内开设了多门新课，先后在陕北公学普通班和高级班讲授“中国问题”（即“中国革命运动史”）、“马列主义”、“统一战线”和“三民主义研究”等课程，担任了中国问题研究室主任，开展对中国革命的研究。

在陕北公学任教期间，何干之的窑洞里经常灯光彻夜，他在教学工作之余，奋力著述，先后出版了《中国社会经济结构》和《三民主义研究》两本书。他还准备写《中国民族文化史》，并就教于毛泽东，受到毛泽东的鼓励和支持，后因到敌后办学而中辍。当时，中央曾考虑调他到陕甘宁边区政策研究室工作，毛泽东也曾想留他做理论秘书。但他要求到革命战争中去锻炼，中央同意了他的请求。

1939年夏秋，何干之随华北联合大学到了晋察冀抗日根据地。在敌后反“扫荡”的艰苦环境中，何干之躲在山洞里吃生玉米和黑豆，仍顽强地学习和工作；转移行军途中，马背上总驮着书，一有机会就读书，写札记。《鲁迅思想研究》和未完成的《鲁迅传》的草稿，都是在这种环境下准备素材的。

1945年，何干之去延安，作为列席代表参加了党的第七次全国代表大会。抗日战争胜利后，他随华北联大到张家口和冀中根据地束鹿县，任政治学院院长。政治学院大规模地招收平津知识青年，进行政治教育，为解放战争输送了大批干部，这些青年大多成为建设新中国的骨干。这期间，何干之在华北联大讲授了“思想方法论”和“新民主方法论”等课程，并领导师生参加伟大的土地革命，撰写了土改调查报告。在土地改革中，他反对各种“左”的做法，坚持党的土地政策。

在这12年烽火硝烟的年代，何干之实践了自己初到延安时的

誓言："用笔和口与敌人作战"，为革命培养人才。

六

新中国成立后，何干之与共和国同命运，走过了曲折艰辛的道路。1950年，中国人民大学成立，他先后任研究部副部长、中国历史和中国革命史教研室主任、历史系主任。他曾被聘任为中国科学院专门委员、近代史研究所学术委员和国务院科学规划委员会历史组成员。根据高等学校开设中国现代革命史课程的需要，他集中精力编写中国现代革命史讲义，作为全国高校通用教材，并译成多种外文出版。何干之为中国革命史课程的建设和师资队伍的建设做出了重要的贡献。1956年，何干之被评为先进工作者，参加全国先进生产者代表会议。

1957年后，何干之的教学、科研工作开始遇到了困难，几乎历次政治运动他都受到不公正的冲击。他不畏压力、不随风倒。1958年，他冷静看待"大跃进"和人民公社化运动，在教学中公开批评了当时"左"的错误思想和做法，并开了一门新课"中国革命和建设的几个问题"，强调要全面地、科学地宣传毛泽东思想。在十年动乱中，他坦率地说他所以讲这门课，就是为了反"左"。他认为，民主革命时期主要反"左"，新中国成立后只反右不反"左"，不合乎实际。庐山会议后，他受到猛烈的批判，并被剥夺了讲课的权利。20世纪30年代，他曾对友人说过，他平生最大的志愿是在新中国成立后做一名红色教授，彼时却难以如愿。

但是，他没有倒下，而是继续用笔战斗。1960年，他到中国科学院中国近代史研究所工作，写出了《中国民主革命时期的资产阶级》手稿，未及发表即遭批判，夭折在摇篮里，十年浩劫之始成为批判他的大字报上的第一条"罪状"。转瞬之间，红色教授变成“黑线权威”，是非颠倒了。1969 年 11 月，他终于经不起身心的摧残，猝发心肌梗死，摔倒在农村的土路上，满怀遗憾地离开了人间。两个小时前，他还说，毛主席要范老（范文澜）把《中国近代史》续写到新中国成立，范老希望他和李新、胡华参加这个写作班子。虽然范老已经病逝，但续写工作还在进行，他兴致勃勃地说要再工作十年，谁知瞬息之间竟成永别。

人民怀念他，党没有忘记他。邓颖超曾特地写信询问何干之去世情况，并慰问他的家属，令人感动。经过刘炼多年的努力和上海人民出版社的大力支持，选编的《何干之文集》三卷本出版了，约 160 万字。何干之的遗著作为一代历史学家和理论工作者的成果，将永远为当代和后世人们所珍视。

何干之毕生辛勤为人民服务，与中国革命同步，他的名字将与人民同在。

（原文发表于 1986 年）

王朝闻：朝闻道，夕死可矣

◉ 文天懿

王朝闻简历

王朝闻（1909—2004），原名王昭文，后更名王朝闻，笔名汶石、廖化、席斯珂，生于四川省合江县。卓越的文艺理论家、美学家、雕塑家，艺术教育家，新中国马克思主义文艺理论和美学的开拓者与奠基人之一。

1937年参加浙江省抗敌后援会所属的流动剧团和五路军战地服务队，从事抗日文艺宣传活动，同年加入中国共产党。1939年在成都私立南虹艺专等校教书，任成都民众教育馆美术部主任。1940年12月赴延安后，曾在鲁迅艺术学院美术系任教。1941年为延安中央党校大礼堂创作的大型毛泽东浮雕像，被称为解放区美术作品的代表作。新中国成立后，曾在中宣部文艺处等部门工作。曾任中央美术学院副教务长，《美术》杂志主编、顾问，中国美术家协会副主席、顾问，中国艺术研究院副院长，中华美学学会会长、名誉会长，中国作家协会顾问，国务院学位委员会第一届学科评议组成员。第三届、四届、五届、六届全国政协委员。

走向广阔艺术天地

王朝闻，原名王昭文，出生于四川省合江县，此地处于川南、黔北交界处，赤水河和长江在此交汇。

王朝闻从小就对各类民间艺术抱有浓厚兴趣，他常常仿照书中的插图，带着弟弟们将大人砍下来的苦楝子树的枝条集拢在一起架成窝棚，躺在下面仰视树枝，幻想它会长出好吃的果子。祖父母逝世时办丧事，请来民间艺人捆扎纸人纸房和童男童女。扎架子、画眉眼的全过程，七八岁的王朝闻就站在旁边认真观看。眼看这些精美的作品被烧掉，他感到可惜。回到自己屋里他便开工学做，扎成一个人头的模样，画上眉眼，拿出来与伙伴们玩耍。亲友们回忆说："在王朝闻的房间里，桌子上堆满了用泥巴捏的小人、小狗、小猪、小鸡……"亲友间至今还流传着他能在袖子里捏泥人的逸闻。

小学毕业后，王朝闻考入了泸县中学，这带给他更广阔的视野。当时革命思潮风起云涌，校内外的革命活动，激励着这个农村少年。王朝闻参与课余活动的兴趣远胜于课堂学习，他很快迷恋上鲁迅、叶绍钧等作家的小说，《小说月报》等新文学刊物几乎每期必读。由于上课看课外书导致记过太多，而且瘦弱的身体连续吐了几次血，他主动退学回乡。他又前往成都艺专和岷江大学学习美术，但都因学费告罄而退学。

1929年暑假后，王朝闻进入省立第一师范学校艺体组学习美术。校长柴有恒治校比较民主，允许学生参加各种政治活动。王朝闻在泸县中学曾受过革命思想影响，来到省师，很快就和进步同学打成一片。高班同学约他参加秘密集会，介绍他加入了中国共产党的外围群众组织"血波社"。该社的活动包括深夜上街逐个

向店铺塞入宣传品。王朝闻又与四川美专和省师的同学黄南樵、洪毅然、张漾兮、谢立贵等组织“时代画会”。画会成立的那一天举办展览，每个人都要带一张作品参加，王朝闻的作品是根据《国际歌》画的一幅漫画，号召无产者团结起来进行斗争。后来国民党反动派强行更换校长，王朝闻毅然离开了学校。

几经波折后，王朝闻最终选择出川求学，报考了杭州艺专（1993 年改名为中国美术学院）。和他同样报考的还有个陈昭文，他们想到两个人同名，学校容易搞混，最好有人改一下名字。陈昭文说：“我的名字是爸爸起的，不能改。”王朝闻说：“我的名字也是爸爸起的，你不改我改。”于是王朝闻从《论语·里仁》中“朝闻道，夕死可矣”一句里，选取了与名同音的“朝闻”二字，将王昭文改为王朝闻。更名后，他顺利考取了杭州艺专高中部雕塑系，成为三年级的插班生。这一年王朝闻 23 岁，他有意识地把“闻道”作为理想境界和毕生的追求。在杭州艺专，他刻苦学习，也得到了许多老师和朋友的帮助。雕塑系的刘开渠教授就十分照顾他，经常在经济上和学习上给予他帮助。王朝闻懂得理论学习的重要，除了反复精读曾觉之译的罗丹的《美术论》，还读鲁迅译的《苦闷的象征》《出了象牙之塔》。尽管经济拮据，他还是买来鲁迅译的《近代美术史潮论》仔细研读，受益匪浅。他的理论、艺术和思想境界在此期间都得到了很大的提升。

勇立时代潮头

全面抗日战争和解放战争期间，辽阔的中华大地经历了前所未有的血浴，最终获得新生。王朝闻，一名年轻的艺术学子，在动荡的时代潮流中选择了正确的道路。

抗日烽火中，杭州艺专被迫迁移，但他临时改变心意，脱离

了学校。王朝闻在萧山火车站偶遇艾青，艾青刚从监狱释放出来，看王朝闻身着的制服认出是艺专的同学。艾青听了王朝闻讲述的抗日宣传活动后说："刘保罗刚出狱，他在浙江省抗敌后援会的机构下组织一个流动剧团，正在招兵买马，你最好离开青年励志会的活动，改投流动剧团。"艾青当时急于乘火车去桂林，两人匆忙分手。不过，艾青的一番鼓动，改变了王朝闻的人生道路。刘保罗组织的这个剧团是中共领导下的群众团体，1937 年 8 月成立于杭州，称浙江省抗敌后援会流动剧团。参加流动剧团后王朝闻便放弃了尚未完成的学业，直接投身于抗日民族解放的时代潮流。是年冬天，他经邵荃麟、史风介绍加入了中国共产党。他面对党旗宣誓时，下决心做一个名实相符的革命文艺战士，为共产主义事业奋斗终生。他晚上躺在稻草铺上，感觉身下的稻草散发着醉人的清香，自己长期倾向革命，这一次可是实实在在地加入了党的组织。此后，在朋友的帮助下，他又前往延安，在鲁艺工作。

日本投降后，为了迎接新的斗争形势，中央决定将鲁艺一分为二：一部分同志去东北开展工作，一部分组成华北文艺工作团赴张家口。王朝闻被分配到华北文艺工作团，团长是艾青和江丰。文艺战士们一路走、一路看，穿越同蒲铁路，于 1945 年 11 月份抵达张家口，这时张家口已经解放，华北文艺工作团并入了华北联合大学艺术学院。当时院长是沙可夫，副院长是艾青等，江丰任美术系主任。王朝闻仍然做美术教员，教授素描。

王朝闻应江丰之邀编写美术创作方法的讲义。有这个任务压在肩上，他对中国画论诗文、文论的学习，就要结合授课实践有目的地探讨了。讲义涉及主题、题材、对比、照应、和谐、矛盾、含蓄、形式、风格等等多方面内容，王朝闻边写边改边油印。到 1946 年 7 月底时，他首先给文学系和戏剧系同学试讲了"风格"一题，课后同学们在意见本上写了"很满意"的评语。王朝闻并未满足于初战成功，反而提醒自己半路改行"仍是空虚的"。在授

课之余他抓紧一切时间充实自己，认真研读了几乎所有能够找到的资料，这批讲义成为理论著作《新艺术创作论》的雏形。

王朝闻花工夫最多的还是构思叫作《民兵》的浮雕长卷。多年来，他在与各地民兵的接触中熟悉了他们的情感，也听同志讲过许多冀中民兵抗击日寇“扫荡”的英勇故事。他设想为大型建筑设计一个装饰性的浮雕长卷，反映民兵在革命战争史上的重要作用。经过几番权衡，他最终选择了站岗放哨这一熟悉的场景，力图用圆雕形式再现民兵的机警和朴实。1949 年 4 月，北平艺专礼堂举办了华北大学美术系师生作品的观摩展，《民兵》得到诸同行的热情肯定，1950 年被《人民美术》杂志选作封面。它的铸铜像后来收藏在中国美术馆。

新中国成立后的 17 年里，他热情投入到文艺工作中去，创作了《刘胡兰像》和《毛泽东选集》封面浮雕等重要作品，发表了《新艺术创作论》《以一当十》等著作。

老骥伏枥，夕不甘死

“文革”过后，进入了新时期。为了大力宣传解放思想、实事求是的精神，70 岁高龄的王朝闻马不停蹄，不遗余力。身体虽然疲劳，精神却是愉快的。在成都，大家请王朝闻讲讲“形象思维”的问题，这个问题在“文化大革命”前夕的一场大讨论后成为谁都不敢碰的禁区。王朝闻不仅直率地肯定了形象思维的存在和必要，而且当场举了个有趣的例子。在讲到联想和错觉时，他突然走下讲台急匆匆去了卫生间，出来时搬出一个瓷质的水箱盖。他指着上面的污渍说：“看，多么好的一幅水鸟图。”大家越看越像，一时传为佳话。从在四川美术学院讲演，到对一系列有争议作品做出评论，这时期王朝闻的精神面貌有了重大变化。他直面现实问

题，坦言自己的见解，站到了肃清“帮八股”、开拓新时期文艺繁荣局面的第一线。党的十一届三中全会以后，他在文章中更加自如地表达自己的学术观点，更加自如地列举和剖析古今中外的各类作品。

进入暮年，王朝闻请朋友刻了一枚印章，印文是“夕不甘死”，这枚印章曾经在他题字时多次使用。1985 年，在积水潭医院住院时，在走廊中散步的他面对窗外的夕阳，长久地凝视不语。过了 80 岁后，面对“知交半零落”的境况，他对人生感悟更加深刻。这种感悟不是消极的，而是生发强烈的紧迫感，要抓紧有限的时间去做事情。

王朝闻的目标和兴趣一直专注在研究工作上，无论离休与否他都没有停下来。自 1988 年 10 月办理离休手续后，他有意识缩短战线，可去可不去的会议不去，可写可不写的文章不写，一心扑在《中国美术史》的写作和美学理论的研究上，每天伏案笔耕不辍，直至去世。从离休至逝世的 16 年间，他发表的论文和主编的著作多达一千余万字。

2004 年，这个从民间走出来的美术学子，走完了 96 年的人生旅程。人们称他是理论家和雕塑家，其实他更像是奋斗在一线的劳动模范。他辛劳一生，倾力于发展符合中国实际的文艺理论。一个成功的雕塑家转行去搞理论，其动力完全在于提高文艺创作的质量。缘于此，他的文章具有了独特的面貌：较少说教，却能够给予创作实践具体的帮助。这样的理论家在政治运动频发的历史时期并不多见，能够坚持 17 年幸免于被“打倒”更是难得。尤其是在 20 世纪 50 年代初期和 80 年代初期，社会影响广泛的著述活动有助于推动文化建设走出低谷。作为美学家，他追求“美”也憎恶“丑”，他不仅是对作品，也包括对人、对事都惯用严格的标尺去度量，因此平添了许多烦恼，却拥有了众多的听众。几近百年的风雨人生，他快乐过，痛苦过，也留有遗憾，但他服务于

祖国文化建设的初衷不变，也未改一颗顽皮的童心。他身后留下的不仅是几件雕塑精品和千万言的著作，还有众多的学生。

欧阳中石在王朝闻的挽联上写道："朝朝闻道，载德以归"。王朝闻用一生践行了他的"道"，他既是雕塑家、文艺理论家、美学家，更是伟大的革命前辈，他的作品和历程永远指引着后人的前行之路。

（本文写于2019年，史料史实摘自简平著的《王朝闻传》）

吕骥：峥嵘岁月　音乐相随

◉ 李梦超

吕骥简历

吕骥（1909—2002），湖南湘潭人。1937年12月至1938年2月，在陕北公学任教工支部书记，1939年7月随鲁艺部分师生去晋察冀边区敌后抗日根据地，1940年任华北联合大学文艺学院副院长兼音乐系主任。我国新音乐运动的先驱者之一、中国音乐家协会名誉主席、音乐理论家，曾为《抗日军政大学校歌》《陕北公学校歌》《毕业上前线》等谱曲，致力于中国民族民间音乐遗产的收集和整理工作，理论研究涉及社会音乐生活、音乐功能、音乐创作、音乐表演、民族音乐、音乐美学、音乐史等多领域，获得首届中国音乐金钟奖“终身荣誉勋章”。

这是一次迟来的访问。

1987年夏季的采访计划，因吕骥出席全国人大常委会会议而未果。然而，他的歌却一直萦绕于我的心头：

黄河之滨，
集合着一群中华民族优秀的子孙。
人类解放，
救国的责任，
全靠我们自己来担承。
…………

这著名的《抗日军政大学校歌》，经过半个多世纪的急风暴雨，至今依然为广大师生所喜爱。

1989年1月的最后一天，我终于有幸坐在了这位年届八旬的革命艺术家的面前。

他平静安详，回顾着那不平凡的往事，微笑着说："讲些什么呢?"

是啊！吕骥1909年生于湖南省湘潭县，经历了清朝、民国、共和国三个时代。在艺术道路上，他以上海音乐专科学校为起点，逐步成为人民群众所爱戴的作曲家、音乐评论家、艺术教育家、音乐活动家。在革命道路上，他23岁参加上海左翼剧联，1935年2月加入中国共产党，曾辗转于上海、武汉、北平、山西、绥远，从事革命群众音乐活动和抗日救亡音乐运动，1937年赴革命圣地延安。新中国成立后任中国音协主席30余年，可以说是新中国音乐事业的一位奠基人。曾当选为中共八大、十二大代表，第一届、二届、三届全国人大代表，第五届、六届全国人大常委会委员。

这非凡的经历千头万绪，到底从何谈起?

"还是从我在陕公、联大的工作讲起吧！"

吕骥是1937年7月到延安的，起初在抗大工作，抗大校歌即

为他这个时候的作品。1937年12月至翌年2月，他到陕北公学任教工支部书记，负责组织学生歌咏活动，集中各班选出的歌咏代表进行训练，然后请他们回各班教唱歌曲。吕骥告诉我，当时延安的文化生活比较贫乏，歌咏是主要的文娱活动。那个时候的情景生动极了，同学们起床后唱歌，晚点名唱歌，上课前唱歌。在全校集会上，各班同学互相拉歌，歌声此伏彼起，热闹非常。

"成仿吾校长认为唱歌可以起一种重要的教育作用，很重视歌咏活动。他亲自写的《陕北公学校歌》歌词，很有气势，很鼓舞人。我谱曲之后，全校各处都可以听到这个歌声。"

这儿是我们祖先发祥之地，
今天我们又在这儿团聚，
民族的命运全担在我们双肩。
抗日救亡要我们加倍努力，
忠诚团结，紧张活泼，
战斗的学习。
努力！努力！
争取国防教育的模范，
努力！努力！
锻炼成抗战的骨干。
我们要忠实于民族解放事业，
我们献身于新社会的建设，
昂首看那边，
胜利就在前面！

"在我离开陕公之前，成校长写了一首歌词《毕业上前线》，其中有这样的句子：'这是时候了，同学们，该我们走上前线，……别了，别了！同学们，我们再见在前线。'这首歌联系当时战斗生活，反映了前方后方同仇敌忾的感情，非常激动人心。

这首歌也由我谱曲。成校长写词，我作曲的歌还有《西北青年进行曲》等。”

接着吕骥笑呵呵地、饶有兴致地回忆起他在陕北公学的一件往事。

1937年底，吕骥与诗人柯仲平等发起，在陕北公学举办了一次诗歌朗诵会。起初大家感到很新鲜，来参加的人很多，毛泽东也来了。可是听着听着，学生们就慢慢退场了，后来台下人都走光了，只剩下毛泽东一直坐到底。朗诵结束后，毛泽东对他们说，这个活动不错，但是要使大家都有兴趣才好。

吕骥回忆道：“在上海时听外国诗人朗诵，感到他们很有激情，音调时高时低，节奏时快时慢，不像我们那样平平地朗念。我们那次朗诵的诗，都没有故事情节，韵律感不强，只是一些感情语言的直叙，不如曲艺、快板那样容易引人入胜。”

后来，他专门写了一篇关于朗诵的文章发表在重庆的文学刊物《战地》上。此后，延安很少举办诗歌朗诵会，很难再搞起来。

1938年春节过后，吕骥离开陕公，参加鲁艺的筹建工作，并就任音乐系主任，原教务主任李伯钊10月间去前方后，教务主任一职由他继任。1939年7月他随鲁艺部分师生去晋察冀边区敌后抗日根据地，后任华北联合大学文艺学院副院长兼音乐系主任。

吕骥回忆当时的情形说，1939年7月中旬，他们从延安出发，沿黄河西岸向北行军，然后渡黄河、跨吕梁，中间在山西兴县曹家坡住了一个多月。直到9月中，大部队过来，切断了敌人的封锁线，他们才通过同蒲线，到了晋察冀边区最边缘的一个村庄。那天正是农历八月十六，著名的陈庄战斗刚刚结束。这次战斗是由贺龙率领的一二〇师主力部队和聂荣臻所部晋察冀军区主力部队打的一个漂亮的伏击战，全歼日军水原旅团长所部第八混成旅

一千多人。他们进村时，参战部队还没有撤走。本来他们准备随部队开赴晋东南，后来党中央根据晋察冀边区中央分局的建议，决定他们留在晋察冀边区，以培养晋察冀边区以及平津一带来边区的青年。他们住在河北阜平县城西郊，文学系住在花沟，音乐、美术、戏剧系住在花山。由于是在游击环境中，他们过着“背起背包行军，放下背包上课”的战区生活，经过短时间的休整，到10月就开学了。

接着吕骥向我讲起他创作《参加八路军》这首歌曲的过程。

1939年12月，部队和群众希望观看华北联大的文艺演出，对于文艺学院来说，为部队演出是义不容辞的。在年底之前，师生们赶排了一出话剧《陈庄战斗》。但战士们对这出戏的兴趣不大，加上演出那天天气很冷，部队比较疲劳，最后台下没剩下几名观众。

演出失败了。

贺龙热情地鼓励大家再演一次。

消息传到花山，沙可夫、崔嵬、吕骥等亲自听取汇报，大家都很着急。当时负责戏剧系的崔嵬根据1937年曾在绥远排演过活报剧《放下你的鞭子》的经验，想到这种形式容易受到群众的欢迎，于是赶写出以动员老百姓参军为主题的活报剧《参加八路军》。吕骥为该剧创作了主题歌和大部分音乐，其中就有至今仍然可以听到的《参加八路军》这首歌。歌曲运用民族音乐曲调，激昂热烈、简单易记，与边区军民火热的斗争生活合拍，首次演出就获得成功，歌曲一下子在边区传唱开了。部队唱着这首歌宣传抗日动员参军，老百姓唱着这首歌投身抗日参加八路军，产生了非常广泛的社会影响。

吕骥说，到了1940年2月，敌人开始大“扫荡”，进占阜平，学校向西撤退，他们是最后一个梯队。那天晚上，老乡通知他们说敌人离这里仅有十几里路，侦察员则报告说敌人已进入阜平县

城。整装待命的师生于夜间12点出发了。这样边学习边行军地走了几天，翻过阜平西部的漫山，到了滹沱河上游的上庄。这里的老百姓生活很苦，平时吃用柳树叶、黑枣和上很少一点儿苞谷面做成的黑枣饼，非常难吃。学校来到这里之后，过旧历年时，房东一家千方百计地请大家吃了一顿饺子。师生们住在这里，村里的小孩子们看着他们上课，晚饭后就跟他们学唱歌。令人遗憾的是，当时没有抽出点儿时间，把孩子们组织起来学习文化。两个月后学校又转移到了别的地方。

华北联大文艺学院的学生，一部分是从延安鲁艺来的普通部学生，这些学生爱好艺术，能画画，能唱歌，但修养不深，没有分系；一部分是敌后各地文工团的骨干；还有一部分是从平津来的青年学生。在这种游击环境中，学生们熟悉了敌后根据地的火一般的斗争生活，体会到了群众的艰难困苦，所以能排除一切困难，坚定刻苦地学习。

在此期间，吕骥参加了学校党组。他还记得，成仿吾校长对教学抓得很紧，也很注意做学生的思想工作，专门调甘陵到文艺学院主抓党的工作和学生政治思想教育。

这期间吕骥为成仿吾写的《华北联合大学校歌》谱了曲，这首歌很快在敌后抗日根据地流传开来：

跨过祖国的万水千山，
突破敌人一层层的封锁线，
民族的儿女们联合起来！
到敌后方开展国防教育。
为了坚持华北的抗战，
同志们我们团结，我们前进，
我们刻苦，我们坚定。
国土要收复，

人民要自由，
新社会的创造，
要我们担任。
努力学习革命的理论，
培养我们革命的品质，
我们誓死决不妥协投降，
战斗啊胜利就在明天！

1940年冼星海去苏联，党中央调吕骥回延安鲁艺继续任音乐系主任兼教务主任。他离开华北联大踏上了回延安的征途。

此后一段时间，吕骥参加延安文艺座谈会和鲁艺文艺整风，创作了大合唱《凤凰涅槃》，主持陕甘宁边区音协工作，组织了边区作曲者协会，出版了油印刊物《歌曲月刊》，后来还出版了铅印刊物《民族音乐》，组织中国民间音乐研究会，收集整理研究民歌民乐，出版了十余种民间音乐集，撰写了《中国民间音乐研究提纲》及其他一些研究论文，并当选为第二届边区参议员。

革命形势在发展，吕骥于1945年12月，与沙可夫率延安鲁艺去东北解放区，吕骥随队来到华北重镇张家口，在华北联大逗留半年时间，曾参与华北文工团的领导工作。1946年3月到冀中考察群众斗争情况，参加了在易县召开的人民代表会议。回到张家口后不久，即赴东北解放区，参加东北大学领导工作，担任东北大学文艺学院副院长、院长，东北音乐工作团团长，东北鲁迅文艺学院院长，东北音协主席。1949年在第一次全国文代会上被推选为全国文联委员，并当选为音协主席。

新中国成立以后，解放区和原国民党统治区的音乐工作者实现了大汇合。美术学院音乐系、燕京大学音乐系、南京音乐学院等五个院系在天津合并成立中央音乐学院，吕骥参加筹建工作并

出任副院长。在音乐教育由短期训练班性质转向长期正规教育过程中，他借鉴根据地的经验，改造旧式教育，为建立新型的社会主义音乐教育做出了贡献。

新的音乐学院在艺术上要进行系统严格的训练，然而帮助师生建立人民的艺术观，引导他们创造人民艺术，是工作中的突出课题。吕骥说，他们千方百计创造条件帮助师生熟悉人民的生活，接触工农群众。这时的工人农民，也与根据地的情况有很大不同。在根据地主要是手工业工人，而大城市则是产业工人，经过土地改革，农民的面貌也发生了很大的变化。他们利用假期，组织师生到各地举办短期音乐补习班，到工厂农村演出，参加农村土地改革，一方面向人民群众学习，一方面了解人民群众的需要。

1952 年 5 月间，吕骥和马思聪一起，率领学生到治淮工地参加劳动，深入生活，工余时间为参加治淮工程的群众做各种形式的演出，寻找创作的灵感。

1957 年吕骥调到北京专任中国音协主席，繁忙的行政工作、频繁的社会活动，使得他不得不把大部分精力转移到了全国音乐组织工作和评论方面。《新情况、新问题》《学习民间音乐中的几个问题》《评曲艺音乐改革及其他》《关于音乐理论批评工作中的几个问题》《略论七弦琴遗产》《从原始社会到殷代的几种陶埙探索我国五声音阶的形成年代》等一百多篇论文，多数成于这一时期。

作为新中国音乐工作的一位铺路人，在伴随年轻的共和国前进的新音乐运动中，吕骥贡献出了自己宝贵的年华。

如今他已进入耄耋之年，但他仍在奋斗不息，近年来他正在撰写关于《乐记》的研究论文（有的已发表于《音乐研究》《中国音乐学》等刊物上），并编订了《〈乐记〉整理本》，将发表在《中央音乐学院学报》上。为了最近将举行的他的作品音乐会，吕骥

正在修改1941年为庆祝郭沫若五十寿辰而作的《凤凰涅槃》（郭沫若诗）这部大型音乐作品。“老骥伏枥，志在千里。烈士暮年，壮心不已”，正是他此时的真实写照。

（原文发表于1992年）

郭影秋：众人眼底自成碑

◉ 刘宜卫　陈轩超/整理

郭影秋简历

郭影秋（1909—1985），原名玉昆，又名萃章，江苏铜山人，马克思主义教育家、历史学家、诗人。从全面抗日战争初期起，历任党、政、军各部门重要领导职务。自 1957 年转入教育部门后，先后在南京大学、中国人民大学担任领导工作，为发展我国高等教育事业做出了重大贡献。中共八大代表，第二届、三届、五届全国人大代表，第五届全国政协常委，第五届北京市政协副主席。

北地结长缨　戎马事南征

郭影秋出生于一个贫苦农民家庭。作为家中好几代人中唯一的读书人，他十分勤奋，常常是“三更灯火五更鸡”，只用了短短几年就熟读四书五经，奠定了坚实的传统文化基础。在十三四岁时，郭影秋已不满足于在私塾里读“子曰”“诗云”，他远赴大彭市立一小读高小。“忆昔远读书，干粮百里送。饼霉难入唇，饭稀如照镜。”他回忆这段经历时曾作此诗。

在风雨如晦的旧中国，郭影秋的求学之路并不平坦。1929 年初，他正在县立铜山师范读书时，国民党为安插党羽篡夺学校的领导权，策划了驱逐校长的学潮。作为校学生会主席的郭影秋，拒绝了国民党对他的拉拢和诱惑，被排挤离开铜师。同年秋，他以优异成绩考入无锡国学专科学校，却由于交不起学费又辍学。1930 年秋，他考取了公费的江苏教育学院。在学院里，他目睹了国民党的黑暗与腐败，于是开始探索人生应走的道路。他大量阅读流行进步书籍，还秘密阅读马列主义著作，对共产主义产生了憧憬和追求。“九一八”事变后，郭影秋领导了江苏教育学院学生赴南京要求蒋介石抗日的请愿活动。为此，校方曾要对他以开除学籍论处，后在进步教授的声援保护下，他才免遭处分。

1935 年，经苏鲁豫特委考察，郭影秋被批准秘密加入中国共产党。在土地革命战争时期，他积极从事党的地下工作，与敌人开展秘密斗争。1936 年，国民党反动派策划了对共产党员的大搜捕，6 月 11 日，郭影秋被捕入狱。他在狱中多次受到严刑拷打，甚至被敌人折磨得昏死过去，但他仍作诗道：“试把铁锥敲劲骨，铮铮犹自有金声”；“打掉门牙肚里咽，英雄宁死不低头”。诗句真实地反映了其狱中斗争的思想和情操。

1936 年西安事变后，国共两党再度合作。郭影秋受党组织委派，到第五战区做上层人士的统战工作和民众发动工作，为该地区培训了大批抗日骨干。1938 年 5 月徐州沦陷后，他又按党的指示，走向农村，深入敌后，开展游击战争，建立和扩大抗日革命武装，为创建和开辟湖西地区抗日根据地做出了不可磨灭的功绩。

在湖西根据地发展壮大的时候，却发生了令人痛心的“湖西肃托事件”。这是一桩彻头彻尾的冤假错案，大批真正的共产党人惨遭杀害。郭影秋也被诬指为“托派”，险些遭到枪杀。在事件被制止后，郭影秋从高度的党性原则出发，顾全大局，继续英勇战斗在湖西地区。在全面抗日战争艰苦的相持阶段，物质条件极为艰苦，郭影秋以身作则，克己奉公，与当地军民同甘共苦，不断巩固湖西根据地抗日力量，并领导军民反攻，直至日寇无条件投降。

战争年代的郭影秋是一位才能超群的湖西儒将。几经浴血奋战转入解放战争后，郭影秋参与领导了解放和防卫济宁的战斗；亲率三千子弟兵重返湖西，收复了一度失陷的根据地；与解放军野战部队密切配合，参加了济南战役和淮海战役。1949 年初，他率队随刘邓大军渡江南下，转战于安徽、江苏和西南各地，为解放全中国、建立新中国立下了不朽的功勋。

德才兼备的良师益友

1957 年，时任云南省省长的郭影秋，主动请缨到教育部门工作，被任命为南京大学党委书记兼校长。“现在社会上有些人说，共产党人不能办科学，不能办大学，我认为共产党人能办科学、能办高校。假若让我学习两年，我就可以去办个大学。”他在给中央政治局的信里写道。1963 年初，周恩来拟调郭影秋任国务院副

秘书长。恰在此时，中国人民大学校长吴玉章急请周恩来派遣一位得力助手。中央经慎重研究后，决定让郭影秋到中国人民大学任党委书记兼副校长，协助吴老主持学校的全面工作。1963年到1985年的22年里，郭影秋付出全部心血，带领中国人民大学不断探索前行。

郭影秋认为，教师是学校的主体力量，办好学校，必须有一支思想素质好、学术水平高的教师队伍。他十分尊重和爱惜人才，重视教师队伍的建设。他经常登门拜访知名教授，听取他们对办学的意见，尽力改善必要的工作、生活条件。他曾经在自己家中设宴为中文系三位学术造诣深、桃李满天下的教授做寿，亲自斟酒、敬酒，感谢三位老教师潜心治学、辛勤执教，使老教师们深受感动、难以忘怀。他同时鼓励中青年教师虚心向老教师学习，争取“青出于蓝而胜于蓝”，使很多年轻教师得以较快地成长为学术接班人和学科带头人。

郭影秋懂得教育，了解办学规律，有明确的教育思想。他重视提高教学质量，切实抓好教学的各个环节。他到教研室蹲点，同教师一起讨论教学方面的问题；他经常到课堂听课，有时还参加学生的晚自习和课堂讨论。在抓教学的同时，郭影秋还十分重视科学研究工作。他提出，开展科学研究必须有明确的方向，考虑自己的特长、特点，扬长避短，突出自己的特色和个性。他还身体力行，亲自领导参加学术研究活动。中国人民大学的清史研究所，作为国内外有影响的一个研究单位，从酝酿成立到发展壮大，都倾注了他的大量心血。他曾亲自兼任该所的前身——清史研究小组组长，指导帮助该所明确研究方向、制定研究规划、确定研究步骤，并参加学术讨论等。可以说，中国人民大学的教学科研工作在政治运动频繁的时期取得了不错的成绩，在复校之初也取得了较大发展，这都与郭影秋以教学为中心、重视科学研究密切相关。

郭影秋品德高尚、学识渊博，具有坚定的革命意志、杰出的领导才能和丰富的思想政治工作经验，他优秀的品质和作风给中国人民大学留下了宝贵的精神财富。中国人民大学的师生员工交口称赞他是“德才兼备的好校长”“兼资文武的良师益友”。

学者风范、文人风骨

郭影秋不仅是一个忠诚的共产主义战士、一位马克思主义教育家，还是一位学有专攻、造诣颇深的历史学家和诗人。其研究工作及研究思想是其革命思想、教育思想的一个延伸和表现，其学者风范、文人风骨更是其崇高的革命思想的一部分。

郭影秋的史学著作《李定国纪年》，以丰富翔实的史实，记述了明末农民起义军领袖李定国的一生，是国内外第一部全面、系统的关于大西军及其领导人物的史料性专著，有很高的学术价值。全书 21 万字，引用的资料达 100 多种。他在序言中说：“学术工作是严肃的，没有科学的、严肃的态度是不会做到预期的结果的。”该书虽然是一部史料性专著，但绝非仅仅停留在对史料的整理编排上。通过《李定国纪年》，我们可以看到郭影秋独到的治史特点、治史方法与史学眼光。他以宏观的政治与学术视野为背景，以高度的历史概括与凝练的语言提炼为特点，史论结合，勇于创新，实事求是，推动史学研究的发展。

郭影秋的文武全才、知识渊博，还体现在他深谙诗词艺术的格律与意境方面。他的诗词独具个性，具有革命现实主义和浪漫主义相结合的风格。但他在一封谈诗的信中却谦虚地说：“我对自己的诗几乎没有几篇满意的。不唐不宋，不今不古，不性灵也不格调，不喜用典但有时又不能不用，可以说是一片杂烩。”其实，这正是他的诗博采众长、另辟蹊径之处。

郭影秋的诗词给人的第一感觉是：豪情激荡，正气凛然。譬如，1936年郭影秋被系徐州监狱，受到非人待遇并被严刑拷打，他曾作诗云："连年提剑觅仇雠，身陷囹圄恨未休。打掉门牙肚里咽，英雄宁死不低头。"

这首诗使典雅与口语化的语言水乳交融、天衣无缝。而"打掉门牙肚里咽，英雄宁死不低头"与"人生自古谁无死，留取丹心照汗青""取义成仁今日事"等古今同调、异曲同工，都是惊天动地的正气歌。

郭影秋的诗词豪放中有婉约，不论是豪气磅礴的战斗篇什，还是缠绵悱恻的抒情小品，无不是他喜怒哀乐的真情流露。他的诗里既有叱咤风云的战斗岁月，如"挥戈誓达男儿愿，报国犹存壮士头"；也有保家卫国的壮烈，如"荒丘埋骨知谁似，壮士悲歌若耳闻"；还有哀思亲如手足的战友，如"卅年攻错我犹辟，两地相思鬓易霜"。诗句吐露出娓娓动人的情怀。

读其诗，如闻其声，如见其人，令人心生对其高尚风范的敬重。

郭影秋的一个学生献给他一副挽联："一身正气，两袖清风，马列灵前应无憾；三寸丹心，百磨筋骨，众人眼底自成碑。"作为共产主义战士、无产阶级教育家、造诣颇深的学者和才华横溢的诗人，郭影秋一生的光辉业绩和崇高精神永远值得我们敬仰、学习。

（原文发表于2017年）

艾思奇：以哲学为矛，战斗在一线

◉ 单子郁　宣文涛/整理

艾思奇简历

艾思奇（1910—1966），原名李生萱，蒙古族，云南腾冲人，哲学家。曾在抗日军政大学、陕北公学、华北大学从事教学和研究工作。新中国成立后，历任中共中央高级党校哲学教研室主任、副校长，中国哲学学会副会长，为中国科学院哲学社会科学部委员。其代表作有《大众哲学》《哲学与生活》《艾思奇文集》，其主编的《辩证唯物主义　历史唯物主义》为新中国成立后第一本由国内学者编写的哲学教科书。

中国人民大学校史馆里有一张老照片，校运会入场式中，哲学系同学手拿艾思奇《大众哲学》踏步入场。艾思奇用一生来践行“当好党的‘笔杆子’”的准则，成为“吃苦耐劳的实干家”、传递信仰的火炬，让马克思主义走进无数人的心中。他的名字早已随着那本《大众哲学》跨越时代，留在了许多人的生命里。

成长为“人民哲学家”

艾思奇出生于一个蒙古族知识分子的家庭，父亲李曰垓曾参加辛亥革命和护国军起义。李曰垓有很好的文史功底，对先秦哲学尤有研究，这使艾思奇自幼就受到文化熏陶和哲学启蒙。艾思奇进入云南省立第一中学读书后，在进步教师楚图南、罗稷南的影响下，阅读了《共产主义ABC》《新青年》《向导》等革命书刊。

艾思奇从小便继承了父辈稳重、沉默寡言的性格特征，但他极爱思考，凡事都有自己的主见。1927年，年仅17岁的艾思奇离家赴日留学，攻读冶金采矿专业。在参加了东京支部组织的“社会主义学习小组”活动后，他渐渐对理性主义哲学产生了浓厚兴趣。从此，艾思奇开始刻苦研读哲学经典著作，培根、斯宾诺莎、康德、黑格尔等都成了他的老师。他试图从哲学中找出一种宇宙和人生的科学真理，却总是觉得很玄妙，直至读到马克思、恩格斯的著作，才豁然开朗，对整个宇宙和世界的发生发展有了明确的认识。

“九一八”事变爆发后，艾思奇毅然弃学回国，于1932年来到上海，积极投身于中国的革命运动。当时的上海，正是马克思主义研究的中心。1934年11月，艾思奇发表了第一篇专门为大众写的文章——《哲学讲话·哲学并不神秘》——开始以哲学为武器投入革命战斗，希望用理性主义世界观帮助中国广大人民群众

特别是广大青年克服非理性主义思潮的影响，正确认识和对待国家和民族的发展前途。《哲学讲话》汇集成册后出版，后又以《大众哲学》的书名再版。

艾思奇才20多岁，即因撰著《大众哲学》一书而成为著名哲学家。正如1935年李公朴在为这本书写的编者序中所说："这本书是用最通俗的笔法，日常谈话的体裁，溶化专门的理论，使大众的读者不必费很大的气力就能够接受。这种写法，在目前出版界中还是仅有的贡献。"

到延安，当好党的"笔杆子"

1937年，"八一三"事变后的上海战火纷飞，日本进一步扩大了侵华战争。这时，上海地下党组织接到了中共中央要求将艾思奇调至延安、出任陕北公学政治教员的电报。就这样，已加入中国共产党两年的艾思奇义无反顾地从上海一路辗转奔赴延安。

毛泽东得知艾思奇来到延安时，十分高兴地说："噢，搞《大众哲学》的艾思奇来了！"1937年10月的一天，尽管头天晚上毛泽东办公直至深夜，但他仍然起了个大早。研墨、找信笺，给刚刚到达延安的艾思奇写了一封热情洋溢的信，约请他晤谈哲学问题："你的《哲学与生活》是你的著作中更深刻的书，我读了得益很多，抄录了一些，送请一看是否有抄错的。其中有一个问题略有疑点（不是基本的不同），请你再考虑一下，详情当面告诉。今日何时有暇，我来看你。"

接到毛泽东的亲笔信后，艾思奇站在窑洞门前，一边看信，一边沉思。突然，身后传来一个平和的声音："你就是艾思奇同志吧！"原来，毛泽东写好信后，感到言犹未尽，于是便立即来找艾思奇交谈。艾思奇急忙上前将毛泽东迎进屋里。此时，他才发现

屋里除了土炕外，竟没有一把椅子，便只好请毛泽东坐在炕沿上。正待他到屋外去借茶杯倒水时，毛泽东制止道："我们虽是初次见面，但以文会友，我们早该是朋友了嘛！老朋友见面，随便一点好。"毛泽东一面审视着这极为简陋的住房，一面端详着瘦弱的艾思奇说："生活条件艰苦，委屈你了年轻人。不过，这只是暂时的。你出生的家庭环境优裕，又长期在条件较好的日本、上海学习、工作，希望你既做革命的理论家，又要做吃苦耐劳的实干家。"就这样，毛泽东与艾思奇就哲学中的一些问题深入交谈起来。两人年龄、职务悬殊，但对真理的追求缩短了彼此的距离。

在欢迎会上，毛泽东指出："革命要靠枪杆子，也要靠笔杆子。把枪杆子和笔杆子结合起来，有文有武，文武结合，革命的事业就能胜利。"于是，当好党的"笔杆子"，成为艾思奇一生践行的准则。毛泽东和艾思奇时常一起出现在陕北公学的课堂上，有时又通过频繁的书信往来探讨哲学问题。这些交往，大大提高了艾思奇的思想境界。

《大众哲学》启迪大众

《大众哲学》在中国较早地创造性地全面而系统地传播了科学世界观的基本原理，是中国第一部比较完整的哲学教科书，极大地促进了理性主义哲学在中国的传播。

在当时陕甘苏区经费很紧张的情况下，毛泽东致电在西安做张学良、杨虎城统一战线工作的中共代表叶剑英及负责做红军与东北军联络工作的刘鼎："要买一批通俗的社会科学自然科学及哲学书，大约共买十种至十五种左右，要经过选择真正是通俗的而又有价值的（例如艾思奇的《大众哲学》，柳湜的《街头讲话》之类）……作为学校与部队提高干部政治文化水平之用。"

这是毛泽东第一次点名要买艾思奇的书，也正是这本书，将艾思奇与延安、与陕北公学紧紧联系在了一起。

艾思奇的到来也吸引着当时全国的进步知识青年到陕北公学学习，许多人都是背着《大众哲学》一书来到延安参加革命的。蒋介石为此发出过这样的感叹："一本《大众哲学》，冲垮了三民主义的防线。"

1938年，在毛泽东的提议下，延安成立了新哲学会，由艾思奇与何思敬负责。为了满足大家学习哲学、用科学世界观和方法论武装自己的需要，艾思奇编写了荟萃延安新哲学著作的《哲学选辑》，其中包括他自己撰写的《研究提纲》。毛泽东对《哲学选辑》批读了三遍，特别为艾思奇的《研究提纲》做了不少批注。

《大众哲学》对于教育和帮助中国广大人民群众特别是广大青年树立科学的世界观和人生观，起了极为重要的作用。许多青年在《大众哲学》的启蒙教育下，走上了革命的道路，有不少还成为优秀的领导干部，为中国革命事业做出了重要的贡献。宋平写道："我最早接触艾思奇的著作，是60年前开始走上革命道路的时候。当时，读了《大众哲学》。这本书将深刻的哲理寓于生动的事例之中，通俗易懂，使我从中受到了理性主义的启蒙教育。"

"淡泊名利的学者，朴实通俗的教师"

正是在陕北公学和马列学院任教期间，艾思奇遇到了他的学生、未来的夫人王丹一。"他不善辞令，但讲课很通俗。他当时给我的是一个老夫子的印象，不苟言笑，比较严肃。不过，丝毫没有名家的架子，却有学者的风度，他能用最普通的语言讲明高深的道理。简明扼要，理论功底深厚。"年过九旬的王丹一回忆起在延安求学的时光，往日的情形依然历历在目，"我们当时并没有

直接的往来，但他也知道我。前几年读过他的《大众哲学》，现在又听了他讲的课，确实受益不少。”

同为“艾教员”学生的，还有陈云的夫人于若木。她曾是陕北公学第5队的学员，艾思奇的课给她留下了深刻印象：“艾思奇讲课不是以声情取胜，更多的是有敏锐的思想、严密的逻辑、通俗的表达方法。”而这种通俗的为文和授课方式，正是艾思奇的父亲李曰垓对他的教诲：“为文务使人人能读，妇孺皆知，要能起到启蒙作用。”

作为教师，他能够用最朴实的方法、最通俗的语句向学生们传达自己的观点。而作为一名信仰共产主义的哲学学者，艾思奇严于律己，从不掩饰自己的缺点和错误。在整风运动中，他针对自己偏重理论、联系实际不够的缺点，以及工作中的一些问题，严格剖析自己，认真做了自我批评。他深刻总结了自己的学习体会，指出：“这一个运动教育了广大的共产党员和革命工作干部，我自己在这个运动中也受到了很多的教育。在这些教育的帮助下，开始认识了和改正了自己许多知识分子的缺点。”在运动后期的所谓“抢救失足者”过程中，他坚决反对“左”的偏向，勇于仗义执言，坚持实事求是，反对“逼、供、信”，主张绝不要冤枉一个好人，表现出坚定的唯物主义者的态度。

新中国成立后，艾思奇在中央人民广播电台播讲《社会发展史》，一时成为全国最大的课堂。据统计，当时全国各地有50多万人收听和学习过这一讲座。“我母亲每次必听艾思奇的《社会发展史》。”作家丁玲曾对艾思奇的妻子王丹一说。不久后，节目讲稿被编印成《历史唯物论、社会发展史》一书，出版发行达100多万册，影响不亚于《大众哲学》。

1961年，艾思奇主编的《辩证唯物主义　历史唯物主义》成为新中国第一本由我国学者自己编写的哲学教科书。这本书在全国高校中使用时间之长前所未有，影响了几代人的世界观与人

生观。

然而，对待名利、地位和荣誉，艾思奇总是淡然处之。1964年，中央领导与中央高级党校全体学工人员合影时，毛泽东想找艾思奇握手，找了好几排人才发现他的身影。当时也在中央高级党校工作的王丹一见证了这一场合：“一般人能有机会与主席合影是梦寐以求的，可是他却‘躲’。”

1966年，在《大众哲学》出版30多年后，艾思奇以大众哲学家的身份从历史舞台谢幕。3月25日，中央高级党校礼堂举办了艾思奇的追悼会，中心位置摆放着毛泽东敬献的花圈，寄托着毛泽东对艾思奇的无限哀思，也表达了党和国家对这位人民的哲学家的深深怀念。

艾思奇把自己的事业与中国革命的命运紧紧联系在一起，始终站在人民的立场上，走向祖国最需要他的地方。他不仅是才思敏捷的理论家、思想家，也是勤俭朴实、吃苦耐劳的实干家。他用学者特有的谦逊朴实和坚定决心，与党和国家同呼吸共命运。

正如现代著名诗人贺敬之所写：“传递着，传递着，我们的火炬……啊，我们《新华日报》！我们的《大众哲学》！”艾思奇与他的《大众哲学》始终是现代青年智慧之灯塔，点燃了无数人胸中的火焰，伴随着翻天覆地的革命，一步一步走向新中国。

（原文发表于2019年）

宋涛：《资本论》是一个理论宝库

◉ 卫兴华

宋涛简历

宋涛（1914—2011），原名侯锡九，安徽省利辛县人，中国人民大学一级教授、博士生导师。少年时代读过8年私塾，后来读了新式小学和中学。1937年“七七”事变后，该读高中三年级的他投笔从戎，投身于抗日救亡运动。1938年到延安入陕北公学学习，1940年毕业后开始任教。1949年以前，先后在晋察冀边区中学、华北联合大学、华北大学从事教学、科研和管理工作。1950年中国人民大学成立后，任中共中国人民大学党委常委、经济系主任等职。1978年中国人民大学复校后，继续担任经济系主任，并任中国人民大学校学位评定委员会副主任等职。20世纪80年代后，历任中国人民大学经济系名誉主任、中国社会科学院经济研究所学术委员会委员、北京市经济学总会会长等职。在新中国的经济学教育和经济学学科建设方面有重要贡献和建树。从1950年到1983年，长期担任中国人民大学经济系主任，在经济学教育的课程设置、教材建设、学科发展等方面都做出了重要贡献。改革开放后，一直勤奋工作在经济学教育第一线，尤其是在担任第一届、二届国务院学位委员会学科评议组经济学科召集人期间，对新时期经济学的学科建设，各高等学校经济学博士点、硕士点的建立和发展，都做出了很大的贡献。主要著作有《社会主义经济理论探索》《宋涛选集》《当代帝国主义经济》《宋涛自选集》《宋涛文集》《当代国家垄断资本主义》等。

一

宋涛，原名侯锡九，1938 年参加新四军时改名宋涛。改名的过程颇为有趣：新四军支队政委郑位三要求新入伍的几位青年学生改换名字，当时他们正在一个松树林里，各自考虑怎样改名。侯锡九听到风吹树林之音像波涛之声，就取名侯松涛。报上去后，郑位三将侯姓去掉，又将“松”改为“宋”。从此侯锡九就改名宋涛。

宋涛以高中学生的身份投身革命，参加了抗日战争和解放战争，后成为著名的教育家和马克思主义经济学家。他是新中国高等学校马克思主义政治经济学学科的重要奠基人和人才培养者，是新中国政治经济学的一代宗师。

宋涛有多方面的知识，他先读了 8 年私塾，打下了较深厚的国学基础，从《三字经》《百家姓》读起，一直读到《论语》《孟子》《诗经》《礼记》《春秋》《古文观止》和唐诗等。参加革命后，又从新四军转赴延安，入陕北公学，毕业后做过培养革命干部的中学教师，既讲授政治课，又教文化课，如生物、化学、中国历史、世界历史等。他认为，当教师必须有真才实学、真知灼见。他感到自己的知识基础不够深厚，就抓紧时间学习多门学科，边学边教，既提高了学生的政治文化水平，也完善和提升了自己的知识结构和水平。

宋涛先后任教于华北联合大学、华北大学，担任过华北联合大学经济系主任，并讲授政治经济学。1948 年，原晋察冀边区的华北联合大学与原晋冀鲁豫边区的北方大学合并为华北大学，地址在河北正定，吴玉章任校长，宋涛担任一部（政治班）第一区队的队长。

我是1948年冬到达华北大学的，正好编入宋涛任队长的第一区队十九班。那时，宋涛刚34岁，但已成为一名成熟的马克思主义理论工作者。他做报告，态度谦和、循循善诱，讲革命道理和党的政策，温文尔雅，有长者之风，让我深受教育。

1950年，中央决定以华北大学为基础，成立中国人民大学。宋涛任经济系主任，我是经济系的学生。当年7月，成立直属校部的政治经济学教研室，培养研究生，并选拔一批教师为全校各系讲授政治经济学课程。宋涛被调任教研室主任，我被选入教研室做研究生，近距离地受到宋涛的教诲。

当时的研究生既有青年学生（大多为大学生），也有从全国多所高校和有关部门选送的教师和干部，如复旦大学的蒋学模、北京大学的张友仁等，还有个别老教授，共30多人。从1950年起，有多位苏联专家来授课，宋涛当时任校党委常委，既要花不少时间参加各种会议，又要接待苏联专家并安排他们的教学工作，还要处理教研室的各种事务并亲自给学生讲课。他对研究生的学习要求很严格，经常指导与考察，要求读《资本论》做笔记等。

1956年，学校成立新的经济系，宋涛任系主任。政治经济学教研室成为经济系下属的一个单位，另设有多种经济学科的多个教研室，但继续为全国高校培养政治经济学专业人才的任务没有放松，除招收政治经济学专业的本科生外，还继续开设研究生班、教师进修班和学习班。从1962年到1964年，还开办两期《资本论》研讨班，学员都是来自各高校的骨干教师。

改革开放后，宋涛担任首届政治经济学专业博士生导师，培养了数十名有才华的博士。宋涛一生的大部分时间用于为中国革命和建设事业培养人才。他的学生历经几代，大都成为栋梁之材。

二

宋涛一身正气，两袖清风，生活简朴，淡泊名利。他一心关心党的事业和人民群众的利益，关心马克思主义的坚守和发展。教育部几次拟调他担任其他高校的主要领导，他都辞谢了。他安于马克思主义经济学的教学工作，安于在中国人民大学为国家培养人才的教育事业，安于30多年的清贫人生。

改革开放前的一段时间，宋涛兼任《光明日报》经济学版的主编，寄给他的编辑费，他分文不用，交给教研室秘书保存，准备公用。这笔钱一直积攒到“文革”期间，他被作为“走资派”打倒后，钱被人分掉，而宋涛等“黑帮”无资格分得一文。约在1954年，学校统计教师工作量，超工作量的发超额工资，宋涛获得700元超额收入，这相当于当时他月工资的几倍，但他全部交了党费。

改革开放后，宋涛面对改革与发展的新阶段，勤于写作。1994年，他把自己十多年积存的稿费收入全部用于设立“宋涛奖学奖教基金”，主要用于奖励经济系的优秀学生。

宋涛待人接物的风范也令人钦佩。他与国内诸多经济学界老前辈，如许涤新、孙冶方、陈岱孙等，都相处融洽、互相支持。他对各路的老中青学者也具有凝聚力，他胸怀坦荡，与他们团结共事，只对反马克思主义、反社会主义的观点表达强烈不满和反对。

1985年，教育部高教司倡导和组织设立全国高校社会主义经济理论与实践研讨会，宋涛被推举为研讨会的领导小组组长，领导小组的成员是7所重点大学的8名著名学者，他们是吉林大学的关梦觉、北京大学的胡代光、南开大学的滕维藻和谷书堂、复旦

大学的蒋学模、武汉大学的谭崇台、西南财经大学的刘诗白、厦门大学的吴宣恭。我被任命为秘书长，后来又加入陶大镛和陈征。

从1986年召开全国高校社会主义经济理论与实践研讨会，到2006年，宋涛一共参加了20次领导小组主持的论文评审会和20次大型研讨会，没有缺席过一次。而且，他带头搞好会风，自己每次会议都提供论文，不管是开大会还是开小组会都按时参加，从不迟到或早退。2006年，在西安召开研讨会，他以92岁高龄主持会议。之前，他因摔倒碰破前额，贴着纱布。与会者从爱护其身体角度出发，建议他以后可以不再主持和参加会议了。

我把意见转告宋涛，获得他的同意。在闭幕会的主席台上，我宣布这一决定，表示宋涛要与大家告别时，与会者全体起立，热烈鼓掌，表示对这位领军人物的敬意和难舍之情。此后，这一会议的领导小组交给下一代学者接班，不少后起的著名马克思主义经济学家都参与了这一研讨会的学术活动。这与宋涛的领导和指导作用是分不开的。

宋涛一生担任过很多重要学术和行政职务，但学生们只称呼他“老师”或“同志”，我与同辈们也只称他“同志”。

三

宋涛做学问重调查研究，重理论联系实际，重理论是非由实践检验，绝不随风倒，真正做到了不唯上、不唯书、只唯实。中国人民大学老校长袁宝华赞扬他重调查研究、重理论联系实际时，举过一个例子：有一次，宋涛对袁宝华说：“你搞的那个承包制可能有问题，大家有意见。”袁宝华回答说目前没有更好的办法，为了深化改革，只能先走这一步，希望大家研究这个问题。宋涛到首钢进行了一个多星期的调查研究，回来后对袁宝华说，看来现

在搞承包制也有其道理。我曾同宋涛多次去外地参加学术会议，或应邀讲学，他一般都会事后去工厂和农村以及先进单位参观和调查，以加深对实际情况，特别是对改革开放新形势的了解。

在“文革”初期，宋涛是校内第一个被贴大字报受批判的“走资派”，说他执行了一条修正主义的教育路线。他对学生们的学习和考试严格要求，也被批为“资产阶级反动教育路线”。许多污水泼向他，连他将超额工资交党费、不追求名利也被批为伪君子行径，不断被批斗。

随后，我也被打成“叛徒”“特务”，被关押、批斗。1968 年，军宣队和工宣队进校后，我和宋涛以及经济系的其他十多人被关进“专政队”，饱受侮辱和折磨。后来，其他“专政对象”逐渐被释放，最后只剩我与宋涛两人仍被关押在一个大屋中。但这也给了我与他倾心交谈的有利机会，增进了彼此之间的信任与关怀。我与宋涛一直到 1971 年在江西“五七”干校时还在受审查。宋涛是 1972 年才被宣布解放的，而我是 1974 年在北京才回到人民队伍的。

宋涛几经磨难，仍坚持独立思考、不随风转的治学风格。他具有较敏锐的政治眼光和识别能力。

宋涛看到或听到校内外的某些歪风邪气和不良作风，特别是反对马克思主义的东西和各种腐败情况，十分气愤，忧国忧民之情溢于言表。他常向校领导反映校内的某些不良现象，甚至提出批评意见。他对改革开放以后一些高校不重视甚至放弃马克思主义政治经济学的教学、用西方经济学取代马克思主义经济学的情况非常忧虑，曾写信给教育部相关领导，提出意见，并引起高度重视。

四

宋涛既是我国政治经济学的大师，也是有远见卓识、胸怀开阔的教育家。我做研究生时，就常听他讲要培养经济学的拔尖人才，要出中国经济学的“梅兰芳”。他一贯主张搞政治经济学，要有多学科的经济知识基础，如经济思想史、中外经济史等。

为此，宋涛担任中国人民大学经济系主任时，就请来吴大琨教授创办世界经济教研室，又建立了国民经济史教研室和经济学说史教研室。无论是当经济系主任，还是退下来担任名誉系主任，以及后来成立经济学院期间，他都主张经济学的教师既要深入掌握马克思主义政治经济学，也要掌握经济的分析方法，如统计学和数学等，还应懂点儿自然科学的知识。

特别值得提及的是，早在西方经济学被称作资产阶级经济学、只作为批判对象而不作为学习课程的20世纪50年代，宋涛就认为，经济学专业的教师应当学点儿和懂得当代西方经济学的内容。

1957年，在美国从事西方经济学教学的高鸿业回国，当时正值反右，其他高校都不需要引进讲授“资产阶级经济学”的教师。教育部的一位司长找到宋涛，将高鸿业的有关材料交宋涛看，宋涛看后认为，高鸿业放弃在美国任副教授的优越待遇回国，是爱国的表现，高鸿业是一位有才能的学者，因此答应引入人大经济系。

在高鸿业到经济系报到后，宋涛与他面谈了几点：一是不必参加反右会议，这是为了在政治上保护他；二是要学习马克思主义政治经济学，认真读好《资本论》；三是以马克思主义经济学为指导，批判吸收西方经济学中有用的内容，写出教材。高鸿业遵从宋涛的指导，认真读了马克思主义政治经济学和《资本论》。他虚心学习，还曾借读我在《教学与研究》上发表的有关文章。

宋涛为了使经济系教师增加当代西方经济学知识，请高鸿业开设讲座，他每次也参加听讲。在当时的政治环境下，这是很特别的一种举措。高鸿业后来成为著名的以马克思主义为指导的西方经济学大家，他编写的西方经济学教材多次再版。

20世纪60年代前期，孙冶方在中科院经济研究所任所长。当时批判利润挂帅，孙冶方却主张企业应有利润，利润是牛鼻子，因此被批评“复制古董”等，一时其处境不利。

宋涛认为，孙冶方的观点没有错。孙冶方比宋涛大几岁，两人因常一起参加学术会议而相识。宋涛觉得他俩志趣相投，便请孙冶方担任中国人民大学政治经济学教研室的名誉主任，定期来给教师进修班讲课，没有报酬，只管一顿工作餐。孙冶方来讲了好多次，有的教师也去听讲，宋涛指定学生对孙冶方的讲课内容详细记录，并印发大家。

“文革”结束后，孙冶方打电话询问宋涛，自己在人大的讲课记录能否找到，宋涛找到后送给了孙冶方。这正是孙冶方后来正式出版的《社会主义经济论》的原稿。1984年，中国展望出版社出版了《孙冶方社会主义流通理论》一书，其中收入了《〈社会主义经济论〉讲稿》(1962年上半年在中国人民大学)。

宋涛复职经济系主任后，对“文革”中反对和批斗他的师生一概不计较，还让早期贴他大字报、批判他的教师与他合作，编著政治经济学教材，特别是对揭发、反对过他的学生，宽宏大量、不计前嫌，认为这是当时特殊政治形势下发生的事情，完全谅解。

宋涛老骥伏枥，志在马克思主义政治经济学的创新与发展。在搬到校外居住前，作为90多岁的老学者，他每天早上8点前到自己的单间工作室写作与学习，每天把报纸上他认为有用的资料剪下来保存。他每周只休息一天，每天去工作室时提两个暖水壶自己打水。对经常去拜访他的学生和客人，热情接待，但只谈理论、学术问题和国内国际大事，不赞同闲聊，怕耽误时间。他体恤下情，全校各方面人员都对他尊敬与关爱有加。我们本来相信他会高寿百岁，没想到他于2011年2月9日溘然仙逝，享年97岁。

（原文发表于2017年）

温济泽：艰苦奋斗　自强不息

◉ 辛　欣

温济泽简历

温济泽（1914—2000），生于江苏淮阴，原籍今广东梅州市梅县区。1930年加入中国共产主义青年团，1936年加入中国共产党。1938年2月入陕北公学学习，毕业后在陕北公学分校任教至1939年夏。曾任延安中央研究院研究员，《解放日报》编辑、副刊主编，新华通讯社口语广播编辑部主任、社务委员。新中国成立后，历任中央人民广播电台副总编辑，中央广播事业局副局长，北京广播学院教师，中国社会科学院研究生院副院长、院长、教授，中国新闻教育学会会长，中国科学技术普及创作协会（现为中国科普作家协会）理事长。

“我在1938年到延安陕北公学后不久，听到毛泽东同志在陕北公学第二期开学典礼上的讲话。他说，送给你们两件礼物：第一件是坚定不移的政治方向，第二件是艰苦奋斗的工作作风。这50多年来，我始终把这两件礼物当作传家宝。”——这是人大的老校友、曾任中国社会科学院研究生院院长的温济泽说的。为了迎接人大建校55周年，弘扬人大的优良传统，我怀着钦敬的心情走访了这位成就卓越的老人。他的客厅摆设较少，显得宽敞明亮，有一个占了半面墙、极富魅力的书橱。温老慈祥和蔼，颇有儒雅气质。他耐心地向我讲述了他的过去和现在。

一

温老1985年离休，现已77岁了，但他仍满腔热情地担负着许多社会工作。“离而不休，我现在还在继续完成离休前未做完的工作，并且不断地接受一些新的工作，和离休前相比，每天可以更有计划地工作了。”

早在1981年，温老受中共中央党史研究室的委托，负责主编《革命烈士传》。这部书到1991年建党70周年前夕已经出齐。全书共10卷807篇文章，300多万字，为1 000多名革命烈士立了传，是我国第一部比较完整的、系统的新民主主义时期的革命烈士传。《人民日报》在1991年7月6日发消息和书评介绍了这部书。这可说是温老10年心血与智慧的结晶，他在接受《人民日报》记者采访时说，希望通过先烈的光辉业绩，说明中国革命的胜利是来之不易的，以此激励后人继往开来，奋发前进。

他还在1980年受中共中央文献研究室的委托，主持《瞿秋白文集》的编辑工作。全部文集共14卷，包括政治理论编8卷，文学编6卷，以纪念我党早期著名领导人瞿秋白就义60周年。

他又在1987年接受了中共中央党史资料征集委员会的委托，负责主编《九一八和一二八时期抗日运动史》。他当年身在上海，亲身经历过“一·二八”抗战。这本书已经在1991年“九一八”事变60周年前夕出版。

温老现在还担任着10多个社会团体的职务。主要的有：中国新闻教育学会会长、中国广播电视学会顾问、中国科普作家协会名誉会长、中华炎黄文化研究会副会长。

——这就是温济泽，一个对祖国和人民怀有挚爱的老人，一个年逾古稀仍力争分秒把自己的才华奉献给这个社会的共产党员。而在他巨大的成就背后，却是一条艰难而坎坷的成长之路。70多年的沧桑风雨，造就了这位意志坚定的老人。

二

“我是1938年2月到延安的，在陕北公学学习大约两个月时间，就提前毕业到陕北公学分校当教员。”他讲课简明扼要、生动有趣，深受学员欢迎。听过他讲课的学员有2 000多人，后来大部分都成为革命和建设的骨干力量。

“当时的学校条件是非常艰苦的，同学们都是露天坐在地上听课，用几张油光纸钉成本子来记笔记，但大家对学习都非常刻苦、认真。”温老还谈及了当时教员的生活，“党对教员是很尊重、很优待的。那时大家吃小米，教员常吃白面；教员的津贴与校长的津贴相等，都是5元钱，这说的是年轻教员，有名望的教员津贴最高达到25元。”温老很关注现在教师的待遇情况，表现了他作为中国的老知识分子对现今教育工作者的关怀和对我国教育事业的关心。

温济泽在陕北公学分校工作到1939年夏。当时，中央决定把

陕公搬到华北创办华北联大，温济泽被留在延安，调到中宣部工作。但在1941年前，还兼任后期陕北公学的教员。1941年7月，他调到了中央研究院，1943年调到了解放日报社，1946年到新华社，负责对国民党统治区的广播工作，为新中国的建立贡献着自己的力量。温老之所以在当时艰苦卓绝的斗争中表现出坚定的政治立场、非凡的才华与能力，与他少年时代的一段监狱生活是密切相关的。

温济泽15岁时进淮阴中学，因参加一个进步文艺团体而被捕。在宣判无罪释放后，更积极地寻求革命道路。1930年4月，16岁的他加入了共青团，不久被学校开除，后跳级考上了扬州中学高中。几个月后国民党军警到校搜捕，他又在老师保护下脱险，跑到上海。1931年春，插班考进复旦大学附中。1932年“一·二八”淞沪抗战时，担任共青团复旦大学支部书记，积极投入抗日活动。同年7月，在参加一个集会时不幸被捕，被判有期徒刑12年。那时，他刚刚18岁，漫长的监狱生活开始了。

监狱可以关住人的身体，却不能锁住人的精神。血气方刚的温济泽在狱中仍不屈不挠、满怀信心地斗争，刻苦认真地学习。他把监狱当成了他的大学。在5年中，他学习了《反杜林论》、河上肇的《政治经济学教程》、摩尔根的《古代社会》等许多社会科学著作，还按照《自然辩证法》所论述的科学分类，学习了物理、化学、生物学以及汤姆生的《科学大纲》、达尔文的《物种起源》、郭沫若译的《生命之科学》等大量自然科学著作，还自学了英语、日语和世界语。他系统、完整地理解和掌握了自然发展史、社会发展史知识。这为他后来能在陕北公学任教打下了坚实的基础。

1937年，全面抗日战争爆发，国共第二次合作，温济泽被释放出狱。出狱后，他到了延安，开始从事教育工作，以后长时间从事宣传、新闻工作。新中国成立后任中央广播事业局副局长、中央人民广播电台副总编辑，他一直辛勤刻苦地耕耘着、工作着。

“我希望人民大学的师生，都能够掌握住这两件传家宝：第一件，保持坚定不移的政治方向；第二件，发扬艰苦奋斗的工作作风。发扬传统，继往开来。”

（原文发表于1992年）

华君武：要深入火热的生活中去

◉ 铁　铮

华君武简历

华君武（1915—2010），别名华潮，生于浙江杭州，祖籍江苏无锡荡口。曾在陕北公学学习，后任鲁迅艺术学院研究员和教员。我国著名美术活动家、漫画家。早年就读于杭州浙江省立第一中学、上海大同大学高中部，并开始发表漫画作品。1938 年到达延安，从事抗日宣传，后为《解放日报》画时事漫画。1940 年 4 月加入中国共产党。1946 年 1 月任《东北日报》文字记者，后在文艺部专司时事漫画。1949 年 12 月调北京工作，曾任《人民日报》美术组组长、文艺部主任。1953 年后兼管全国美协工作。1961 年起，开始在《光明日报》的《东风》副刊上发表“人民内部讽刺漫画”。1979 年当选中国美术家协会副主席，主持日常工作，长期从事美术组织和活动工作。曾任全国人大代表、全国政协委员。

1938年8月，一个风华正茂的青年学生离开了沦陷在日本侵略者铁蹄下的上海。他揣着一位影评家写给周恩来等人的介绍信，抱着抗日救国、寻找真理的目的，经香港转往内地，千里迢迢来到了陕甘宁边区的荀邑县看花宫。从那以后，陕北公学第48队的名单上多了一个叫华君武的学生……

美丽的西子湖，是华君武童年的摇篮。杭州的青山秀水抚育他成长，也孕育了他的艺术细胞。早在中学时代，他就在学校校刊上发表漫画。1933年到上海求学时，在上海滩的报刊上初露头角。全面抗战爆发后，他毅然走上了革命的道路。他先到了陕北公学，学习革命真理，后又被成仿吾校长选送到延安鲁迅艺术学院，在那里从事了7年研究员和教员工作。1945年后，他调往《东北日报》工作，在东北迎来了全国解放。天安门广场上升起了第一面五星红旗后不久，他调到了北京，在《人民日报》文艺部担任领导工作。后来，他又担任了中国美术家协会副主席。在繁忙的工作之余，他创作发表了难以计数的漫画作品，成了闻名遐迩的漫画大家。

回顾自己成长的道路，华君武感慨颇多。他说："我体会最深的就是——作为一名漫画工作者，只追求艺术水平的提高是不够的。更重要的是要注意加强政治思想修养，还要和生活发生尽可能多的联系。"

华君武的作品内容大多是和时事政治、社会生活紧密相关的，或是对社会上的不正之风的抨击，或是对生活中的不良现象的讽刺。它们给读者的不仅是艺术上的享受，更多的是思想上的启迪。他的作品之所以能紧紧扣住时代的脉搏、抓住读者的心，不断地加强政治思想修养、经常地和生活联系，恐怕就是他成功的诀窍。

华君武说："加强政治思想修养，就得不断地学习，否则就跟不上形势的发展。不认真学习，就认识不清，理解不了，漫画如何配合当前的改革，就成了问题。"

“光靠学书本上的东西，还不能解决今天的问题，还要经常地和生活发生密切的联系。”华君武说，有些年他经常到下面去，和人民群众生活在一起，汲取了无穷无尽的创作素材。年纪大了之后，接触实际的机会就相对减少了，但他每天还是要看大量的报纸、杂志，从电视里和与人交谈中获得大量的生活信息。他说：“不了解生活，我也就什么都画不出来了。”

华君武笑着说：“我很赞成大学生利用课余、寒暑假搞一些社会调查，接触社会。大学生不闻窗外事不行，不接触社会不行。只有深入到生活中去，才能理解我们的社会，理解我们的人民，理解我们的国家。”

谈到漫画作品中反映大学生活内容太少的问题，华君武也有些遗憾。他说，大学生最熟悉自己的生活，现在工人、农民、战士，各行各业差不多都有自己的漫画家，大学生中要能出几位就好了。

“大学生、研究生正是青春年少、精力旺盛的最好时期，可要珍惜自己的时间。千万别等老了再叹息哟。”华君武的言语中充满了对青年一代的关心和爱护。

（原文发表于1987年）

时乐濛：辛勤耕耘 孜孜不息

◉ 刘顺发

时乐濛简历

时乐濛（1915—2008），生于河南伊川，原名时广涵。1938 年到陕北公学分校学习，1939 年到鲁迅艺术学院音乐系学习。1940 年留校从事音乐教学、创作和指挥工作。1944 年后在部队从事文化工作，1952 年被总政治部授予“中国人民解放军作曲家”称号。新中国成立后先后担任过中国人民解放军总政治部文工团艺术指导、总政治部歌舞团团长、解放军艺术学院副院长等职。

1938年10月，时乐濛到陕北公学分校学习。他是河南人，全面抗日战争前，在郑州的一所小学教音乐，交了不少共产党员朋友，懂得了许多革命道理。全面抗日战争开始后，他看了许多报道，深受共产党抗战的影响，特别是读了毛泽东在延安抗大做的报告后，他知道了延安是真正抗日的地方，就辗转到了武汉，又到了西安，通过八路军办事处，到了陕北。

在陕北公学分校，时乐濛学习了哲学等课程，遗憾的是时间太短了。1938年12月鲁艺到陕公分校招生，他考上了，就转到了延安鲁迅艺术学院，成为音乐系第三期的学生，跟冼星海学指挥，也学作曲。一年半以后，音乐系第三期结束，他留在了音乐研究室，担任鲁艺的合唱指挥，还兼任部队艺术学校、中国女子大学、西北文工团的音乐教员和延安市音乐工作委员会主席。当时他的主要工作是开展群众性的歌咏活动。

1944年夏，当时鲁艺音乐系的负责人吕骥让时乐濛到家乡河南开辟抗日根据地，他这个搞音乐工作的人，也搞起了武装斗争。后来他到了豫西军区、二野三兵团，一直随部队过了长江。1949年11月30日重庆解放，时乐濛担任了重庆市军管会文艺处处长，以后还担任过川东军区文化部副部长、西南军区战斗文工团政委。1953年，他调到解放军总政治部，先后担任总政歌舞团艺术指导、团长，1979年调到解放军艺术学院担任副院长兼音乐系主任。

“讲起来，我参加革命几十年，大部分时间是搞民族音乐工作，要说我感触最深的，还是延安的新秧歌运动。”1942年以前，在延安的文艺工作者中确实存在着脱离生活、脱离群众的现象。当时鲁艺开音乐会，有人还用外语唱外国歌，许多观众听不惯。“文艺整风”后，党号召文艺工作者到群众中去，到生活中去，学习民间艺术，学习群众的思想和生活。新秧歌运动就是在这种背景下搞起来的。新秧歌借助民间的秧歌形式，并对其进行创造性

的改造、加工和提高，赋予它新的内容。

“说实在的，刚开始，大家真不习惯，还有人觉得扭秧歌丢人。但陕甘宁边区人民非常喜欢这种艺术形式。”1942 年毛泽东《在延安文艺座谈会上的讲话》发表后，延安的文艺工作者就自觉地闹起秧歌来了，这就是人们听说的“新秧歌运动”。当时，时乐濛也参加了秧歌队，在乐队里拉二胡和提琴，也搞一些创作。他印象最深的是 1943 年创作大型秧歌剧《周子山》的一些情景。这个剧说的是刘志丹领导的赤卫队攻打黑龙寨的故事。在创作过程中，他们请老赤卫队员给以指导，才使剧情越来越符合实际。通过这个剧的创作，他进一步认识到了文艺工作者必须深入实际、向人民群众学习的道理。符合人民群众思想和生活的作品，自然会受到群众的欢迎。有一次大家演出秧歌，下起了大雪，他的提琴都湿了，可台下的观众仍然聚精会神地观看，大家受到观众的鼓舞，一直演了下去，直到黎明。

“一共创作了多少歌曲，我可记不清了。《三套黄牛一套马》是我 1949 年进军西南时创作的，写的是土改后人民群众得翻身的幸福生活，歌曲用了河南地方的曲调，却在四川流行起来，那时四川的大人小孩都会唱这支歌。”1952 年，全军举行第一次文艺会演，时乐濛当时所在的西南军区战斗文工团得奖最多。他自己创作的《歌唱二郎山》《英雄们战胜了大渡河》《刺刀擦亮保国防》三支歌也获了奖。这些歌曲也都流行了一段时间。这次会演结束时，总政治部授予他“中国人民解放军作曲家”的称号。后来，在大型音乐舞蹈史诗《东方红》的创作中，他担任创作组组长；在《中国革命之歌》的创作中，他又担任音乐核心组组长和作曲组组长。这两个大型歌舞中都有他创作的一些曲子。

“我们国家的音乐事业在不断发展，各种风格的歌曲及演唱方法荟萃歌坛，这是好事，各种艺术形式可以互相取长补短。我长

期从事音乐工作，只想说一句话：我们的民族音乐大有发展前途，要使它再提高一步，我们的民族传统不能丢。”时乐濛说，他愿意为振兴我国的音乐事业，特别是在普及群众性歌咏活动方面不断耕耘，孜孜工作。

（原文发表于1987年）

张腾霄：风雨润桃李　玉壶托冰心

◉ 杨　默

张腾霄简历

张腾霄（1915—2017），生于河南洛阳，1937年11月入安吴堡战时青年训练班学习，1938年10月加入中国共产党，同年入陕北公学学习和工作。曾任华北联合大学小学教材编写组组长，晋察冀边区雁北专区督学、民教科科长，中共中央宣传部教育研究室研究员，徐特立秘书，华北大学教务科科长。中华人民共和国成立后，历任中国人民大学教务部副部长、研究部副部长、哲学系主任、副校长、党委书记兼副校长。北京市哲学学会第一届副会长，中国高等教育学会第一届常务理事，第六届全国人大代表。

张腾霄，著名无产阶级教育家，中国共产党创办和领导高等教育的重要实践者，建设社会主义大学的重要探索者。战争时期，在炮火连天的严酷环境中和教学资源极度匮乏的艰苦条件下，他深切体会到革命和创业的艰辛；中华人民共和国成立后，他既目睹了教育事业在党的正确领导下取得的伟大成就，又亲历了错误的政治运动对教育事业的破坏，也见证了新时期教育现代化取得的显著进展。自延安时期参加革命工作起，张腾霄将自己的一生都奉献给了党的革命和教育事业，也与中国人民大学（以下简称“人大”）结下了不解之缘。他从事教育事业的一生几经起伏，折射着中国人民大学建校 80 年来的办学历程，也成为中国共产党开创发展中国新型高等教育的真实写照和生动缩影。

加入陕北公学，投身革命教育事业

1915 年 7 月，张腾霄出生在河南省一个农民家庭。他自青少年时期就立志从事教育事业，在孟县师范学校接受新式教育后，由于成绩优异留校工作，从此开始了教育生涯。1937 年，“七七”事变爆发后，张腾霄怀着抗日救国志愿毅然奔赴陕甘宁边区。他先后到安吴堡战时青年训练班、山西民族革命大学四分校、陕北公学第 34 队学习，在这些革命大学里，他接触到了崭新的知识和理论，系统接受了马克思列宁主义教育，很快地由爱国主义者转变为共产主义者，并于 1938 年 10 月加入中国共产党。随着革命形势的发展，抗日根据地日益扩大，开展干部教育与小学教育十分迫切。

1940 年 2 月，华北联合大学教育学院设立了小学课本编辑室。张腾霄承担了编辑室领导工作，带领大家编写了一套内容全新的

边区小学课本，满足了边区小学教育的需要。在这套教材中，关于劳动观念、生产知识的内容占到课本全部内容的37%。在张腾霄看来，“凡是编进教材的内容，应该是本学科最基本的知识，并且要结合实际生活的需要”。为宣传抗日，张腾霄有针对性地发表了许多文章。当时，国统区有部分教育工作者认为抗日是军队的责任而不是教育的任务，张腾霄在《抗战教育还是亡国教育》一文中，以事实驳斥了这种错误认识，指出如果没有抗战的教育，就根本不可能取得抗日战争的最后胜利。在调任晋察冀边区雁北专区督学、民教科科长期间，张腾霄还通过实地调查研究，在反对日伪奴化教育、办好社会教育和学校教育方面创造性地开展工作，推动了当地教育的发展。1948年，张腾霄调到中共中央宣传部研究室，在从事中小学教材编写工作的同时担任研究室党支部书记，并在一段时间内兼任徐特立的秘书。在徐特立身边，他不仅学习和研究教育科学理论，而且协助徐特立领导教材编审工作和筹备接管全国教育的工作。

“理论联系实际是人大的优良学风”

张腾霄认为，教育不是简单地把理论知识的系统性融化在生活的系统中，而是用理论来解释实践中提出的种种问题，用实践中发生的种种问题来进一步丰富和发展理论。

1949年春夏之交，张腾霄被调往华北大学二部从事教学工作。他坚持将思想教育和理论教育相结合，并不断在实践基础上总结教学经验。同年秋，他被调至华北大学校部任教务科科长，协助筹建中国人民大学。中国人民大学的创立标志着党的教育事业尤其是高等教育事业发展进入了新的阶段。张腾霄在高等教育实践中深知要按照规律办学，在担任学校教务科科长、教务部副部长、

研究部副部长期间，为人大在全国高校中发挥示范作用做出了突出贡献。20 世纪 50 年代初期，张腾霄发表过数十篇关于学习苏联教育经验的文章，其中《中国人民大学的教学工作》得到了老校长吴玉章、成仿吾的高度肯定，并刊登在《人民日报》上。他认为，学习苏联经验要避免教条主义，一要弄懂，二要联系中国实际。在组织协调教学工作时，他也特别重视总结理论与实践相结合的经验。在教育部召开的中国人民大学教学经验讨论会上，张腾霄介绍了学校科研工作经验，得到了广泛好评。

根据中宣部指示，人大于 1952 年成立了马克思主义研究班，张腾霄兼任班主任。他精心组织各项工作，制定了详尽的教学计划。几年时间里，研究班为全国高校和党政机关培养了大批理论课师资和理论宣传干部。20 世纪六七十年代，张腾霄曾两度担任人大哲学系主任，为人大哲学学科的起步、繁荣和发展做出了奠基性的贡献。其间，为取得教学经验、掌握教学规律、更好地领导教学和科研工作，张腾霄亲自讲授《神圣家族》《路德维希·费尔巴哈和德国古典哲学的终结》《唯物主义和经验批判主义》等马克思列宁主义原著。在他的带领下，人大在 1962 年初筹建了新中国高校第一个伦理学教研室，他和罗国杰以及教研室的同事们从条目开始，一点一点地积累学科资料。他还组织和主持了第一次伦理学研讨会，会后形成了我国最早的伦理学教学大纲。

张腾霄不仅强调基本理论和专业知识的学习，而且强调参加生产实习和社会调查的必要性，并将其作为主要教学内容来安排，还曾多次带领教师和学生做社会调查。“大跃进”时期，人大与北京大学联合组织了一个河南信阳调查组，他作为调查组的领导成员，实事求是地反映了调查结果，不料因此被错划为“右倾机会主义分子”，下放农村劳动改造。“高校的学风问题，是关系到能否为国家四化建设培养合格人才的重要问题。”张腾霄一直强调，

在改革开放的今天，特别是在高等教育改革中，要继承和发扬人大的优良学风，并不断丰富和发展其内容。

强调“又红又专”，影响人大哲学系一代学者

在中国社会科学出版社原社长兼总编辑郑文林的回忆中，张腾霄关于“又红又专”的一次讲话，曾引起了一场风波，也影响了一代学者。

20世纪60年代初，人大哲学系正处于大发展时期，郑文林和一些学生提前毕业，与一批毕业生一起分在哲学系教研室当助教。1962年秋天，在一次教师团支部组织生活会上，张腾霄对这些青年助教说：“‘红’是什么？就是爱国，为人民服务。拿什么去爱国，为人民服务？就要有本领，有业务，就要有‘专’。没有本领，没有业务，没有‘专’，光喊‘红’‘为人民服务’，都是空的。”由此，他要求大家提高业务水平，苦读书、讲好课，写出有见解的论文、著作。他指出，如果不努力，每个人都有可能被淘汰出去。不久之后，随着“重提阶级斗争”的发展，张腾霄这次讲话被当成一个“事件”。他因为在哲学系走“白专道路”做过几次检查，在“文化大革命”中又再度受到批判。然而，这次讲话在青年教师中引起的震动也是持久的。郑文林说：“每天晚上，我住的集体宿舍每间屋都灯火通明，每个人都在苦读。”

当时在中国哲学史教研室工作的张立文回忆，正是在张腾霄的鼓舞下，他坚定了既讲好“中国哲学史”课程，又搞好科学研究的信念，“他曾经对我们说，教研室的任务，一是教好课，二是做好科学研究，把这两项任务完成得好，就是好教员。讲课讲得好，文章又写得好，这是金饭碗；讲课讲得好，文章写得还可以，这是银饭碗；讲课讲得一般，写文章差一点儿，这是铁饭碗”。此

后，方立天和张立文成为中国哲学界的领军人物，方克立、郑杭生等著名学者也从教师团支部走出来。同时，在张腾霄的支持下，当时人大哲学系的苗力田、石峻、林万和、王方名等知名学者都在学界发挥了重要作用，陈先达等青年学者也迅速地成长起来。

人大校园里的“打杂”领导

“文化大革命”期间，张腾霄再次被迫离开学校，直到1978年复校后，他才又回到了百废待兴的校园。复校初期的人大校园像“一张白纸”，教师没住处，学生吃饭难……

1979年3月，担任副校长后，张腾霄一刻不停地投入学校重建和发展的工作中。他表示“愿意当个后勤部长”，“从兴趣和志向考虑，我很想腾出时间搞研究、做学问，但看到很多教师和学生连起码的教学和学习条件都保证不了，我不能熟视无睹”。在成仿吾的带领下，张腾霄多次为解决校舍问题向中央领导反映情况，到有关部委进行沟通协调，还带领后勤职工千方百计创造条件，保证办学需要。

当时，人大有四五个学生食堂，较远的距离宿舍一公里多。有些学生怕走路费时间，就饿着肚子去上课。学校决定在学生区建一座供四千学生用餐的大食堂，可是在请施工队时遇到了困难。张腾霄四处奔走，在北京市建委的协助下，终于请到一支技术水平较高的建筑队。学校为他出行安排了汽车，他却总是独自一人骑着自行车到工地，与施工工人交谈，查看工程进度。他衣着朴素、谈吐直率，很长时间内，工人们竟不知道他是学校领导。有人对他这位“打杂”领导十分不解。他说：“这有什么不好呢？我在延安时，就自己动手打土坯盖校舍。今天条件好多了，为什么就不能干了呢?”

张腾霄还常常亲自做思想工作，疏通渠道，绞尽脑汁地解决教师们的住房困难。20 世纪 60 年代初，哲学系留校工作不久的一名青年教师得了肝炎，张腾霄让他住到自己家里养病，还请了一个保姆，既照顾自己的老父亲，也照顾这名青年教师。20 世纪 80 年代初，人大建成了十几幢宿舍楼，不少教职工搬进了新居。张腾霄当时主持全校日常工作，一家三世同堂，住在校外，居住条件十分拥挤。学校考虑他年纪大了，工作又十分繁忙，曾几次为他安排住房。他总是说：“先让住房更困难的同志住吧！我再等等。”此前，人大原党委书记马绍孟曾与妻子、父母和儿女一起住在 13 平方米的筒子楼里，由于居住条件紧张，他晚上不得不睡地板。张腾霄亲自到他家了解情况，让他先到自己家里暂住，再继续想办法解决问题。马绍孟虽然执意不肯，但仍然十分感动，感到“心里暖暖的”。此后没过多久，学校就为他多分配了一间房。

1983 年 6 月，张腾霄任职人大党委书记兼第一副校长，主持学校全面工作，他排除各种干扰，力求坚持以教学为主，认为培养人才是建设现代化强国的百年大计，直接关系到国家未来的发展。1983 年 12 月，在学校第八次党代会上，张腾霄代表校党委做报告，提出了建设具有特色的综合性社会科学大学的战略任务，并提出提高教学质量、坚持科研为提高教学质量和“四化”建设服务等重点工作的要求。

退居二线，心系人大改革发展

1985 年，根据张腾霄的主动要求，他退居二线，担任中国人民大学的顾问和校务委员会委员，把全部的心力倾注到了教育科

研工作中。受教育部原党组书记、常务副部长、著名人民教育家董纯才的约请，1987 年 3 月，年过古稀的张腾霄再担重任，协助主持《中国革命根据地教育史》编写工作。《中国革命根据地教育史》是“七五”国家级重点教育科研项目，董纯才在抱病主持编写工作研讨会时说：“张腾霄同志在延安和华北敌后根据地都是搞教育工作的，解放后还是搞教育工作。最近在他主持下搞根据地干部教育研究，也很有成绩。他的思想性强，自己是‘笔杆子’，身体也健康，所以让他具体负责编写工作是合适的。”作为副主编，张腾霄组织课题组 30 多名成员夜以继日地工作，他不仅在有关人员的协助下逐章逐句地审稿、统稿，而且亲自撰写了十多章书稿。《中国革命根据地教育史》出版后，邓小平题写了书名。这本书被视为填补了中国教育史研究的一个空白，是中国新民主主义教育理论的主要组成部分，是建设有中国特色社会主义教育理论的基础。此外，张腾霄还承担了国家重点科研项目《中国共产党的干部教育》编写工作，并发表了《什么是教育哲学》《从方法论谈孔子的教育思想》《把思想教育放在干部教育的首位》《成仿吾教育思想的理论与实践》等一系列宣传马克思主义教育理论和弘扬革命根据地人民教育革命传统的论著，以及教育学、教育哲学方面的论文。

“要发扬艰苦奋斗的人大精神”

张腾霄为教育事业倾注了毕生心力，但不论是在校期间还是退居二线后，他在个人待遇方面从来没有提过要求。他在 80 多岁高龄时，出行仍然坚持只花几毛钱乘坐公交车，家人要他乘坐出租车，他总是舍不得花钱；家中的陈设十分简单，常坐的竹躺椅，由塑料绳加固着，被磨得油光光的；吃饭经常是一碗面条、一碟

小菜；常年穿着中山装、布底鞋，衣服穿了很长时间仍然舍不得丢掉。组织部领导曾经找他谈话，希望他填写表格办理相关手续以便落实较高的待遇，被他拒绝了："填这个干什么？革命嘛！要什么好处！"他在人大哲学系工作近20年，始终没有要求评教授职称。张腾霄曾反复强调要发扬艰苦奋斗的人大精神，作为哲学系主任在开学迎新会议上讲话时，他特别提出要传承延安时期的"马扎精神"。离休后，他谈到学校发展时说："刚进城的时候，国家真是穷，处处都需要钱。我们不能为了自己的发展就跟国家伸手要钱。别人可以，人民大学不行。"

"父亲对人大、对人大哲学系有很深厚的感情，这种感情是爱到骨子里的感情，是发自心底的爱。"张腾霄的儿子张进京说。直至病重昏迷时，张腾霄依然惦记着学校。病重期间，张腾霄已经神志不清，但只要提到"组织来看你了"，他就有反应。人大哲学院院长姚新中回忆到重症监护室探望张腾霄的情景时语带哽咽："当呼唤'张校长''张书记'时他都没有反应，但呼唤'张老师'时，他睁开眼睛看了看我。由此可见，他对于作为哲学系'老师'深入骨髓的记忆以及对学生的万分惦念和深厚感情。"

2017年2月14日晚，人大官网发布张腾霄逝世的消息后，学校的大多数师生才得知老书记永远地离开了。此前，张腾霄的遗体已于2月8日，即去世后一天火化，甚至没有留给大家瞻仰缅怀的时间。老书记的告别如此悄无声息，皆因他生前就立下遗嘱，要求丧事从简，低调处理后事，不必开追悼会，不要做遗体告别，不须发唁电。学校和家人选择尊重他的遗愿。2月17日，中国人民大学新学期正式上班第一天，张腾霄的家属就到学校办理了周转房退房手续，此时距离张腾霄去世仅仅10天。

"人民大学走过80多年风雨历程，张老是一个代表人物。"中国人民大学党委书记靳诺表示，人大师生将继承和弘扬张腾霄的崇高精神和高尚品格，继续推动张腾霄倾注了毕生心血的中国人民大学各项事业发展。她说："总结人民大学走过的路，我们始终与党和国家同呼吸、共命运。正是以张老为代表的一代代人大人，他们艰苦奋斗、无私奉献，才使中国人民大学在新中国高等教育史上留下了浓墨重彩的篇章。"

（原文发表于 2017 年）

吴大琨：赤诚爱国　求实创新

◉ 雷　达

吴大琨简历

吴大琨（1916—2007），江苏吴县人，中共党员。著名世界经济学专家、中国经济史学家。曾任中国人民大学国际经济系名誉主任、教授、博士研究生导师、校务委员会委员、太平洋经济研究所名誉所长，中国世界经济学会副会长，中国金融学会常务理事。

吴大琨1916年10月8日生于江苏宝山。早年就读于苏州高级中学，1932年上海“一·二八”事变后辍学。一个偶然的机会，他在苏州的一家旧书店发现了一本《西方革命史》。这本书讲国际共产主义运动，使年轻的吴大琨大开眼界，一下子发现了一个新天地。学校复课后，吴大琨已不能忍受“读经复古”之类的教学内容，他的注意力已被《通俗资本论》和日本学者河上肇的《经济学大纲》等马克思主义政治经济学著作所吸引。在高中学习期间，吴大琨就参加了中国共产党的外围组织“世界语学会”，并自愿参与了第三国际刊物《中国论坛》在苏州的秘密发行工作。

1934年，吴大琨考入私立东吴大学。学习期间，他参加了上海的中国农村经济研究会，结识了负责编辑机关刊物《中国农村》（月刊）的薛暮桥，经常和薛暮桥通信，请教一些问题，使他在学习马列主义经济理论方面获得很多教益。

1935年，为了躲避国民党特务的追捕，吴大琨东渡日本，在一所私立高等学校挂名当“研究生”，主要精力用于自学英文版《资本论》和翻译英文版列昂节夫的《政治经济学》。在日期间，吴大琨结识了孙冶方、任白戈，并在任白戈的领导下参加了一些进步活动。到1936年夏季，他已把列昂节夫的《政治经济学》译了将近一半，而国内中国共产党领导的抗日救亡运动正在轰轰烈烈地展开，于是，吴大琨便于这年暑期返回了上海。

回到上海后，吴大琨经章乃器推荐，担任了全国各界救国联合会宣传部总干事，从事该会机关刊物《救亡情报》的编辑工作。沈钧儒等“七君子”被捕后，吴大琨的工作特别艰苦。幸好这时，吴大琨已和另一位朋友合作，把列昂节夫的《政治经济学》全书译出，用《大众经济学》的书名，交给新知书店出版。这本书一出版就受到了广大读者的欢迎，不久又再版。吴大琨靠这本书的稿费，不仅维持了自己的生活，还接济了一些患难中的朋友。随后，全面抗日战争爆发，“七君子”出狱，《救亡情报》停刊，吴

大琨就和刘良模一起去内地投入到“军人服务”的工作中，并在南京和武汉会见了当地八路军办事处的同志。但不幸的是，吴大琨在武汉被国民党军用车撞断了右臂骨。为了养伤，他只好在1938年经由香港，回到当时的“孤岛”上海租界，并在那里参加中华职业教育社第四中华职业补习学校举办的“现代知识讲座”，开始对青年讲授马克思主义政治经济学常识。在香港时，吴大琨见到了宋庆龄，参加了她领导的保卫中国同盟工作，回到上海后就亲自负责接待新四军的工作。

1939年2月，吴大琨代表上海的爱国人民团体保卫中国同盟去皖南新四军总部慰劳。慰劳新四军后回皖南的太平县时，被国民党特务逮捕，押送至江西上饶集中营监禁。1942年，由爱国民主人士吴觉农、陈鹤琴出面保释出狱。出狱后，在福建建阳受聘为暨南大学文学院讲师，先后教英文和“战时经济”。一年后去广东曲江，在自己的母校东吴大学文理学院经济系任副教授，讲授经济学。1944年，日本发动豫湘桂战役，东吴大学文理学院在迁到桂林后停办。吴大琨经地下党同志的介绍，参加了美国空军地面联络司令部的联络工作。日本投降后，吴大琨乘胜利后的第一架美军飞机由昆明飞回上海，并于1945年9月在上海加入中国共产党。在上海，他创办了《经济周报》，并开始自学世界经济学。1946年10月，吴大琨受美方聘请，到美国西雅图华盛顿州立大学远东研究所从事美国经济和中国经济的研究工作。他从研究战后美国经济情况入手，对美国垄断资本财团进行了深入的研究，获得了许多有价值的研究成果。如《原子弹的秘密》一文，阐明了美国垄断资本财团与美国原子工业发展的关系，该文在中国《经济周报》发表后，曾被美国《华侨日报》等报纸转载。与此同时，他开始潜心研究马克思所说的“亚细亚生产方式”问题。

1949年暑期，吴大琨从美国回国一次，列席了中国人民政治协商会议第一届全体会议。1951年，吴大琨从美国取道欧洲回国，到

山东大学任教。在此期间，他主要从事中国经济史的教学、研究工作，先后在《文史哲》和《历史研究》杂志上发表了有关中国历史分期、《红楼梦》时代背景和资本主义萌芽问题的学术论文，并在三联书店出版了《中国的奴隶制经济与封建制经济论纲》一书。

1957年9月，吴大琨调到中国人民大学经济系任世界经济教研室主任。在主持教研室教学领导工作的同时，他用很大精力研究美国经济危机问题，获得了令人瞩目的成果。1957年，美国和整个资本主义世界发生了经济危机。吴大琨应邀到一些单位做了关于美国经济危机的报告，这个报告以《谈谈美国经济危机》为书名，由工人出版社出版。尔后，吴大琨在大量搜集资料的基础上，从理论与实际的结合上对经济危机理论进行了新探索，发表了10多篇评论资本主义经济危机的论文。1978年中国人民大学复校后，他继续进行资本主义经济危机理论的研究，发表了10多篇论文。1986年，他把20多篇论文汇编为《资本主义经济危机与经济周期》一书，由辽宁人民出版社出版。

经过长期的潜心研究，吴大琨对资本主义经济危机具有许多独到的见解。他认为：资本主义世界自1857年发生第一次世界性经济危机以后，到第二次世界大战爆发前为止，共计发生了11次世界性经济危机。其中，发生在19世纪的共有5次，这是属于资本主义自由竞争阶段的世界性经济危机；发生在20世纪的共有6次，这是属于垄断资本主义阶段的世界性经济危机。上述两个阶段危机的情况大不相同：第一，由于社会矛盾的加深，经济周期的时间缩短了，由以前的平均10年发生一次，变成平均不到10年就发生一次。第二，在周期中的危机与萧条阶段比较长，经济危机已变得愈来愈难以克服。第三，危机的深度与广度、危机的严重性和破坏性也较以前大大增加。1929年到1933年资本主义世界的大危机正是这些特点的真实写照。

吴大琨认为：第二次世界大战后，由于国家的全面“干预”，

资本主义的经济危机与经济周期同战前相比，发生了一些变形，形成了一些新的特点：第一，各主要帝国主义国家的经济危机均频繁发生，但发生的时间、情况各不相同、参差不齐。这是由于第二次世界大战和新的一次技术革命对各国经济的影响程度不同，使危机的周期规律受到了干扰。第二，经济周期的四个阶段较之战前已变得不十分明显，萧条和复苏阶段在战后已合而为一。第三，由于西方国家政府实行“反危机”政策，战后资本主义世界各国经济危机与经济周期的深度不如战前严重。但这种政策只能改变经济危机出现的形式，并不能消除资本主义社会的基本矛盾。第四，战前的危机是以伴随通货紧缩为主要特征的货币信用危机，战后的危机则是以伴随通货膨胀为主要内容的财政金融危机。

1979 年，吴大琨重新致力于研究“亚细亚生产方式”问题。1980 年前后，他为全校硕士研究生开设“亚细亚生产方式研究”讲座。1981 年，他在《中国史研究》1981 年第 3 期上发表了《从广义政治经济学看历史上的亚细亚生产方式》一文。他确信马克思所说的历史上的生产方式是六种而不是五种，中国同古代的埃及、巴比伦一样，属于马克思所说的“亚细亚生产方式”的范畴。吴大琨的这篇论文后被译成英文发表，并被收录在英国 1983 年出版的题为《马克思主义在中国》的论文集中。目前，他正在组织撰写《亚细亚生产方式研究》一书。他认为这不是一个仅仅关系到中国历史的问题，而是一个关系到整个第三世界历史和世界历史的问题。

吴大琨不仅是负有盛名的世界经济学专家、中国经济史学家，而且是诲人不倦的教育家。他在山东大学和中国人民大学任教 40 年如一日。在他主持中国人民大学经济系世界经济教研室工作期间，确立了世界经济学的学科体系，编写了教学大纲和教材，为国家培养了第一批世界经济专业的人才。1979 年中国人民大学经济系设立世界经济专业后，为使该专业更好地适应改革开放的新形势，更多地同国外学者建立起学术交流关系，吴大琨与中国人民大学世界经

济教研室的同志们共同努力，在缺乏资金、编制的情况下，于1987年建立了中国人民大学太平洋经济研究所，他亲自担任该所所长，并自筹资金主办了全国第一届太平洋经济学术研讨会。1988年中国人民大学国际经济系成立，吴大琨又兼任该系的名誉主任，为系领导班子的组建和学科发展规划花费了很多精力。

在抓好学科专业建设的同时，吴大琨还致力于研究生培养工作：第一，他坚持以马克思主义为指导，在研究生培养方案中规定马克思的《资本论》和《〈政治经济学批判〉导言》等经典著作为必读书目，并亲自为学生主讲《马克思恩格斯全集》第46卷和《资本论》选读课程。第二，在研究方法上强调以史带论，在培养美国经济方向的研究生时，将"美国通史"列为专业基础课，将"美国经济史专题"列为专业主干课，并亲自主持这两门课的讲授和考核工作。第三，在研究生研究方向的选择上，鼓励学生开拓新领域、研究新问题。在吴大琨的指导下，他的博士研究生学习成绩优良，博士学位论文水平较高，有些论文出版后在社会上引起了较大的反响。

作为著名学者，吴大琨还致力于学生的思想政治工作。1989年以来，他先后为全校学生做了"美国资产阶级民主的实质""上饶集中营的斗争经历""大学生的入党动机""如何看待当前的国际形势"等专题报告。这些专题报告理论结合实际、生动活泼，受到学生的热烈欢迎。

由于吴大琨在教学、科研工作中成绩突出，他从1990年起享受国务院政府特殊津贴。

从20世纪50年代后期开始，吴大琨先后担任第三届、四届、五届、六届全国政协委员、全国政协提案委员会委员，第七届、八届全国人大常委会委员、全国人大财经委员会委员，中国民主建国会中央委员会常务委员、中央咨议委员会委员，香港基本法起草委员会委员，积极参政议政，成绩卓著。

（原文发表于1995年）

周巍峙：与文艺的一世不解之缘

◉ 彭凯雷　戚娟娟

周巍峙简历

周巍峙（1916—2014），江苏东台人。1935 年参加中国共产党领导的“苏联之友社”音乐组，担任中国歌曲作者协会执行干事。1938 年 7 月入党，同年任西北战地服务团副主任。1944 年至 1949 年期间，先后任延安鲁迅艺术学院文工团副团长，华北联合大学文工团团长、戏剧系主任、音乐系主任，中共张家口市委文委书记等职。1949 年至 1976 年期间，任中央歌舞团团长，中央实验歌剧院院长，文化部艺术局局长，中国艺术研究院副院长，中国音协、舞协、曲协副主席等职务。1976 年担任文化部电影局核心小组组长。1977 年起先后担任文化部副部长、党组副书记、党组书记、代部长、第一副部长等职务。1982 年领导和组织创作、演出大型音乐舞蹈史诗《中国革命之歌》。1996 年当选中国文联第六届全委会主席，2001 年当选中国文联第七届全委会主席，2011 年当选中国文联第九届名誉主席。曾主编《聂耳全集》《冼星海全集》《中国戏曲音乐集成》等。

他，通过主编的《中国呼声集》将《国际歌》介绍给中国广大读者，在敌后首次指挥了《黄河大合唱》，创作了传世佳作《中国人民志愿军战歌》和《十里长街送总理》，参与领导、创作了大型音乐舞蹈史诗《东方红》和《中国革命之歌》，耄耋之年当选中国文联主席，年过八旬仍奔走于长城内外、大江南北，为祖国文化艺术事业操劳。

他，就是周巍峙。

炎炎夏日，一个周日的上午，我们有幸走入他飘溢着书香的家，走近这位鹤发童颜、神采奕奕的老人。

抚今追昔，周巍峙神思悠远，浓浓的苏北口音饱含深情，讲述了他与文艺的不解之缘。

一

1916 年的暮春时节，周巍峙诞生于江苏东台一个城市贫民家中。幼年时断断续续地读过两次私塾、两年高小（没毕业），是“读书”与“接触社会”，将他引上了文艺的道路。

从《申报》馆图书资料部的练习生，到邹韬奋的《生活日报》筹备处文书，再到给李公朴做秘书，他开阔了视野，丰富了阅历，增长了才干，磨砺了手中一支笔。到 20 岁时，他担任读书生活出版社出版部的主任，完成进步书籍印刷出版的繁重任务，已能独当一面。那时，他的主要工作还是在广大工人、店员和学生中开展救亡歌咏运动和救国会运动。

1935 年秋，他参加了党领导的“苏联之友社”音乐组，并在业余合唱队和歌曲研究会担任中国歌曲作者协会执行干事。没有经过专业训练的周巍峙，凭着自己的热忱与才智，开始涉猎声乐，创作歌曲，学习指挥。1935 年至 1937 年间，他创作了《前线进行

曲》《上起刺刀来》《起来，铁的兄弟》等歌曲，并为《国难记》配上地方戏及民歌曲谱。1936 年 7 月，他编辑出版了第一本救亡歌曲专集《中国呼声集》，因被禁，改名《民族呼声集》出版，共在全国销售 45 000 册。他通过这本书，巧妙地把《国际歌》作为苏联国歌，公开介绍给广大读者，宣传共产主义。全面抗战爆发后，周巍峙参加了八路军，投身于抗日战争。

二

1938 年秋，周巍峙第一次走上了文化团体的领导岗位。当时的中央组织部部长陈云任命他为西北战地服务团副主任。11 月，周巍峙率西战团奔赴敌后抗日根据地晋察冀边区。西战团先后受晋察冀军区和中共中央北方局领导。时年 22 岁的周巍峙，不仅要领导好全团的创作演出、编辑出版等工作，更要负责全团同志的生命安全，保障他们的生活，深感责任重大。

他领导西战团除了进行大量的创作演出活动以外，还为建立村剧团做了大量工作。他于 1940 年春夏间，首次在敌后创办了乡村艺术干部学校并任总校校长，有计划地训练各地村剧团干部及负责文化工作的区干部。他还多次参加对敌政治攻势工作，偕同西战团凌子风、陈强等参加武工队，在敌人炮楼所在村进行文艺演出，分化争取敌伪军。

那时的演出条件极为艰苦，打游击的时间比演出的时间还要多，但只要战斗一停，周巍峙就带领团员们开始演出。他至今还记得那时的情景，根据地的老百姓在反“扫荡”中担惊受累，食不果腹，要靠摘杨树叶腌菜过活，因身体太弱，从树上摔下来还要爬上去摘。就是这样的生活境遇，老百姓仍不肯错过一次村剧团庆祝胜利的演出，没有了锣鼓，就跑到几十里外的村子去借。

为了这样好的人民，周巍峙和团员们已不是“表演”，而是表现，用心来表现他们对人民的深情。

全面抗战进入相持阶段，日寇的进攻和国民党的封锁，使晋察冀边区陷入前所未有的困境中。周巍峙深深地记得那是黎明前最黑暗的时刻，越是临近抗战胜利，那光明到来前的黑暗也越发浓重、压抑。西战团的全体成员与根据地人民同甘共苦，吃黑豆，喝盐水汤，坚持斗争。也就是在这一时期（1941 年到 1942 年期间），周巍峙第一次走入华北联合大学文艺学院，为学员们讲授了几个月的作曲和文艺理论课程。尽管生活极为艰苦，但华北联大学员们仍斗志昂扬，努力提高，要更好地为人民服务。

敌后工作五年半，周巍峙先后担任了中共中央北方局文艺委员、晋察冀边区文联宣传部部长、边区音协主席等职。1943 年初，他还当选为边区参议会的参议员。

1944 年 4 月，周巍峙带领西北战地服务团回到了革命圣地延安，全团分散学习。他为向党的七大献礼，领导了三个解放题材话剧的创作和演出。抗战胜利后，周巍峙继续留在延安，负责撰写西战团敌后工作总结专稿。

1945 年 12 月，延安鲁艺迁至东北解放区，华北联大正式成立文艺学院，周巍峙也随之来到张家口，他又一次走进华北联大。从 1946 年初到 1948 年初，他先后任华北联大文工团副团长、团长，管理过戏剧、音乐两系的教学工作。

六百多个日日夜夜，他潜心教授“音乐简史”和“聂耳研究”两门课，并负责领导文工团的演出活动。此时恰逢解放战争进入最为困难的时期，虽然生活条件较抗战期间有所改善，但办学条件依然艰苦。上课没有黑板，他把歌曲讲义油印在废纸上，悬挂起来讲课。解放区的学习生活也是平静与紧张交织，时而安宁，时而要抵御国民党的进攻。在繁忙的领导工作和教学工作之余，他还悉心研究了声乐及音乐史等专业知识，以求能更系统深入地

把音乐理论知识传授给学生们。

石家庄解放后，1948 年初周巍峙被调入石家庄市从事新的工作。从此，他离开了华北联大。

忆及两次在华北联大教学的时光，周巍峙感触颇深："虽然环境艰苦，很多时候教学工作受了很大限制，学期不能太长，但学校绝不仅仅是短期培训班。"周巍峙十分反对某些认为战时大学就是短期培训班的错误观点，他认为党非常重视培养干部的工作，办学面向做过基层工作、有实践经验的年轻人，这对服务于当时工作的需要和培养出高水平党的干部有十分重大的意义。华北联大在教学中注重理论和实践相结合、普及知识与提高能力相结合、战争的需要与未来的需要相结合，周巍峙尤为赞赏这"三个结合"。正是这三个方面的有机结合，为革命胜利及以后的建设培养了大批人才。

峥嵘岁月中，撒下了周巍峙辛勤的汗水，撒满了周巍峙激昂的歌声。从全面抗战开始到全国解放，除长期担任文艺领导工作外，周巍峙还积极投入创作之中，写下了大量群众歌曲，并创作或参与创作了《两年间》《相信谁》《八路军和孩子》《不死的老人》等几个歌剧。他还为夏衍改编的著名话剧《复活》创作了《啊，可爱的喀秋莎》等插曲。1938 年 9 月在延安开始参加现代题材京剧的音乐改革工作。1939 年在敌后首次指挥了《黄河大合唱》。他还为城市戏曲方面调查研究、团结戏曲艺人等工作付出了大量心血。

新中国成立后，周巍峙主要负责艺术事业的领导管理工作，领导组织全国艺术创作演出和评奖活动。大型音乐舞蹈史诗《东方红》与《中国革命之歌》的创作、演出获得了极大成功，他功不可没。在音乐事业建设方面，周巍峙呕心沥血，但个人的音乐创作却受到了一定的影响。然而为了祖国文艺事业的繁荣昌盛，他甘于奉献自己的一切。"一生打杂终不悔"——正是周巍峙一生

辛勤工作与高尚人格的写照。

同时，作为一名文艺工作者，周巍峙才华横溢，他创作的《中国人民志愿军战歌》及《十里长街送总理》，脍炙人口，流传久远。

三

步入耄耋之年之后，周巍峙仍没停下他那奔忙一生的脚步，他难舍与文艺的不解之缘，仍在为之操劳。其中，十部民族民间文艺集成志书和中国革命文化史料的征集和编纂出版工作，几乎让他倾注了全部的心血。

早在十年浩劫中，周巍峙就目睹了民间文艺资料大量流失，深感惋惜之余，他开始思索如何抢救民族民间艺术瑰宝、妥善整理保存这些资料的问题。

改革的春风拂遍神州大地，当时年近七旬的周巍峙，旋即以百倍的热情投入这项紧迫的任务。终于，文化部牵头，国家民委及中国各有关文艺家协会共同发起组织了“十部民族民间文艺集成志书”的编纂出版工作。周巍峙任全国艺术科学规划领导小组组长，主攻十部民族民间文艺集成志书这一系统的重点文化建设工程。这十部文艺集成志书由省、自治区、直辖市分卷编纂，共计300卷，约450册，近5亿字，内容囊括了民族民间文艺的方方面面，如民歌、器乐、舞蹈、曲艺、戏曲、民间故事、歌谣、谚语等。内容翔实、图文并茂，对资料的注释与考证、各民族民间文艺发展的历史与源流均写有研究文章。这项工程被海内外学者誉为“中国民族文化的万里长城”。

周巍峙的足迹遍及江南塞北，他走遍全国各省、自治区、直辖市，每年都要深入六七个省份，花去近半年时间进行督促、检

查和审稿的工作。年已八旬，周巍峙仍在甘肃、青海、新疆等边远地区，不辞辛劳地工作着。他一方面感叹边疆地区民族文化的璀璨，一方面深感编纂任务比较重、条件亦很困难，需要各方面的大力支持。由于民族民间文艺沿袭“人在艺在、人去艺亡”的传统规律，因而有的民间老艺人，还没等到收集整理好其全部“绝活儿”便不幸辞世，致使技艺失传，留下无尽遗憾。为此，周巍峙深感集成志书的编纂工作迫在眉睫，唯有倾尽全力完成，才能上对得起祖先——使传统文化遗产不丢，下对得起子孙——满足当代及未来文化事业的需要。

令周巍峙颇感欣慰的是，在这项由他领导的，全国 30 个省、自治区、直辖市约 5 万人参加的浩大工程中，大家由于认识到抢救民族遗产的重要性和编纂集成志书的使命感和迫切感，工作都十分积极投入，都按时保质完成了任务。

关于党领导下的新民主主义时期的革命文化史料征集和编纂出版工作，是周巍峙辛勤耕耘的另一沃土。谈起解放区文艺史，周巍峙不无感叹。他曾在解放区从事文艺工作，对解放区的文艺状况深为了解。然而，长期以来，不少人误认为解放区文艺“只是宣传没有艺术”，是“狭隘的农民艺术”，甚至说那一时期没有文艺作品，是“文化断层”。一个时期，高等学校教材中偏重的也是“国统区文艺史”，有关解放区文艺的情况介绍较少。作为一名从解放区走过来的老文艺工作者，对于此种现象，周巍峙深感遗憾。他说，解放区文艺工作是在十分艰险危急的战争环境中进行的，有不少佳作。

“那是雪山上的‘雪莲’啊!”周巍峙深情地评述着，那里确实诞生了稀有珍贵的艺术之花。难道说，郑律成的《中国人民解放军进行曲》不是艺术精品？冼星海的《黄河大合唱》不是伟大的艺术？王昆等的歌声不是优秀的艺术？

追忆当年约有 3 000 名文艺工作者在晋察冀边区投入革命斗争

的情景，周巍峙的心激动了：“解放区为新中国培养了大批文艺骨干，为共和国的文化事业奠定了坚实的基础，一定要对解放区文艺工作有正确评价！”

周巍峙强调文艺为战争服务是当时战略的需要，符合人民的利益，绝不是短视。解放区同样拥有璀璨的艺术结晶，并在战争中使传统文化艺术得到了创新，有关这一时期的资料散失严重，如果现在还不收集整理，那么这段珍贵的文艺史会被人们淡忘。

周巍峙和一些老同志一起组织领导 13 个协作小组，深入各省原解放区所在地，发掘整理资料。除此之外，他还负责推动和组织全国文化史志部门，收集新民主主义革命时期党领导革命文化工作的史料，整理成书出版，已经有几百本此类书问世。

周巍峙人到暮年仍壮心不已，以满腔的赤诚向世人诠释着两个问题：

——中国是否具有最为悠久、灿烂的文化艺术？无疑，300 卷的民族民间文艺集成志书，为中国文化做了最有力的界定。

——中国的解放区文艺工作有无贡献？他从事的中国解放区文艺史编纂工作的成果做了最响亮的回答。

周巍峙为祖国的文艺事业默默奉献几十载，为弘扬党的革命文艺路线做出了突出贡献，却总是自谦为“文联一新兵”。他说，要按照中央对文联提出的“协调、服务、桥梁”的精神去做工作，采取多交朋友的方法，真正了解文艺家的想法，了解他们的需要，更好地为他们服务，同时采取各种方式引导他们更深入地学习党的文艺方针，更好地为人民服务，为社会主义服务。

“我的工作很杂，但我都很喜爱，一生做个‘打杂工’。”

“我做事讲求效率，讲求一步一个脚印，有始有终。”

周巍峙对我们说过的话仍萦绕耳际，他那儒雅的长者风范、谦逊朴实的言辞、慈祥可亲的微笑，一直打动着我们、感染着我们。

（原文发表于 1997 年）

彦涵：“赢得了青年就是赢得了时代”

◉ 郑成武

彦涵简历

彦涵（1916—2011），原名刘宝森，江苏连云港人，中国著名版画家、油画家。1935 年考入国立杭州艺术专科学校学习中西绘画。1938 年赴延安，在鲁迅艺术学院美术系学习木刻。1939 年参加鲁艺木刻工作团赴太行敌后抗日根据地，在八路军中从事木刻艺术创作，并在晋东南鲁艺分校任教。1943 年至 1949 年先后任延安鲁迅艺术学院、华北联合大学、华北大学美术教员。在此期间，创作了《狼牙山五壮士》《向封建堡垒进军》《豆选》等木刻作品。1949 年后历任国立杭州艺术专科学校、中央美术学院教授、系主任，中国美术家协会第一届、二届理事，第三届、四届常务理事，中国版画家协会副主席。曾任天安门人民英雄纪念碑美术组副组长，并设计《胜利渡长江》浮雕稿。2001 年中国文联和中国美术家协会授予其“金彩奖、成就奖”。2003 年文化部授予其“造型艺术成就奖”。

曾于国内举办几十次个人国画、油画、版画展；在法、德、美、日、菲、韩等国举办个人展览。木刻作品《老羊倌》《飞翔》《烈士颂》等为中国美术馆收藏。出版有《彦涵木刻选集》《彦涵版画集》《彦涵中国画集》《彦涵画集》《彦涵插图选》《彦涵》《彦涵艺术写生集》《彦涵艺术随感手书集》等。

“咱们的画匠”

1947年3月10日，《冀中导报》副刊登载了一篇文章《艺术工作者在前线》，其中有这么几段：

> 二月二号的晚上，子弟兵包围了西马村据点，在离岗楼仅二十公尺的一间民房里，战士们脱下棉袄开始挖坑道，屋里仅有一盏黑油灯，敌人的手榴弹、迫击炮弹的碎片不时落到屋顶上和院子里。
>
> 门口上，一位高个子穿黑大衣的人，他借着月光和屋内暗红的灯光，时而看着战士们紧张的挖掘工作，便又在一张白纸上挥动着自己的笔。天气是很冷的，不到两分钟就要用嘴里的热气溶化一次，他不断地移动着位置，从几个方向来观察战斗的场面，战士们看见有人在画他们，干的就更有劲。
>
> 这是谁呢？原来是解放区闻名的平原宣教团（即华北联大，“华北联大”是当时对外的称号。——引者）美术教员彦涵同志。
>
> 战斗结束了，战士们挤满了彦涵同志的房子，要求把画片送给他们，彦涵同志像对待老朋友一样，满高兴地答应了。
>
> 第二天上午，二十多幅彩色的坑道、射击、喊话等战斗写生画，在战士中流传开来，他们大声地笑着嚷嚷着，在画上寻找着哪个是自己。
>
> 彦涵同志离开以后，战士们总是关心地问“咱们的画匠呢？”

这已是几十年以前的事了。当时彦涵是华北联大的美术教师，“你可别以为我们那时能在画室里创作，像现在这样。不，不，那

时是打仗，腰里插着手榴弹，说死就死啊!”彦涵说着，笑着，很轻松，但更显出昔日的艰辛。

他从小就喜欢画画，后来进了国立杭州艺术专科学校，师从林风眠、方干民、潘天寿。那时中国画不景气，空荡荡的教室里有时只有彦涵一个人端坐着。每逢彦涵有灵气之作时，潘天寿满意地笑着，还题诗以勉励，落款“阿寿”。

1938年，彦涵毕业后毅然奔赴革命圣地延安，入鲁迅艺术学院美术系学习木刻艺术。1946年到华北联大任教。

“到处都在打仗，我们下去体验生活，是要直接参加战役活动的。”一份发黄的边区小报记着这样的文字：“在赵庄战斗时，彦涵同志为了描绘敌人的岗楼而被炮弹炸开的土埋起来。当西马村战斗的时候，在敌人住所北面三十公尺的缺口边，看见他们的同志拿着广播筒在对敌喊话，他们个个都和战士一样。”

广开思路

彦涵的作品，是蜚声中外的。八百多幅木刻排列起来，史诗般地反映了中国人民推翻三座大山、建设新中国的波澜壮阔的斗争。《当敌人搜山的时候》《不让敌人抢走粮食》《奋勇突击》《来了亲人八路军》《护送伤员的民兵》《狼牙山五壮士》《这都是农民的血汗》《向封建堡垒进军》《百万雄师渡长江》《彭总在抗日前线》《八路军东渡黄河》《战斗在祖国山冈上》……他之所以搞了这些创作，主要原因就是深入到当时的实际斗争生活中去，吸取创作经验。“华北联大处于战争环境和土改运动时期，它的教育是与实际相结合的，一切为了革命的胜利。”彦涵作为华北联大一个美术教师，不仅参加过一些战斗活动，而且先后三次参加土改，当小组长，工作异常艰辛。后来他以生动的艺术形象反映了他所经历过的这些

生活。

彦涵的创作有他自己的形式、风格，在不同的历史阶段，也有不同的艺术面貌。他既有继承又有发展，并且在不断地探索和创新。“我们要为人民服务，为社会主义服务，我们要创作出人民喜闻乐见的作品，要创作出反映我们时代精神的作品。”这就是彦涵遵循的文艺方针。

20 世纪 70 年代之后，他又创作了一批版画、国画、水墨画，如《春潮》《炼油厂之夜》《炼钢工人》《耀眼的早晨》《钢铁的臂膀》《驰骋在大地上》《翱翔》《梦游》《火情》等等。这些作品不为生活真实所束缚，而注重运用形式法则来提炼生活中的自然形态，使艺术形象以几何式的立体结构和抽象意味展现出来，取得了一种刚劲、单纯、新异、富有装饰感的艺术效果。

“版画固然以视觉为其特征，但蕴藏在物象内部的艺术之美质，是不可不去发掘的。直观物象是有限的外部层次，所谓‘不画没有见过的东西’是不正确的，因为最高的美是难以直观的。唯其如此，也就特别需要艺术家的艺术思维活动。”彦涵说，“我们广开思路最终不会离开中国的社会意识和民族的文化心理，我们所要体现的是伴随时代前进的新的社会意识、健全的文化心理、新的审美观念。我们应把目光不仅投向中国的现实，而且要投向未来，新的版画艺术高峰正在等待我们去攀登。”

向青年学开拓

“老年人不能摆老资格，‘好汉不提当年勇’嘛！其实，‘当年勇’即使你不提，青年人也是知道的，你干了啥不都摆在那里吗？我接触到的那些美术青年，对老同志都很尊重。年轻人精力旺盛，读了不少哲学、心理学、美学等方面的书。我们一些上了年纪的

人，由于健康原因，读起来有困难。一些青年人来这儿，谈起艺术，有许多新奇大胆的见解，当然也有某些偏见。虽然如此，老少之间，是该相互学习的，消除‘代沟’。”

彦涵的家，总有许多来访者，其中不少就是美术界的年轻人和他的学生。有时，家里来人多了，沙发、椅子不够坐，就坐在地毯上。彦涵拿出自己的新作，让青年人评论。“还有什么比受到青年的肯定更好呢？未来就是属于他们的。赢得了青年就是赢得了时代，也可能尽量地延长自己作品的生命力。”彦涵感到，与青年接触是一件快事，可以延年益寿。

（原文发表于 1987 年）

袁宝华：我们爱戴的老校长

◉ 靳 诺 刘 伟

袁宝华简历

袁宝华（1916—2019），生于河南南召。1936 年 2 月加入中华民族解放先锋队，参加革命工作。同年 5 月加入中国共产主义青年团，同年 9 月转为中国共产党党员。全面抗战爆发后，先后任中共豫鄂陕边区工委委员、豫西南特委委员等。1941 年 3 月任中共中央组织部干事。抗战胜利后，先后任中共乾安、洮安县委书记。1949 年 6 月起先后任东北工业部处长、秘书长，重工业部办公厅主任，冶金部副部长，国家经济委员会副主任，国家物资管理部部长等。“文化大革命”期间受到冲击。1970 年 7 月任国家计划委员会副主任。1981 年 3 月任国家经济委员会主任、党组书记。1982 年 5 月任职能扩大的国家经济委员会副主任、党组副书记。1985 年 5 月任中国人民大学党组书记、校长。1995 年 8 月离休。

中共十大、十一大、十二大、十三大代表，第十一届候补中央委员，第十二届中央委员，中共中央顾问委员会委员，第三届全国人大代表。

2019年5月9日，我国著名经济学家、经济管理专家、教育家，原中共中央顾问委员会委员，原国家计划委员会副主任，原国家经济委员会副主任、党组副书记，中国人民大学原校长袁宝华，永远离开了我们。

袁宝华的一生，是革命的一生，是中国共产党人政治本色的集中彰显，充分体现了老一辈共产党人对党的深厚感情和对党的事业的无比忠诚，生动展现了共产党人的崇高品格和精神风范，他无愧为一代又一代人大师生心中“我们爱戴的老校长”，是我们永远学习的楷模和典范，给我们留下了宝贵的精神财富。

信仰坚定　矢志不渝

作为我们党创办的第一所新型正规大学，中国人民大学在我国人文社会科学领域独树一帜。20世纪80年代，改革开放助推经济社会快速发展，高等教育人才需求十分迫切。

莫道桑榆晚，为霞尚满天。1985年，党中央、国务院决定让袁宝华兼任中国人民大学校长时，他已年近七旬。就任之初，袁宝华深知党中央对中国人民大学一向关怀深切，期望甚殷。他说，中央领导同志“希望人民大学要大大发扬自己的光荣革命传统，为社会科学领域各个学科突飞猛进的发展起到带头作用”。为此，他斗志不减，以饱满的热情投入到党的教育事业中。他在《七十自勉》中写道：“人生不满百，已得十之七。革命半世纪，未曾解征衣。思想勿离退，始终须如一。不信步履老，前程似朝曦。”

自20世纪50年代起，中国人民大学就在国内最早设立了各种层次的马克思主义理论专业，全国高校马克思主义理论和人文社

样的人，实现人的什么样的发展”这一高校思想政治工作的核心问题，从培养社会主义建设者和接班人的战略高度着眼，要求学校各级和各个方面协调配合，建立思想政治工作责任制，对各个阶段的思想政治工作进行布置、检查，及时发现和解决带倾向性的问题，牢固树立做好学生思想政治工作的历史责任感；要求各级党组织深入了解和考察专职和兼职政治工作干部的工作，帮助他们解决实际问题，通过教书育人、管理育人、服务育人等各个环节、各条渠道、各种手段，把思想政治工作进一步落到实处。

在袁宝华的推动下，中国人民大学在全国高校中率先成立了马克思主义理论工作领导小组，开始对政治理论课进行改革，推出了马克思主义原理等 4 门新的政治理论课。

1986 年 1 月，在中国人民大学首届职工代表大会第二次会议上，袁宝华指出：“马克思主义政治理论课在学校教育中占有特殊重要的地位。它是整个学校教育的灵魂，是党在学校思想政治教育的核心，是社会主义学校区别于资本主义学校的重要标志。在马克思主义政治理论教学方面，人民大学有光荣的传统、丰富的经验以及较强的师资队伍。在新形势下，我们要做出新贡献。”他还强调，思想政治工作是一门科学，需要有一支少量专职稳定、大量兼职的政治工作队伍。“长期以来，人们常常不承认政治工作也是一门科学，政工干部也是一种专门人才，在这方面我们应该开拓一条路，为国家培养出有大学正规学历的专业政治工作干部。”

在袁宝华的坚持和努力下，1990 年，中国人民大学设立了思想政治教育硕士专业。他提出，编写政治理论课教材要总结新经验、针对新现象、回答新问题，教学工作者与思想工作者、党务工作者要紧密配合，互相创造条件、互相帮助，使思想政治工作效率更高、效果更好。

器大者声必闳，志高者意必远。注重思想政治教育，把一切工作的进步建立在思想进步的基础之上，是我们党领导革命、建设和发展的一条重要原则和根本经验。在担任中国人民大学校长期间，袁宝华正是不断践行这一重要原则和根本经验，把德育放在首位，来培养社会主义建设者和接班人。在正确认识世界和中国发展大势、正确认识中国特色和国际比较、正确认识时代责任和历史使命、正确认识远大抱负和脚踏实地的过程中，坚定的理想信念、正确的价值观人生观世界观已成为中国人民大学青年学生成长成才的基本支柱和精神底色。

高瞻远瞩　目光远大

历史的长河奔涌浩荡，唯奋楫者先；时代的车轮滚滚向前，唯改革者强。

袁宝华任中国人民大学校长期间，正是我国经济社会发生剧烈变革的重要时期，经济体制改革是其中的重中之重。长期在经济战线上担任领导职务的他把握大势，把高等教育工作同经济工作、高等教育改革同经济体制改革紧密地联结在一起。

袁宝华号召大家充分利用和发展中国人民大学的学科优势，为我国的改革和现代化建设服务。他反复强调，中国人民大学要站在教育改革的前列，坚决贯彻中央关于教育体制改革的决定，“现代化建设和经济改革对我们提出了新问题和新要求，如果人民大学不改革，就没有前途，没有生命力”。

为了更好地贯彻中央关于教育体制改革的决定，摸清情况找到工作切入点，袁宝华刚到中国人民大学工作就专门利用两个月时间，通过召开多种形式的座谈会或个别拜访，与学校各级领导班子交流思想，找老教授和青年教师谈心，倾听学生们的想法。

他随身带着几个小笔记本，一个用来记录中央有关指示，一个用来记数字资料，还有一个则专门用来记学校的工作问题。

哪里有改革，哪里就有生机；哪里有创新，哪里就有活力。面对改革开放的新形势，袁宝华把学科建设放在学校发展规划的重要位置。在他的带领下，中国人民大学进一步调整和完善业已形成的以人文社会科学为主的综合性大学学科体系，稳定多层次、多学科、多形式的办学格局和规模。

袁宝华强调，要加强基础学科，发展应用学科，设立一些跨学科的研究机构，在组织上保证和促进新兴学科和交叉学科的建设。他特别强调要注意经济信息管理系的发展。在他的关注下，现在的信息学院在当时得到很大发展。他亲自过问环境经济、新闻传播等交叉学科的建设，并要求财经各系都建立计算机实验室，用计算机的方法来研究经济关系当中的数量关系。这些强调基础学科、发展应用学科和交叉学科的学科建设思想，及时回应了改革开放的需要，在当时的学科建设方面发挥了引领作用。

在数载办学实践中，这样的远见卓识，袁宝华还提出了许多。“在中国人民大学，不管你是学历史的，学经济的，还是学法律的，如果你不知道当代科学技术发展到什么程度，那就很不全面，所以要学一些理科的知识，要学数学、学计算机、学当代的科学技术。”为此，他专门设定了一门“当代科学技术前沿”课程。他认为，现代化建设和经济体制改革提出了新的问题和新的要求，教育体制改革要适应经济体制改革和政治体制改革对人才的需求，在拟定学校发展规划、考虑学科建设和课程建设时要充分考虑现代化建设所提出的新要求。

经过几年的努力和发展，到袁宝华卸任时，中国人民大学的学科建设取得了显著成效，在保持优势的同时，应用学科得到了较大发展，数学、外语等基础学科迅速增强，若干新兴学科蓬勃兴起。

20 世纪 80 年代中后期，中国人民大学按照国民经济发展的新要求，进行了院系调整。1988 年，全校 14 个学科被列入国家教委重点学科，这些学科培养出了一批了解国际相关学科前沿问题并有能力进行探索研究的硕士、博士，其中许多人成长为我国新一代学科带头人。

求真务实　实事求是

纸上得来终觉浅，绝知此事要躬行。社会实践是提高人才培养质量的重要突破点，只有有效解决社会实践与知识学习不相匹配的问题，才能使青年学生真正成为“读万卷书、行万里路”的高端人才。

针对学校教育中存在的片面传授知识、忽视能力培养的问题，袁宝华提出，应该坚持传授知识与发展智能的统一，学生要有明确的学习目的，要学习建设四个现代化的本领，要充分利用学校的学科优势，努力学习马克思主义的基本理论，要树立为人民服务的思想。他还认为，马克思主义思想教育的生命力就在于密切联系实际。既要联系我国的实际，又要联系当代世界的实际，还要联系青年思想和心理发展状况的实际，“面对四化建设新任务，中国人民大学既要培养不脱离实际的理论家，又要培养具有坚实理论基础的实际工作者”。

袁宝华的这些思想，进一步强化了中国人民大学的办学特色和人才培养定位，确保青年学生拓展“学懂”的深度、提高“弄通”的精度、增强“做实”的力度，坚持学思用贯通、知信行合一，真正把深化理论认知与推动能力发展统一起来。

群众路线是我们党的生命线和根本工作路线。袁宝华特别提

出，“要把人民大学办好”必须“紧紧依靠全体师生员工”。他认为，这不仅是中国人民大学的光荣传统，更是进一步办好中国人民大学的根本出路和可靠保证。在他的领导下，1985 年，学校建立了教职工代表大会制度，成立了校务委员会。

袁宝华亲自主持制定《充分发扬社会主义民主，进一步搞好民主办学的若干措施》，提出从 13 个方面疏通民主渠道，落实民主办学的具体办法。他说：“在改革开放中，人们的思想异常活跃。我们完全不必要回避或者害怕不同意见的争论，而是要设法给这些不同意见提供充分表达和互相沟通的机会和渠道。我们要采取多层次、多渠道、多种形式的沟通，并逐渐使之经常化、制度化。必须改变过去那种居高临下，以教育者姿态出现的工作方式，代之以从平等地位出发的共同商讨问题的工作作风。”

袁宝华要求学校定期召开校务委员会会议、教职工代表会议和学生代表会议，作为师生员工对学校进行民主管理和公开监督的有效形式。他强调，进行教育改革，需要发挥教师、党政干部、后勤职工三支队伍的作用，没有三支队伍之间的理解、谅解和支持，学校就办不好。三支队伍要拧成一股劲，同心协力，通过改革的力量扭转某些不合理的情况。

在强调民主办学的同时，袁宝华也强调从严治校，他认为这两个方面不是对立的：“如果我们把人民大学管理得松松垮垮、死气沉沉的，对某些确实存在的消极的、不健康的甚至是腐败的现象听之任之，不旗帜鲜明地进行批评甚至斗争，就会使我们学校受到损害，这也就从根本上违背了绝大多数师生员工的愿望和意志。”

办好学校的关键在于教师。袁宝华尊重知识、尊重知识分子。他多次强调，“教师是建设人类文明的工程师”，“教师是我们国家建设的功臣”，“尊师重教是天经地义的”。不论是老教授、老学

者，还是中青年教职工、年轻学生，他都相见以诚，虚心倾听，特别对于青年干部和青年教师选拔任用，更是不拘一格。他强调，要提拔年轻干部，要大胆选拔、起用有才能的年轻人。他经常深入广大师生听取意见和建议，与教师谈心交友，与青年学生座谈交流。

1987 年 50 周年校庆时，袁宝华曾将中国人民大学的光荣传统和优良作风概括为："理论联系实际，实事求是，勇于开拓，民主团结，艰苦奋斗"。在任期间，他正是以这种精神团结全校师生，积极回应时代需要，锐意改革，勇于开拓，不断提高中国人民大学的学术地位和社会影响力，使中国人民大学在保持优良传统的基础上，开创了各项工作的新局面，成为人文社会科学高等教育领域的一面旗帜。

离开校领导岗位，袁宝华仍时刻心系中国人民大学，为学校的每一个进步和成就而感到欣喜。作为吴玉章基金会主任委员，他几乎每年都向基金会捐助自己的稿费。这几年，年逾百岁的他仍密切关注着中国人民大学的建设与发展，亲自关心过问中国人民大学 80 周年校庆筹备工作和通州新校区立项建设，并不遗余力地贡献宝贵意见和建议，为习近平总书记致信中国人民大学建校 80 周年而感到振奋，为中国人民大学位列"双一流"建设高校而感到自豪，为学校通州新校区建设的实质性进展而兴奋不已。

2017 年 9 月 28 日，在中国人民大学喜迎建校 80 周年之际，袁宝华不顾 102 岁的高龄，亲自出席第七届吴玉章人文社会科学奖暨第六届人文社会科学终身成就奖颁奖典礼，令在场的师生和校友十分感动。

斯人已逝，风范长存。袁宝华信仰坚定、公道正派，艰苦奋斗、清正廉洁，是老干部、老党员的杰出典型；甘为人梯、乐于奉献，潜心育人、堪为师表，是教育工作者的优秀代表；把握大势、锐意改革，勇于开拓、实事求是，更是一名率先垂范、光照

后世的人大人。如今，“我们爱戴的老校长”虽已离开，但我们心中的老校长和老校长心中的中国人民大学，早已经深深地融为一体，汇聚成我们建设“人民满意、世界一流”大学的方向指引、坚定信心和强大力量。

（原文发表于2019年）

卢肃："团结就是力量"

◉ 乔　衍

卢肃简历

卢肃（1917—2004），原名卢方平，江苏徐州人，作曲家。1938年底至延安入鲁迅艺术学院音乐系学习、任教。1939年夏至华北联合大学音乐系任教，后任系主任。1942年至西北战地服务团，作《团结就是力量》等歌曲，1944年回延安鲁艺任教。抗战胜利后任中央党校文艺工作室研究员、晋冀鲁豫人民文工团副团长。1949年后任中央歌剧院院长等职。主要作品有歌曲《边区艺术节歌》《平原夜歌》《五一纪念歌》《歌唱吕传良》《平原大合唱》，歌剧剧本《刘胡兰》《槐荫记》等。

北京，人民大会堂。

这里正在举行迎接党的 70 岁生日的活动。江泽民总书记意气风发地站在指挥席上，有力地挥动他的双手，指挥着合唱团的同志们高唱那首激昂的歌曲：团结就是力量，团结就是力量。这力量是铁，这力量是钢……浑厚雄壮的歌声在大会堂里久久盘旋回荡。

此时，一位老人坐在电视机前，看着这场面，听着这歌声，他显得很是激动，甚至有些热泪盈眶了。他就是这首歌的作曲卢肃。当得知卢肃是中国人民大学的前身华北联合大学的校友时，我慕名前去采访了这位已是 73 岁高龄的著名作曲家。

一

1917 年，就是俄国十月革命取得胜利的那一年，卢肃出生在江苏徐州一个贫苦农民家庭里。这不平凡的年头，也注定了他的一生是不平凡的一生、革命的一生。

卢肃原来学中医，但他从小喜欢音乐。中学时他上教会学校，便开始接触欧美的音乐。然而，20 世纪 30 年代的中国是多灾多难的，国内军阀在混战，日本帝国主义的铁蹄踏上了中国的国土。每一个热血青年都渴望献身革命，救民于水火。在党的地下组织的影响下，卢肃和同学们走上街头，参加游行和请愿。然而，“七七”卢沟桥的枪声打破了他的和平请愿梦，他毅然弃医从文，加入了中华民族解放先锋队，走上了革命征途，从此正式开始了他的革命生涯和音乐创作活动。

在陕北延安鲁迅艺术学院，卢肃一边学习，一边从事音乐教学工作。适应革命形势的需要，他写了许多或优美、或激昂、或雄壮的曲子。但由于战争的严酷、战斗的频繁，许多稿子都遗失

在了战场上或征途中。而那首激人奋进的《团结就是力量》却不胫而走，一直流传到今天。

这首歌是同名小歌剧的剧终曲，作于1943年。1942年，毛泽东的《在延安文艺座谈会上的讲话》的发表，使众多知识分子的思想为之一振，他们在这篇《讲话》里发现了真理，加深了对革命和社会的认识。卢肃告诉我，当时他们正在前方，周围都是敌人，他们和老乡们同生死、共患难，吃住在一起，战斗在一起。从表面上看，他们已经深入了实际，而实际上对社会的了解并不深入。后来，他们在战斗的间隙认真学习了马列主义，学习了毛泽东的《讲话》，仔细阅读了《论持久战》和《新民主主义论》，才发现自己虽有很高的革命热情，然而对抗战的前途认识不清，特别是对农民问题认识不够。毛泽东对农民问题的精辟论述，使他们对发动农民和减租减息运动有了新认识。学习完以后，他们在党的正确思想指引下，开展了如火如荼的减租减息运动和民主改革运动。为了庆祝这一运动的顺利进展，卢肃在一周之内突击创作了歌剧《团结就是力量》。

卢肃说，他通过写这个剧本，反映了农民和地主之间的阶级斗争，农民要取得胜利，就必须团结起来，组织农会，由农会出面同地主做斗争。“我开始对中国社会、中国的前途有了新认识。农民不再是自私、落后的象征，他们有远志、识大体，追求民主、自由和幸福。在歌中，我明确提出了迎接新中国的到来。这是我认真学习马列主义的结果，反映了全国人民的共同心愿。”

于是，这首歌流传开来——

在北平，青年学生们臂挽着臂，高唱这首歌，冲向手持武器和水龙头前来镇压的军警；在昆明，民主人士闻一多在他的最后一次演讲会上高唱这首歌，会后遭特务暗杀。当时，这首歌被誉为“民主青年运动的战歌”。

真理没有国界。在越南，胡志明亲自指挥越南人民高唱《团

结就是力量》；在日本，追求民主和平的工人、学生走上街头示威游行，口中高唱的仍是《团结就是力量》。这首歌又成了“国际歌”。

真理又是永恒的，愈经岁月的洗礼，愈显革命本色。如今，大庆油田的工人们在唱这首歌，广州军区的军人们在唱这首歌，首都的工人、学生们也在唱这首歌，大江南北的人民都在唱这首歌。

卢肃，以他崇高的革命激情，为时代、为人民创造了一种永恒的力量。

二

新中国成立后，音乐事业面临着创业的艰难，身为作曲家的卢肃又责无旁贷地担负起了重担。从新中国成立到1963年，他一直在中央歌剧院担任领导工作，先后任副院长、院长，同时，他还积极地进行歌剧创作。由于北京刚刚解放，新旧两种思想在这里交汇，因此，在歌剧界就存在着用新歌剧占领剧场、吸引观众，并使剧目为人民所喜闻乐见的问题。于是，他们先后上演了歌剧《白毛女》《赤叶河》等优秀剧目，对各界人士特别是青年有很大的震动，使他们从中受到了很大的教益和鼓舞。为了发展从战火中走来的歌剧，适应时代的要求，他们又开始了新歌剧的创作。他们向传统戏剧学习，并采用现代的表现手法，先后编写、上演了《长征》《刘胡兰》《小二黑结婚》等现代歌剧，又根据民间流传的牛郎织女的戏剧故事改编成歌剧《槐荫记》。这些歌剧都以高度的思想性和艺术性赢得了观众的好评。同时，他们还积极地同国外进行交流，先后在苏联、东欧的许多国家演出了《刘胡兰》《草原之歌》《槐荫记》《宝莲灯》等优秀剧目，同时也把《茶花

女》《青年近卫军》等优秀的外国歌剧介绍到中国来。这不仅促进了中外文化的交流和发展，也丰富了人民的文化生活。卢肃和他的同志们为发展和繁荣新中国的歌剧事业做出了贡献。

1963年，卢肃到沈阳艺术学院工作，担任学院党委书记兼代理院长。当时，由于政治运动频繁，学校教学秩序混乱。卢肃本着实事求是的工作态度，大胆地对学校工作进行了治理整顿。他通过个人谈心、集体讨论、开党代会等方式，经过长时间努力，终于把过去几年间积压的问题弄清楚，使得大家团结起来，教师队伍也很快安定下来，教师们以新的面貌热情地投入到教学工作中去。卢肃还采取措施，加强学生的思想政治工作。这样，学校的教学工作逐步走上了正轨。

在沈阳艺术学院工作期间，卢肃仍然坚持贯彻鲁艺精神，到工农群众中去，和群众密切结合，经常为他们进行创作演出，利用歌剧的形式为社会主义建设服务。卢肃身为领导，也和同志们一起深入到实际中去，他根据自己的见闻，创作了歌曲《歌唱吕传良》，很快便在辽宁大地上流传开来。

卢肃两三年就改变了沈阳艺术学院的面貌。然而，正当他踌躇满志再干一番事业时，“文化大革命”开始了，他被当作推行“刘少奇修正主义文艺路线的黑干将”首当其冲，在运动一开始就被打倒了。这一倒就是十年。

三

如今，卢肃已经离休了，但离休并不意味着离开工作、停止工作。相反，摆脱了行政事务的干扰，他更能静心钻研业务了。

作为北京市音乐家协会的名誉主席，卢肃还兼任着《音乐周报》的主编，这是全国唯一一份以消息、评论、知识建设等音乐方面的报道为主要内容的音乐周报。同时，他还是中国音乐家协会的常务理事，担任着国家文化建设重点工程项目“中国戏曲音乐集成”的副主编。在北京，他作为北京市艺术科学规划小组的常务副组长，参加了指导“北京十大音乐集成”的编写工作。他自己也担任着三部北京卷的主编：《中国戏曲音乐集成》（北京卷）、《中国曲艺音乐集成》（北京卷）、《中国管弦音乐集成》（北京卷）。谈到这里，卢肃说：“这项工作承前启后，意义很大，我们如果不做，就有可能对后人造成损失。我是抱着学习的态度工作的，我力争不要出差错。”

卢肃从事音乐工作几十年了。当我问及他的作品是否结集出版时，他说，这一生多变动，许多稿子都未能收留下来，有歌剧，有歌曲，也有思想理论方面的论文。现在，他正在努力搜集，准备结集出版。谈到他的专著，卢肃说：“从 1986 年发表《社会主义音乐 ABC》起，我就已经着手写一部专著，从国情与音乐、新音乐运动、音乐状况和音乐理论等社会学角度，对音乐问题进行探讨，阐明社会主义和音乐生活的关系。1978 年以后，我更加明确了关于社会主义音乐的问题。我准备把这部专著定名为《社会音乐说》，算是我对中国社会主义音乐的一点贡献。现在，我仍在从事创作。还准备写几部歌剧，这些想法以前就有。”

我衷心祝愿他老人家能够如愿以偿。能的，一定能。

采访结束了。走在回家的路上，我在想：是什么力量使这位年事已高的老人仍在孜孜不倦地工作？他朴实的话语给出了答案：“我搞艺术教育工作，也写剧本，根本的目的在于教育人，示人以真理，给人以力量，催人奋进，而工作的意义也就在这里了。”

（原文发表于 1992 年）

李源：旖旎晚霞，不让晨曦

◉ 陈骊骊

李源简历

李源（1917—　），生于湖南桃源县，原名谢美善。1938年3月在延安陕北公学入党，曾在陕北公学、中央组织部训练班第一期、马列学院、中央社会部训练班学习。1949年参加中国人民解放军长江支队。1956年10月，任最高人民检察院检察长政治秘书、检察长办公室负责人、研究室副主任、党支部书记、机关党委委员。1972年8月，任北京市高级人民法院党委常委、副院长。1980年2月，任北京市司法局党组副书记、副局长，兼北京市法学会、北京市律师协会副会长，北京市法律业余大学副校长。1994年参加中国延安陕北公学华北联合大学校友会筹备工作。

李源，少逢国难，矢志革命，历经风雨，初心不改。初夏，我们见到了这位精神矍铄的百岁老人。他用珍而重之的目光滑过自己参加革命半个多世纪获得的各种勋章、奖章、荣誉证书、捐赠证书，手边摩挲着多年的笔记、著作，向我们娓娓叙来，笑谈人生风雨。

永不泯灭的红色信仰

1917 年的中国，动荡不安，酝酿着急风暴雨般的变革。在这一年出生在湖南贫苦农家的李源，也注定将演绎不平凡的人生。

1937 年全面抗战爆发后，正在长沙念书的李源不甘做亡国奴，他和很多寻求救亡图存道路的进步青年一样，积极支持抗日，参加了党的外围组织、进步团体湖南省文化界抗敌后援会。不久，李源在八路军驻湘办事处由徐特立介绍，经八路军总部随营学校转到延安，成为陕北公学的一名学生。

初到陕公，积极要求进步的李源就担任了第 20 队一班班长，并很快加入了中国共产党。短暂而充实的学习结束后，他留校工作，先后在延安陕公总校第 24 队和关中陕公分校第 36 队担任政治助理员、党支部委员，对学员进行政治教育，培养了一批新党员。1939 年，陕公总校与分校合并成立大学部，李源担任第 3 高级队的队长，他带领着这支全部由共产党员组成的队伍心往一处想，劲往一处使，为革命而勤奋读书。大家襟怀坦荡，互相帮助，研究问题时自由发表意见，连争论都透着团结友爱的氛围。

1939 年 7 月，华北联合大学在延安成立。在对即将赴华北抗日前线的同学们讲话时，毛泽东号召同学们“深入敌后，动员群众，坚持抗战到底”。聆听了毛泽东的嘱托后，抗日军政大学的队伍和华北联合大学的队伍，先后离开延安开赴前线。而李源则与数十位同学一起情绪高昂地进入延安马列学院继续深造。

在陕北公学学习的日子里，虽然学习紧张、生活艰苦，还有一定的生产任务，但知识分子之间、来自各个地区和部门的干部之间同心同德、亲密融洽。大家思想活跃、朝气蓬勃，在学习、工作、生活、作风等多方面都取得了巨大的进步。在这里，李源系统学习了哲学、马列主义和政治经济学原理，专门参加了中国问题和党的建设课程。他常常手捧马列经典著作凝神阅读，却从不死啃书本、不僵化记忆，而是力求弄懂弄通，融会贯通。他细心地保存着所有的课堂笔记，时常翻看复习，在工作中随时参阅。遗憾的是，在国民党胡宗南部进攻延安时，李源跟随党中央机关紧急撤出，为了保密，他不得不忍痛焚毁了珍藏多年的笔记和学习资料，只留存永不泯灭的信仰。

在迎接中国人民抗日战争暨世界反法西斯战争胜利70周年的日子里，作为抗战老战士，98岁高龄的李源喜气洋洋地佩戴上中共中央、国务院、中央军委颁发的“中国人民抗日战争胜利70周年纪念章”。他对笔者说，在陕北公学与马列学院工作和学习时获得的精神财富是他人生道路上长期起作用的“固定资本”，其中最为重要、最为宝贵的收获是树立起马列主义的世界观和人生观。陕北公学短短的16个月的学习生活，让他懂得了马克思列宁主义的基本原理以及观察问题和处理问题的立场、观点和方法，掌握了将马列主义与中国革命实践相结合的方法，传承了实事求是、理论联系实际、学用一致的陕公学风，为他奠定了更好地开展群众工作的坚实基础。那一段闪光的岁月，在他的人生中占据特殊重要的地位。

一个共产党员的坚守

抗日战争胜利后，为适应夺取全国胜利、准备成立联合政府

的革命形势新需要，李源又响应党中央的号召参加了中央社会部主办的训练班。新中国成立前夕，他来到山西做教育工作，后来又参与了当地的土地改革运动。1949 年，李源跟随中国人民解放军一路南下，参加中国人民解放军华东随军服务团组建工作，在历史的洪流中为革命贡献力量。新中国成立以后，李源先后从事过党的组织工作、宣传工作和政治工作，还参与过许多重大案件的审查，借助信仰的望远镜和显微镜，凭着共产党员的党性，他始终保持着正确的工作方向。

风雨不期而至。“文化大革命”开始后，李源和很多老同志一起受到了冲击。当时，他是最高人民检察院研究室副主任，因为维护老一辈革命家、闽西苏区创始人张鼎丞而被揪斗不放。后来他与全机关人员一道，被下放到湖北沙洋农场劳动，与他相濡以沫多年的妻子王彬也被迫害致死。在人生的低谷，心中的红色火种始终如灯塔般照耀着他，他也从未因逆境而对坚守多年的信仰产生过丝毫动摇。

1972 年，李源被调回北京市高级人民法院工作。劫后余生令他感慨良多，他与昔日老友彼此鼓励，相约继续为党和国家的建设事业而努力工作。“文化大革命”期间，法律虚无主义和“左”倾错误思想走向极端，全国各地法院大多失去了应有的作用，虽经拨乱反正，但影响的消除并非一日之功。为了弥补被耽误的时光，他忘我工作，为我国恢复律师制度做了很多准备工作。在全国第一次法学规划会议上，李源作为北京市高级人民法院副院长做了《恢复律师制度是健全法制的需要，是实现四个现代化的需要》的发言。发言全文见诸媒体后，成为全国公开呼吁恢复律师制度的第一篇文章，在国内引起巨大反响。伴随着北京市在全国率先恢复律师制度，北京市律师协会也很快成立了。在很长一段时间内，北京市高级人民法院成为全国法院系统的窗口，李源和他的同事们接待了美、日等国的司法界访华代表团，并曾率团出

访日本，增进了法律工作者之间的了解和友谊，宣传了我国法制建设的成就，为改革开放初期的国际司法交流积累了宝贵经验。

不论是经历政治运动的风雨洗礼，还是在政法一线多年的辛勤工作，陕北公学的精神始终伴随着李源，为他指引在曲折道路上前行的方向。这位见证并亲历了政法界多项破冰之举的老人谦虚地说，虽然未能在理论上攀登高峰，但自己的人生和事业无愧于党和人民。他将其归结为精神支柱的力量，并以诗自勉："正直清廉堪自慰，长久声誉在人间。"

革命人永远是年轻

自 1986 年离开北京市司法局党组副书记、副局长的岗位后，李源"离而不休"。他首先想到的是为残疾人这一弱势群体服务，应邀担任了中国残疾人福利基金会理事、法律顾问，并全神贯注地投入到为残疾人无偿提供法律服务的工作中。

李源一贯反对说空话、唱高调，认定了的事，一准付诸实施。20 世纪 90 年代，为了成立中国延安陕北公学华北联合大学校友会，李源参加筹备工作会议、拟定校友会章程、办理注册登记手续，前后奔忙，乐此不疲。1995 年校友会正式成立后，他又忙着主持日常工作，编辑《中国延安陕北公学华北联合大学校友会（专辑）》，举办李维汉、成仿吾两位老校长 100 周年诞辰纪念活动，编撰《李维汉纪念集》《成仿吾传》，组织陕公校友书法、绘画作品展览……每年，在陕公校友会召集的各种庆祝会、纪念会、研讨会、联谊会上，老校友们乘兴而来，心旷神怡，自由抒怀，乐以忘忧。因为陕公校友年事渐高，2006 年，中国延安陕北公学华北联合大学校友会完成了历史使命，在一片赞扬声中谢幕，为学校的历史书写了难忘的一页。校友会更名为中国人民大学校

友会。

手不释卷是李源自陕北公学时起养成的学习习惯，编书和写文章也成为他离休生活中最重要的事务和最大的乐趣，除了经常阅读《政法老干部园地》《北京老干部》《民主与法制》等杂志，他每天必读《北京日报》《北京晚报》《参考消息》，思想常新，紧跟时代步伐。阅读之余，他的大部分时间用于伏案写作，写累了就到院子里转一圈，回来再接着写。

因患癌症，李源先后做了三次大手术，但他不以为意，仍然醉心于读书学习。在保持共产党员先进性教育活动中，他在医院的病床上仍然坚持完成了党组织规定的学习任务，并在先进性教育活动知识竞赛中取得了满分的好成绩，真正是一位“老有所教，老有所学”“活到老，学到老”的共产党员。

回忆起陕北公学那段峥嵘岁月，李源深情地说：“陕北公学和华北联合大学的历史，是革命根据地和解放区高等教育事业在中国共产党的坚强领导下，在马克思主义、毛泽东思想指导下的光辉典范，其先进经验是非常宝贵的，是永放光芒的，是中国人民大学 80 年历史中光荣的一页。我们受到母校培养和引领数十年，自当不忘初心，继续前行，发挥正能量，为中华民族伟大复兴筑梦不息。”

（原文发表于 2017 年）

吴宝康：坚持真理　永不言弃

◉ 杜峰峰

吴宝康简历

吴宝康（1917—2008），浙江湖州南浔人。1935年进入上海汇丰银行当练习生，博览进步书籍并接受了马克思主义。1939年在上海加入中国共产党，7月受组织委派到苏南无锡一带从事抗日工作，参加编辑当时中共东路特委的刊物《江南》。1948年后，任中共中央华东局秘书长资料室主任、档案室主任，开始与档案工作结下不解之缘。受组织的委派，自1952年10月起在中国人民大学主持创办了新中国第一个档案学专业，开始了建设新中国现代档案学和档案专业高等教育的毕生追求。先后任中国人民大学专修科档案班主任兼档案教研室主任、档案专修科主任、历史档案系主任兼党总支书记，并任中国人民大学党委委员、常委。中国档案学会第一届、二届副理事长，第三届、四届名誉理事长。吴宝康运用马克思主义理论，长期潜心于档案工作与档案学理论的研究，著述颇丰，主要有《档案学理论与历史初探》《档案学概论》《论档案学与档案事业》《当代中国档案学论》《档案学简明教程》《中国大百科全书·档案学》《档案学词典》《论新时期档案学与档案事业》等。他长期担任中国人民大学学术期刊《档案学通讯》的总编辑、编委会主任，是新中国档案学基础理论和中国档案学思想史研究的开拓者之一。

吴宝康，新中国档案学专业奠基人，中国人民大学档案馆第一任馆长。1952 年 10 月，吴宝康在中国人民大学主持创办了档案专修科，开始了建设新中国现代档案学和档案专业高等教育的毕生追求。

自强不息　勤奋好学

1917 年 9 月 4 日，吴宝康出生于浙江湖州古镇南浔的一个大家庭。他 6 岁时被祖母带到上海求学，念至初中毕业，祖母失业，生活无以为计，幸得亲戚帮助，得以继续在南洋中学就读。初中毕业后，由于经济原因吴宝康被迫离开学校，到社会上谋生，先是在松江电灯公司当了两年学徒，后来在亲戚的介绍下在上海汇丰银行当练习生。

从小艰苦的环境养成了吴宝康独立自强的性格。他一方面兢兢业业做好工作，另一方面总是不忘扩大知识面、提高技能。他几乎天天去书店看书或买书，每月工资除了生活费用，大部分的钱花在买书上。这期间，他看了不少文艺小说和哲学、经济学、政治理论、社会发展史以及青年自学丛书之类的书刊。他还加入了上海市银钱业业余联谊会（全面抗战爆发后在上海建立的群众团体、党的外围组织，经常举办进步人士演讲等活动）。吴宝康如饥似渴地在联谊会举办的各科讲座中汲取新知识，听了许多进步人士如巴人、周谷城等的报告，这些对他的人生观、世界观影响很大，激发了他最淳朴的民族感情。

追求进步　参加革命

1937 年，卢沟桥事变发生，全面抗日战争爆发，南浔沦陷，

家破人亡的悲惨景象更坚定了吴宝康保家卫国、救亡图存的革命理想。而在汇丰银行，这种理想不被理解，反而被排挤、压迫。他只好在联谊会举办的活动中寻找、充实自己的革命理想。他的积极表现引起了一位联谊会管理人员的注意，经此人介绍，他和中国企业银行的尹克长相识，并被介绍入党。1939 年 1 月，吴宝康和中国银行的杨扬两人在汇丰银行大写字间举行了秘密的入党仪式，吴宝康从此踏上了为党和民族的事业奋斗不息的征程。

1939 年 4、5 月间，党中央动员党员去参加新四军，吴宝康毫不犹豫地抛下了汇丰银行这个人见人羡的“金饭碗”，毅然决定下乡抗日。7 月 5 日，他向银行请假，并给家中写信，以找到生意为名要弟弟到上海，弟弟在他的鼓励下也到无锡参加了革命。两兄弟一走就是好几年，多年以后才敢跟家里联系。其间，祖母病重，临死都没见上一面，吴宝康对此一直怀着深深的歉疚。

投身革命后，吴宝康先后在《江南》月刊、《大众报》、《前进报》等进步媒体研究革命形势，宣传革命思想，又曾在新四军第六师政治部调查研究室、苏皖区党委调查研究室等处领衔调查农村地区的经济状况。1948 年 7 月，中共中央华东局成立政策研究室，亟须建立资料室，吴宝康调到华东局搞资料工作，从此与档案结下不解之缘。他通过在华东局 5 年的档案资料工作，为后来建立档案专业积累了丰富的实践经验。

投身人大　开创教育

1952 年，吴宝康因在华东局档案工作的出色表现，被调到中央办公厅秘书处任副处长，主要负责中国人民大学档案专业的建立。

吴宝康带着几个学生到人大成立档案专业专修班时，人大的

林园还是一片荒凉，房子还没建好。新中国第一个档案专业就在这样一穷二白的条件下艰难地建立起来了。

此后，吴宝康的一生就跟中国人民大学、跟档案工作、跟教育事业牢牢地联系在一起。在中国人民大学的50余年间，他与大家一道将一个只有几名学生的档案专业专修班，建设成为享誉中外、学科体系完备、桃李满天下的档案学院，出版了《档案学理论与历史初探》《论档案学与档案事业》《当代中国档案学论》《档案学概论》等数本学术专著，撰写了数十篇学术论文。

吴宝康在治学上始终孜孜不倦。1979年，他的第一本档案学著作——30万字的《档案学理论与历史初探》抱病完成。1988年离休后，他仍十分关注档案学教育和实践。2001年，84岁高龄的吴宝康还在核心刊物上发表文章。

坚持真理　永不言弃

“档案工作很重要，马克思曾说过，研究必须充分地占有材料。”每当说起他心爱的档案事业，吴宝康总会引用马克思的这句话。吴宝康在建立档案专业的50多年里，既经历了开创先河的兴奋，又遭受了十年浩劫档案教育被撤销、被曲解的磨难，也见证了档案教育遍地开花的成果。无论在怎样的环境里，他都没放弃过信念。

1973年，人大正式停办，学校各系带建制划归其他高校，唯独档案系没有去处，决定解散。年届半百的吴宝康以一个普通党员的名义和原档案系主任的身份，写了一式三份的建议信，分送周恩来、中央办公厅和北京市委，力陈档案专业停办的利害，建议采取由其他大学代管的方式。他对党的事业的赤诚和敏锐的见地打动了上级，不久，北京市委同意档案系暂归北京师范大学按

原建制代管。然而，一年以后，和中国人民大学其他专业一样，档案系也未能幸免停办。档案教育的严重受挫令人惋惜，而吴宝康在此期间展现出来的一个共产党员坚持真理的气节和一位学者的远见卓识，令人肃然起敬。

1978年，中国人民大学复校，档案系也随之恢复，吴宝康被任命为系主任和党总支书记。他从挫折和废墟中站起来，“妈也有打错小孩的时候，现在党已经为错误平反，还有什么放不下的呢?”他以一个马克思主义者的博大胸怀坦然面对苦难，重整山河，积极进行档案系的恢复重建工作。1985年，档案学院成立，年近古稀的吴宝康脸上露出欣慰的笑容。

作为1954年任命的中国人民大学档案馆第一任馆长，吴宝康曾语重心长地说：“档案工作要受到重视，路还很长；档案人自己要争气，要看得起这份工作。不管人们重不重视，档案工作都是很重要的，档案专业的存在有其客观必然性。只要党和社会需要这个专业，就没有什么力量能阻挡它发展!”

（原文发表于2006年）

王莘：用一生歌唱祖国

◉ 郭　倩

王莘简历

王莘（1918—2007），江苏无锡荡口镇人，中国音乐家协会“金钟奖”终身成就奖获得者。1938年进入延安鲁迅艺术学院学习，1939年鲁迅艺术学院并入华北联合大学后在音乐系继续学习，毕业后在华北联合大学任教，1948年进入华北大学。1949年随华北群众剧社进驻天津，1950年任天津市音乐工作团团长。20世纪60年代初任天津音乐学院副院长。历任中国音乐家协会常务理事、天津市音乐家协会主席、天津市文联副主席、天津歌舞剧院院长等职。他创作的《歌唱祖国》至今传唱不衰。

音乐是记忆最好的连接点，一首好歌就是一个时代的风向标。有许多好歌记录了几十年的火红岁月，被我们口口相传，余音不尽。

“五星红旗迎风飘扬，胜利歌声多么响亮。歌唱我们亲爱的祖国，从今走向繁荣富强……”经过数十载风风雨雨，我们的祖国发生了巨大的变化，逐步走向繁荣富强，《歌唱祖国》也伴随了几代人的成长。

王莘，《歌唱祖国》的词曲作者，华北联大校友，用毕生的心血来歌唱对祖国的热爱的老人，我有幸来天津坐在他的面前。由于王莘已经部分失去语言表达能力，所以他的夫人王惠芬为我做“翻译”。

一

1918年，王莘出生于江苏无锡荡口镇一个农民家庭。朴实而秀丽的农家风光给予他最初的美感浸润。他从小就喜欢音乐，喜欢买书，画得一笔好画，写得一手好字。可是贫苦的生活剥夺了他学习的机会，14岁那年他考上了美术学院，但为了维持生活还是去上海打工了。

上海是王莘艺术道路的起点。在上海的生活是劳累而艰难的，王莘每月的工钱仅有三块白洋，但他学习的激情没有被消磨。在艰难的工作中，他还坚持学习，每月还要专门留出一块白洋来买书。在上海也是幸运的，王莘在那里开始接触救亡歌曲，这给了他最初的音乐启蒙。有幸结识的李公朴先生，将他介绍到教会创办的良才学校上学，在那里他真正开始学习音乐。1935年，王莘在上海参加抗日救亡歌咏活动，参加抗日救国会，结识了冼星海、吕骥、刘良模等音乐家，从此走上了革命道路。

王莘既是音乐家，又是革命家，很难说到底哪个身份更重要。因为从一开始，音乐就是他从事革命活动的武器。在参加抗日救国会期间，由于工作能力较强，王莘被派到浙江宁波开展抗日救亡活动。在那里工作了两个月左右，王莘和同学们成功地组织了一场两三百人参加的抗日救亡大合唱，参加者全是小店员、学生，在当地产生了极大的影响，王莘也因此被国民党当局逮捕，关押了七天左右。由于是教会学校的学生，他才被学校保释出来。被关押期间，宁波国民党政府硬说王莘是共产党员，要他招供其他组织关系。当时王莘不是共产党员，但他坚决不向国民党政府屈服，被关期间什么都没有说，用夫人王惠芬的话说就是“比共产党员还共产党员”。所以虽然被学校保释，王莘却被宁波国民党政府驱逐出宁波。

从宁波出来，王莘被派往临近的余姚工作。在余姚镇上，他才第一次认识了一名共产党员。余姚的一名地下党员介绍王莘和同学学习《八一宣言》，学习党的理论文章，给他们分析当前的局势。就是在那个时候，王莘和同学们才真正找到了前进的方向，他们认识到“延安是最好的，要到延安去”。于是，一行 15 名文艺骨干自发组成抗日流动宣传队，由王莘任队长，一面往延安走，一面向沿途的老百姓做宣传，画漫画、演话剧、编歌舞，用的都是老百姓喜闻乐见的方式。到延安去路途遥远，还要应付国民党当局的各种盘查，可是他们沿着心中的道路，坚定地一直向前。回忆往昔那份执着和坚忍，王莘不胜唏嘘。

二

1938 年，王莘和抗日流动宣传队的队员们到达延安，在延安还继续进行演出，受到延安百姓的欢迎。后来王莘开始在鲁迅艺术学院音乐系师从冼星海、吕骥、向隅等音乐家，专门学习作曲，

开始了音乐生涯。1939年，鲁艺并入华北联合大学，王莘也于当年毕业后随华北联大到河北阜平县敌后根据地，任华北联大音乐系教员。后加入华北群众剧社任音乐队队长、副社长。1948年，华北联大与北方大学合并成立华北大学。在华大期间，王莘结识了夫人王惠芬，当时王莘还是王惠芬的老师，所以王惠芬笑着说他们当年就是“师生恋”。

在抗日战争的艰难岁月里，边区的小米、滹沱河的水滋养了音乐家的灵感和魂魄。王莘的处女作《晋察冀》就是在夜晚站岗放哨时产生灵感而创作的。那时王莘刚从延安突破封锁线来到晋察冀，有一天他在小山头上站岗，看着茫茫白雪，月光照在大地上，心里无限感慨：外面已经被日本人团团围住，这里还有这么一片乐土。只要我们坚持，中国一定不会亡。“晋察冀，晋察冀，模范抗日根据地……中华民族一定要解放，中华民族一定要胜利!”随口就唱了出来。

在晋察冀期间，王莘搜集、整理了许多河北、山西的民歌并油印成册，积累创作素材，用音乐反映边区人民的生活。最有名的歌曲《边区儿童团》，当地的老百姓都当民歌一直在唱。《选村长》是王莘看到边区的老百姓用豆子来民主“投豆”选举村长，感受到他们的民主气氛而作的。《战斗生产》创作于边区大生产运动时。“战斗生产，战斗生产”，王莘打起拍子，夫人哼着《战斗生产》，王莘还不时用手势激动地指出夫人哪个地方唱错了。王莘的其他作品还有小歌剧《纺棉花》《宝山参军》《义和团》，大型歌剧《过光景》《煤店新工人》，歌曲《饲养员之歌》《祖国颂歌》等，都在边区军民中传唱。

三

1949年，中国人民解放军进入天津。王莘也随华北群众剧社

进驻天津。1950 年，王莘和其他同志组建了天津市音乐工作团（仅存在三年，后变成天津歌舞剧院），王莘是团长。在“红五月”的日子里，他组织音工团的同志们根据形势需要创作歌曲，培养新音乐运动的骨干力量。他们深入工厂和铁路部门为工人们演唱反映欢庆解放和工人愉快劳动的歌曲，如《红五月联唱》《青年之歌》等，收到良好的效果。

1952 年，王莘随中国文联代表团赴朝鲜深入志愿军部队体验生活，在志愿军的坑道和战壕里，王莘教战士们拉二胡、吹口琴，并指挥大家唱《歌唱祖国》，战士们激动得热泪盈眶。王莘和战斗英雄促膝谈心，辅导志愿军文工团排练节目。这期间，他创作了《中朝人民友谊歌》《歌唱特等英雄黄丑和》《英雄的阵地马良山》《防空哨之歌》《只因立功喜报到了家》等。志愿军战士革命乐观主义的伟大精神激励着王莘奋笔疾书，讴歌我们最可爱的人。

20 世纪 60 年代，中央音乐学院从天津迁走，在北京安家，留下天津音乐学院。王莘要求留在天津，他担任天津音乐学院副院长，还历任中国音乐家协会天津分会主席、天津市文联副主席、天津歌舞剧院院长等职，从此把后半生都交给了天津这块土地。

在建设社会主义的岁月里，王莘善于在现实生活中总结、概括、提炼生活原型，运用艺术手段进行凝练、升华、再现，听他的作品如《满山遍野歌声响》等能感到浓郁的生活气息，像闻到了稻花飘香，听到了铿锵的呐喊，看到了山川美景，也领悟了千古风韵。他创作的歌曲，既注重发扬民族民间音乐传统，也灵活运用西洋音乐的创作手段，并将二者巧妙地结合起来，匠心独运，雅俗共赏。在他创作的近千首群众歌曲中，熔铸了他对祖国的无限热爱和对人民的深厚感情。

四

王莘擅长歌曲创作，他的很多作品在全国颇有影响，其中《歌唱祖国》无疑是他创作生涯中最重要的也是他最得意的作品。由他作词作曲的《歌唱祖国》，歌词凝练集中，形象鲜明生动，旋律气势豪迈又充满深情，在统一中富于变化，深受全国人民的喜爱，是中央人民广播电台全国新闻联播节目的开始曲，也是中小学生的必唱歌曲。

说起《歌唱祖国》的创作过程，也是一波三折。1949 年 10 月 1 日，毛泽东在天安门城楼庄严宣告：中华人民共和国中央人民政府今天成立了。神州大地沸腾起来了，欢呼声、欢笑声飞遍大江南北。王莘在游行队伍中与大家一起欢庆，心中充满了扬眉吐气做主人的自豪感，想写一首歌表达自己的心情。他以《中国人民站起来了》为题写了首歌，但他认为不成功，不能很好地反映全国人民的心情。他对夫人说："我一定要写一首歌颂祖国的歌。"他又写了一首《歌颂祖国》，但还是不满意，两首歌也都没有很好地流传开来。

1950 年 9 月上旬的一天，王莘再次来到北京天安门广场。这个时候，广场上已经在准备迎接建国一周年：城楼上，工人们正在试挂大红灯笼；广场上，有几支工人和学生队伍在练习走方队，准备在国庆那天，接受党和国家领导人的检阅；鲜艳的五星红旗在万里晴空飘扬。见到这些景象，王莘脑中浮想联翩，随口就哼出："五星红旗迎风飘扬，胜利歌声多么响亮。歌唱我们亲爱的祖国，从今走向繁荣富强……"他奔上回天津的火车，在火车上还一直唱"歌唱我们亲爱的祖国，从今走向繁荣富强……"同车的人还以为他精神有问题呢。回到家中，他赶紧把词曲都记录下来，

曲谱一直都没有改动过。

王莘写出《歌唱祖国》这首歌之后，并没有急于发表。他一方面把它交给天津市音乐工作团，排练演唱；一方面到南开大学、天津炼钢厂、天津纺织厂和天津铁路机务段去教唱，征求各方面意见。群众反映十分强烈，诗人艾青认为好是好，但其中有几句歌词还不十分理想，并提出了修改意见，即：将“五千年文化辉煌灿烂”改为“独立自由是我们的理想”，将“我们战胜了一切苦难，我们把敌人赶出边疆”改为“我们战胜了多少苦难，才得到今天的解放”。王莘立即采纳了他的建议。经群众和专家检验之后，王莘才把歌词曲谱抄好向《人民日报》投了稿。1951 年 9 月 15 日，《人民日报》刊登了《歌唱祖国》的曲谱，中央人民广播电台立即邀请中央歌舞团合唱队录音，除广播外，还制成唱片向全国人民推荐。从那以后，《歌唱祖国》这首歌在中国大地上广为流传。

在这首歌中，“歌唱我们亲爱的祖国，从今走向繁荣富强”一句多次重复。王莘解释说，在火车上他把这句唱了六遍，自己也被深深感动。“英雄的人民站起来了，全国人民都想喊出这一句‘歌唱我们亲爱的祖国，从今走向繁荣富强’。这首歌不是我自己写的，我是用手把人民要说的话写出来了，这是人民的心声。”

“歌唱我们亲爱的祖国，从今走向繁荣富强”曾经鼓舞了整整一代人为祖国建设努力奋斗。可是一首好歌的影响力远远不止这些。传唱了几十年，因为繁荣富强是我们的理想，我们是为了理想而奋斗的。可是为什么当理想基本实现了，只要有华人的地方，这首歌还在传唱呢？王惠芬代替王莘回答了我们的疑问：“我们现在的繁荣富强，是与一穷二白的基础相比的。可是与发达国家相比，我们还不够繁荣富强，我们的科学还不发达，所以这首歌还有凝聚力。中国要真正繁荣富强，科技要发展，这首歌还有唱的必要。”所以《歌唱祖国》和它的作者王莘仍被人们记忆在心。

王惠芬提到他们的小儿子，以前整天听爸爸唱这首歌，都听烦了，实在不觉得有什么。他去了美国之后在洛杉矶工作，1997年香港回归时，无数人云集在广场上，不约而同唱起了《歌唱祖国》，其中还有不少外国人，很多老人都是在掉着眼泪唱。王莘受邀参加当天的活动，但因身体原因没有前往，广场上贴满了他的海报。王莘的儿子这才感到父亲的伟大——他用他的音乐鼓舞人，表达了人民的心声，引起了所有华人的共鸣。

《歌唱祖国》50周年暨王莘从事音乐创作60周年纪念时，时任中共中央政治局常委、全国政协主席李瑞环题词："一曲祖国颂，神州世代传。"时任中共中央政治局常委、国务院副总理李岚清在致信中说，《歌唱祖国》"这首歌曲已被传唱了近50年，鼓舞振奋了几代人，功不可没"。

"五星红旗迎风飘扬，胜利歌声多么响亮。歌唱我们亲爱的祖国，从今走向繁荣富强……"王莘夫妇对国旗有着深厚的感情，在家中墙上正中挂着王莘坐在国旗前面的照片。每年国庆，他们都要去天安门广场看升旗。国旗护卫队换了几茬，可是每一个人都是王莘的朋友。王莘夫妇还请国旗护卫队"七一""八一"时来天津升旗。

五

晚年的王莘已经坐在了轮椅上，而且语言表达和行动都有困难。但他不顾疾病困扰，为了音乐事业的发展仍然呕心沥血，笔耕不辍，谱写了《香港回归曲》《抗洪英雄高建成》《伟大的祖国在前进》《美丽的九龙山》《中华第一石》《老年之歌》《人民道德开新花》等。天津市的几个童声合唱基地，都留下了他的身影和叮咛。他拖着病弱之躯，经常坐着轮椅出席各种社会活动和文艺

演出。最令人感动的是他和夫人王惠芬把一生的积蓄拿出来成立了“王莘歌曲创作奖励基金会”，鼓励词曲作者创作出更多更好的歌唱祖国的歌曲。两位老人以无私奉献、高风亮节的风采，迎着晚霞的金辉走向更加灿烂的 21 世纪。

“太阳的光辉照耀大地，真理的旗帜飘在心里，‘三个代表’是立党之本，伟大的党永葆青春活力。和太阳在一起，和旗帜在一起，胜利就永远和我们在一起……”这是王莘的新作——《歌唱祖国》续曲《真理的旗帜》中的一段。

年事已高的王莘仍然非常关心党和国家大事，用夫人的话说就是“脑子里除了国家大事就是音符”。江泽民发表“七一”重要讲话后，王莘虽然语言功能很弱、身体行动不便，但在老伴和朋友的帮助下反复学习，深刻领会“三个代表”重要思想的科学内涵，再一次迸发出火一样的创作热情，想用“三个代表”重要思想，教育群众，鼓舞群众，团结群众。天津的两位词作者王继中和张俊，过去多次与王莘进行过合作，并且成为朋友。他们二人在与王莘的交往中，经常沟通学习江泽民总书记“七一”讲话的体会，感触都很深，不约而同地产生了围绕“三个代表”重要思想进行艺术创作的共鸣。经过反复领会和艺术构思，两位词作者按照王莘的谱曲风格投入了歌词创作。由于王莘语言的障碍，曲作者石瑞生加盟创作。石瑞生根据王莘的创作思想、感悟和艺术构思进行整理和创作，再与王莘反复修改，最后王莘满意地点了头，并定名《真理的旗帜》。

这首饱含王莘真情的新歌产生后，夫人王惠芬将一些经常交往又爱好音乐的邻居请到家中试唱，然后又在天津耀华中学教师节音乐会上，请当年首次演唱《歌唱祖国》的歌唱家们，再次高声演唱。

回顾峥嵘岁月，王莘倾吐心声：“我一生虽然写了很多作品，但我认为只写了两首歌曲，一首是用音符谱写的《歌唱祖国》，另

一首是我一直在用心灵谱写着的‘歌唱祖国’。”他就是用一生来歌唱祖国的人。《歌唱祖国》的旋律一直回荡在神州大地，歌唱祖国的人，人们也会永远记得他！

（原文发表于2002年）

蒋学模：做理论工作要有探索的勇气

◉ 郭卫民　黄　煜　崔煜芳

蒋学模简历

蒋学模（1918—2008），浙江慈溪人。1950年至1952年，作为第一批研究班学员来到中国人民大学，进修政治经济学。我国著名政治经济学家、马克思主义理论家，复旦大学经济学院教授，上海市经济学会原名誉会长，国务院颁发的第一批政府特殊津贴获得者，中华人民共和国第一批博士生导师。一生撰写、主编及编译各类著作40多部，论文100多篇，总共近千万字。主编政治经济学教材和著作10余部、文学和经济学译著10余部，其中包括连续再版十多次、印刷近2 000万册的高等学校通用教材《政治经济学教材》。《基度山伯爵》中文版初译者。曾任第二届、三届上海市政协委员，第四届、五届、六届常委，中国对外文化交流协会常务理事，国务院学位委员会第二届经济学科评审组成员，国家教育委员会评议组成员。

蒋学模，我国著名政治经济学家，他主编的《政治经济学教材》是教育部规定的全国高校统编教材之一，他还是《基度山伯爵》等许多部外国文学名著的译者。走进蒋学模的住所，房间不大，却有着浓郁的书墨之香。窗帘紧合着，屋里显得宁静，窗前写字台上，散放着一些书稿。

蒋学模是作为第一批研究班学员于1950年至1952年间来到中国人民大学进修政治经济学的。一提起人大当时的情况，蒋学模脸上洋溢出一种兴奋和留恋的神色。他说当时学生们生活很朴素，穿着几乎是灰一色的，但生活却是很丰富的，周末总有舞会，也常组织文体活动。大家学习很刻苦，可以说是一心一意学马列、学苏联。蒋学模一口气说出了当时的教研室主任宋涛及卫兴华、胡钧等十多位老同学的名字。从人大毕业后，蒋学模回到复旦大学，开始着手马列主义政治经济学的研究、教学和教材编著工作。

谈及学生们上政治经济学课提不起兴趣，一堂课学不到很多新东西，许多内容在实际中用不上时，蒋学模不无感慨地说道："是啊，现在的确有这些问题。我们那时之所以全心全意地学，对党的信赖是一个重要的原因，党风好，党的政策正确，威信高，所以大家认为作为党的指导思想的马列主义自然是毫无疑义的，并努力为之传播。另外，现在看来，政治经济学原理中有些内容被实践证明是行不通的，不冲破不行。"他对这些问题是经过深思熟虑的，他直言，现在政治经济学课收效不佳的另一个主要原因是，一些教师的素质较差，自己的信念不坚定，知识面又不广，干巴巴地念讲义，没有新的信息，也回答不了学生们提出的问题，当然提不起学生们的兴趣来。说到这里，他摆动了一下手，加重了语调："如果老师能在一堂课内讲一两个新问题，学生们就能满意多了。"

蒋学模十分希望国内学术界能对各种学术问题展开广泛讨论。他说，现在许多理论问题都没有很好地展开讨论，对国外的一些

经济学说，要么盲目反对，要么笼统照搬。对改革中出现的大量问题，都要全面地、具体地进行分析和研究，上升到理论，也只有这样，理论才能发展，才能为实践所需要。

针对中国经济学界出现的一些新变化，比如现在不少经济学理论工作者从社会主义国家经济的具体运行机制来研究原理，进行了一些突破，他说，我们过去只算政治账，表现在理论研究上，只讲本质，不讲实际，注重宏观，忽视微观，那是片面的。但政治经济学作为一门学科，还是应该以研究生产关系为主，具体东西可以涉及，但可以更多地放到部门经济学中去研究。现在不是宏观没有问题可以研究，而恰恰是有许多问题需要我们去解答，如社会主义的商品经济、厂长的地位和代表权、按劳分配和共同富裕等等。他说：“理论上的探索是件不容易的事，会有许多困难。但是，如果问题很好解决，还要科学干什么?!”是啊，我们在暗暗地想，我们这些未来的理论工作者，不也应该从现在起就培养一种勇于探索、克服困难的信心和勇气吗？不应该努力去完成历史赋予我们的使命吗？

蒋学模对人大政治经济学科的发展也十分关切，他说：“人大的政治经济学研究有雄厚的基础，马列主义的理论功底扎实，五六十岁的教师队伍阵容整齐强大，可谓全国第一流，希望人大能在理论研究方面不断创新，不断推出新的成果。”

（原文发表于1987年）

戈华：醉心于党的教育事业

◉ 乔　衍

戈华简历

戈华（1919—1996），曾用名郭念春、郭华，山东邹平人。1936 年 7 月参加革命工作。1938 年赴延安入陕北公学学习并加入中国共产党，曾任陕北公学普通队指导员、高级队副主任、支部书记。全面抗日战争时期，历任华北联合大学队长、党总支书记，晋察冀边区抗战建国学院支部书记、群众干部学校教务主任，晋察冀行唐县教育科科长、应县政府秘书。解放战争时期，历任雁北地委宣传干事、浑源市委书记兼市长、广灵县委副书记、浑源县委书记、北岳区党校组教科副科长、察哈尔南下四地委宣传部部长、皖南池州地委宣传部部长。新中国成立后，历任皖南区委党校副校长、党委副书记，安徽省委党校副校长、党委书记，安徽大学党委副书记，中央组织部干部训练处副处长，天津师范大学党委书记、副校长，河北大学党委书记、副校长，北京大学党委第一副书记、副校长，林业部党组成员、教育局局长。

北京大学的十三公寓位于一个幽静的去处，这里有假山、有树木，还有一汪曲形的湖水。我校校友、北大原党委第一副书记戈华的家就在这里。

日前，戈华在他的家里愉快地接受了我的采访。一提起陕北公学，老人就又沉浸在对往事的深情回忆中。

一

1919 年，戈华出生在山东邹平，然而迎接他降生的不是太平盛世，而是国内军阀间连绵不断的战火。在他的记忆里，还有日本帝国主义惨无人道的侵略。在邹平师范读书时，戈华便和同学们一起积极参加抗日救亡活动。1936 年，他又加入了中华民族解放先锋队，在学生中间做工作。“七七”事变的爆发，使每一个中国人都激起了强烈的驱逐日寇的民族感情和救国救民的革命激情。他们寄希望于中国共产党，积极、真诚地追求共产党，向往革命圣地延安。戈华，一个热血男儿，也毅然决然离开家乡，踏上了奔向延安的征程。

1937 年，戈华首先在陕西安吴堡战时青年训练班学习，1938 年他来到延安，进入陕北公学学习。在这里，他亲耳聆听了毛泽东、周恩来等中央领导同志的谆谆教诲，陈云、李富春更是经常挤出时间给刚入党的新党员讲党课。老一辈无产阶级革命家的亲切教导，在戈华年轻的心里产生了强烈的影响。他处处严格要求自己，认真学习钻研马克思列宁主义，积极参加各种文体活动，和同学们一道参加劳动。在学习和劳动的过程中，他思想上树立起了劳动观点和群众观点，在每周一次的生活检讨会上，他积极地开展批评和自我批评。经过不断努力，他的思想成长很快。1938 年，他光荣地加入了中国共产党，当时他才 19 岁。

谈到这里，戈华风趣而又深情地说，当时他还不知道自己是什么成分，是李维汉告诉他的。他说，陕北公学的毕业分配工作做得很细致，以保证学生能够到最需要他们、又最能展示他们才华的地方去。当时，陕公的副校长李维汉找戈华谈话，详细地了解了他的家庭情况以及他的生活、学习情况，问他是否愿意留校工作，愿做什么工作。他说服从组织分配。李维汉在听取了戈华的家庭情况后说："你们家原来是贫农成分。"也就是在那一次，戈华不仅知道了自己的成分，还知道了各种成分的人们在阶级斗争中的地位和作用。戈华激动地说："这次谈话使我终生难忘。当时，我们党的思想工作做得就是这样细致，真正深入到了群众，深入到了同学们中间。当时学校的干部还比较缺乏，为了充实教师和干部队伍，我决心留校，组织上分配我做了一名政治思想工作干部。"

于是，戈华从最基层干起，兢兢业业，脚踏实地，深入到群众中去。一开始他做助理员、普通队的指导员，接着又到高级队做副主任，不久又调动到党委做宣传工作。1942 年底戈华离开华北联大，到地方上从事政府工作和党务工作，先后担任过行唐县教育科科长、应县政府秘书和中共山西浑源县委宣传部部长、县委书记等职务。

1949 年，毛泽东、朱德发出了"解放全中国"的命令，我百万大军挥师南下，争渡长江。当时戈华也随南下区党委一道南下，随陈谢兵团从安庆渡过长江。渡江之后，戈华代表南下区党委的池州地委顺利接收了青阳、石棣、太平三座县城，结束了国民党在这里的统治。不久，皖南建立了革命干部学校，戈华又担任二部主任，继续为革命培养干部。

皖南需要戈华，戈华也决定留在这块需要他的土地上。新中国成立后，戈华又担负起筹建皖南区委党校的重任，并被任命为党校副校长和党委副书记。安徽建省后，戈华又担任安徽省委党

校党委书记、副校长。1952 年，戈华被调到中共中央组织部，任干部训练处副处长，仍然分工联系党校方面的工作。

二

戈华长期从事党务工作，先后在安徽大学、河北大学、北京大学等学校担任党委书记、副书记、副校长，对高校党的理论工作有自己的见解。谈到高校的教育工作，戈华结合陕北公学的办学经验，谈了几点意见。

他说，要办好学校，首先要有正确的办学方针。陕北公学建立之后，党中央就派无产阶级革命家、教育家成仿吾担任校长，无产阶级革命家李维汉任副校长，毛泽东、周恩来等中央领导同志都多次到学校讲课、做报告，对办好陕北公学给予了明确指示，这都体现了党对陕北公学的关心。陕北公学明确自己的办学方针是坚持教育为抗战服务，教育为政治服务，强调理论联系实际。就是按照这个方针，陕北公学为革命培养了大批优秀干部。实践证明，这个方针是正确的。中国人民大学作为新中国成立后我们党创办的第一所新型大学，又是由陕北公学发展来的，相信能够继承和发扬陕北公学的优良传统，为社会主义培养出更多的又红又专的人才。

其次，学校要办好，必须有一个坚强的领导班子。这个领导班子应该是团结一致的。这里的坚强不仅指要有丰富的革命经验，有坚定的共产主义信仰，而且还要有丰富的办教育的经验。教育是一项长期的系统工程，外行是领导不了的，也是建设不好的。作为领导，一定要具有民主作风，要深入基层，到群众中去，而不能仅仅听汇报，做决议。群众才是实际，群众是检验学校工作的寒暑表。领导同志一定要起表率作用，办实事，求实效，如果

讲得太多，而又做不到，那样是容易脱离群众的。如果没有群众的拥护，又怎么能与全校教职工和广大学生一道把学校办好呢？

领导班子也一定要重视学校教学学习秩序的安定。没有良好的教学科研和学习秩序，教育事业就会受到影响。“文化大革命”对教育造成的损失太大了。作为领导，我们必须使教师队伍充实起来，重视教师队伍的建设，培养、爱护他们，关心他们的疾苦，同时大胆地提拔、使用中青年干部，给他们工作的机会。这样，教育事业就能够蒸蒸日上。当年陕公、华北联大都是这样做的。

戈华又特别谈道，现代社会形势的变化是复杂的，因而人们思想上就容易产生各种想法甚至出现模糊认识。进行形势教育可以使他们保持清醒的头脑。当时在陕北公学，因为是面向社会办学，所以就有各个阶层、各种思想的人来上学，学员中不仅有共产党员，也有国民党的专员，还有个别的托派分子混进来捣乱破坏，阶级斗争在这里也是存在的。但学校重视形势教育，通过形势报告，大力宣传抗战形势和统一战线，使各种思想的人的认识水平都有了一定程度的提高，对个别捣乱破坏分子也给予了批判和处理。在今天，苏联、东欧的剧变，使得世界格局发生了变化，社会主义面临着严峻的考验，在这种情况下加强形势教育、加强政治思想工作就更加重要了。在抓形势教育过程中，必须坚持正确的舆论导向，使学生们坚定正确的政治信仰。遇到了新问题，我们就应该以马列主义、毛泽东思想的立场、观点、方法认真分析研究它，不仅要讲它，而且要讲透彻，这样就能把热爱祖国、热爱党、热爱社会主义的思想，扎根于学生们的思想深处，开花结果。

离休之后，戈华仍在从事着繁忙的社会工作，他风趣地称这些工作为“做些零活”。他原来工作过的许多地方，像雁北地区、浑源、广灵、应县、行唐等地的党史编写部门先后向他发来函电，请他回忆当时的情况，以满足组织史或战争史编写工作的需要。

在他的案头就放着一份中国人民大学送来的关于编写校史的征稿通知。为了纪念成仿吾95周年诞辰，他又写了《敬爱的成校长是我们学习的楷模》等纪念文章，还参加了《成仿吾教育论文集》的修订工作，也参加了由中国人民大学编写的《成仿吾传》一书的讨论。戈华说："工作虽然琐碎，但都是应该做的，也是有意义的。"

（原文发表于1992年）

古元：用人民生活的泉水酿造精神的甜蜜

◉ 郑成武

古元简历

古元（1919—1996），原名帝源，生于广东省珠海市唐家湾镇那洲村，擅水粉、水彩、版画。1938 年赴延安，先后在陕北公学第 44 队、鲁迅艺术学院学习。1951 年创作新年画《毛主席和农民谈话》，获中央文化部颁发的新年画二等奖。曾参加中国革命博物馆的历史画创作。曾任中央美术学院教授、副院长、院长，中国美术家协会副主席，中国版画家协会副主席、名誉主席。

奔向陕北

古元，版画家，徐悲鸿1942年曾赞誉他为“中国艺术界中一卓绝之天才”。

1938年9月，一列客车艰难地北驶，日寇飞机狂轰滥炸。19岁的古元站在车厢过道，望着窗外弥漫的硝烟，心情难以平静。“卢沟桥事变后，广州出了《救亡日报》，我从那上面读到有关陕北的通讯，有如在黑夜中发现了一盏明灯！于是找到八路军广州办事处，揣上一封介绍信，就奔向了陕北！”

“陕北公学有学生数千人，来自五湖四海，分编为几十个大队，我编入第44队，我们的老师有些是红军干部，有些是有经验的革命家和理论家，讲授政治课和军事课，如‘社会科学概论’‘政治经济学’‘大众哲学’‘中国革命战争的战略问题’‘论持久战’。我们没有专设的校舍和课堂。农民的打谷场就是我们的课堂，住的是农民放农具的房子或窑洞，吃的是小米饭，穿的是粗布衣服。生活条件虽然很艰苦，但精神世界是非常充实的。我们大队有一个俱乐部，当时叫救亡室，是课余时间文娱活动的场所。救亡室里设有图书阅览室，我常到那里去阅读，我读到一本很好的书，就是《共产党宣言》，觉得道理高深透彻，给我的印象极深，使我确信只有马克思的学说才能解决中国的和世界的问题。经过深思，我向党组织提出入党申请。1938年11月11日，我被批准入党，从此，我开始了新的一页。”

摇　篮

古元的第一幅木刻作品，就是1939年的《游击队行军》。他

用平凡的双手，刻制出了上百幅中国木刻的精品。

“小时候就爱画画，上了中学还画。可后来画不下去了，敌人炸到了广州。到陕北，在救亡室里搞些报头、插画。没纸，但有木板，刨一刨；再拣来弹片，砸砸磨磨，就成了刻刀，刻木刻！”

从陕北公学毕业后，古元进入鲁迅艺术学院学习美术。1940年，他被分配到延安川口区碾庄村，在乡政府担任文书工作。

“乡亲们都喜欢把画着大公鸡、大犍牛、大肥猪、骡、马、驴、羊的小画片贴在屋里，供朝夕欣赏。我就以这方面的题材创作了《牛群》《羊群》《铡草》《家园》四幅木刻，分送给乡亲们。他们看见这些木刻高兴地议论起来：‘这条驴真带劲！’‘这不是刘起兰家的大犍牛吗？’‘放羊不带狗不行。’‘放羊娃要带上一条麻袋，母羊在山上下羔，装进麻袋里背回来。’”在这里，他找到了新的创作灵感。

古元在碾庄又刻了许多木刻，乡亲们很喜欢，但对有些表现手法提出了批评。例如对一幅《离婚诉》，大家首先肯定这幅画的内容，认为陕北妇女过去太受压迫，婚姻不能自己做主，出嫁后受歧视、受虐待也不敢反抗，只能逆来顺受。如今解放了，男女应该平等，受压迫就可以起诉。但是，对于这幅画的刻法不理解，“为啥脸孔一片黑一片白，长了那么多黑道道？”古元回忆说：“我开始学木刻时，参考了欧洲的一些作品，模仿外国的表现手法，并且把这些手法带到农村来了。乡亲们当然看不惯，他们的批评是应当重视的。我参照乡亲们的意见，不断地改进我的作品，力求也为他们接受和喜爱。以后我又重刻了一幅《离婚诉》，用单线的轮廓和简练的刀法来表现，画面明快，群众也就喜欢接受了。”他说：“我在碾庄工作和生活将近一年时间，这一段生活是非常有意义的，对于我以后的艺术发展有着深远的影响，是我艺术生涯的摇篮。”

灵感在哪里

古元的作品跨越了时空，成为世界艺术宝库中的珍藏。1944年，古元的木刻作品在美国《生活》杂志上发表；1949年，古元的木刻作品在布拉格“世界拥护和平大会”上展出；新中国成立初期，古元作品多次在苏联及东欧国家报刊上发表；1961年，古元个人画展在匈牙利和保加利亚展出；世界美术全集收集他的作品，国外大百科全书把古元列为世界文化名人而专门有所论述……

延安时期，古元的《减租会》忠实地反映了当时历史：我们党为了团结一切抗日力量，组成最广泛的抗日民族统一战线，对地主实行减租减息，而受了几千年剥削和压迫的农民则翻身做了主人，向封建势力进行面对面的斗争。《结婚登记》反映了边区妇女获得了婚姻自由，《老炊事员的诞辰》刻画了革命队伍中同志间的新型关系，《哥哥的假期》描绘了子弟兵和人民的鱼水深情，《冬学》则刻画了翻身农民学文化的动人场景……

解放战争时期，古元创作了《烧毁旧地契》，反映了犹如暴风骤雨的农民运动，木刻《人桥》以缩影的形式反映了战士们“没有桥就用人代替”的奋勇向前的革命精神。

战争结束以后，古元又创作了《鞍山钢铁厂的修复》《工人上夜校》《喜相告——西藏人民的新生》等众多作品，热情讴歌新中国的业绩。但十年浩劫却使古元“不能按照自己的意思而停刀停笔”。

“打倒‘四人帮’后，我的画笔和刻刀又可以纵横驰骋了，祖国的天空澄澈如洗，大地冰化雪消，我的心境如同春天的到来，充满活力和生机。”古元又创作了《十月的喜悦》《拆除春天的障

碍》《初春》《给人们甜蜜》等作品。“人们常说创作要有灵感。灵感怎么来呢？总结我几十年来的创作体会，我觉得对劳动人民、对祖国的一草一木怀有深厚的感情，就会产生灵感。”

（原文发表于1987年）

李焕之：为了繁荣民族音乐事业

◉ 李梦超

李焕之简历

李焕之（1919—2000），生于香港，原籍福建晋江，作曲家、指挥家、音乐理论家。1938年8月到延安，11月加入中国共产党，在鲁迅艺术学院师从冼星海学习作曲指挥，毕业后留校任教员。抗战胜利后，任华北联合大学文艺学院音乐系主任。新中国成立后，任中央音乐学院音乐工作团团长、中央歌舞团艺术委员会主任、中央民族乐团团长。其创作的《春节序曲》为我国春晚必演曲目；《社会主义好》高度颂扬了新中国掀起社会主义建设高潮的繁荣景象，唱出了全国人民坚决走社会主义道路的坚强决心。

一曲《社会主义好》，响彻神州大地，音乐家李焕之得到了数以亿计的知音，他为繁荣和发展我国民族音乐事业所做的探索和独特的贡献令人印象深刻。

李焕之祖籍福建晋江，父亲经商于香港、厦门、台湾之间，母亲是台湾台北市人。李焕之1919年1月生于香港。10岁时父亲病逝，刚刚读完初小的他随家迁至厦门，在竟存小学读完高小，1932年考入双十中学。喜欢音乐的李焕之，从小受到闽南、广东民间音乐的熏陶，在中学，他参加了合唱班和铜管乐队。1936年，他只身到上海进入国立音专，师从萧友梅学习和声及作曲。全面抗日战争爆发后，他正在厦门，不久又去了香港，把自己的音乐活动维系于民族解放的伟大斗争，与进步诗人蒲风、黄宁婴、克锋等合作，创作了《抗日救亡曲》《厦门自唱》《保卫祖国》等60首抗战歌曲。就在这个时候，李焕之参加了党的外围组织抗战青年社。1938年7月，他与抗战青年社的几位伙伴一起，从香港取道武汉、西安、洛川，8月上旬到达延安，成为鲁迅艺术学院第二期音乐系学生。3个月后，他担任了音乐系的助教，并参加高级班学习，向吕骥、冼星海学习作曲和指挥。1938年11月，他加入了中国共产党。1939年8月，他正式留校任教，成为音乐系最年轻的教员，担负起基本乐理、视唱练耳、和声、作曲、指挥等教学工作，编写出《乐理初步》《固定唱名法视唱教材》。然而他的音乐创作活动并没有中止，他时常参加各种演出。1940年冼星海离开延安赴苏联之后，《黄河大合唱》的指挥就由李焕之担任了。他曾为独幕歌剧《异国春秋》（张庚创作）谱曲，也参与过新歌剧《白毛女》的创作，写了王大春的主要唱段曲调，创作了合唱曲《青年颂》（胡乔木词）等，同时主编了陕甘宁边区第一个音乐刊物《民族音乐》和《歌曲月刊》。人们还经常看到他在这片黄土地上四处奔走，特别在新秧歌运动期间，他下乡深入生活，收集民间音乐，和群众一起跳秧歌、闹社火。在这样的活动中，他逐步

深化了对中国风格、中国气派、群众喜闻乐见等问题的理解。

抗战胜利，延安组织了许多工作队奔赴新解放区。鲁迅艺术学院组成两个文艺工作团分赴东北和华北。李焕之所在的华北文艺工作团，经过两个多月的徒步行军，来到张家口并入华北联合大学，建立了文艺学院，沙可夫、艾青分别任正、副院长，李焕之是音乐系主任。解放战争爆发后，华北联大撤退到冀中根据地，李焕之夫妇在束鹿县小李家庄住了一年多。在十分艰苦的条件下，李焕之写出 20 万字的《作曲教程》，这部著作传抄到全国各个解放区，他还创作了《民主建国进行曲》《胜利进军》《白求恩三唱》等歌曲，在群众中广泛传唱。后来的《华北大学校歌》（吴玉章作词），也是由李焕之谱曲的。

1949 年 10 月，中央音乐学院在天津建院，李焕之出任音乐工作团团长。1952 年 12 月，他担任中央歌舞团艺术委员会主任。1960 年 2 月，在他的倡议下成立了中央民族乐团，他担任团长兼合唱指挥。他还长期兼任中国音乐家协会理论创作委员会主任和《音乐创作》主编。

在新中国成立之后到“文化大革命”前这段时间里，李焕之更加勤奋地创作，写出各种类型的声乐作品 150 多首。同时为我国交响音乐创作的兴起付出了艰辛的劳动，先后创作了管弦乐《春节组曲》《第一交响乐——英雄海岛》，电影《暴风骤雨》《风从东方来》《在长征路上》《鲁迅生平》的配乐，舞剧《白娘子》的钢琴全谱，第二届、第四届全运会团体操的部分音乐及主题歌合唱《红旗颂》和《新长征颂》。他对民族音乐的创作也倾注了极大的热情，创作了民乐合奏曲闽南芗剧音乐《乡音寄怀》、民族弦乐合奏《二泉映月》等，还改编了大别山革命民歌合唱《八月桂花遍地开》、云南花灯组歌《茶山谣》、东北民歌合唱《生产忙》以及古琴弦歌合唱《苏武》等。

党的十一届三中全会后，虽然李焕之担任了中国音协副主席，

社会活动及外事活动更繁忙了，但他的创作活动仍很活跃，几年时间写出声乐作品 40 多件。1981 年，他为在香港举行的亚洲作曲家大会及音乐节专门创作了一部古筝与民族乐队协奏曲《汨罗江幻想曲》。随后又写出大型琴歌合唱套曲《胡笳吟》、合唱曲《长城颂》、箜篌独奏曲《高山流水》、古筝独奏曲《酒狂主题变奏曲》等等。

追寻李焕之的创作道路，可以清晰地看到，他对发展具有我国民族特色的多声合唱，为促进交响音乐民族化和传统民族器乐现代化，做了卓有成效的探索和开拓。

长期以来，中外不少音乐家认为中国的民族音乐不适宜发展多声音乐。新中国成立以后，我国音乐家探索多声部民歌合唱获得成功，李焕之以极大的热情投入了这一事业。1957 年，他率领北京青年业余民歌合唱队参加在莫斯科举行的第六届世界青年联欢节。演出时演员身着民族服装——男声身穿白色对襟小褂，外套带花边的坎肩，女声一式大襟小袄，腰系绣花黑色小围裙，在李焕之指挥下，演唱了民歌合唱《三十里铺》《茶山谣》《瞧情郎》和琴歌合唱《苏武》等曲目。那清新的格调、真挚无华的演唱，赢得了暴风雨般的掌声，从而夺得了合唱比赛的金质奖章。他创作了不少具有浓郁民族风格的各种类型的民歌合唱，同时尝试对我国古代歌曲进行多声部合唱的改编。为了完成琴歌合唱套曲《胡笳吟》，他对照研究了原琴歌琴曲有代表性的传谱，参阅了有关文献资料，在理解原歌原曲特有神韵的基础上，充分发挥个人的新感受，对原曲音乐做了大胆扩展，使音乐更富表现力。

为中外听众所熟悉的管弦乐《春节组曲》，是李焕之力图通过交响乐形式探讨具有陕北民间音乐那种朴实、高亢、豪放风格的代表作。作者选取与人民现实生活有密切联系的题材和音调，通过回顾战争年代陕北军民共度节日的场景，以陕北民歌秧歌调、唢呐牌子曲和民歌曲调为素材，塑造了一系列个性鲜明的音乐形

象，表现了根据地军民团结、乐观的气质，作品听起来亲切生动，一直受群众欢迎。1958 年李焕之回故乡厦门，耳闻目睹，亲身感受到了厦门岛的军民团结。返回北京之后，他花了两年时间酝酿创作了《第一交响乐——英雄海岛》。他选取南曲《八骏马》《梅花操》，民歌《索罗连》以及芗剧、梨园戏等闽南地区民间音乐作为各乐章的大部分主题音调，在和声配器方面也做了新的突破，从而把交响音乐民族化的工作更加深化了一步。

李焕之通过民乐合奏这种艺术形式，为我国传统古乐遗产现代化做出的努力，也颇为国内外音乐界所瞩目。取材于琴曲《离骚》的古筝民乐协奏曲《汨罗江幻想曲》，取材于琴曲《高山》和《流水》的箜篌独奏曲《高山流水》，可以作为这方面的突出成果。这两件作品，不是古琴曲的改编，也不是音响的模拟，而是取材借意于古曲而重新进行的创造。在创造中，他对现代音乐的多声思维、交响性思维的得体运用，增添了现代交响音乐创作那种广阔丰满、富于变化的特色。

李焕之多年来致力于具有中国气派的民族新音乐的发展，受到文艺界的关注，也得到了人民群众的肯定。在 1985 年 2 月举行的李焕之、李群作品音乐会上，那些具有浓郁民族风格的各类作品在首都引起强烈反响。听众们说，这次音乐会形式风格是多样化的，民族的、民间的、古典的作品都有，在社会上音乐生活比较复杂的情况下，这个音乐会是吹向人们的一股清风。

（原文发表于 1987 年）

邹瑜：难忘的陕北公学

◉ 李　宁

邹瑜简历

邹瑜（1920—　），广西博白人。1938年初进入陕北公学学习，同年加入中国共产党。曾任陕甘宁边区政府保安处科长、吉林市公安局副局长。新中国成立后，历任中共潮汕地委常委、汕头警备区副司令员、中共粤西区委副书记、广东省公安厅第一副厅长、中共汕头地委第一书记、湛江地委书记、广东省委常委、国家地震局局长、全国人大常委会法制委员会副主任、中共中央政法委员会副秘书长、司法部第一副部长、中华全国律师协会会长、司法部部长兼中国政法大学校长、第七届全国人大内务司法委员会副主任委员。是第七届全国人大常委会委员。

邹瑜17岁时在成立不久的陕北公学学习过，回忆起那段学习生活，邹瑜很激动。

“我1938年3月至6月在陕北公学学了一期。”他回忆道，“在将近半个世纪的革命生涯中，我的每一个足迹都刻有陕公的印记。陕公，她把我变成一个共产主义者。在这里，我加入了中国共产党，入党的庄严仪式、入党的誓词‘为共产主义奋斗终身’至今仍然给我鼓舞和力量，我为共产主义奋斗的漫长历程就是从陕公起步的。”

“一二·九”运动前夕，邹瑜参加了党领导的学生救亡运动，他在当时的广东廉州中学组织了秘密读书社，读了进步书籍，产生了向往共产党的朴素思想。

当时的延安，是全国抗日的中心，吸引着千千万万青年男女。邹瑜一行六人就在1938年的春天从广州出发奔向延安。全面抗战初期，蒋介石还不敢公开反共，因此还不敢拦截奔赴延安的青年。他们从广州乘火车到武汉，又换车到西安。在西安，八路军办事处的同志说：“前方战争紧张，没有汽车送你们了，就走路去吧。”于是，他们甩开脚板一连走了四百公里。为了找共产党，为了成为陕公的一名学员，他们浑身都是劲儿，他们这个小队没有任何人感到疲倦。那时，从西安到延安的公路上有成群结队的青年男女，包括学生、教师、作家、演员以及众多的知识分子，这四百公里的人流，唱着救亡歌曲，昂首前进的壮观情景，正是中国革命高潮的生动反映，是中国共产党在全民族中的崇高威望的真实写照。一路上，邹瑜的心情异常激动，一个伟大的希望在心中激荡：“就要到共产党领导的陕北公学了。”

邹瑜一到延安就进入陕公第20队学习。陕公和抗大是一对姊妹学校，她们同肩负着为抗日战争培养军事的和政治的革命干部的重大使命。由于当时抗战形势的需要，不可能长期学习，一期学习时间只有3个月。邹瑜感慨地说：“3个月的时间虽短，但学

风很好，联系实际学习，很能解决问题。我们当时主要学习马克思主义哲学、政治经济学，还有一些战时必要的知识，如游击战争的战略战术、抗日民族统一战线、中国问题、民运工作（即怎样做群众工作）等课程。许多领导同志为学生做专题讲演，毛主席来讲过唯物辩证法，他讲得通俗易懂，连炊事员、马夫都来听。这一课是我在陕公时印象最深的。毛主席穿的衣服和战士一样，他讲的课思想深刻，逻辑严密，语言通俗、幽默，听他的课是一种高级的精神享受，使人难以忘怀。以前就听说共产党里有大批有学问的人，现在目睹了这些人的风采，领教了他们的学问，就更感到党的力量的强大。”

说到陕公的光荣传统，邹瑜说：“陕公的学校生活对我的一生具有里程碑的作用。大家一心一意追求革命，抛弃了个人的打算，在艰苦的生活环境中，人与人平等相待，相互团结，非常和谐。这种共产主义的道德风尚，至今我仍然非常留恋。在这种校风和社会风气中培养出来的人，富有全心全意为人民服务的思想，是合乎逻辑的。这一阶段造就的干部，对以后中国革命的胜利起了重大作用，可以说陕公是当时具有中国特色的革命学校，它为中国革命培养了大批的栋梁之材。”

陕公注重教书育人、注重理论联系实际、注重勤俭办学的光荣传统，是值得继承发扬的。邹瑜希望现在的中国人民大学这所专业比较齐全的综合大学能够发扬陕公的优良传统，继续为国家培养第一流的人才。

（原文发表于 1987 年）

沈因洛：丰碑无语，灯塔有光

◉ 刘宜卫/整理

沈因洛简历

沈因洛（1920—2016），生于江苏吴县。1938年5月加入中国共产党。1938年4月至12月，在延安陕北公学、抗日军政大学学习。1949年7月后，历任湖北省军区组织部副部长、湖北省军区荆州军分区副政委、41军政治部副主任。1961年3月至1982年10月，历任武汉钢铁公司副经理、经理，革委会副主任、主任，党委第二书记、党委第一书记。1982年10月后，历任湖北省委书记兼省委组织部部长，省委副书记，省顾问委员会副主任，省政协主席、党组书记。中共第十二届中央委员，中共十二大、十三大、十四大代表。2015年9月荣获“中国人民抗日战争胜利70周年纪念章”。

青松挺立，百合无语。苍松翠柏掩映的武汉市遗体捐献者纪念碑上，镌刻了第 1 304 个名字：沈因洛。

没照片、没生平、没墓地，只有普通邮票见方的三个小字，这是一位老党员、老八路、正省级老领导留下的最后“痕迹”。这位老人，就是陕北公学二期校友——沈因洛。

他一生淡泊名利，不写回忆录，不接受个人专访。然而，他去世后，中华大地掀起了一次又一次学习沈因洛先进事迹的热潮。人们学习他的事迹，追忆他的品行，被他的精神感召、激励。大家不约而同地竖起大拇指，共同赞叹：这才是共产党员，这才是共产党领导下的好干部，这才是“两学一做”学习教育中全国党员干部都应该学习的一面旗帜。

沈因洛 17 岁弃医从戎，18 岁加入中国共产党，经历过百团大战和中原突围，曾任武汉钢铁公司经理、湖北省委副书记、湖北省政协主席。这位逝去的老者用他的一生诉说着对祖国深沉的爱、壮阔的情怀和无尽的奉献。

心怀信仰，用毕生担当诠释什么是忠诚

看他的简历，从部队，到企业，再到湖北省委、省政协，他的工作跨度很大。但熟悉他的人说，他从来没有任何抱怨牢骚，也从来没有说过“不”。因为在他的字典里，没有“不服从”，只有“服从组织的安排”，只有“讲规矩、守纪律”。

“共产党人要学习大政方针，多关心国事省情，否则就跟不上中央和时代的步伐。”“我要活到老，学到老，一直要学到马克思召唤的那一天！”这是沈因洛经常挂在嘴边的话。

他家中书柜里，放满了他的学习辅导资料。翻开《习近平谈治国理政》《习近平关于全面深化改革论述摘编》等著作，红色笔

勾画的波浪线、三角形、椭圆形等标记符号随处可见。90 多岁时，他还可以大段大段地背诵党章，流利地复述习近平总书记的讲话。沈因洛的秘书陈明还记得，病重时，沈因洛呼吸都很困难，但仍然趴在医院病床上，手握放大镜，吃力地看着《习近平关于党风廉政建设和反腐败斗争论述摘编》，颤颤巍巍地记着学习笔记。“必须向党中央看齐，与党中央保持高度一致！”他总是这样说。

心系群众，在奉献中点亮生命霞光

奉献，是沈因洛一辈子做的事。不论是在武钢，在湖北省委、省政协，还是离休后，沈因洛始终把自己的根牢牢扎在群众之中。

在武钢，至今仍流传着关于沈因洛的“经典故事”。有职工反映从白玉山农场到工厂上班路程远，道路坑坑洼洼，晴天一身灰，雨天一脚泥，容易发生事故。沈因洛听到反映后，经过实地调研，提议修建白玉山到厂前的水泥路，并开设通勤车。于是，大家把这条路叫作“沈因洛路”。

湖北省委政法委副巡视员、宣传处处长郭睿始终记得，1982 年，他还在湖北麻城农村，高考落榜后，试着给当时分管教育的沈因洛写信，10 多天后竟然收到沈因洛的亲笔信，信中写满了鼓励的话语。他牢记教诲，发奋用功，终于考上武汉大学，毕业后到共青团湖北省委工作。“这对一个山里的穷娃子来说，是多么大的激励，让我牢记终生！”

离休后，沈因洛定下规矩，每年拿出一个月离休费，分别捐给湖北省慈善总会、省残联、省老促会、“希望工程”和“春蕾计划”。发生地震等自然灾害时，他总是第一时间为受灾群众捐钱捐物。在整理他的遗物时，家人发现了 106 张捐款收据。他在日记里写道：“我老了，为国家做不了什么贡献，只能尽这点微薄之

力了!”

2015 年 12 月底，他病重住院。病床前，他一边宽慰老伴，一边郑重其事地重申心愿：捐献遗体，丧事从简。2016 年 1 月，他呼吸困难，自感时日不多，再三交代陈明：“我 17 岁离开家乡跟党走，没有党，没有人民，就没有沈因洛。当年，我在遗体捐献倡议书上签了名，我走后，孩子们如果违背我的意愿，你不能‘和稀泥’，更不能做‘老好人’。到时候我不能说话做主了，你一定要站在我这边，替我说话。”2 月 20 日，沈因洛告别人世。去世 3 小时后，他的遗体被移交红十字会。

没有花圈，没有哀乐，没开追悼会。

至此，这位有着 78 年党龄的老共产党员，兑现了他 33 年一直念念不忘的最后承诺。

求真务实，基层调研工作一干到底

离休干部、曾是武钢办公室工作人员的王国连，听力和记忆力都大不如从前了，但说起老领导沈因洛，他一字一句：“沈经理的作风就像秤砣一样扎实。”

从部队初到武钢，沈因洛不懂生产经营。为了尽快摸清厂情、掌握业务，白天，他不知疲倦地到一个个车间转，在生产现场向一线工人问计，了解情况；晚上，他到处拜师，请青年技术人员、财务人员、业务干部给他讲课，每晚都要学到 10 点以后，持续了大半年。

在省委工作时，他每年三分之一的时间用于调查研究。谢允坚回忆说：“作为副手，当我知道他是新任省委组织部部长时，他已经下乡调研了。”沈因洛还一一走访了省委组织部所有处长的家。许多处长的家庭情况、性格特点等，他的笔记中都有详细

记载。

即使1995年离休后，沈因洛仍时刻关注国家的改革进步，关心湖北的经济社会发展，保持着到处调研的习惯。“除了去武钢外，他最喜欢往农村跑。基本上每两个月出去调研一次，短则两三天，长则一周。”司机吉胜说。

2013年，他93岁了，为了核实报纸上关于沼气利用的一个数据，还迈着颤颤巍巍的步伐，专程去湖北省农业厅调研。“2014年以后，他出不了门了，就经常委托我代为调研，了解基层情况。每当我告诉他农村发生的巨大变化，农民的日子越来越红火，老人家脸上总是洋溢着欣慰的笑容。”陈明说。

丰碑无语，灯塔有光；点亮薪火，代代相传

沈因洛信仰坚定，对党一片赤忱，亲民爱民，永葆公仆本色，奋发有为，作风扎实顽强，律己严苛，至善至正。2016年4月26日，湖北省委做出决定，号召全省党员干部向沈因洛同志学习。11月20日，湖北省委书记蒋超良批示要求，全省各级党组织和广大党员干部深入学习沈因洛先进事迹，做忠诚、有担当的好干部。

沈因洛的先进事迹经湖北省内各大媒体报道后，受到中组部、中宣部和央媒的高度关注。2016年12月，中央电视台、新华社、《人民日报》、《光明日报》、《经济日报》等主流媒体记者齐聚武汉，深入采访挖掘沈因洛的先进事迹和感人故事。

中央电视台《新闻联播》连续两天播出有关沈因洛的报道。《焦点访谈》在片尾说，“他留下的精神财富是笔沉重的托付，接过这笔财富的人、受到他的感召的人，都有义务让老人期盼的梦想早日实现”。

新华社播发的长篇通讯《一棵树、一株草、一杆秤——追记

湖北省政协原主席沈因洛（上）》和《活着不争利，死后不占地——追记湖北省政协原主席沈因洛（下）》，由省级党报纷纷转载，沈因洛先进事迹从湖北走向全国。

《人民日报》刊发长篇通讯《“丰碑”前的对话——追记湖北省政协原主席沈因洛（上）》《清风正气照人心——追记湖北省政协原主席沈因洛（下）》，并配发评论《以党员本色托起党员分量》。评论文章说：“不忘初心，保持本色，正是沈因洛作为一名党员给人最大的启示。”

《光明日报》刊发长篇通讯《大爱铸就赤子丰碑——追记湖北省政协原主席沈因洛（上、下）》。“沈因洛身上传承着中华民族最优秀的文化元素，是一面镜子、一个标杆、一面旗帜。”

《经济日报》刊发长篇通讯《追记湖北省政协原主席沈因洛：坚守共产党员的本分》。这位逝去的老者用他的一生诉说着对党、对祖国深沉的爱和无尽的奉献。

丰碑无语，灯塔有光。沈因洛校友用青春、热血、生命，用他所有的一切，点亮薪火，代代相传。

（原文发表于 2017 年）

胡华：革命队伍中杰出的教师、宣传家

◉ 戴　逸

胡华简历

胡华（1921—1987），中国著名的马克思主义历史学家和教育家，浙江奉化人。淞沪抗战后，肄业于浙江省立高师。随后积极投身抗日救亡运动，在中共浙东党组织领导下，创办醒民剧社、《战时大众》报。1938年赴延安，入陕北公学学习。1939年2月加入中国共产党。1940年4月起，在晋察冀抗日敌后华北联合大学讲授中国近代革命运动史。1947年出版《日本投降以来美帝国主义侵华史略》和《日本投降以来中国政局史话》。1948年起担任华北大学中共党史教学组组长、华北大学第一部政治十一班班主任、第八区队队长，著有《中国近代革命史讲话（初稿）》。1950年中国人民大学成立以后，先后担任中国革命史教研室副主任、中共党史系主任、博士生导师等；发起并参与成立全国中共党史研究会（后改称“中国中共党史学会”）以及全国党史人物研究会（后改称“中国中共党史人物研究会”），均任常务副会长并兼“中共党史人物传”（1～50卷）主编；担任《中国大百科全书》历史学编委兼“社会主义在中国”卷主编。主编的“中共党史人物传”（1～50卷）丛书1986年获全国优秀畅销书奖，并凭借此丛书获最佳主编奖。1987年，“中共党史人物传”（1～50卷）获吴玉章奖金历史学一等奖，在海内外被译成多种文字转载或出版。2013年出版六卷本《胡华文集》。

胡华离开我们30个年头了，回忆当年和他相处的岁月，随从他学习，共同工作，一起读书、议论、写文章，一起谈天、逛街、游览。往日的情景，历历在目；他的音容笑貌，仿佛仍在眼前。

一

1948年，我和胡华在河北正定华北大学相识。那时，我从国民党统治下的北平进入解放区，在华北大学一部学习。该校是一座革命的熔炉，锻炼、培养青年知识分子以迎接即将来临的全国胜利。学校分成四个部：一部是政治部，对青年知识分子进行短期培训；二部是较正规的本科，分设系科；三部是文艺部和文工团；四部是研究部。

胡华是华北大学一部最年轻的教师，给我们讲授中共党史（当时称“新民主主义革命史”）。我虽然是北京大学历史系的学生，热爱历史专业，读过一些通史和专门史，却从来没有听说过中国共产党的历史。党如何诞生、如何成长、如何奋斗、如何历经挫折走向胜利，我毫无所知。第一次从胡华那里听到这些知识，了解当代最重要的历史发展，犹如发现了一个新世界，既新鲜、惊奇，又兴奋、感佩，对共产党的崇敬之心油然而生，革命的信念更加坚定。

当时，知识青年成群结队投奔革命阵营，华北大学的学生激增，几天之内就新编一个班，我被编在第十七班。上课是在一个广场上，成千人坐着小马扎听课。华北大学的教师们都富有革命经验，学识广博，口才雄辩，胡华就是很突出的一位。他的课程内容丰富、条理清晰、语言生动、分析史实精辟而深刻，讲课带着充沛的革命感情。他讲到死难的烈士、牺牲的军人，淋漓尽致地描述了可歌可泣的斗争情节，真实反映了爱国爱党的浩然正气

和甘冒斧钺的刚烈精神。

胡华讲课至激动处，往往声泪俱下，满座动容，成千青年的心灵被课程内容深深地打动。新中国成立前后，胡华经常讲课、做报告，听过他课的人不下几十万，其影响之广、效益之大是难以估量的。胡华是革命队伍中杰出的教师、宣传家，我听了他的课，深深为这位年轻的革命老师所折服，那时他才只有 27 岁。

十分有幸，我在华北大学一部结业后，被留在一部的政治研究室革命史组工作，组长就是胡华，从此和他共处三年多时间，组员有冯拾、李季、彦奇和我，进城后又有彭明、潘喆、何东、王淇、戴鹿鸣等。

1948 年底，我们向胡华报到，他披着一件破旧的羊皮大衣，坐在昏暗的小房间中——这是他的书房、卧室、会客室。当时，大家穿着灰棉制服，他的那件“皮大衣”可算一件奢侈品了。周围杂乱地堆放着许多书、刊物、报纸。他正伏案写作，抬头打量我们一眼，放下笔，招呼我们在炕沿坐下，向我们微笑，和我们交谈。谈话内容我已记不起来，而他亲切的微笑、柔和的声音给我留下很深的印象。

胡华是待人宽厚、爱护后进的好导师。他督促我们学习，要我们多读马克思、恩格斯、毛泽东的书。他那里有一套解放区出版的《毛泽东选集》，在当时是难得的珍本书，我借来第一次通读了毛泽东的著作。

进城以后，胡华忙碌起来了，在校内外讲课、做报告，出版著作，为报刊写文章，主持行政工作（他是华北大学第八区队的队长，该区队驻地在今天和敬公主府内）。我们做他的助手，也跟着忙碌起来。他讲课经常在大礼堂内，听众成百上千人。党史中有很多人名、事件、词条，长期生活在国统区的人不熟悉，需要有人写在黑板上，我和彦奇担负这项板书工作。因此，胡华每次讲课、做报告，总有我们两个人跟随着，我们两个人也因此被人

们戏称为“哼哈二将”。

胡华写文章，我们帮他找资料。记得当年他撰写关于中苏关系的文章，我们抄录了许多资料，他和我们一起商讨整理和分类的方法。有时我们也给他起草几段文字，如他出版的《中国新民主主义革命史（初稿）》中最初未写东北抗日联军一段，即将付印时才发现此一重大遗漏，要立即补上。他要我连夜起草，口授了提纲、要点，又给我找来一些重要材料；写成草稿后，和我一起，字斟句酌地进行修改。他写作的态度极其认真，一丝不苟。

胡华对我们的思想、学习、生活都很关心，用他的微薄稿费给我们购买生活用品，如毛巾、肥皂之类，有时请我们打牙祭——在小摊上吃馄饨。他平等待人，从来不摆师长和领导的架子，总是那样和蔼、亲切，询问大家的要求，听取大家的意见。他对人宽容，鼓励大家有不同意见，即使你说错了话，做错了事，或者和他顶撞几句，他也不会疾言厉色，总是淡淡一笑，慢慢地解释。他在第八区队工作，为了进行研究，把彭明、彦奇和我带到区队上，我们的任务就是读书、找资料、研究、写作。那时，我们之间朝夕相见，有时讨论，有时吟诗，有时散步，四个人亲密无间，相处极为融洽。

二

胡华精力旺盛，忘我地工作，往往彻夜不寐。他撰写并编辑了许多著作、文章、材料，还组织和指导别人写作。当时，他要我挑选一个研究题目，试着写作。八年的全面抗战，在我们一代人心灵中留下了深深的伤痛，抗战胜利也带来了最大的欣悦。可是，国统区的民众对抗战中共产党、八路军的作用并无了解，所以我想用通俗的演义体裁写一本全面抗日战争的简史。

这个课题受到胡华、彭明、彦奇的支持，他们给了我很多帮助和指导。胡华读了我试写的章节，感到满意，鼓励我坚持写下去，给我保证时间、提供资料、介绍出版。1951 年，《中国抗战史演义》以“王金穆”的笔名在新潮书店出版，这是我在胡华指导和帮助下完成的处女作。

新中国成立之初，全国掀起了学习党史、革命史的热潮，胡华在其中发挥了卓越的作用。他经常在各处讲授中共党史、中苏关系史、时事形势，他的《中国新民主主义革命史（初稿）》是当年最畅销、最有影响的党史教科书。

为了配合全国的学习，胡乔木指示胡华主编《中国新民主主义革命史参考资料》，彦奇和我协助编辑，收集了许多党的文件和各种珍贵资料，大多是胡华收藏的和借来的，篇目经胡乔木审定，在商务印书馆出版，畅销几十万册。所得版税极为丰厚，当时正值抗美援朝，胡华提议，用我们三人的名义购买一架飞机，捐献给前线的志愿军战士。

1951 年，一场狂风暴雨骤然降临，胡华遭到批判，我不理解为什么要进行批判。胡华自进城以后，废寝忘食地工作，宣传党的历史和党的政策，使广大人民、各界人士和青年学生更加了解中国共产党的艰难而伟大的历程，更加热爱党，投身中国革命。他对新中国成立初期的思想教育工作做出了重要贡献。

那时最重要的“罪名”是：胡华为新潮书店组织了许多书稿，而新潮是一家私营书店，这就沾上了与资产阶级勾结的“罪状”。其实，新潮书店的同仁大多是跟随共产党多年的文化出版界的进步人士，他们当年所做的也是有益的工作，即使有缺点，也可以引导、纠正，没有必要扣上大帽子，一棍子打死。思想文化工作中的关门主义和“左”的倾向，只能给工作带来损失。

胡华遭到党内批判，再三检讨。“城门失火，殃及池鱼”，同他在一起的人也受到株连。当时，没有任何人指出我们所写的内

容有什么错误，但我们还是要检查资产阶级思想。从此，在胡华领导下的一个颇有生气的青年学术群体停止了写作，偃旗息鼓，闭门思过。

此后，我调往中国历史教研室，和胡华不在一起，见面少了，但有时碰到还会聊天、谈心。胡华经过批判之后，锋芒骤敛，谨言慎行，很少写文章，但仍担负着繁重的教学任务，关心党史领域如何推进研究工作。他和我多次谈起《红旗飘飘》是很好的党史资料和教材，这些都是活着的革命者的回忆录；还有许多牺牲了的烈士，已长眠地下，无法撰写他们轰轰烈烈的革命经历，他希望能组织一批同志来为共产党的烈士写传记，将英烈们的事迹传之久远。

这是推动党史研究的一大举措。我不知道胡华后来主编“中共党史人物传”50卷的缘起，但他早年就萌生了这一念头，多次和我谈论过。

20世纪60年代，思想学术界的批判之风大盛。杨献珍、孙定国、孙冶方、尚钺、巴人（王任叔）、周谷城、罗尔纲，一个接一个被批判，胡华再一次难逃劫数。他在率历史系党史调查实习组赴南方访问讲学后亦被点名批判，他不承认讲学内容有什么原则错误，这样一来，只能遭到更猛烈的批判。他虽感到苦恼，但问心无愧，尚能坦然处之，我见到他只能说几句劝慰的话，他的身体却明显地衰弱了。

三

我又一次和胡华长期相处是在“文化大革命”中的“牛棚”里。这场失去理性的疯狂行动使许多人陷入灾难，胡华和我都在被打倒之列。工宣队进校之后，把被打倒的干部、教师集中在一

起，我和胡华等 20 多人挤住在两间小屋中，每天劳动、写检讨、听训话、背语录，过着牢狱般的生活，完全被剥夺了自由。

“黑帮”们彼此之间，即使是从前十分熟悉的同志，表面上也只能形同陌路，不敢公开交谈，但一有机会，还会低声谈几句，通一点儿消息，说两句宽心话。自己已被批得“体无完肤”，但仍忘不了用剩余的一点儿微热去温暖别人被冻得快要凉透的心，真所谓“涸辙之鲋，相濡以沫”。胡华不愧是经过锻炼的老干部，虽处逆境中，仍保持坚强、乐观的心情。他相信局势会起变化，鼓励“难友”们勇敢地坚持下去。

胡华是敢和工宣队、红卫兵讲理、顶撞的人。有一次，他和工宣队争执起来，为的是要给一位年老体弱的老干部减免体力劳动，他据理力争，言谈从容，不畏惧权势，终于说服了工宣队，达到了要求。

不久以后，我们被“半解放”了，有了行动自由，恢复了党籍，但仍是入在“另册”的人，下放到江西余江县刘家站的“五七”干校。凑巧的是，胡华和我都分配在养猪班当猪倌，相处近三年，一起喂猪、清圈、做饲料、值班守夜。

“五七”干校中仍然风波迭起，不时敲响批判的锣鼓。有一天，忽然有人贴出批判胡华的大字报，开列的“罪名”仍是“反动权威”“修正主义分子”“勾结资产阶级”之类，此外加了一条新的“罪名”：胡华是浙江奉化人，在江西干校期间，曾春节请假回家探望孤独生活的老母亲，而因蒋介石也是奉化人，大字报中竟说胡华回奉化探亲是怀念蒋介石，策应蒋介石反攻大陆。这种莫须有的“罪名”真令人啼笑皆非。

胡华毫无惧色，找到那个写大字报的人，把他驳斥得哑口无言，这场所谓的“批判”因得不到人们的同情而进行不下去。胡华一向和蔼，从不疾言厉色，而在必须抗争的时候却锋芒凌厉，显示了铮铮风骨，使我认识到了他性格中刚强的一面。

在“五七”干校的日子，人们普遍忧虑、苦闷。全国局势仍一片混乱，国家前途不知走向何方，中国人民大学已被解散，教师们被打发下乡，个人的命运难卜。大家有一种被人抛弃、任人宰割的感觉。当时，领导层面已决定为江西“五七”干校的教师、干部在当地分配工作。但这批人工资挺高，年迈体弱，不能胜任重体力劳动，江西方面不肯接收，又推回到北京。这个知识分子累赘的包袱被推来搡去，最后仍由北京市接收安置。

1972 年，“五七”干校中传来了好消息：我们将回北京去重新分配工作，不至于千里发配、流落他乡。人人喜上眉梢。可胡华和我们却碰上了一件小小的难事：如何处置两年来养的一条小狗。

这条狗崽刚生下来不久，就因老乡喂不起被丢弃了。胡华从路上把它抱了回来。小狗通体乌黑，额上有一片白毛，到我们怀里灵活而精神，很讨人喜欢。养猪班把它收留下来，取名“小纠纠”。

胡华精心照料，给小狗搭了个舒适的窝。两年下来，它出落得伶俐、俊美、健壮，白天围着我们奔跑欢跃，帮我们轰猪守门，晚间陪我们值班查夜，人们都喜爱它。胡华担心它走失或被别人抱走，索性在它脖子上拴了个小木牌，上写“胡华”，以示其是有主人的。于是，人们也用胡华的大名玩笑着称呼起小狗来。可见我们与小狗多么亲密无间！

现在要撤离干校，怎样安置这条狗，给我们增添了一段愁闷。带回北京是不可能的，如果留在江西，江西老乡养狗、吃狗之风甚盛，况且没有饲料喂，它很快会被捕杀吃掉。胡华和我们商议多时，无计可施。胡华奉调到中国革命博物馆，要先回北京了。那天，他在猪倌房内逗弄小狗半天，最后闷闷离去，临走时嘱咐我：“小纠纠的事，尽量安置一下，你最后瞧着办吧！”

我是最后一批回北京的，小纠纠似乎知道大祸临头，那几天依偎在我身边，寸步不离。一些好吃狗肉的战友，再三动员我把狗杀掉，我坚决不同意。他们说：“就要回北京了，总不能把狗带

回去，与其留给老乡吃，不如让战友们饱餐一顿，增加点儿油水。”禁不住天天催问、敦促，我只好撒手不管，任凭他们处置。我请假一天，躲开了杀狗、吃狗的场面，但耳畔仿佛回响着小纠纠的凄厉叫声……我为此事内疚、心神不宁。

1973 年春返回北京，见到胡华，我向他讲述了小狗的厄运，我们两人相视半晌，黯然无言，他最后叹了一口气说：“只能是这样的结局。”

到 1976 年，十年浩劫的噩梦才逐渐淡褪。中国人民大学于 1978 年恢复，我们各自回归工作岗位，忙碌着自己的专业。我和胡华虽然住得很近，但长谈的机会很少，我感到他历经风雨，磨炼得更加沉着厚重，而且在他心底燃烧起要求工作的强烈愿望，他要把失去了的时间追回来，讲课、写作、开会，他忙个不停，多年前曾经向我透露的为共产党烈士写作传记的心愿变成了现实。他为此勤奋写作，夜以继日，忘我拼搏。

胡华身体本来衰弱，得过肝炎，这样争分夺秒地工作损害了他的健康，旧疾复发，转化成不可救治的肝癌。他去上海做肝脏手术前，我去看望他，他身体很虚弱，内心很痛苦。他不愿做保守治疗，迁延病榻，而宁肯冒着风险，走上手术台，进行彻底切除，以争取治愈后能够继续工作的一线机会。他就是在如此迫切希望恢复工作的心情下前往上海的，谁料到，他这一去竟未能复返。

我早年就学于胡华并一起工作，朝夕相处有六个年头。我所认识的胡华是一位宽容、和蔼、爱护青年的导师，是一位怀抱理想、渴望工作、坚持原则、内柔外刚的革命者，是一位才华焕发、知识渊博、做出了学科奠基性贡献的中共党史专家。

（原文发表于 2017 年）

孟于：革命人永远是年轻

◉ 陈伟杰

孟于简历

孟于（1922— ），四川成都人。1942年毕业于延安鲁迅艺术学院音乐系，曾是华北联合大学文工团演员，早期歌剧《白毛女》中喜儿的扮演者之一，电影《白毛女》部分配唱者之一。新中国成立后，参与创建中央歌舞团，担任独唱演员、艺术处副处长、副团长、党委副书记。

和平里是北京典型的老居民区，街道狭窄，只有最基本的绿化和物业管理，而孟于在这里一住就是半辈子。不大的三居室收拾得干净整洁。她的儿女和孙辈在大江南北，甚至在大洋彼岸。孟于没想过换地方住。“在这儿住了几十年了。不是没机会换房子，我觉得在这儿住着挺好，方便。我也没什么大毛病，就是骨质疏松，之前大夫在脊柱上加了块钢板。”孟于轻描淡写地说着。

孟于出生在成都一个小康家庭。全面抗战爆发那年她 15 岁，在成都中华女中读书。“七七”事变后，29 军奋勇抗敌的事迹激发了老百姓的抗日热情。当时许多中学生组织了读书会，在车耀先等老师的指导下读鲁迅、巴金等进步作家的作品（当时他们还不知道车耀先是共产党员），学唱爱国救亡歌曲，还走上街头演讲、唱歌，呼吁全民抗战。就是在读书会上，她第一次知道了延安这个地方，出于对革命的向往和对全民抗战的渴望，她萌生了到延安去的念头。

1938 年到 1939 年，日军两次轰炸成都，其惨状让孟于对战争有了切身的感受，对日本帝国主义更加仇恨。可是国民党开始镇压成都的进步团体，王云阶等教师因此被捕入狱，街头演讲、唱歌也被禁止，这使得她到延安去的愿望更加迫切。

没有豪言壮语，从朴素的爱国感情，到开始自觉的革命行动，就是这么自然而然地发生了。

1939 年 8 月，山西民族革命大学到重庆招生。孟于从地图上看，学校所在地宜川离延安不远，就偷偷报考，并被录取。怕父母不同意，她悄悄留下一封信，就跟队伍走了。当年冬天，阎锡山发动晋西事变，她和同学们趁乱离开了学校，带着一个脸盆、一张大饼、一块咸菜、一盒火柴，向延安进发。太阳快偏西时，他们到达陕甘宁边区的一个村庄，找到村长说明来意，村长一家热情地接待了同学们。村长说：“欢迎你们到边区来，你们都是革命娃!”大家美美地吃了一顿热乎乎的小米饭。第二天吃过早饭，

同学们准备马上出发。村长和房东大娘见孟于身体虚弱，一定要用小毛驴送她。同学们婉言谢绝，他们就是不答应。大娘拉着孟于的手不放，盛情难却，她只好骑着毛驴上延安了。孟于深情地说："来到边区，就好像到了自己家里一样亲切、温暖，人和人的关系与国统区完全不同。这种深情厚谊，使我终生难忘。"

在延安，孟于先进入中国女子大学，又考入鲁迅艺术学院。她在冼星海指导下排演《黄河大合唱》。同学们的歌声回荡在夜空，撞击着山谷，震撼着每个演员和观众的心。"这种激动人心的情景，我还是第一次经历。歌声使我感受到一个青年人和民族的苦难、国家的危亡紧紧相连。《黄河大合唱》抒发了中华民族不屈不挠的精神，具有震撼人心的无比威力。音乐的力量真是伟大！它教育了我，启发和鼓舞了我前进。"回忆在鲁艺的学习时，孟于念念不忘冼星海、吕骥等老师的教导。延安文艺座谈会之后，毛泽东在鲁艺演讲时提道：艺术要为人民服务，学员不但要在"小鲁艺"学习，更要投身到"大鲁艺"，即火热的斗争中去学习、去锻炼。这些教导，孟于记了一辈子，实践了一辈子。

说着在延安的往事，哪怕是一日三餐只有黄豆和枣的艰苦时期，孟于也是带着微笑，还不时唱两句那时的歌："啊！延安，你这庄严雄伟的古城，热血在你胸中奔腾。""风在吼，马在叫……"中气十足，感情充沛，让人依稀领略到当年她在台上的风采。她唱到"自从鬼子来，百姓遭了殃，奸淫烧杀"几句时，还细致讲解每一句的力度、气息，以及如何把感情融入歌曲。

1945 年 8 月 15 日这天孟于在延安，当时新华社广播的日本投降的消息马上传开了，人人欢呼雀跃。各机关、学校，市民及工农群众晚上组织火炬游行，敲锣打鼓，没有锣鼓的就敲着脸盆、茶杯。从被子、棉袄里扯出棉花做成火把，人心激动、热泪盈眶，高呼口号："我们胜利了！"兴奋不已。路旁的小商小贩中有山西人、河南人等，他们也激动地高呼"我要回家了"，将瓜子、花

生、果子、西瓜送给游行的人们吃……通宵达旦的游行盛况空前。

抗战胜利后，孟于随华北联合大学文工团转战张家口、正定等地，在歌剧《白毛女》中扮演喜儿，还表演《血泪仇》和其他节目。不管是慰问前线部队官兵，还是到工厂农村向老百姓进行革命文艺宣传，都是一个县一个县、一个村一个村地步行沿途演出。道具设备因陋就简，演出效果却非常好，战士差点儿拿枪崩了“黄世仁”的故事，就发生在他们演出时。

新中国成立后，孟于参与组建中央歌舞团，并一直在此工作，直至离休。在领导岗位上，孟于一直保持着朴素、平和、豁达的风格。她讲起一个小故事：解放战争时，怀来战役前夕，她所在文工团到部队慰问演出。演出间隙，她还热心地帮不识字的小战士写家书、缝衣服。战役结束后，有一次她碰巧又遇到这支部队，她问起连长那两位她曾经帮写过家书的小战士，连长说，这两个小战士都在战斗中牺牲了。听后，她伤心不已。她说，英雄总是极少数的，大多数人就像这两位小战士一样，默默无闻地牺牲了，连块墓碑都没有留下。所以从此以后，她就很豁达，因为她觉得与千千万万默默牺牲的人相比，自己已经足够幸运。所以后来有一次团里涨工资，她主动把自己的名字拿掉，把省出来的工资额度分给五六个比她级别低的同志。

孟于认为，文艺应该为人民服务，应该起到鼓舞人民、教育人民的作用。离休后的孟于也没有闲着，她组织“文化部老艺术家合唱团”，坚持贯彻“以优秀的作品鼓舞人”的精神，不计报酬去各地演出，蜚声海内外，受到普遍赞誉。2015 年 6 月，作为《歌唱二小放牛郎》的原唱者，她以 90 多岁的高龄，与“中国三大男高音”戴玉强、莫华伦、魏松以及在北京市少年儿童中海选产生的“王二小”三代人同台献唱，纪念中国人民抗日战争暨世界反法西斯战争胜利 70 周年。孟于笑着说：“我是被他们‘骗去的’，最开始让我给孩子们讲讲当时的情况，讲着讲着就上台了。”

孟于对母校有着深厚的感情，校友会的活动都尽量参加。1980 年 10 月 3 日，学校隆重庆祝命名组建 30 周年，她还表演了节目。这些多年前的往事都历历在目。2015 年 9 月 18 日，她还不辞辛苦参加陕公联大老校友敬老祝寿会，并作为老校友代表做了热情洋溢的讲话。活动间隙，她还拉着学生艺术团的年轻人传授演唱技巧。“再有活动告诉我，只要能动我就去!”爱校荣校之情溢于言表。

（原文发表于 2015 年）

赵宝煦：白发任凭衰彻底　丹心依旧火成团

◉ 高燕燕　宗媛媛

赵宝煦简历

赵宝煦（1922—2012），1948年加入中国共产党，同年毕业于北京大学政治系，后曾在中国人民大学马列主义基础班学习。1949年加入中国民主同盟。历任北京大学讲师、副教授、教授和国际政治系主任、亚非研究所所长，中央社会主义学院副院长，国务院学位委员会第一届、二届学科评议组成员、学科组副组长，中国政治学会第一至三届常务理事、副会长、顾问，中国世界民族学会第一至三届副会长，国际政治科学协会（IPSA）第十三届理事、执行局委员。

在一个春风和煦的上午，我们来到北京大学政府管理学院，拜访赵宝煦教授。轻叩门扉，赵老笑呵呵地迎我们进屋。“来，随便坐吧。”赵老鹤发童颜，一身浅灰色衣服，显得随和朴素，虽已是85岁高龄，却依然步履轻盈，精神矍铄。炯炯有神的双眸中，透着长者的慈爱与少者的活力。

“这是人参茶，你们尝尝。”赵老执意亲自为我们泡茶，让身为晚辈的我们受宠若惊。“你们来我这儿了就是客人。”赵老边说边递给我们一本精致的书册，封面是由费孝通先生题的四个大字“杏坛春永”。“这是2002年的时候，学生们为纪念我从教55周年暨80岁生日制作的纪念册。”

我们如获至宝，小心翼翼地捧在手里。轻启书页，就看到了这样一段文字：“一位白发老人，保持着一颗永远年轻的心。虽经半世纪风霜雨雪，做人，治学，仍然满怀火一般的热情，这就是赵宝煦教授。”

少年求学路坎坷

赵宝煦出生在城市贫民家庭。父亲原本在私塾教书，但后来几次失业，家境窘迫。10岁之前，他一直跟着父亲读书识字。10岁那年才插班上了小学，却也只读了两年。上初中时，三块钱的学费，家里都无力承担，父亲迫不得已为他请了病假，休学一年。家贫体弱，让儿时的赵宝煦感到非常自卑。

那一年，赵宝煦没有上学，但求知的欲望让他并没有停下学习的脚步。“当时附近有书摊，我就经常在那里看书，那一段经历，对我之后的发展很有用处。”就这样，辍学在家的赵宝煦找到了精神的栖息地，他遨游浩瀚书海，参读诸多典籍，博采众家之长以为己用，广纳各派之说以为参照。有两本书，让赵宝煦至今

仍印象深刻。一本是南朝刘义庆编撰的《世说新语》，另一本是屠格涅夫的散文诗《门槛》。

到了第二年开学，家里终于勉强凑齐了学费，赵宝煦再次走进了学校。由于少时喜读杂书，文字能力不错，所以老师都很喜欢这个聪明好学的孩子。但即使如此，经济上的负担还是无法让他继续在这里读下去。当时，正逢1937年，日本全面侵华。赵宝煦清醒地认识到，要想救国救民，必须掌握知识，所以无论如何也要念完初中。而他念下去的唯一办法，就是靠优异的成绩免去学费。于是，赵宝煦又考到由天主教会办的兢存中学。为了保住上学的机会，他发奋苦读，原本只是长于文史的他，硬是逼着自己把数理化也学到了门门优秀，之后的四年里，他稳居第一。就这样，赵宝煦被免除学费，读完了高中。

这几年里，让赵宝煦最难忘的是国文老师葛信益先生。“先生平易近人，治学严谨。当时在日寇的淫威下，先生不畏强暴，坚持以爱国主义精神教育学生。”有一次，赵宝煦写了篇作文，谈到自己对学日文的看法，先生很郑重地写了两百多字的评语，其中援引了顾炎武《日知录》中讲的“廉耻，立人之大节”一段话，让赵宝煦始终埋藏在心里，至今仍记忆犹新。

1942年，赵宝煦考入北大工学院，在那里，人才济济，精英云集，让多年来习惯了当第一的赵宝煦，思想上再次发生了转变。“譬如谈及物理，人家说起相对论，而我一无所知。那个时候，我才明白，这世界深沉着呢!”

入学不久，日本发起第五次治安强化运动，远方神圣的抗战烽火，让赵宝煦再也按捺不住他那颗赤热的革命心。那一年的寒冬腊月，赵宝煦瞒着家人，与同学一起奔赴南方。一路上，危机四伏，饥寒交迫，既有日本兵的围追堵截，又有汪精卫所谓“和平救国军”的纠缠胁迫。长途跋涉，导致脚上磨出泡，泡上又长泡，疼痛钻心。再加上正值严冬，大雪纷飞，衣服上都结满了冰

珠，好不容易弄来了点儿馒头，还要小心翼翼保护着，以防被满街的饥民抢走。

历尽坎坷，辗转千里，赵宝煦终于来到了“民主堡垒”昆明，就读于西南联大化工系。在这里，他积极投身于民主爱国的学生运动，目睹了黎民百姓的辛酸疾苦，愈加不满国民政府的抵抗不力，逐渐明白政治研究的重要意义。于是，一年后，赵宝煦毅然转入政治系，从此开始了他与政治学大半辈子的不解之缘。

回首少年求学路，艰难坎坷多波折。但赵宝煦始终铭记，“穷且益坚，不坠青云之志”。

结缘政治伴春秋

从西南联大，到再回北大，赵宝煦潜心研究政治，师从张奚若、钱端升、吴恩裕等老一辈著名政治学家。至今，赵老依然难忘师恩，他说:“这几位老师对我一生做学问影响都很大。他们治学严谨，讲课总是旁征博引，让我懂得了做学问的人切不可道听途说，要求证，要凿实，方可得出结论。”

1948年毕业后，他留在政治系任教。然而就在1952年，高校决定按照苏联模式进行院系调整，政治系被取消，从此，政治学不再是一门独立的学科。没有政治学，但不能没有政治理论。于是，那年秋天，中国人民大学请来了苏联专家，成立了马克思主义研究生班，而赵宝煦被北大派往人大马列主义基础班学习。

在人大的学习，虽然只有短短三个月（因后来北大也来了苏联专家，赵宝煦被急召回校任助教），但赵老回忆起来，感慨良多:“在这短短的三个月里，让我经历了革命熔炉的锤炼，对我一生的为人处世都有着很大的影响。解放前，我参加学生运动，加入地下党，都是在白区的知识分子中活动，而来到人民大学，让

我第一次深切感受到了老区干部朴实真诚的革命气氛。”其中，最让赵宝煦难忘的就是当时的班主任张腾霄。“他赤胆忠心为革命，热情直爽待众人，让我看到了一个真正共产党员的榜样。与此同时，他对学生关心负责，哪怕严厉批评，也让你感到一种父亲般的慈爱。”

回到北大，赵宝煦先后担任马列主义教研室秘书、副主任、主任，他说：“我的工作，完全是按照人民大学马列主义基础班的模式来做的。”八年的教学工作，使他系统地认识和研究了马克思主义基本理论及其精神实质。“不唯上、不唯书、只唯实”成为他人生的信条，虽历经磨难，却矢志不渝。他对食古不化的学风嗤之以鼻，同时也反对盲目照搬的不良做法。

所幸国家很快意识到了研究政治学的必要性。1960 年，北大重建政治系，赵宝煦正是创始人之一。为加强对国外政治的研究，政治系于 1964 年改名为国际政治系，赵宝煦先后任副主任和主任。尽管两年后，“文化大革命”爆发，政治学的研究再遭挫折，但他依然坚持做了大量的工作，为以后政治学的建设和发展打下了很好的基础。十年浩劫结束后，赵宝煦积极响应邓小平关于政治学要“赶快补课”的号召，与国内部分老一辈政治学者一道，为重建中国政治学会和恢复政治学教学做了大量艰苦的工作。1980 年，赵宝煦接受司法部的委托，主编了我国高校第一本政治学教材《政治学概论》，该书自 1982 年出版后，至 1992 年 10 月第九次印刷，共印行 215 200 册，成为高校政治学课程普遍采用的主要教材。

作为学者，赵宝煦对国家和社会怀有深切的责任感，加之其广博的学识与独到的眼光，使他在政治学基本理论、中国政治、中国外交、中美关系以及台湾问题等方面皆有建树，得到国内外学术界的普遍认同和高度评价，被誉为当代政治学的主要奠基人之一。然而，谈及此处，赵老一再摆手：“我不过就是中国恢复政

治学的‘积极分子’，至于说什么‘奠基人’，实在是我无法接受的提法。”

关于政治学，赵宝煦反复强调：“政治学是为政治实践服务的，研究政治学，必须坚持其科学性。政治学工作者，不能做氢气球，随风转，要说实话，做实事。”谈及马克思主义，赵老郑重地说：“坚持马克思主义指导原则，这句话人人都会说，但关键在于如何坚持。要分清哪些是马克思当时的真实思想，哪些是后人附加的。有些思想在当时是正确的，但条件变了，就不能以不变应万变。生产力在发展，历史在前进，世界在变化，人的意识必须符合客观世界的变化，必须反映变化着的客观世界，才能达到正确的认识。”

四海讲学育桃李

赵宝煦不仅是学者，更是教育家。他一生勤勤恳恳教书育人，如今已是桃李满天下，芬芳遍四海，很多学生都已是各领域顶梁立柱的专家，或是为政一方的干部。

1983年和1985年，他先后在北大建立了中国第一个政治学博士点和第一个国际政治博士点，成为国内为数不多的双学科博士生导师。在他的指导下，中国第一批政治学博士于1988年获得学位，之后他又在这两个学科上培养出20多名博士。

赵宝煦认为，为师不应只满足于做“经师”，应同时努力做“人师”，所谓“经师易得，人师难求”。

育人几十载，赵宝煦深得学子爱戴。

“先生不仅关心哪位弟子评上了教授、出了新著，还常常细心地过问每个弟子的家庭情况和个人生活，全如待自己的孩子一般。先生在学术上要求之严谨、执着，对我们这些晚辈弟子影响

至深。”

“先生之为师，不仅仅是‘传道、授业、解惑’，更是我们永远的良师益友。我们很荣幸在人生的可塑阶段，得到了先生的智慧与德行的感召。是先生，教会了我们如何正确地做人；是先生，教会了我们如何做事和做学问。”

读到学生的肺腑之言，赵老欣慰地笑了：“其实，我只是为年轻人铺路搭桥，真正的成就，还要靠年轻人自己创造！”

赵宝煦不仅教书于国内，而且传道于世界。他的足迹遍及五大洲，1981 年以来，曾赴 20 多个国家和地区访问、讲学，以交流促进研究，以研究充实交流。

他曾两次应邀到德国柏林自由大学任教，两次在美国加州大学伯克利分校受聘为高级研究员，并被美国西岸有“西部哈佛”之称的波摩那学院聘任为讲座教授，教书一年。他是第一位在国外讲授当代中国政治的中国学者。

每到一地，他都深入了解当地政治学和国际政治的发展以及学术成就，介绍中国政治学研究的进展及中国改革开放以来的成就和问题。“外国人民是友好的，但他们对中国了解得太少，因之不断发生一些令人感到荒谬的‘误解’，所以，我总是尽量努力把中国的实际状况介绍给外国人民，同时也把国外的真实状况介绍给中国人民，只有如此，才能增加两国人民的真正理解。”

如今，虽已年过八旬，但赵宝煦教授依然活跃于各项学术活动中，身担国内外多个重要职务，正所谓宝刀未老、锋芒依旧，在教书育人的道路上，他仍在奉献着自己的人生。

他自己有三首抒怀诗，其一说：

才不才间过此生，休论书剑竟何成。
身经覆地翻天日，怀抱光风霁月情。
骨节漫夸松柏劲，文章不羡海湖名。

长空今日晴如洗，容得闲鸥自在行。

赵宝煦不仅学识广博，为师育人，而且以能书善画、诗文俱佳为众人称道。他少年时曾从南派山水画家金哲公学画，并参加由金北楼、吴湖帆等名家主持的“湖社画会”，除山水外，兼习人物、花鸟。就读于西南联大期间，发起并主持由闻一多担任导师的学生社团“阳光美术社”，出版漫画壁报。他所作漫画，几次被重庆《新华日报》登载。1979 年后，书画作品散见于《北京大学百年校庆北大人书画作品集》《二十世纪北京大学著名学者手迹》等书画册。80 寿辰之际，他还举办了画展，将他从西南联大到新中国成立初期，直至今日的书画作品一一展示，令前来欣赏的人赞叹不已。更令人惊叹不已的是，赵老在广告装潢设计上也有极高造诣，甚至熟悉电脑网络，始终立于时代的潮头。真是让我们年轻人叹服之余自愧不如。

采访的最后，赵宝煦寄语中国人民大学的青年人：“中国人民大学是中国共产党创办的第一所具有光荣革命传统的学校，70 年来，在全国传播马克思列宁主义方面起了很大作用，我希望她今后有更大的发展。而年轻人，必须懂得，个人的发展与成就，不能离开国家和社会的发展和进步，尤其是年轻的知识分子，无法不与国家同命运。我们老一辈的有效年龄已经‘斗争’过去了，现在我们的作用就是为年轻人铺路搭桥，让年轻人前进得更顺利些，好去攀登科学高峰。中国的希望在年轻人身上!”

（原文发表于 2007 年）

郭维：真正的艺术扎根于人民之中

◉ 王　黎

郭维简历

郭维（1922—2014），原名郭维哲，天津人，中国导演、编剧。1938年6月参加革命，入陕北公学分校学习，同年9月调陕北公学流动剧团从事话剧工作。1939年5月加入中国共产党。同年6月赴抗日前线——敌后晋察冀抗日根据地编入华北联合大学文艺工作团工作，任戏剧组组长。1942年调冀中军区火线剧社，任戏剧队队长。1945年导演歌剧《王秀鸾》，获冀中军区授予的导演奖。1946年调冀中区党委群众剧社任社长。1947年创作歌剧《火炼真金》，获冀中区党委授予的编剧一等奖。1950年任河北省文工团团长，年底调北京电影制片厂工作。1953年，编导影片《智取华山》，该片获得捷克卡罗维发利国际电影节争取自由和平奖。1954年，执导人物传记电影《董存瑞》，该片获得中国文化部优秀影片一等奖。1956年获吉林省长春市劳动模范称号，参加全国先进生产者代表会议。后编导影片《花好月圆》，编写电影文学剧本《亲人》，导演京剧艺术片《铡美案》、故事片《柳暗花明》，编导影片《笨人王老大》等。1990年7月，调中国电影家协会任分党组书记。1992年，享受国务院政府特殊津贴待遇。2005年，纪念中国电影诞生100周年，被文化部、国家广电总局授予“优秀电影艺术家”荣誉称号。

一

此刻，郭维安然地坐在我的面前。岁月的飞雪染白了他的头发，古铜色的脸显出几分质朴与深刻，金丝镜框后面的眼睛，闪烁着智慧之光。

我问："郭老师，您近些年没有拍什么片子，是不是在搞创作啊?"

"是啊，我打算写一部关于战争时期中国农村妇女的电视剧，现在已写了一半，由于近一个时期很忙，我先放下了。"

"您是怎么想起要写这样一部电视剧呢?"

"中国的劳动妇女太了不起了，尤其是在战争时期。她们所承担的任务是沉重的——丈夫参军走了，留下了老人和孩子，需要她们照料，有的新婚不久，妻子就把丈夫送上战场，这在感情上是要多么坚强啊。她们还要种地、送军粮、做军鞋、洗军衣……当日本鬼子杀进村子来，遭受摧残最深的仍是妇女。我要给那些粗手大脚、善良朴实、坚强乐观的中国农村妇女画像!"

"有一位农村姑娘，给我留下了非常美好的记忆。"郭维用手往后捋了捋头发，目光变得深情起来，"日本鬼子对敌后根据地进行封锁时，我和陕公剧团的几个人一起进山找粮。老百姓见我们是共产党的人，亲热极了。一位老农民把家里所有的小米、红枣和山药蛋都拿出来，还叫他的女儿给我们缝一条大口袋。那个姑娘十八九岁的样子，人长得很健壮，红扑扑的脸蛋儿，穿得却很破，满身都是补丁。姑娘一声不响地给我们缝了一个大口袋，装好粮食，把我们送出很远。我当时感动极了，姑娘操着浓重的山西口音说道：'大哥，俺们是一家人啊。'说完，天真、温柔地一笑，走掉了。那身影、那话语、那笑容，我至今仍清楚地记得，

那是一个非常美好的记忆……”

一阵沉默。他燃起一支香烟，一缕缕轻柔的、淡青色的烟雾升起……

“我在农村生活过10多年，看到了许许多多朴实生动的劳动人民形象，这都是我后来进行艺术创作的源泉。我还在部队生活过，对部队生活有感情。我导演的《智取华山》与《董存瑞》，就是描写军队的影片。影片里的许多人物形象都来自真实的生活，同时我要告诉人们：人民解放军与群众密切联系，紧密团结，这样才能无坚不摧。”

这两部影片取得了很大成功，《智取华山》在捷克斯洛伐克电影节上获奖，《董存瑞》获文化部的一等奖。当时，郭维不过而立之年而已。

“我觉得一个搞艺术的人，要多到群众当中去，使自己的感情同广大劳动人民的感情融在一起，这样才会挖掘出具有生命力的东西。真正的艺术是扎根于人民之中的。”

二

郭维可以说是中国人民大学最早的学生之一，他15岁时就来到刚刚成立不久的陕北公学学习。我问：“郭老师，50多年前的学习生活，给您留下了怎样的记忆呢?”

他又燃起一支香烟，喷吐着一圈圈思绪——

“1938年6月，我来到了陕北公学。我上中学时，住在北京粉子胡同，每天早晨，我都能看到法国兵、美国兵、英国兵吹着口哨大摇大摆地走在街上，心里真不是滋味啊。那时，国民政府腐败无能。我的父母都是共产党员，在家庭的熏陶影响下，我热爱共产党，作为热血青年，孤身一人来到陕公学习。”

“那段时光真艰苦，但真有意义啊！我们在大树底下上课，条件艰苦，但个个劲头十足，学习非常刻苦。当时，我们主要学习马克思主义哲学、政治经济学，还有一些战时的基本知识，如游击战争的战略战术、抗日民族统一战线等。我最爱听老师讲战士们在游击战中打鬼子的故事，嗨，可带劲儿了！”郭维突然快活得像个孩子。

“许多领导同志为我们做过报告。给我印象最深的是毛主席给我们做的报告。毛主席穿的和士兵一样朴素，他的报告思想深刻、逻辑严密、深入浅出。当时，我由于个子矮小，坐在最前头，毛主席就站在我的面前，挥动着大手，那声音、那气势在我的脑海里留下了深深的烙印。”

“我的半个多世纪的革命生涯，可以说就是从陕公起步的。来到陕公，我觉得自己像置身于一个新的世界。大家真诚执着地追求革命，抛弃了个人打算。在这里，我们在学习的同时还要开荒种地，吃的是馒头、小米稀饭，但没有一个人叫苦。在艰苦的生活环境中，人与人之间团结友爱，真诚质朴。这种纯洁的感情与良好的风气，我至今非常留恋。正是在这样的校风中，陕公为中国革命培养了许多栋梁之材。那时的党员，真是吃苦在前，享受在后——开荒时干重活、累活的是党员；饭不够吃时，先放下碗筷的是党员；床铺不够睡时，躺在地上的还是党员……”郭维说话的声音很高，他有力地挥动着手：“这就是共产党人。当时我敬佩共产党，相信共产党，抱着这种真诚、朴素的思想，1939 年 5 月，我加入了中国共产党——单纯的真理，却决定了我的一生。”

“您是怎么开始您的导演生涯的呢？”

“我一直想搞军事，谁知却干了一辈子导演。陕北公学为了向群众进行宣传，成立了陕北公学流动剧团。招考团员时，我只是去试试，谁知就考上了。我们常到村里为农民演出。我记得我们演过高尔基的《母亲》，一下子轰动了。当时，我激动得睡不着

党。华北联合大学成立后，我们流动剧团同延安鲁迅艺术学院文工团合并成立了文艺工作团，我担任了戏剧组组长；1942 年，我又到冀中军区火线剧社工作；后来在冀中群众剧社当过社长，在河北文工团当过团长。在这十几年的学习、工作中，剧团经常到农村去演出，我深入了解了群众生活——我看到了老百姓充饥吃杨树叶、臭椿叶而涨得圆鼓的肚子，我看到了地主粮仓里的小米堆积成山直到发了霉也吃不了，我看到了‘母亲送儿打东洋，妻子送夫上战场’的悲壮场面，我也看到了老百姓把白薯、红枣、花生大把大把地塞到人民解放军手里的激动人心的情景。这些对我后来执导《花好月圆》《柳暗花明》《笨人王老大》等影片，都有很大影响。多年的经历告诉我，真正的艺术是在群众之中。不仅搞艺术，我们做任何工作，都要到生活中去，和群众打成一片，与人民同甘共苦。”

郭维讲到激动处，索性站起来，踱来踱去，打着手势——共产党人的执着加上艺术家的激情，深深地吸引了我。

“我十分怀念我在陕北公学的学习时光。陕公把我从一个小孩子变成一个共产主义者，我为革命奋斗的 50 多年中，我的每一步都刻着陕公的印记。”

三

郭维在北京电影制片厂、长春电影制片厂当过导演，现在是中国电影家协会的分党组书记。“文化大革命”期间，他住过“牛棚”，去过农村。对于历史的错误，对于岁月的坷坎，郭维只是报以宽容的一笑：“一切都过去了，我只当是一次深入群众生活的机会。”

谈到现在的工作情况，郭维说：“我现在在影协工作，我们的

工作就是使文艺工作者有一个正确的宣传方向，使我们的艺术真正成为人民大众的艺术。我们办了六七个刊物。今年夏天，影协组织了一次赈灾义演，向灾区人民捐了400多万元人民币。我希望中国的电影事业繁荣起来。最近，我看到了《焦裕禄》《大决战》《周恩来》《毛泽东和他的儿子》《开国大典》等优秀影片，感到非常高兴。”

四

郭维一直关心着中国人民大学的成长，他常向在中国人民大学工作的妹妹打听人大的情况。“我听说人大正在办党校，这很好，大学生应该多进行一些理论学习，但一定要注重理论联系实际。多开展一些社会实践活动，走到工农群众中去，在感情上真正同劳动人民结合起来，这是无价之宝，这是我们坚定理想、坚定信仰的基础。当年的陕北公学扎根于人民当中，是一个革命大熔炉。今天的人民大学要发扬陕公的光荣传统，为国家培养最优秀的人才。”

（原文发表于1992年）

牛汉：风风雨雨铸诗魂

◉ 彭凯雷

牛汉简历

牛汉（1923—2013），原名史成汉，生于山西定襄一个清贫的知识分子家庭。全面抗战爆发后，流亡到西北地区，在天水读中学，1943年入西北大学读俄文专业。1945年初主编文艺刊物《流火》，1946年因参加民主学运被捕入狱，同年加入中国共产党从事地下斗争。1948年进入华北大学学习，后留在华北大学、中国人民大学工作。1940年开始发表诗作，出版诗集《彩色的生活》《祖国》《温泉》《蚯蚓和羽毛》等，出版诗话集《学诗手记》。曾任《新文学史料》主编、《中国》执行副主编。曾为中国作家协会全国名誉委员、中国诗歌学会副会长。

从陕北公学到中国人民大学，母校走出了许多著名诗人：艾青、牛汉、蔡其矫、贺敬之、严辰、吕剑、臧克家、朱子奇……他们不仅在革命年代以优秀的诗作影响着一代人，而且在新时期诗坛上，产生着重要且持久的影响。诗人牛汉是其中的代表。一位诗评家说，“牛汉是继艾青之后仍坚持写作，并在当今诗坛最具影响力的老一辈诗人”。一个凉爽的夏日，我拜访了校友诗人牛汉，得以与他进行了一次面对面的长谈。

一

人大校友，著名诗评家杨匡汉对牛汉有颇为精彩的评述：“倘若从直觉和印象的角度谈论牛汉，那么，他那身高一米九的大块头显示男子汉的伟岸与魅力，他那写诗时的迷狂和编审时的严慎，表现了一种中国式的现代文化精神，他那在坎坷的人生道路上尝遍酸甜苦辣而乐观爽朗的气度，会给你一种坚韧不屈性格的感染……”现在，身体硬朗、声如洪钟的牛汉就坐在我对面，回首往事，陷入了沉思。

牛汉，原名史成汉，在华北大学、中国人民大学学习和工作时，曾用名牛汀，远祖系蒙古族。1923 年 10 月牛汉生于山西定襄一个清贫的知识分子家庭。少年牛汉在上初中时，参加了薄一波领导的地下组织牺牲救国同盟会，班上共有 3 名同学参加，他是其中之一。15 岁时，牛汉就迷恋上画画、写诗。可以说，牛汉的革命与诗歌生涯就是由此开始的。这一切得益于父亲与舅父的教诲与影响。他的父亲是大革命时期的进步青年，曾在北大旁听，擅长丹青与旧体诗词。舅父是共产党员，和牛汉亲如父子。诗歌与革命的种子就这样播种在少年牛汉的心灵深处。全面抗战爆发后，牛汉开始了流亡、求学的生活。1938 年，民族的危机与国民

党政府的腐朽统治，使流亡中的牛汉像千千万万热血青年一样投身革命。他狂热地写诗、画画，演《放下你的鞭子》。那时，他所在的甘谷中学人才荟萃，北大、北师大的学者、教授云集，亲自执教，牛汉得益匪浅。1939 年冬，牛汉初中毕业，取得全省会考第一名。不久，牛汉又流亡到了天水，继续读高中。他在困苦的环境中大量阅读了艾青、惠特曼等中外诗人的诗作。生活的磨难与少年的激情融为一体，化为不可抑制的诗歌。他的长达 250 余行的处女作《鄂尔多斯草原》，正是这样诞生的。牛汉回忆道："那是一个星期天，我揣着一个馒头，上山去面对着苍茫的天空与草原，想到我的祖先们，和我一样流亡的人们，激情与诗情在奔涌……不到中午，诗便写完了，又揣着馒头下山了……"这首诗发表后，引起了当时诗坛的广泛反响。由此可见少年牛汉的天赋、思想与激情。

高中毕业，牛汉面临着何去何从的选择。红色圣地延安，激荡着少年牛汉的胸怀。而此时正值皖南事变发生，白色恐怖弥漫了古城天水。牛汉被学校软禁了半年之久，不准上街走动。在困境中，少年牛汉继续怀着革命的热情去写作。他在图书馆阅读了大量的中外古典著作，法国的古典诗剧对他颇有影响。1942 年的冬天，牛汉创作的 5 600 行的诗剧《智慧的悲哀》在成都《诗星》上发表，从此，在成都、昆明、桂林、重庆等地的诗刊上牛汉的名字接连出现。海星诗社吸收他为社员，他和贺敬之同为最年轻的社员。两人互相慕名已久，直到在解放区才得以相见，贺敬之说"我很喜欢你的诗"，这时，两人已均成为解放区著名的青年诗人。

当时，牛汉已被保送至西南联大，高中毕业前，学校要求人人均得参加三青团，否则不发文凭。牛汉将发到手的表格当场撕掉，学校要开除他。牛汉揣着一张毕业临时证明，考取了汉中的西北大学外文系俄语专业。

在西北大学，一件事促使牛汉选择奔向解放区。

青年牛汉与后来成为著名播音艺术家的齐越等三人，将一名克扣学生伙食费的三青团员打得头破血流。三个人都被记了大过，牛汉却在《给我们轨道》一诗中写道：“我们也要轨道/我们这一群/有腿不能行走，有嘴不能唱歌/我们是在垃圾堆哭泣的少年高尔基。”是的，青年牛汉深深向往远方，而那神圣的远方也在召唤着这些热血青年。牛汉参加的地下组织“读书会”正准备组织进步青年奔赴延安，派牛汉去打先锋，“给我们轨道/我们一列一列的列车/也要开拔到远方/到远方/卸下我们快要爆炸的生命”。牛汉怀着生命的憧憬来到西安找到了八路军办事处，由于临近抗战胜利，办事处同志劝牛汉留下来工作，牛汉参与创办了文艺刊物《流火》。牛汉又一次将革命工作和创作结合起来。

抗战胜利后，组织又将牛汉派往西北大学，“在白区开展斗争”。牛汉回到西北大学后，成为“真理卫队”的骨干，轰跑了反动校长，牛汉、齐越等已成为学校的眼中钉。校方故意制造了一起血案，污蔑是牛汉、齐越等所为，牛汉被判刑七年。牛汉在诗中有力地揭露了敌人的丑恶嘴脸，“当正直而不幸的人/倒下的时候/狗吠得最凶/狗争夺着/狗贪馋着/留在大地上一片一片的人/人的血迹”。在牢狱中的牛汉是痛苦的，但并不屈服。在《在牢狱》一诗中，他写道：“春天/菜花正飘香/我被关进了牢狱/……但母亲和我/都没有哭泣。”“母亲懂得我的心/狱里，狱外/同样是狂暴的迫害/同样有一个不屈的……意志”。母亲深深了解儿子的心，党和革命青年始终关注和支持着牛汉他们的正义行为。《解放日报》以《诗人谷风被捕》，将消息传向党中央。抗大的学生、白区的学生向国民党政府进行了抗议，声援牛汉。正值1946年政治协商会议召开，国民党当局被迫做出让步，牛汉等得以取保候审。

天涯路漫漫，革命是我家。正如牛汉所唱“种子/长着翅膀/要飞/找寻远方肥沃的平原”，青年牛汉逃亡重庆，后来又到了开

封，著名诗人苏金伞为他找到了工作。在开封，牛汉在地下省委主管学生运动。解放战争爆发后，牛汉又前往伏牛山下，收集情报，迎接陈谢大军南下。其间，又险遭土匪杀害。

一切苦难在牛汉眼里都是轻的，他歌唱道："没有歌吗？歌声微小吗？/声音响在生命内部/没有火吗？/火在冰冻的岩石里。……不是没有春天/春天在冬天里/冬天，还没有溃退。"在祖国严酷的冬天里，牛汉一颗红心、诗心，在有力地跳动着。

二

"太阳/就要升起！……/是我焦急地/期待着远行/一个渡海去/找寻新大地的梦！"这是牛汉在《黎明前》中的诗句。而他也正是这样在找寻着"新大地的梦"。

青年牛汉，终于结束了他流亡的革命与写作生涯。1948 年他辗转来到了向往中的华北大学，经刘仁、薄一波的帮助，在仅仅半个月内，就接上组织关系。

此时的牛汉，已是颇有名气的青年诗人、党的青年干部。坎坷的经历、历经磨难的革命生活、自己亲眼所见的一切一切，促使青年牛汉去深思。他已深深体会到政治理论的重要性："没有革命的理论，就不会有革命的运动"。牛汉向组织要求："我虽然长期从事党的工作，但理论上是欠缺的，我想系统地学习理论。"在华大政治理论班上，牛汉认真地学习了政治理论，充实着思想，提高自身的素质，回想着自己的青年革命生涯，总结教训，眺望未来。但时势发展迅疾，仅学习了一个月，组织上便将牛汉调至教务处，负责审查从国统区到解放区来的青年学生，党组织给予牛汉充分的信任。就在这一年，牛汉被任命为华北大学保卫小组成员。

1950年，中国人民大学在华北大学的基础上诞生了。牛汉怀着无比激动的心情，投身于学校的工作中。

牛汉作为成仿吾副校长的学术秘书，协助成老和苏联专家制定了学习计划，确定了人大首届研究生名单。牛汉对成老严肃认真的作风和高尚的人品记忆犹新。“对于首届研究生人选，成校长一个个看材料，进行认真严格的挑选，大会、小会谈，做工作。”当时第一批人大研究生，很多如今已成为国际、国内有重大影响的学术权威。

牛汉以极大的热情投身工作，他担任人大招生组组长，同时，他的创作热情更为高涨。当时的团委书记朱子奇被誉为“革命诗人”，写下了大量优秀的诗作，这给予牛汉深刻的影响。

正当革命建设向前发展时，抗美援朝战争爆发了。牛汉将他所有诗歌存书，盖上印章，卖掉后，带着革命的热情走向祖国最需要的地方。

牛汉在东北空军参军3年，担任政治部文教委员兼文教办公室主任。回到北京后，调至人民文学出版社任党委委员、团委书记。

正当牛汉施展才华时，他和许许多多的青年卷入了一场灾难性的风暴中。当年，牛汉奔赴解放区前，将他的诗作寄给胡风。胡风将这些诗编为《彩色的生活》一册，收入《七月诗丛》。1955年胡风被错判为“反革命”，牛汉也因这段过往被认定是“胡风反革命集团分子”。出版社的同志们都很震惊。陈毅的夫人张茜是牛汉的好友，和他谈了许久。他被捕前，张茜已知道此消息，她说：“牛汉，你要经受住考验，经受住一切考验。”牛汉没有被压垮，始终坚持着自己的信念，相信着党的未来。在茫茫黑夜中有诗伴随着他，有祖国各地的朋友在关心他。1958年的一天，牛汉在东四牌楼下行走，一辆汽车在他身边停住，车上下来一位老人，他就是著名历史学家何干之教授。何干之在汽车中一眼就认出了牛

汉，对他说："牛汀，牛汀，没事，你莫要悲观，一切都会好的。"这是牛汉与何老最后一次见面，牛汉被这同志间的情谊深深感动。"文革"中，牛汉路过北京旧图，看见张茜被批斗，他十分难过，叫了她一声"张茜同志"，这一声"同志"饱含了多少革命战友间的真情啊。

"文革"中，牛汉所遭受的灾难是巨大的，但他是不屈的，他在 1972 年所写的《半棵树》一诗中表达了他坚定不屈的情怀："半棵树/还是一整棵树那样高/还是一整棵那样伟岸。""人们说/雷电还要来劈它/因为它还是那么直那么高。"

牛汉还是一如既往地工作着，他戴着"帽子"在人民文学出版社编译所继续从事文学事业。在巨大的困苦中，是他满怀着的对祖国对新生的希望支撑着他，在《羽毛》一诗中一片冷风中的羽毛也寄托了诗人的希望，"它越过一堵斑驳的泥墙/从枣树尖顶飞过/像鸟一样昂起头/升向灰灰的天空"。"我相信：它是一片/鹰的羽毛。"这坚定的希望，来源于他火热的信仰，这已扎根于他的心中。《巨大的根块》一诗中，他这样写道："江南阴冷的冬夜/人们把珍贵的根块/架在火塘上面/一天一夜烧不完/根块是最耐久的燃料/因为它凝聚了几十年的热力/几十年的光焰。"

是的，信仰之火在牛汉心中从未熄灭，在黑暗的日子里，他编书、译书，大量阅读中外小说、诗歌。那时，牛汉已被降数级，工资只有 100 多元，这一切，对诗人又算得了什么呢?

1973 年邓小平第一次复出，将全国工作恢复了起来，也把牛汉解放了出来，"感谢邓小平"，牛汉已看到了祖国的希望。

雷打不倒、电闪不了的"半棵树"牛汉，正如鹰的羽毛在沉默中蓄积着力量。

"青山依旧，绿水长流，诗心永驻"，步入老年的牛汉将这最普通的话，以他博大的胸怀体验着、印证着。

“冬天到了，春天还会远吗?”有许多人在严酷的冬天，以无奈、怨愤度过茫茫时光，当春天来临时，两手空空，一无所有。而牛汉没有，他以深沉的思考、满腹的诗书，双手紧紧拥抱了祖国的春天。

而春天也拥抱了步入老年的牛汉，这是对一个老人最高的奖赏。

1979年，牛汉的“胡风反革命集团分子”的“帽子”还没有摘掉，而《新文学史料》的主编尚空缺。“文革”中，牛汉没有自暴自弃，而是在学术上提升着自己。现在，他完全可以担此重任。但“帽子”尚未摘掉，怎么办?胡乔木亲自过问，并向上呈报，牛汉成为“胡风反革命集团”被平反的第一人，担任《新文学史料》主编，这一干，就是20年。此后，牛汉还担任了《中国》杂志的执行副主编。

“为了民族、历史，我的痛苦、伤害转化为一种财富。它让我懂得了什么叫人格，什么叫人类的良心。”为此，牛汉付出了血泪的代价。因此，他更懂得以博大的胸怀去迎接未来。他在主编《新文学史料》《中国》时，挖掘、扶植了一大批新人。他为中国文学的发展贡献着血和热。

牛汉对往昔的同志也是一往情深。人大著名教授尚钺临终前有一个愿望，希望将他早年的一部小说出版。是牛汉多方奔走，力促此事的完成，并叮嘱人民文学出版社，付最优稿酬，因尚钺家当时还很困难。这只是其中一个很小的例子。牛汉忘不了过去工作的岁月，何干之、尚钺、成仿吾……他们的人格、文品在激励着他。牛汉回忆起在人大时的情景说：“我们同志之间团结、严

肃、活泼，均是为了一个共同的革命目标。”

是的，困苦、矛盾和冲突支配着牛汉的大半生。命运没有给他安排过高远的蓝天和平静的港湾。从年少时流亡西北忍饥挨饿，到从事地下工作一步一滴血在燃烧的荆棘中闯荡；从卷入冤案成为被砍伐了森林的树桩，到扛着一百斤的货物在草泽泥沼里造田以接受改造……一阵阵的飓风纠集着霹雳、闪电和暴雨冲击人们，也把牛汉戳刺得鲜血淋漓。然而，那浑身晶亮的盐粒，在牛汉这里倒成了珍珠：刚强的人格和对真理的信念。应当感激历史塑造了他的人品和诗品。

牛汉在20世纪80年代的一首诗中写道：“我永远比海高/我就是不沉的岸。”是的，20世纪70年代末开始，成为他真正的诗歌黄金时期。

进入20世纪90年代，牛汉的诗走向了成熟，而诗人依然年轻。1994年第7期《诗歌报月刊》头版刊登了牛汉的近百行的诗《三危山下一片梦境》，在青年诗人中获得热烈反响。诗人塞风评论其“博大精深，富于哲理，发人深省，写出了人生的真谛。我逐字逐句研读再三，深感为近年来罕见的好诗”。诗人朱绍章针对此诗，分析了老一辈诗人作品与青年性的问题，认为牛汉的诗作体现出“战胜衰亡的血气浩然的力量”。

牛汉始终自觉抵制着诗坛的畸形诗风。一次座谈会上，一名“后现代派”讲了一通莫名其妙的话。牛汉站了出来，直率地说：“我听不懂。”牛汉对我们说：“我们老一辈也在研究关注后现代主义，可以说，看得更透彻。而现在理论界存在着畸形诗论的倾向，简单的问题弄得很玄虚，为什么不说得明白易懂些……”

在一次与《人民日报》负责同志座谈时，牛汉直爽地说：“以前《解放日报》登了不少好诗，如《王贵与李香香》，而现在《人民日报》还没有真正的诗歌。”而诗歌艺术正是在真诚的批评中才能走向壮大和繁荣。就在我们采访的前一天，《人民日报》编辑给

牛汉打来电话，为了庆祝香港回归，在诗歌界第一个向牛汉约稿，并进行了采访。其中的一个问题是："你写了一辈子诗，吃了一辈子苦，你还打算坚持下去吗?"牛汉回答得好："我下辈子还要写诗。"

风风雨雨铸诗魂，牛汉的理想依然执着。他曾说："我现在74岁，跨过了73岁的坎儿，时光还很长。"

后来，台湾出版了《牛汉散文精选》，作为"二十世纪中国散文大家系列"之一，人民文学出版社推出了《牛汉自传》，日本翻译界将出版《牛汉诗集》，牛汉的诗论集《牛汉论诗》也推出了……

谈及自己的未来时，牛汉笑着说："一切归为一句话：努力做好人，作好诗。"这句话，正是牛汉革命和诗歌生涯的最好注解。

牛汉和他的诗正走向一个成熟的秋天。

（原文发表于1997年）

冯其庸：学者·诗人·书画家

◉ 叶君远　邓安生

冯其庸简历

冯其庸（1924—2017），江苏无锡前洲镇人，名迟，字其庸，号宽堂，中共党员。著名红学家、史学家、书法家、画家。抗战胜利后考入无锡国学专修学校。1949年参加中国人民解放军，同年奉派任无锡市第一女中教师。1954年调中国人民大学，历任讲师、副教授、教授。后任中国艺术研究院副院长、中国红楼梦学会会长、中国戏曲学会副会长、中国作家协会会员、北京市文联理事、《红楼梦学刊》主编等职。曾任中国艺术研究院中国篆刻艺术院顾问、中国人民大学国学院首任院长、中国艺术研究院终身研究员。以研究《红楼梦》著名于世。2015年被聘任为中央文史研究馆馆员。

冯其庸是以红学家名世的，其实，他的领域远不止于红学。当然，由于《红楼梦》是中国传统文化的优秀代表，会通熔铸了历史传统和各艺术门类的精华，“治红”若欲精深博洽，需要多方面的修养。冯先生长期从事中国文学史的教学和研究，特别是对中国文化的探源考察抱有极大的兴趣和毅力，加之他本人对戏曲、诗歌、书法、绘画兼擅，近年来诗、书、画创作尤勤。这使他的“治红”达到了一种新的境界，或者说，他虽是红学家同时也治文化史，还兼有诗人和艺术家的气质。明了这一点，对理解他的治学和为人，至关重要。本文仅就我们闻见所及对他的学术经历做一个粗略的介绍。

冯其庸，名迟，字其庸，以字行，号宽堂。江苏省无锡县前洲镇人，1924 年生。小学五年级时全面抗日战争爆发，家乡沦陷，小学停办，他因此失学在家种地。后入农村中学，高中一年级时又失学，继续种地，后当小学教师。抗战胜利后，考入无锡国学专修学校，1948 年毕业。1949 年 4 月无锡解放，参加中国人民解放军，同年秋，奉派任无锡市第一女中教师。1954 年 8 月调中国人民大学语言文学系任教，先后任讲师、副教授、教授，并带硕士研究生。1975 年至 1986 年，长期借调文化部主持脂本《红楼梦》的校注并创建了红楼梦研究所，任所长。1986 年调任中国艺术研究院副院长，并兼任中国人民大学语言文学系教授。

冯其庸的学术道路，基本上是一条自学的道路。他小学没有毕业，中学只读到高中一年级，无锡国专毕业后，随即入伍。他最初当小学教师，后来当中学教师（新中国成立前和成立后）、大学教师。在学术道路上，他是从最低的层次开始自己的长途跋涉的。

冯其庸于 20 岁前后开始在《大锡报》上发表旧体诗词和散文。23 岁，发表历史调查文章《澄江八日记》，调查清兵入关时的江阴保卫战。

他最早主编的书是《历代文选》，1962年由中国青年出版社出版，那年他38岁。此书至今一直在重印，并被列入青年文库。香港、台湾也多次翻印此书。

冯其庸的研究领域相当广泛。他执教中国古典文学史，著有论文集《逝川集》（西安，陕西人民出版社，1980）。他研究中国传统戏曲，著有《春草集》（上海，上海文艺出版社，1979）。后来他主持《红楼梦》的校注工作，前后历时七年，完成新校注本《红楼梦》。此书于1982年由人民文学出版社出版。

他为了《红楼梦》的校注，重新研究了曹雪芹的家世。在此领域里，他取得了重大的突破，发现了有关曹氏家世的一系列重要材料：

(1)《清太宗实录》卷十八，天聪八年（公元1634年）甲戌条："墨尔根戴青贝勒多尔衮属下，旗鼓牛录章京曹振彦，因有功，加半个前程。"据此，人们得以确切地知道曹雪芹上世的旗籍、军职和当时的具体情况。这是现存曹家史料中最早的一条材料。

(2)他发现了康熙二十三年（公元1684年）未刊稿本《江宁府志》中的《曹玺传》。这是曹家史料中具有特殊重要意义的文献资料。举凡曹家的家世、籍贯、祖父的名字、入关后的官职、政绩，以及儿子的名字（曹寅、曹宣）等等，都在这篇文章里有明文记载，特别是曹宣的名字，数十年来一直是个争论的问题，由于这篇传记的发现，才算得以论定。

(3)他发现了康熙六十年（公元1721年）刊《上元县志》中的另一篇《曹玺传》。此传前半部分与康熙二十三年未刊稿本《江宁府志》中的《曹玺传》相同，后半部分又增加了康熙二十三年后曹家的情况，特别是在这篇传里，写明了"著籍襄平"，即祖籍是辽宁省的辽阳。同时还记道："孙颙，字孚若"，"仲孙頫……字昂友"，等等。以上这些，都是首次发现，同时也都是关于曹家的

十分珍贵的史料。以上两篇传记的发现，对研究曹雪芹的家世，是一个重大的突破。

(4) 他发现了天聪七年（公元1633年）由曹家的堂房上祖曹绍中递送的孔有德、耿仲明遣官乞降的满文本《乞降书》。这个文件的发现，揭示了曹家堂房上祖在明末清初的实际情况，也有力地证实了曹雪芹的上祖与辽东五庆堂曹氏确实是同宗，他们的籍贯确是辽阳。

(5) 他重新找到了当时已告逸失的《五庆堂曹氏宗谱》，并且还找到了此谱更早的一个底本，以及附在原谱里的一张曹氏谱系全图。以上这两部《五庆堂曹氏宗谱》和一张曹氏谱系全图，虽然是曹雪芹堂房上祖所修的曹家的家谱，但里面都明确地记载着曹雪芹直系上祖的名字，一直记到曹雪芹的父辈曹颙、曹頫、曹颀和同辈曹天佑等。因此，此谱的重新被发现并由冯其庸详加考定，证实了它的可靠性，是一件在红学史上具有重大意义的大事，这份《五庆堂曹氏宗谱》，也无疑是红学研究的珍贵文献。

(6) 他发现了位于河北涞水县张坊镇沈家庵村的五庆堂曹氏茔地。这个五庆堂曹氏的墓地，始葬于顺治年间，一直到1977年冯其庸去调查后才被发现，当时守墓人言风林还在，坟墓也还基本保存着，并且还存留着墓地的界石。五庆堂墓地的发现，更加有力地证实了《五庆堂曹氏宗谱》的可靠性。200多年前我们的一位伟大作家曹雪芹，竟然还保存着与他有关的宗谱和堂房上祖的坟墓，这不能不说是文学史上的一件奇事。

(7) 辽阳三碑的发现。近年来发现的曹氏家世史料中非常重要的一个方面，就是辽阳发现的“大金喇嘛法师宝记碑”、“重修玉皇庙碑”和“弥陀寺碑”。这三块碑都记载着曹家上祖的名字，尤其是前两碑都记载着曹雪芹的直系上祖曹振彦的名字和官职。

这三块碑是辽阳的同志发现的，但与冯其庸有着密切的关系。先是冯其庸据《清太宗实录》和两篇新发现的《曹玺传》写了

《曹雪芹家世史料的新发现》一文，文章末尾提出了曹雪芹上祖的籍贯不是河北丰润而应是辽宁辽阳。这篇文章发表后，就得到了辽阳的来信，告诉他辽阳有一块“大金喇嘛法师宝记碑”，在碑阴有曹振彦的名字。这样，冯其庸即专门为此去辽阳调查，看到了原碑，碑阴确有曹振彦的名字。当时冯其庸曾提出希望辽阳的同志做进一步的调查，看是否还能发现第二块碑。果然时隔不久，又得到辽阳文管所的邹宝库来信，说又发现了有曾振彦题名的“重修玉皇庙碑”。于是冯其庸又赶赴辽阳验看，不仅看到了残损特甚的“重修玉皇庙碑”（幸曹振彦题名未损），还看到了当时还直立在小学门外的“弥陀寺碑”。冯其庸爬到桌子上仔细查看了碑阴的题名，发现有“曹得选”、“曹得先”和“曹世爵”的题名，而这三个名字，恰好都是《五庆堂曹氏宗谱》上的名字。因而以上三块碑，共同证实了曹雪芹上祖的籍贯确是辽阳而不是丰润。

（8）康熙甘氏家谱抄本的发现。这部康熙甘氏家谱，也是冯其庸在研究曹氏家谱时发现的。此谱虽是甘氏家谱，但当时甘家与曹家是姻亲，甘家娶了曹家的女儿。有的研究者认为这个曹家的女儿是河北丰润人，并以此来证实曹雪芹上祖的籍贯应为河北丰润。但过去研究者从未见到过这部康熙年间的甘氏家谱，此谱被冯其庸发现后，居然查到了在“六世甘体垣”的名下有“配曹氏，沈阳指挥使曹公全忠女”，这与《五庆堂曹氏宗谱》的记载完全相合，从而十分有力地证实了《五庆堂曹氏宗谱》的可靠性，证实了曹雪芹上祖的籍贯确是辽阳而不是丰润。

由于以上这许多重要的历史文献相继被发现，冯其庸陆续据此发表了重要的专题研究论文，最后于 1978 年 9 月写成《曹雪芹家世新考》一书。在此书中，冯其庸用翔实的史料，论证了 1963 年发现的《五庆堂曹氏宗谱》的可靠性，在指出此书在研究曹雪芹家世方面的重大的历史价值的同时，还指出了前人在曹雪芹家世研究中的一系列谬误，特别是考订了曹雪芹上祖的籍贯应是辽宁

辽阳而不是河北丰润。

可以说，在曹雪芹家世的研究上，冯其庸大大超越了前人，做出了突出的贡献。

冯其庸在《红楼梦》的抄本研究上，也取得了举世公认的成就。

1975年3月，他与吴恩裕合作研究新发现的三回又两个半回的《红楼梦》抄本，发现此三回又两个半回的《红楼梦》抄本，就是著名的《红楼梦》抄本“己卯本”的散佚部分，并发现了此抄本（包括未散佚部分）避“祥”字、“晓”字的讳，因而考证出了此抄本原是怡亲王允祥、弘晓家的原抄本，所以它的底本有可能直接来自曹家。因为怡亲王允祥，是曹家在败落之前，由雍正亲批将曹𫖯“奉旨交与怡亲王传奏你的，诸事听王子教导而行……”，关系非同一般。

在上述基础上，冯其庸又于1977年7月写出了《红楼梦》抄本研究的专著《论庚辰本》。在此书里，冯其庸继续充分论证了“己卯本”的重要性，同时又进一步论证了“庚辰本”与“己卯本”的血缘关系，指出了现存“己卯本”残缺了将近三十八回，但它的原貌仍保存在“庚辰本”里。因此，他论证现存的《红楼梦》抄本“庚辰本”，是《红楼梦》早期抄本中最接近完整的一个本子，是《红楼梦》抄本中的瑰宝。在此书中，冯其庸还驳斥了有人对“庚辰本”的错误论点，如说“庚辰本”是四个本子拼抄的，“庚辰秋月定本”等题记是书商伪加的等等错误论断。冯其庸的《论庚辰本》脱稿后，就在香港《大公报》连载数月，同时又由上海文艺出版社出版，从此就确立了《红楼梦》抄本中“庚辰本”的特殊珍贵的地位。

此书出版后，连同他的《曹雪芹家世新考》，一并受到了国际学术界的重视，1980年美国举行国际《红楼梦》学术研讨会的时候，特来信邀请冯其庸参加。

在《红楼梦》的抄本研究上，冯其庸还写过“甲戌本”的专题论文，在其中第一次提出了“甲戌本”上不避“玄”字讳的问题。山西发现的“甲辰本”，也是《红楼梦》抄本中具有特殊重要意义的本子，对此，冯其庸也做了专门的研究，写成了《论梦叙本》的长篇论文，作为此本影印的序言。

列宁格勒藏本《石头记》，冯其庸也对它做了认真的研究，写成了《列宁格勒藏钞本石头记印象》，指出此本的底本确系脂本，其钞定年代后于庚辰本，当在嘉庆初年。冯其庸后来又为此本的影印写了序言。

在关于作家曹雪芹和《红楼梦》的思想性质的研究上，冯其庸发表了《千古文章未尽才》《曹雪芹与〈红楼梦〉》等重要论文。他指出曹雪芹是中国历史上的一位杰出的天才作家，他说：“曹雪芹是在吸收了传统先进思想和传统文化的精华的基础上，才自我造就成为天才式的人物的。实际上曹雪芹的天才，是在个人的勤奋学习和社会给予他的重重苦难中磨炼出来的。”“完整地说来，是时代、家庭和个人三方面的条件的统一，才促使这样一位天才的成长。”在论证曹雪芹和他的《红楼梦》的思想性质时，冯其庸深刻地指出：贾宝玉和林黛玉，他们的叛逆思想和叛逆行为，充分体现了那个时代思想界的先进思想和斗争精神。可以说，他们是一对洋溢着 18 世纪中期的时代精神的典型，在意识形态领域里，起到了启蒙的作用。“贾宝玉和林黛玉这两个艺术典型确是具有新人的显著特征的。”冯其庸指出，曹雪芹的思想，是当时激进的初期民主主义思想，他的思想，“是一种与封建主义对立的新的思想体系，是洋溢着先进的时代精神的”。曹雪芹当时属于先进思想家的行列，他的思想具有资本主义经济萌芽的性质。他在《红楼梦》里通过贾宝玉、林黛玉等人所表达的，就是一种强烈的反传统的初期民主主义思想，所以《红楼梦》里所表现的要求自由、民主、平等的完全属于近代范畴的思想，从历史的角度看，至今

仍然有它的生命力。冯其庸说："《红楼梦》这部书不仅是对两千年来的封建制度和封建社会（包括它的意识形态）的一个总批判，而且它还闪耀着新时代的一线曙光。它既是一曲行将没落的封建社会的挽歌，也是一首必将到来的新时代的晨曲。"（以上引文均见《千古文章未尽才》，载《红楼梦学刊》1983年第4期。）

在《红楼梦》的校注工作和版本整理上，冯其庸同样做出了重大贡献。

1982年，冯其庸主持的《红楼梦》新校注本问世。此书由十多位专家协作、由冯其庸任主编，前后共经历了七年。

《红楼梦》过去通行的本子，是以"程乙本"为底本的本子，而"程乙本"对《红楼梦》的原本来说，实在是一个删改本，与曹雪芹的原著有一定的距离。冯其庸所主持的新校注本，是以《红楼梦》的乾隆抄本"庚辰本"为底本进行校勘并注释的。这是红学史上第一次以"庚辰本"为底本的校注排印本。从此广大读者就有了一部以曹雪芹的原著为底本并详加校注的《红楼梦》读本。

此书发行后受到学术界的很高评价，全国古籍整理组组长李一氓曾撰文指出，这个本子可以作为《红楼梦》的定本，他认为这个本子在校注两方面都做得十分认真和得当，可作为古典作品整理校注成功的一例。据人民文学出版社统计，近10年来此本发行已达500余万部，可见其影响之大。

在新校注本《红楼梦》完成后，冯其庸又主编了《脂砚斋重评石头记汇校》，此书用12种乾隆抄本逐句对校，标出异文异字，12种抄本的异同可以一目了然。此书对研究《红楼梦》抄本的异同、流变、相互关系等等，具有十分重大的学术价值。全书五卷，约1 000万字，是红学研究中卷帙最大的一部巨著，于1987年由文化艺术出版社出版。

稍后，冯其庸还领导红楼梦研究所协同所外专家编著《红楼

梦大辞典》，前后经过六年，于 1990 年由文化艺术出版社出版，全书共 160 万字左右，堪称红学知识的总汇。此书出版后，被红学界公认为是《红楼梦》辞典中最为翔实完备的一部，是对阅读《红楼梦》大有裨益的一部工具书。

为了总结清代评点派红学研究的成果，冯其庸又纂辑了《八家评批红楼梦》一书。全书收集清代最著名的红学评点派八家，将他们的评红文学，分回前评、眉评、行间评、正文下双行小字评、回后评等等多种形式，一一依正文汇录并加校订，可以说是集清代评点派红学的大成。此书的编撰工作前后进行了五年，全书 350 万字，由冯其庸亲自校对了三遍，并写下了专文《校红漫记》，生动地记述了校“红”的甘苦和遇到的问题。

以上四种书：新校注本和大辞典，是广大读者阅读《红楼梦》的最必需的基本读物；八家评批本，则是掌握有清一代的《红楼梦》研究的总成果，进一步研究、评论《红楼梦》的又一部不可缺少的读本；汇校本，则是进一步研究《红楼梦》的抄本和刻本，研究《红楼梦》的思想和艺术的一部不可缺少的重要巨著。很显然，随着时间的推移，这四种红学巨著，必将对今后的红学界和学术界起到重大的作用。

更有意义的一件学术工作是，冯其庸还主编了大型学术专刊《红楼梦学刊》，从 1979 年创刊以来，一年四辑，从未间断。作为主要开创者和实际主编人，冯其庸为此付出的心血和精力，是可以想见的。《红楼梦学刊》在培养队伍、团结作者、繁荣学术诸方面，起到了纽带和倡导的作用，在海内外产生了广泛的影响。

此外，冯其庸还出版了《曹雪芹家世红楼梦文物图录》（香港，香港三联书店，1982）、《梦边集》（西安，陕西人民出版社，1982）、《蒋鹿潭年谱考略・水云楼诗词辑校》（济南，齐鲁书社，1986）、《朱屺瞻年谱》（与尹光华合作，上海，上海书画出版社，1986）、《吴梅村年谱》（与叶君远合作，南京，江苏古籍出版社，

1990)、《秋风集》(北京，文化艺术出版社，1991)、《漱石集》(待出)等著作。截至目前，冯其庸已出版的著作(包括由他主编的几种)共有16种之多。

可以这样认为，冯其庸作为一个学者，不仅以他严谨求实的学风和勇于探求的精神取得了一系列成果，写就了他个人的学术专著；更可贵的还在于他具有一个学术带头人的气魄和识见，倡导和组织了上述那些数量庞大的学术基础工程，为红学的学科建设和队伍培养竭尽心力，并协同红学界的前辈和同辈，组织了国内外一系列重要的红学活动，无愧于他作为中国红楼梦学会会长和红学所所长的职责。

近20年来，冯其庸还致力于原始文化和历史地理的研究，曾多次深入甘肃、新疆的戈壁沙漠，做实地的调查考察。特别是1990年9月末到1991年1月初，三个多月的时间，冯其庸一直在陕西黄土高原及甘、新西部地区的沙漠中，历尽风雪严寒，深入到祖国的西部，做艰苦的调查考察，为他即将动手的另一部新著《中国西部旅行记》做切实的准备工作。

冯其庸的全部学术活动、学术著作的最大特点是坚持调查研究、亲知亲闻，他虽然将近70岁了，仍克服重重困难，连续坐三个多月的汽车，经行1.5万公里。在大西北的黄土高原上、戈壁沙漠中，有时一天只能吃一顿饭，有时连水都喝不上，在吐鲁番还遇到非甲非乙肝炎流行，但以上种种困难和危险，都没有改变他深入沙漠进行实地调查的勇气和决心。特别是他于1990年12月冒险深入大戈壁深处的玉门关和1991年1月8日为探寻甘、青边界上积石山中的丝绸古道和“导河积石”的黄河之源，冒着严寒，翻过多重大山，进入白雪皑皑、险峰重叠的积石山深处，拍摄大量珍贵的西部照片，更表现出他探求真知的精神。冯其庸的这种精神，在当前的学术界，确实是难能可贵的。

冯其庸不仅是一位著名的学者，而且还是一位诗人。他写有

不少西部的纪行诗和其他题材的旧体诗。例如，1990 年 11 月 15 日到武威北面的腾格里大沙漠中调查新发现的汉代古城时，他题诗云：

大漠孤城雁字横，红河东去杳无声。
汉家烽火两千载，我到沙场有余温①。

1990 年 11 月 18 日，风雪中登嘉峪关城楼，他题诗云：

天下雄关大漠东，西行万里尽沙龙。
祁连山色连天白，塞上烽墩接地红。
满目山河增感慨，一身风雪识穷通。
登楼老去无穷意，一笑扬鞭夕照中。

1990 年 11 月 24 日，调查古阳关遗址时，他题诗云：

柳枝折尽到阳关，始信人间离别难。
唱罢渭城西去曲，黄沙漠漠路漫漫。

冯其庸还是一位著名的书法家和画家，近年来，国内外出版的多种大型书画册，都刊有他的作品，不少重要的书画展览，都邀请他参加。他几乎每天都要收到各地相识和不相识的人来求字画的信。无论是冯其庸的书法还是绘画，都具有他独特的个人风格，一种与众不同的潇洒清新的书卷气和洒脱不羁、豪放超迈的浪漫精神。有的人评论他的书画，说是真正的文人画。艺术大师刘海粟 1990 年 5 月末到他的画室参观，称赞他的书法和绘画都是第一流的，说这是他的学问和修养自然养成的。第二天，海老还请冯其庸在他刚画好的八尺大幅红梅上题了诗，冯其庸题诗云：

百岁海翁不老身，红梅一树见精神。
丹心铁骨依然在，不信神州要陆沉。

---

① 原注：温字借韵。

等到这首诗在画上写完后，海老极为满意，说这幅画要自己珍藏，不能送人了。可见海老推重之情。

冯其庸曾两次赴美讲学，在哈佛、耶鲁、斯坦福、伯克利以及哥伦比亚等大学，都曾讲过学，并得到富布赖特基金会颁赠的荣誉学术证状。

1984年12月，冯其庸接受国务院、文化部、外交部的派遣，与周汝昌、李侃两位专家，接受苏联的邀请，到列宁格勒鉴定列宁格勒藏本《石头记》，负责与苏方谈判达成两国联合出书的协议，现在此书已由中华书局出版。

1986年6月，冯其庸还率团去新加坡访问，举行《红楼梦》文化艺术展并应邀去新加坡大学讲演。

冯其庸于1985年当选为第二任中国红楼梦学会会长，并担任此职至今。他还被推举为中国戏曲学会副会长、中华炎黄文化研究会副会长、中国汉画学会会长。

此外，他还是一位摄影爱好者，几十年来，创作有大量的摄影作品。

冯其庸治学的领域很宽，他为了研究中国传统文化，一直追溯到原始文化，并做了许多实地的考察研究。1964年他在陕西终南山下与朋友一起发现了一个蕴藏十分丰富的原始文化遗址。“文化大革命”中他曾抢救出五件战国时楚国的青铜器，其中三件是有长篇铭文的。这三件青铜器中有一件是大型铜鉴，具有很高的学术价值，后来由考古学家定名为“郪陵君鉴”。冯其庸将这批珍贵的青铜器，无偿地捐赠给了南京博物院。冯其庸非常重视考古，他曾多次讲道，如果研究中国的传统文化而不去了解考古上的新发现，他的知识就要落后。他还提倡研究汉画，他说汉画像石、画像砖、帛画、墓室壁画等等，都是敦煌石窟以前的东西，上接先秦，下接敦煌石窟的宝藏；而且汉画是中华民族文化受印度佛教文化影响之前的一种文化，是中华民族文化的原始面貌，与秦

汉的古籍对照研究，一定会有新的重大成果。

冯其庸视野宽广，知识丰富，但他从不自满，非常谦虚。他常说，中国的学问无穷无尽，有如大海，有如高山，个人的学识再渊博，比起客观世界，最多只能算是沧海一粟。因此任何时候，都没有理由自满。

他待人热情真诚，而且总是向人说实话、真话，不肯敷衍。他深恶说假话、谄谀的人，对这样的人他敢于面斥。他常常告诫年轻人，做学问是一辈子的事，不是一朝一夕可以成功的，要肯下功夫，肯吃苦，要自甘寂寞和淡泊，要珍惜时间，善于利用时间。他至今仍然每天读书作文到深夜一两点钟，甚至更晚。往往睡到床上，又想起了新的问题或有了诗句，就连忙起来把它写下来，以免断了思路。他的好几首长诗，都是在火车上写成的。

他常说，学术的道路永无止境，一个真正的求知者是不应该有满足的时候的。

（原文发表于 1991 年）

吕振万：寸心皆春草，思与天下共

◉ 李晶晶

吕振万简历

吕振万（1924—2015），福建省南安市水头镇朴里村人。1946 年毕业于朝阳大学经济系，朝阳大学并入中国人民大学后又在法律系修读一年。原香港南益实业（集团）有限公司董事长。1951 年春赴香港、日本、新加坡等地经商，定居香港，为香港建南财务有限公司董事长、香港厦门联谊总会永远名誉会长。先后在福建省创办数十家“南”字号的现代化企业工厂。1991 年回家乡斥巨资开发建设蟠龙工业综合开发区。他先后捐资 1.5 亿多元港币用于发展教育和其他公益事业，建起各类学校达 147 所。

这是一个传奇式的人物

他少怀大志，抱着救国图强的理想，负笈求学，终成大器；他投身商海，勤勉诚信，勇敢搏击，终由一介书生成为叱咤风云的商界翘楚；他20多年来在内地先后投资逾20亿港元，对家乡南安更是倾注了满腔心血和关怀；他先后在内地捐资逾1.5亿港元兴办学校，发展教育文化等公益事业；他还担任中国社会科学院研究生院和中国人民大学等多所著名学府的名誉教授……

他有着太多的故事。

他，就是香港爱国实业家、南益集团董事长吕振万。

少年壮志，漫漫求索

与闻名海内外的我国现存最长的古石桥——安平桥咫尺相望的水头镇朴里村，美丽富庶，这里就是著名实业家吕氏家族——吕达民、吕超民、吕振河、吕振万的故乡。

吕振万出生于商贾之家，在父亲的教育熏陶下，自幼立志要干出一番大事业。20世纪二三十年代旧中国贫穷落后的社会现实让他树立了“实业救国”的志向。1942年，他辞别家乡，就读于朝阳大学经济系。

1937年全面抗战爆发后，朝阳大学迁到后方，直至抗战胜利才迁回北平。吕振万读书时的朝阳大学地处离重庆几十公里远的丘陵中的农村，只有几间民房和大草房做教室、宿舍和饭厅。宿舍都是上下铺，一间住几十人或上百人，学生晚上只能点桐油灯在大教室看书，每晚鼻子都被熏得黑黑的。然而抗日救亡的理想

激励着每一个人，一批批优秀的人才从这里脱颖而出，吕振万就是其中的一名佼佼者。他的毕业论文题目是《战后华侨经济复兴问题》，文中体现出来的敏锐洞察力和远大抱负令人叹为观止。朝阳大学里的学习为他以后的学术成就和事业发展打下了良好的基础。

艰辛创业，成就斐然

1951年，吕振万从安平桥畔告别父老乡亲，踏上了工商经营之路。

20世纪80年代初，当改革开放的春风吹拂闽南大地时，吕振万以超人的胆识和卓越的远见，怀着赤诚的报国之心和爱乡之情，率先与南安市签订第一份来料加工织羊毛衣半成品的合同，创办了南头针织厂——南安第一家港资加工企业。20世纪90年代初，很多海外投资者尚犹豫不决，持观望态度，而吕振万则审时度势，率领所属企业，在内地展开大规模投资。他说："我相信政府强有力的领导会很快稳住局势，继续沿着改革开放的路线前进。"经过艰辛创业，吕振万创立了香港建南财务有限公司、安全货仓有限公司、南益实业有限公司、蟠龙实业有限公司等多家公司，形成了业务涉及工业、商业、地产、金融、货仓的大集团企业——吕氏集团。

吕振万是个实干型的事业家。他在经营上紧紧抓住生产这个经济中的根本，反对搞泡沫经济，反对做"炒家"。他说"炒"字由"火"和"少"组成，炒得越"火"，得益越"少"。他倡导敬业乐业，苦干实干，踏踏实实，追求高质量。这种精神在南益集团的各个下属企业里广泛推广，得到了大家共同的认可和实践。在南头针织厂里，就高挂着这样一条标语："今天的质量，明天的市场。"他领导的南益集团从20世纪80年代初的南头厂一家发展

到2002年的40多家，都是实干的结果。

吕振万吸收西方先进科学技术，立足于中国的儒家文化，形成了一套独特的符合现代化要求的企业经营理念和管理方法。他对自己的企业群倡导“敬业乐群，任重道远”的企业精神，制定“和谐、勤奋、求实、进取”的企业宗旨。他主张实行“人性化管理”，重视人和环境和谐发展，重视人的情绪和情操在生产和工作中所起的作用，强调花园式的工厂环境和美好的文化氛围与道德环境对人的积极影响。他的工厂花红树绿，清新洁净，设施一流。许多人参观了吕振万的工厂后，包括日本、美国、德国的专家都赞不绝口，说它是“世界上第一流的工厂”。谈及经商之道，吕振万始终强调勤力和信用的作用。“勤力”是对工作要有拼搏精神，“信用”是为人处世的根本。

2002年的吕氏集团，企业遍及中国香港、日本、新加坡、印尼和中国内地，是一个跨行业、跨地区、跨国家的综合性企业大财团，也是香港最大的国产棉纱、坯布经销商之一，其转口贸易曾占香港出口额的4%。他所领导的新加坡南新有限公司曾协助上海耀华皮金顿玻璃有限公司在生产初期向外销售超过一半的产品，解决了该公司的外汇难题，使其成为中国明星企业之一。

20世纪80年代以来，吕氏集团在内地创办的“南”字号现代化企业，有地产、机械、纺织、漂染、花卉等，拥有厂地近百万平方米，3万多名员工，每年有资产上亿元的优质产品销往世界70多个国家和地区。

吕振万无疑是成功的，但他自己是如何看待这些成就的呢?他这样介绍自己：从中国农村出来，早年奋斗在东南亚，赚了些小钱，参加了中国香港、日本、中国内地的经济建设。他平实、朴素，略去了所有的艰辛，淡看那时的辉煌，也许是因为在他的心中还有更远的目标要去开拓。

天涯万里，情系故国

昔日青年，如今已富比陶朱，然而无论身处何地，吕振万的心总是牵挂着故国和家园。

他说："我时刻记着自己是一个中国人。我有个愿望，一旦事业有成，定要效仿南通状元公（张謇），一在家乡捐资办教育，二在祖国投资办厂，为发展祖国经济尽绵薄之力。"

20世纪80年代初的中国，刚经过拨乱反正，百业待兴，亟须在较短时间内使经济复苏。吕振万认为，外资企业进入中国，引进先进管理经验和技术，创效益效率，提高生产力，正可促进和提高国企经济竞争意识，使其学习国际科学管理经验。当很多人还对中国的改革开放政策持怀疑和观望态度时，吕振万以南安官桥锅炉厂一幢800平方米的简陋车间做厂房，创办了南安第一家港资加工企业——南头针织厂。办厂初期，条件艰难，管理工作不协调，员工素质低，产品不过关，不能按期交货。吕振万领导员工克服了各种困难，把工厂运行推向正轨，并提出"要让全世界最好的毛衣出自你们的手"。经过几年的奋斗，南头针织厂生产的毛衣合格率达到国际规定的99.6%，畅销世界30多个国家和地区。

经过10余年的艰辛奋斗，南益集团在南安乃至福州、厦门、北京等地滚雪球般地向前发展，到2002年已拥有企业40多家，总投资突破2亿港元，厂地近百万平方米，形成一个联系广阔的南益集团企业网，成为港资在福建投资规模最大的企业集团之一。1992年出口值2亿多元，产品畅销海内外，为福建的经济发展做出了重要贡献。党和国家领导人及省、市领导曾多次视察南益集团企业，对吕振万的成功经验，给予充分的肯定和高度的评价。全国人大常委会原副委员长叶飞为南丰纺织有限公司题词："方向

对头，前途无量。”吕振万参与投资和策划的蟠龙开发区，占地1 800亩，带动了水头地区经济的发展，受到时任副总理吴邦国的称赞。

从20世纪80年代来内地投资以来，吕振万一直推行“滚动式投资”，一分钱都没有拿回香港，都在内地继续发展，因为他认为，这是祖国经济繁荣发展、民族复兴的最好的发展时期。

吕振万还十分注重精神文明基础设施建设。他投资修复九日山等多处文化遗址，先后捐资150万元给福建音乐学院和厦门小白鹭歌舞团，捐资100万元兴建可与香港演艺学院楼媲美的泉州幼师吕振万艺术楼，捐资数百万元兴建水头体育馆，捐资500万元兴建泉州游泳馆。同时，他捐建郑成功纪念馆的故事更是广为流传。

吕振万的出生地距离郑成功的家乡只有五六公里，自幼他就为家乡出了这样一个民族英雄感到骄傲。当看到台湾岛上一些人忘宗背祖，不承认自己是中国人时，他非常愤慨。改革开放刚开始，他就在郑成功的祖籍地南安石井镇建起郑成功纪念馆。他激动地说：“让那些想闹‘台独’的人来看看郑成功这个事实，问问自己究竟是不是中国人!”郑成功纪念馆自落成以后，接待游客几十万人次，成为爱国主义教育基地。

兴学兴邦，独具慧眼

治国要治贫，治贫必治愚，治愚先治教。吕振万经历过中国内忧外患、贫穷动荡的年代，深知这个道理。他在新加坡、印尼等地经商，目睹一些文化水平低的华侨受人歧视的情景，深感教育是兴国之本，国家要走“教育—人才—科技—经济”发展之路。他秉承和发扬父亲热爱桑梓、关心教育的遗愿，把兴资办学、培

育英才视为人生宗旨，热心支持家乡发展教育事业。

福建省重点中学厦门一中矗立着他捐建的振万教学楼，他在厦门大学捐资百万元创立厦门大学书籍出版基金并赠送喷水机、割草机等物品。10 多年来，他先后捐资 1.5 亿多元港币用于发展教育和其他公益事业。投资兴建各类学校达 130 多所，仅在南安建起的教学楼就有 110 多座，教室 1 400 多间，捐助的覆盖面达 16 个乡镇，1 000 多个村。他还在中国社会科学院研究生院、中国人民大学、武汉大学、北京师范大学附属实验中学、厦门一中、漳州一中、泉州培元中学等设立奖教奖学金。同时，还捐赠香港大学教研发展基金，捐资创办香港东方教育联谊会。

吕振万捐资办学，有一个特点值得颂扬，那就是他兴学不为地域、学校等级所限。从本村、本镇到外村、外镇，乃至外县、外省，从山村幼儿园到小学、中学至高等院校，从校舍建设、校园整修到设立奖教奖学金他都乐意奉献。

美丽的南安市有一所美丽的花园式学校——南星中学。吕振万和吕氏家族的名字与它紧紧相连。历年来，吕氏家族捐资 3 000 多万元支持南星中学兴建教学楼、科研楼、师生宿舍等共 15 座，建筑面积 2.5 万平方米，并设立教师奖励基金。吕振万就任南星中学董事长以来，有计划、有步骤地开展第二次建校。他日夜操心如何使南星中学尽快达到一流水平。南益集团总经理林树哲曾说："在香港，振万先生往往在两天之内就要提一次南星中学。"除了资金支持、方向引导，他对校内生活细节的关心也是无微不至。每当台风季节来临，他都亲自从香港打来电话，嘱咐做好防风准备，确保安全。

吕振万特别注重贫困山区教育事业的发展。他从 1990 年开始，持续几年在南安多个贫困山区分四期捐资 400 多万元兴建学校。这与国家提出的扶贫和"希望工程"不谋而合，可以说在国家还未启动"希望工程"的时候，吕振万就已经开始在福建乡间

实践了。

吕振万的做法带动了其他海外华侨，带动了干部和群众，各乡镇出现了地方集资、侨胞捐资、群众出工献料支持学校建设的热潮。宽敞明亮的教室在山间矗立，群众称赞，师生感激，办学条件大大改善，儿童入学率提高，教育质量显著进步。

吕振万捐巨资兴学兴邦的义举，赢得了人们的敬重和政府的褒扬，但他并不是为“名利”二字。论利，他在南安捐的钱比挣的还多；论名，事业的成功早使他享誉海内外。他的初衷，或许可以从他给好友的回信中看出来：“兢兢业业，薄得大地锱铢，取诸社会，回馈桑梓，用偿夙愿，引为荣幸。”

学识渊博，胸怀天下

企业家的胆魄与学者的儒雅和谐地统一，力搏商海的坚毅与果断背后，是一种沉静儒雅的学者气质。吕振万被公认为“儒商”。

从20世纪50年代起吕振万开始在香港最著名报纸的经济版连续发表很有深度的文章，受到广泛好评。几十年来，他写下近800万字关于企业经营管理的文章，对香港的长远经济政策发表了不少独特而精辟的见解和建议。他的理论分析有时甚至与自己的利益相冲突。这种精神在当时实属少见。

数十年来，吕振万一直坚持每天看书的时间不少于一小时，长久的积累使他具有深厚的学术功底。他在经济学和工商管理学上有很多独到的见解，著有《管理与品质》《论语与算术》等。他的著作，从儒学与经营管理的关系到人生哲学和伦理学，从日本第二次世界大战后经济发展的经验教训、东南亚金融危机的启迪到香港应对金融危机之策以及以后应走的科技发展之路，从中国

的改革开放和经济转型到依法治国之路，从当时世界知识经济到重视科技教育的必要性，文章涉及面之广，论理之透彻精辟，见解之独到，无不令人赞叹。

吕振万中学时代的同窗好友、现任全国人大常委会委员黄保欣曾讲过这样一个小故事：有一次黄保欣有一篇演讲稿登在报纸上。吕振万看后说：“那篇文章写得很不错，就是结尾弱了一些。”黄保欣听了真是心悦诚服，因为那篇演讲稿他写到深夜，十分疲倦，只好草草了事，所以结尾没有写好，没想到吕振万一下子就看出来了。吕振万敏锐的洞察力，由此可见一斑。

因为吕振万杰出的学术成就，他先后被多家著名学府所聘请。中国人民大学客座教授、中国人民大学法学院朝阳法学研究中心荣誉主任、中国社会科学院研究生院名誉教授、武汉大学名誉教授、厦门大学客座教授、香港大学教研基金有限公司董事、华侨大学董事及名誉教授、福建师范大学名誉教授……他的名衔很多，这是对他的承认和敬佩，但也意味着责任和担子。吕振万欣然接受，希望中国出更多的人才，这是他内心深处的愿望。满腹才华，尽数回馈社会，他乐在其中。

成就大业，本色依然

吕振万已不是当年安平桥畔那个负囊远行的青年了。勇敢地追寻，勤恳地奋斗，他用双手打下了一片广袤的天地。

成名后的吕振万生活依旧克勤克俭，粗茶淡饭，轻车简从，平易近人。他不嗜烟酒，不打麻将，不玩古物，最大的兴趣是读书著作。平日里以身作则，教育子女，每天坚持看书和锻炼身体，从不松懈。成功不易，成功以后还能坚持自己的信念与品格，则更为难得。就像是一棵树，它的枝向四周伸展，它的叶重重叠叠，

但是，它的干却永远挺拔，直指蓝天。

吕振万还是原来的吕振万。

正所谓：寸心皆春草，思与天下共。

（原文发表于2002年）

曹火星：人民是音乐的创作者

◉ 毕　玥

曹火星简历

曹火星（1924—1999），原名曹峙，河北平山人，著名作曲家。1938年参加革命后一直在晋察冀边区文艺宣传工作组织工作。1939年入华北联大文艺学院音乐系学习作曲和指挥，为期8个月。1949年到天津军管会文艺处音乐科工作，曾任天津市音乐工作团副团长。1952年后主要从事作曲和行政领导工作，1956年至1958年在中央音乐学院专家班学习作曲。历任天津歌舞团团长、创作组组长，天津歌舞剧院副院长、院长，全国文联委员，中国音乐家协会常务理事，天津市音乐家协会副主席。

“没有共产党就没有新中国，没有共产党就没有新中国。共产党辛劳为民族，共产党他一心救中国……”这熟悉的曲调、激昂的旋律，唱出了亿万中国人民的心声。这首歌让北京远郊的一个小山村变得热闹起来，人们纷纷带着红色情愫到这里寻访，它就是位于北京房山区霞云岭乡的堂上村，这里坐落着《没有共产党就没有新中国》纪念馆。70 多年前的一个晚上，刚满 19 岁的曹火星，怀着激动的心情，就着一盏小油灯，在堂上村的一间厢房里写就了这首歌。

星星之火，可以燎原。曹火星原名曹峙，1938 年加入平山县委的宣传队铁血剧社后，为表达抗战到底、不怕牺牲的决心，把自己的名字改成了“曹火星”。1939 年冬，组织安排曹火星进入华北联合大学文艺学院音乐系深造，学习作曲和指挥，从此开启了他的音乐创作之路。1943 年，那个 19 岁的青年虽然没有手握钢枪与敌人在战场上厮杀，却用自己对革命的深刻理解谱写出了一曲经典之歌，鼓舞了千千万万饱受苦难的心灵。

做一颗闪亮的红星

1924 年 10 月，曹火星出生于河北省平山县西岗南村。小时候的他文静腼腆，爱听大人讲故事，还喜欢听村里人吹笛子、拉胡琴、敲锣鼓。上小学的时候，他对音乐老师弹奏的风琴格外感兴趣。学校放假后，他不知从哪儿借到一件筝琴（一种弹拨乐器），一天到晚弹个不停。

1937 年，“七七”事变爆发。年仅 13 岁的曹火星带着抗日救亡的志向参加了中国共产党领导的抗日救国青年联合会，担任村青救会主任，带着儿童团员站岗放哨、编演节目、宣传动员。1938 年，平山县委成立了文艺宣传队——铁血剧社，曹火星开始

当演员、音乐队长，一方面积极编演抗日内容的节目，一方面深入敌后写标语、搞宣传、散发传单、发动群众。那时候，《太行山上》《大刀进行曲》《到敌人后方去》等曲子在晋察冀边区广为传唱，曹火星发挥自己的特长，教大家识谱唱歌。当时的他还不会作曲，但模仿就是最初的导师，他依葫芦画瓢，旧曲填新词，把民歌小调改为抗日歌曲。创作的梦想就这样在火热的革命生活中长出了翅膀。也是在这个时候，他决定把自己的名字改为曹火星，他说："血是红色的，火也是红色的，要做一颗闪亮的红星，做一名真正的无产阶级战士。"

1939年11月7日，华北联合大学在晋察冀边区举行了开学典礼，李公朴先生说，"华北联合大学是在敌后办起的第一所高等学府，是英雄的事业，是插在敌人心脏上的一把剑"。华北联合大学在冀中、冀东、平西和北岳等地区广泛招生，涵盖法政、教育和文艺等多个领域，晋察冀边区政府、各文艺团体、青年救国会系统和总工会系统都送来了学员，其中就有曹火星所在的平山县铁血剧社。1939年冬，组织安排曹火星进入华北联合大学文艺学院音乐系深造，从此打开了他的音乐创作之门。

谱一曲动人的歌谣

进入华北联合大学学习是曹火星艺术道路上至关重要的一步。当时，铁血剧社里唯一会识简谱的就是曹火星，也只有他一人进入了文艺学院音乐系，正式学习作曲、和声等音乐知识，师从王莘、张非、吕骥、卢肃等前辈大师。8个月的学习期间，聂耳、冼星海的抗战救亡歌曲，使曹火星的心灵受到巨大震撼和鼓舞，用歌曲去战斗的创作激情与日俱增。

在华北联大，曹火星十分珍惜来之不易的学习机会。他谦虚

好学，经常到老乡家里、田间地头和老百姓聊天，收集民歌民谣，探索创作灵感。其间，他先后谱写了《上战场》《春耕忙》《万年穷翻身》《春天里喜洋洋》等一些歌曲，在战斗中成长，在战斗中创作，有了更加明确的奋斗方向。

1943 年初，铁血剧社更名为群众剧社，改由晋察冀边区抗日联合会领导；同年 4 月，曹火星光荣地加入了中国共产党。根据抗战形势的发展，群众剧社化整为零，组成若干小分队深入平西地区，进一步开展群众工作，宣传党的抗日主张。曹火星所在的小分队徒步来到了毗邻河北涞水的房山霞云岭堂上村。

堂上村位于今北京西南燕山脚下的山沟里，山深林密，村落幽静，可坐在中堂庙东厢房炕头上的曹火星心里，有一团火、有千层浪。一方面，在 1943 年的日寇大“扫荡”中，曹火星家乡的 100 多个乡亲惨遭杀害，他的父亲和兄弟也在其中，国仇家恨鞭策着他、冲击着他；另一方面，同年 3 月，蒋介石破坏抗日民族统一战线，发表了一个小册子，名曰《中国之命运》，大谈“没有中国国民党，那就没有了中国”。中共中央针锋相对地予以有力回击，延安《解放日报》发表了《没有共产党，就没有中国》的战斗檄文，读过文章的曹火星，被点燃了创作的灵感。

回想到之前在学校里和同学、老师、乡亲们在一起的日子，回想到生活在革命队伍中的温暖，曹火星深深体会到：在中华民族生死存亡系于一旦的关键时刻，中国共产党及其领导的八路军、新四军挺身而出，为了四万万同胞的安危，不惜流血牺牲，挽救苦难的中国。随后四五天时间里，他在小炕桌上埋头创作，一行行朴实明快、激情四溢的歌词写了出来：“他坚持抗战六年多（后改为‘八年多’），他改善了人民生活，他建设了敌后根据地，他实行了民主好处多……”

后来，随着解放军南下的步伐，这首歌传遍了全中国。

献一腔为了人民的热血

凡是经典的革命文艺作品，无一不是从群众中来、到群众中去。曹火星后来回忆说："我写这首歌是动了感情的。人民的抗战积极性和对共产党的深情，我是亲眼所见，有着亲身体会的。没有共产党怎么会有坚持抗战到胜利的局面？没有共产党怎么会有今天？"

最初，这首歌在霞云岭、涞水和易县一带传唱起来。1945 年 8 月，张家口解放，八路军唱着这首歌进驻了张家口；9 月，《晋察冀日报》第 3 版刊登了这首歌，这首歌很快就唱遍了晋察冀，唱遍了抗日根据地，飞出山坳，飞上云端，随着抗日战争和解放战争节节胜利，传遍了全中国。

著名党史专家逄先知曾在《毛泽东和他的秘书田家英》的文章中写道：1950 年的一天，毛泽东听到女儿在唱《没有共产党就没有中国》，便纠正说，没有共产党的时候，中国早就有了，应当改为"没有共产党就没有新中国"。这个"新"字让这首歌成为歌颂党的经典之作、真理之歌。

新中国成立后，曹火星以炽热的激情创作了《勘探工人之歌》《我们的祖国到处是春天》《我爱祖国》《生活赞歌》等歌颂社会主义建设的歌曲。在他去世的前几天，老人的一只眼睛已经失明了，却还在病床上借助放大镜谱写庆祝新中国成立 50 周年的新作《啊，我叫中国!》——他把自己的一生都和祖国紧紧连接在一起，在生命的最后依然为祖国而歌唱。

曹火星一生对党、对人民有着深厚的感情，不忘初心，不忘奉献。他曾对子女说："人民是音乐的创作者。我的一切是党和人民培养的结果，我写的歌能被人民喜欢、传唱，就是我一个革命文艺战士最大的幸福。"

（原文发表于 2019 年）

李群：把美的音符撒向金色童年

◉ 李梦超

李群简历

李群（1925—2003），著名作曲家、音乐教育家、音乐编辑出版家，曾任人民音乐出版社副总编辑、中国儿童音乐学会会长、《儿童音乐》主编。1938年曾在陕北公学学习，后来在著名作曲家冼星海鼓励下考入延安鲁迅艺术学院音乐系。1945年李群所在的鲁艺华北文艺工作团并入华北联大，她也随之进入华北联大工作。她的作品题材广泛、内容丰富、形式多样，深受少年儿童喜爱。代表作有《快乐的节日》《我们要做雷锋式的好少年》《我的梅花小鹿》《咱们从小讲礼貌》《摇篮》等。除创作大量的少年儿童歌曲外，还在新中国成立初期创作了唱遍祖国大地的《在祖国和平的土地上》、《喜鹊飞来叫喳喳》、《和平的旗帜》、《弹药车》、《茉莉花》（据河北昌黎民歌改编）、《歌唱毛泽东》等。

小时候我们唱过这样一首美妙的歌：“小鸟在前面带路，风啊吹向我们，我们像春天一样，来到花园里，来到草地上……”在令人心醉的欢快旋律中，伙伴们沉浸于幸福，憧憬着未来。这首歌的曲作者就是陕北公学时期的人大校友、文艺战线的老战士李群。

李群祖籍河北磁县，1925 年生于天津，自幼在北平读书。母亲很会教育子女，常常教孩子们吟咏古典诗词，用有节奏的韵律引发稚嫩心灵的共鸣。她很支持李群参加学校的文艺演出，无疑，这为爱好音乐的李群开了绿灯。“七七”事变后，李群全家在 1938 年 5 月离开失陷的北平，经西安到达延安。13 岁的李群和母亲一起进入了陕北公学。李群还记得自己在第 26 队女生队。陕公三个月，使李群终生难忘。正是以这里为起点，她开始了从城市少女到革命战士的转变，开始把天真烂漫的幻想同民族解放大业一致起来。她回忆说，那时经常上大课，有的课一下子还弄不明白呢！但是大道理还是懂了不少。她说，那时她是“小萝卜头”，军事训练、生活，都得到了大哥哥、大姐姐的照顾。她的母亲因为年龄大而得到大家的尊重，被称为“妈妈同志”。

离开陕公，母亲先去女子大学工作，以后又担任了延安保育院第一任院长，她就是陕甘宁边区保育事业的创始人之一李之光。而李群，这时却像欢快的小百灵只身飞到鲁艺，报考了音乐系。

在鲁艺，她受业于吕骥、冼星海、向隅、杜矢甲、唐荣枚、李焕之，学的是音乐基础理论，并开始写习作。回忆起当时的这些老师，李群说：冼星海本身就像一团火，他能点燃每一个学生，很能激发大家的信心和兴趣；吕骥却是那么毫厘不爽地严格。李焕之呢，她以笑代之。看得出，那是一大堆模糊信息的集合，这最终使她与这位最年轻的教师结成了终身伴侣。

延安整风后，李群参加了边区的新秧歌运动。她回忆道：其他任何文艺演出都不如秧歌受欢迎。每次演出的周围山坡上都黑压压地坐满了人，那情景不亚于现代化体育馆的看台。演完一场，

群众排着长长的队伍跟在后边，他们还要接着看下一场。最后一直把演员送回驻地桥儿沟。这激动人心的场面，使包括李群在内的文艺工作者受到了强烈的震撼。文艺为群众服务，文艺必须采取群众喜闻乐见的方式，在他们的脑海中不再是空洞的口号。探索民族化、群众化的道路，成了他们终生的艺术追求。

此后，她满腔热情地深入生活，从收集整理信天游、陕北道情做起，到民间采风，向老艺人求教，把记录到的民歌曲调进行改编和再创作，为逐步形成自己的创作风格奠定了基础。

1945 年 9 月，李群随鲁艺华北文艺工作团东渡黄河，冲过敌军封锁线，徒步行军到张家口。工作团并入华北联大。1946 年 10 月，她又随华北联大撤退到冀中革命根据地。她虽然身体不好，但还是坚持边教课，边创作。边区所熟悉的民歌风格的合唱《大生产》，就是她 1947 年住在束鹿县小李家庄时写成的大型声乐套曲《大反攻大合唱》中的一曲。1949 年 9 月，中国人民政治协商会议第一届全体会议召开，华北大学为大会演出大型歌舞《人民胜利万岁》，李群创作了其中的 10 段音乐。

新中国成立以后，李群曾在中央音乐学院进修班学习，先后在音工团、中央歌舞团、中央民族乐团的创作组工作。她的创作进入了高峰时期。她改编过颇富特色的民歌合唱和民族器乐曲，创作了独唱、重唱、说唱、表演唱等不同风格的歌曲。她写的《喜鹊飞来叫喳喳》《草地上有条小路》《我敢对你说》等歌曲，都广泛地在群众中传唱，其中有些作品还获了奖。1982 年，她的部分作品在罗马妇女音乐节上展出。1985 年 2 月，在北京举行了李焕之、李群作品音乐会，有观众评论说：“李群编曲的民歌合唱《茉莉花》真好听，我们都喜欢它。”“《大生产》把我们带到了冀中平原的小李家庄，那段宽广舒展的独唱真令人难忘!”

在这次个人作品音乐会的节目单上，李群垄断了“儿童歌曲”这个栏目。这里推出的儿童歌曲，都是久唱不衰、脍炙人口之作。

李群虽不是专门写儿童歌曲的作曲家，但她创作儿童歌曲可以追溯到延安时代。那时她就写出过自然地流露儿童天真情趣的习作，受到冼星海、吕骥的鼓励。1940 年冼星海去苏联之前，对班上每个学生都有临别赠言，他对李群说："创作五十首儿童歌曲给你挂一枚奖章。"李群记住了这句话。在华北时期，有一次她看到火柴厂的童工的劳动强度很大，心中有感而发，创作了儿童歌曲《别看我们年纪小》，这首歌很快就传唱起来了。她创作的儿童歌曲早已经不是几十首，而是上百首。其中《快乐的节日》《我们要做雷锋式的好少年》《咱们从小讲礼貌》等在全国少年儿童文艺评奖活动中获音乐创作奖。还有《小社员的歌》《快去种蓖麻　快去种葵花》《我的梅花小鹿》等，都深受我国各族儿童喜爱，传遍了城乡，传唱了两三代人。有的还在日本、菲律宾等地演出。

1980 年，天津的新蕾出版社出版了《李群儿童歌曲选》。这里收集的 60 首儿童歌曲，有的歌颂党、歌颂革命前辈，有的引导孩子从小爱科学，有的表现了儿童在祖国的怀抱里幸福地成长，还有的特别表现了农村少年的生活和思想情感，是一个富于思想性、具有多种艺术风格的音乐画卷，也是对李群几十年儿童歌曲创作活动的检阅。

李群说，音乐工作者应该通过音乐的影响，在一代新人中播下美的种子，使他们成为品德高尚的人。不能把儿童歌曲的创作看得简单，创作一首好的、孩子们爱唱的歌曲并不容易。正是由于李群潜心观察儿童生活，更深刻地理解了我国少年儿童崭新的精神世界，比较准确地把握了儿童理解真善美的特有途径，她才能够巧妙地运用儿童歌曲这种诗和音乐统一的综合艺术形式，把富有想象、乐观向上的歌词和富于情趣、活泼优美的音乐有机地结合在一起，丰富少年儿童的精神世界，提高他们的思想水平和审美能力，培养他们的革命情操。

（原文发表于 1987 年）

孙钟秀：档案工作是他的生命

◉ 王俊程　李建琴

孙钟秀简历

孙钟秀（1926—2017），云南人。1952 年到中国人民大学档案班学习。1953 年任云南省委档案科科长，1964 年任云南省档案局处长，“文化大革命”结束后任云南省档案局局长，1987 年退休。

按照约好的时间，一大早我们就来到了云南省委一号院，经过传达室严格的盘查之后，终于取得了“通行证”。来到孙钟秀的住处，孙老早已站在门口迎接我们。在这之前，孙老怕我们进不来，已经亲自到院门口等我们，没有接到才刚回家的。这使我们很感动。2002年的他已经75岁了，看上去精神很好，老人家笑容可掬，一脸的慈祥，这让我们一开始的紧张和惶恐荡然无存。

孙钟秀在1999年不幸脑出血，大脑受到严重损伤。所以孙老的夫人一再提醒我们，他的思维现在缺乏连贯性，我们得时时更换话题，万不可穷追一个问题不放，这样才能保证他的大脑不至于过度劳累。在谈话过程中我们也发现，孙钟秀对于数字和人名记得都不太清楚了，就连他的出生年月以及退休时间，都是他夫人后来补充更正的。尽管这样，我们还是从谈话中感到了孙钟秀对祖国、对人民、对档案事业的热爱，被他的人格力量深深震撼。

孙钟秀曾在云南省委办公厅保密委员会工作。1952年，吴玉章担任中国人民大学校长时，开设档案班，由各省推荐优秀人才到档案班学习，云南有一个名额，踏实肯干的孙钟秀有幸入选，于是，孙钟秀来到了中国人民大学。孙钟秀回忆说，那时苏联专家授课，韩玉梅老师任翻译。由于语言上的障碍，当时的学习条件还是很艰苦的。从此，孙钟秀把自己一生都献给了档案事业。

在中国人民大学学习了一年后，孙钟秀回到云南，在省委档案科任科长。一年以后，孙钟秀被派到墨江，这一去就是10年。孙钟秀说，反正都是工作，到哪里都一样。换个人未必有如此宽广的胸襟，毕竟是从省会昆明下到条件极其艰苦的地方去了。在这里，孙钟秀结了婚。

1964年，当时的中共中央办公厅副主任兼国家档案局局长曾三到云南视察工作，问到了孙钟秀。当听说这样一个专门的档案人才竟没有从事档案工作时，曾三很生气，立即指示调回孙钟秀。这样，孙钟秀才被调回昆明。那时，云南省档案局已成立，马文

东任局长，地点在昆明市五花山。孙钟秀被调到档案局任处长。

工作不到两年，“文化大革命”开始了，孙钟秀先是被下放到思茅，后又到普洱插队，最后被下放到了元谋。孙钟秀说，不管他被下放到哪里，群众对他都很好，原因是他从来不做坏事。但是，他也曾想过不干了回家放牛，乐得逍遥自在。

邓小平恢复工作后，国内形势有所好转，孙钟秀才被调回农业厅办公室，清理档案。那时他顶住了很大的压力，使许多重要的档案保存下来。在那样的非常时期，孙钟秀仍然坚持原则：对于档案，要看可以，但是要带走，任何人都不行。后来“反击右倾翻案风”开始，邓小平再次被迫离开中央领导岗位。孙钟秀的工作也中断了。“文化大革命”结束后，孙钟秀出任省档案局局长，至此，他才得以全身心地投入档案工作。

在担任局长期间，他身体力行，到各地检查开展工作。他先从专区开始，然后再具体到这个专区的每一个县，这样把工作范围铺开，辐射面很广。曲靖、思茅、文山、红河、大理、临沧、保山、德宏等地都留下了孙钟秀的脚印，许多县的档案馆都是在孙钟秀的关心下建起来的。现在云南每个县都有了自己的档案馆，在全国来说云南是最早实现的，这不能不归功于孙钟秀。

当我们问到在开展工作的过程中有什么困难时，孙钟秀说，由于大家对档案工作不了解，不论是上级还是下级都缺少对这项工作的支持。对此，孙钟秀并未耿耿于怀，他说，别人不干他就自己干。即便是出差到各区县考察工作，孙钟秀也是独自一人，自己买张票登上长途客车奔赴各地开展工作。孙钟秀平时上班也从不要车，总是拿个包夹把伞，每天步行来往，一年下来总要丢三四把伞。他夫人告诉我们：“他啊，一年倒有 10 个月在外面，档案是他的命，他眼里就只有他那些档案。”话语中饱含深情，听不出一丝责备。孙钟秀不置可否，以微笑表示默认。我们问他上班为何不要车，孙钟秀回答说，那样影响不好。我们又问他出差

了总该要辆车吧，他笑答："留给他们在城里的人用。"

关于档案，孙钟秀说，档案是一种很特别的东西，不是随便哪个人都可以搞的。深入进去是一门学问，不大也不小，却是必需的。档案人要少说话，多做事，是机密就要保守。但是，孙钟秀表示，档案只有少数是机密，档案管理者要对它们区别对待。在具体的工作中，有些领导寻求万无一失，要求管理者无论档案是否为机密都尽量保守。这对于倡导的"档案走向社会、为社会所用"，是一个很大的难题。孙钟秀让我们放心，他说社会对档案、对档案人都是很尊重的，只是缺少了解。

1987年，孙钟秀退休后一直在家休养，1999年，恰逢新中国50周年大庆，孙老接受了修党史的任务。由于劳累过度，突发脑出血，病倒在了工作岗位上。幸亏抢救及时，才保住了性命。

孙钟秀的晚年生活还是很幸福的，他有一个儿子、一个女儿，儿子是金属材料专家，在昆明理工大学任教授，女儿是医生。儿女都很孝顺，每周末都来看望二老。那天刚好是周末，我们不愿打扰老人和孩子们的团聚，而且也不忍再打扰老人家，赶紧告辞了。

孙钟秀对以前的老朋友都很想念，临别托我们到北京后务必代为问候吴宝康、冯明、冯罗云等档案界元老。我们说请孙老放心，我们会尽力的。

（原文发表于2002年）

苏星："母校是我成长的摇篮"

◉ 沈迎选

苏星简历

苏星（1926—2008），原籍山东莱阳，生于内蒙古敖汉旗，经济学家。1948年毕业于华北联合大学政治系，曾任华北大学政治班、国文系助理员。1948年5月加入中国共产党。1950年至1958年在中国人民大学经济系政治经济学教研室任教师、副主任、主任、副教授。曾任北京市委《前线》杂志编辑部副主任，《红旗》杂志经济组组长、经济部主任、副总编辑、代理总编辑，中共中央党校副校长兼《求是》杂志社总编辑，中共中央党校学术委员会副主任，《中共中央党校学报》编委会主任，中共中央党校教授、博士生导师。长期从事社会主义经济问题研究，著有《全民所有制经济内部交换的生产资料也是商品》等文章和多部专著。是中共十二大代表，第五届、六届、七届全国政协委员，第八届全国政协常委、学习委员会副主任。

“我是1946年进入华北联合大学的，经过华北大学，到中国人民大学，在那里学习、工作了十二三年。”在苏星那间明亮的办公室里，他这样回忆，“我原来文化水平不高，那时年纪也小，是在母校和母校的老师们的教育和培育下，成长起来的。母校是我成长的摇篮。”苏星的话语中，浸透着一股深情。

苏星说，他做编辑的时间最长。早在1950年，中国人民大学刚开办时，他就在校刊编辑室，编辑《中国人民大学校刊》（《教学与研究》的前身）。1959年4月，他被调到中共北京市委的机关刊物——《前线》编辑部工作。当时邓拓是主编，苏星任编辑部副主任。1961年，他又被调任党中央的理论刊物——《红旗》杂志经济组副组长、组长。从那时到现在，除了“文化大革命”中的几年停职受“审查”、到干校劳动之外，苏星一直在编辑岗位上为党的理论宣传工作夙兴夜寐地辛勤耕耘。1979年，他任《红旗》杂志社经济部主任，三年后又任副总编辑。

“也许是喜欢当老师，其实，我还是喜欢教学工作。”当他回忆起在中国人民大学任教八年的岁月时，苏星非常恳切又不无幽默地说。从1950年10月开始，他在中国人民大学经济系政治经济学教研室任教员、讲师、副教授，还兼任过教研室副主任、主任。他说，一开始，是被硬推上大学讲台的，只能边学边教，边教边学。当时，他只有24岁，年轻，又有一股革命热情，拼命地学习。这样，他在教学和研究工作上进步都比较快，1956年被评为副教授，那年他30岁。

苏星热爱教师工作，有着诲人不倦的奉献精神。1980年，华中工学院邀请苏星做兼职教授。尽管他工作十分繁忙，仍帮助该校带了六名研究生。其中一名学生在给苏星的信中写道：“您在百忙之中挤出时间，不厌其烦地审查我的论文提纲，审定并修改我的论文初稿，为我写论文创造了许多有利条件，我从内心感激您。”虽然离开了学校，苏星还经常为一些学校和其他部门讲课、

做报告。

苏星在经济理论界的影响，是从20世纪50年代初在中国人民大学教学时开始的。

1952年，斯大林的《苏联社会主义经济问题》发表之后，在中国引起很大反响。当时的中国，正处在由新民主主义向社会主义过渡的时期。这一时期有哪些经济规律、作用如何、发展趋势怎样，是理论界普遍关注的问题。苏星就此写了一篇题为《社会主义基本经济法则在我国过渡时期的作用问题》的文章，作为中国人民大学第三次科学讨论会的报告，后来发表于1954年第3期《教学与研究》。文章对老一辈著名经济学家王学文等的观点提出了不同意见，阐述了自己的关于在我国过渡时期社会主义基本经济规律在整个国民经济中起主导作用的观点。这篇文章引起理论界的重视。当年《学习》杂志第4期也刊登了这篇文章。接着，便开始了一场持续几年的过渡时期经济规律的讨论。当时几乎所有的经济学者都就这个问题写了文章。

苏星属于“务实”的经济学家，在全国经济学者正进行热烈讨论的时候，苏星除了在1954年底又写过一篇有关这个问题的文章，发表于《经济研究》1955年第1期以外，并没有再参加讨论，而是把理论研究的视野转到现实问题上。他当时已经认识到，自己的研究工作还存在着从原理出发，而不是从实际出发的弱点。这与社会主义革命和建设丰富多彩的实际生活给经济理论工作者提出的要求是不符合的。这在认识上是一个很大的转变。从那时到现在，不论是苏星所关注的研究课题，还是研究方法，都是遵循着理论联系实际这一轨迹前进的。

几十年来，苏星主要是探索社会主义经济问题，他同薛暮桥等共同著了《中国国民经济的社会主义改造》。他研究过城市住宅问题——苏星是我国较早研究这个问题的经济学家，在深入调查的基础上，1957年写了《论房租和住宅问题》（《学习》1957第24

期），对解决住宅问题提出了崭新思路。1980 年他写的《怎样使住宅问题解决得快些》（《红旗》1980 年第 2 期），获首届孙冶方经济科学奖。他从 1958 年开始研究全民所有制经济内部的商品生产和价值规律问题，在干校时写成了《我国农业的社会主义改造》一书。此外，他还研究了社会主义再生产和价格等问题。

苏星说："做研究工作，我也走过崎岖的道路，限于个人水平和历史条件，也写过错误的东西。但我记住一条，坚持真理，修正错误。错了，就公开做自我批评。"尽管他的经济观点中未有过明显的偏颇之见，他还是对以前不尽完善之处都认真思考和自我检查过。

苏星时时记着培育他的母校和母校的老师们。谈起母校的发展时他说："祝愿中国人民大学坚持革命传统，在改革开放的新形势下，培育出更多的坚持马克思主义的社会主义理论工作和实际工作者，为祖国的社会主义现代化建设做出更大贡献。"

（原文发表于 1987 年）

郭毅生：经世治史写春秋

◉ 陆绚宇

郭毅生简历

郭毅生（1926—2016），四川省自贡市人。1952年北京大学历史系毕业，后保送进入中国人民大学历史系研究生班，专攻中国近代史。1955年调中央民族学院（今中央民族大学）工作，任历史系教授，此外担任复旦大学、南京大学、北京大学、韩国京畿大学等校兼任教授。曾任中国太平天国史研究会会长，擅长太平天国史与中国历史地理研究。著有《太平天国经济制度》《太平天国经济史》，主编《太平天国历史地图集》等，先后获省部级社科著作一等奖；合著《中国历史地图集》获国家荣誉奖、特等奖，《中国近代史》获国家教委优秀教材奖；主编了《太平天国大辞典》《太平天国历史与地理》等著作。

他，中国太平天国史研究会会长，著有《太平天国经济制度》《太平天国经济史》，主编《太平天国历史地图集》，先后获省部级社科著作一等奖；他，也是我们熟知的《中国历史地图集》、国家教委优秀教材《中国近代史》的作者之一。采访郭毅生教授之前我脑海中浮现出一位满头银发、面庞清瘦、笑声爽朗的老人。

走进他家，我的联想立刻得到了印证，继而郭夫人慈祥的笑容也映入了眼帘。两位老人还为我们准备了可乐和点心。“这是山东朋友送的大枣，这是从美国带回来的薯片。你们多吃一点儿。”郭老的几句话一下就拉近了我们之间的距离，而这次采访就在笑声中开始了。

在人大受益匪浅

郭毅生，四川省自贡市人。早年曾就读于国立东北中山中学和成都蜀华中学，1948 年考入北京大学。当时的他，一腔热血，虽然喜欢文科，却以工业建国为自己的理想，选择了工科作为自己的专业。在北大的岁月里，人文之风渐渐感染了他。郭毅生那时常常是一边看微积分，一边看文学、历史的书。后来郭毅生发现，他也可以成为一个工程师，但自己的兴趣还是文科。于是，郭毅生选择了一条“经世治史，明辨兴替”的道路。当时，学校很多学生是由文科转理工科的，只有他由工转文，“郭毅生”这个名字立刻传遍了校园，并且与“特立独行”的形象联系在一起。

1952 年，郭毅生本科毕业，被保送进入中国人民大学历史系研究生第二班学习。回想起在人大学习生活的点点滴滴，郭毅生教授说：“我在人大的收获可以用四个字概括，就是‘受益匪浅’。人大的理论水平很高，我们积极地学习马列主义、毛泽东思想，以此来改造自己的主观世界。在科学领域能有突破和前进是很艰

辛的，这不仅要求掌握充分的数据和资料，而且要具备独立的研究能力、高屋建瓴的识别与判断力，以及相当水平的哲学修养和理性思维。这些在我的治史过程中起到了无可替代的作用。”20世纪50年代初，史学界有人认为太平天国的《天朝田亩制度》具有很大的革命性，但实质上是反动的。郭毅生立刻想到了“事物的主要矛盾决定事物的性质”这一定律，他撰文指出，《天朝田亩制度》是不可能既有革命性又是反动的，要把它放在历史发展的坐标系中，严格分清不同历史时期其性质的演变。当年他敢于奋笔冒犯权威，所恃者，惟理论武器也。

“人民大学为国家培养了不少人才啊！当时我们班30多人，现在成名的就有十几人，像中宣部原部长、社科院党委书记王忍之，首都师范大学教授孙长江，都是我当年的老同学。”回想当年，郭毅生教授感慨万千，“我们能够有所作为，为国家贡献力量，还要感谢党和政府，感谢小平同志对知识分子的优待有加啊！”

读万卷书，心有一点灵犀

郭毅生教授从事中国近代史、太平天国史和东北历史地理的研究40余年，与历史地理可谓结下了不解之缘。在40余年的治学生涯中，郭毅生认为自己有所耕耘，有所收获，有所钻研，也有所开发。“治学应该有甘心坐冷板凳的精神，”郭毅生回忆起他的老师罗尔纲教授，“罗老当年为了发掘太平天国的史料，曾花了10年的时间，寒暑无间地将南京图书馆70余万册的文史藏书逐字翻阅；他作《李秀成自述原稿注》，前后40载；他撰写150万言的巨著《太平天国史》，经历了60个春秋。这种精神是值得大家敬佩和效法的。”郭毅生不但提倡这种专心致志、持之以恒的精神，而

且身体力行，投入到艰苦的考证和研究工作之中。

郭毅生曾用15年时间参加大型著作《中国历史地图集》的编写，和傅乐焕教授等人联合承担了东北地区的图幅编绘和考证工作。在编写过程中，让郭毅生记忆犹新的是对明代东北奴儿干都司治所的定位考证。明代的都指挥使司，相当于省级的行政和军事建置，奴儿干都司所辖地区包括今东北边疆黑龙江流域和今俄罗斯东西伯利亚及库页岛等地区。它事关中俄两国历史疆域的所辖所领，故十分重要。前代的中国、日本和俄国的学者，都曾对明代奴儿干都司及其所属184个卫所做过许多研究，但对都司城的具体位置和故城址的记述，或语焉不详，或莫可追寻。郭毅生按照自己的思路和方法，不但考其地望和方舆里距，还从考古资料和文物碑记中求证。他不惮其烦从北京图书馆书库里找到了百年前曹廷杰考察手绘的永宁寺地图，晨昏不息地翻阅中国和外国典籍中的有关记载，终于在《西伯利亚东偏纪要》一书中找到了他需要的新资料。当他终于确定无疑地在地图上绘出奴儿干都司的省级城市的定点注记符号时，就等于证明了整个黑龙江流域和库页岛都是属于明朝管辖的疆域！

郭毅生教授告诉我们，治学不但需要读万卷书，还得像史学大师陈寅恪所推崇的那样，具有“独立之精神，自由之思想”，概言之，就是要善于独立思考。只有这样，才可能有超出前人的卓越见解，这就是“不唯上、不唯书、只唯实”。前人未必尽知，书本也未必尽对。说到这儿，郭毅生讲起自己的甘苦来：他曾在书上看到“北洋海军是战无不败的海战军”之类的论断，读后总觉难以释疑。中日甲午战争，对中国来说是反抗侵略的卫国战争，是正义之战，清政府可以腐败，难道广大官兵也不爱国，不敢抗敌应战，甘心把国土拱手让人吗？北洋海军将领刘步蟾、邓世昌、林永升、严复等都是留学英、德的中国精英，难道也无志图强，战无不败吗？对真理的渴求与对知识的探索精神驱使郭毅生“扎”

入史料之中，并终于发现了美国人马吉芬写的《黄海海战评述》，书中对北洋海军的英勇和战术都给予了正面的评价。于是，郭毅生与一位海军同志合作撰写了《论甲午黄海大战与中国北洋海军》的论文，为中国北洋海军辩诬。这篇文章引起了人民海军的重视，文艺界也以此为题材，编成《黄海风云》的话剧和电影。终于，对北洋海军和军中人物的评价，史学界和全社会达成了共识。

行万里路，胸怀四方山海

智者乐水，仁者乐山。历来的大学问家都有甘心坐冷板凳的精神，也有醉心于山水之间的情怀。郭毅生亦是如此。他在研究太平天国和东北历史地理的过程中，曾三次赴黑龙江，四次访苏浙，五次踏进紫荆山区和金田村。“这不仅对我的史学研究大有裨益，对自己的心胸和气魄也是一种洗练和陶冶。”郭毅生曾造访伊阙和龙门，瞻仰奉先寺石佛；曾漫步于伊洛二水之间，击水于黑龙江之中；也曾入流沙、穿大漠，经达坂城而达吐鲁番与火焰山，欣赏天山之雄奇，惊叹塔克拉玛干沙漠之浩瀚。山川的灵秀是启发的源泉。游历过这样的山水之后，郭毅生教授的文章也是笔饱墨酣。他在《如何评价杨秀清》一文中写道：“杨秀清虽然有这样那样的错误，但他仍不失为彪炳史册的卓越农民领袖之一。他是19世纪50年代的革命之鹰，他有时飞得低，但他始终是一只鹰。”在《北美的绿草》一文中，他那“草根千眼井，树梢万重泉”的联语，至今仍让人印象深刻。

做学问需要行万里路，做人也需要有坐拥山海的胸怀。在人生路途上，郭毅生一直以他的老师尚钺、罗尔纲为楷模。他们以自己的历史观指导人生，以超人的宽容与气概忍受常人难以忍受的磨难。他们培养人才，鼓励后进，引导年轻人走进历史科学的

殿堂。谈起做人，郭毅生教授不无感慨地说："现在的社会，出现了诚信危机，人与人之间多了尔虞我诈，少了坦诚相见、遵守诺言。为此，我专门写了一篇文章《诚信如金》，以历代诚信之人的事迹为榜样，告诉大家这种美德的可贵。"郭毅生以做学问的方式告诉大家做人的道理，不禁让我想起章学诚在《文史通义》中的一句话来——"学、才、识，得一不易，兼三尤难"。郭毅生教授的学、才、识皆已熔铸在他浓墨遍染的文章中了。

郭毅生教授曾在自己的一篇文章中指出："所谓'读万卷书，行万里路'，学问与人生的高尚境界，或当求之于此。"我想就以一联来总结郭毅生的话，并与大家共勉：

行万里路，胸怀四方山海；

读万卷书，心有一点灵犀。

（原文发表于2002年）

马虹：悟道于内大器晚成　浩然于外一代宗师

◉ 陈骊骊　姚思宇

马虹简历

马虹（1927—2013），原名郭毓堃，中共党员。1947 年至 1948 年期间，先后就读于华北联合大学政治学院、华北大学教育学院文学系。毕业后，曾担任石家庄师范学校语文教师，后在石家庄市总工会机关工作，其间师从陈氏太极拳第十代传人陈照奎研习太极拳法，为陈氏太极拳第十一代传人。曾任河北省石家庄市武术协会副主席、石家庄陈氏太极拳研究会会长、河南温县国际太极拳年会组委会副秘书长。1994 年被国际太极拳年会评审委员会评为中国当代 13 名太极拳大师之一。

苍风劲骨，松龄柏寿，鹤发童颜，德高望重。作为陈氏太极拳的第十一代传人，马虹可谓桃李满天下。从积劳成疾，到笑谈生死；从文弱书生，到拳坛泰斗；从程门立雪，到一代宗师；从历经战火，到静观世界。马虹用他 85 年的人生阅历为我们诠释着历史的更迭与心路的变迁，同时也为我们传递着一种精神，一种哲思，一种从他处无法获得的生命体验与感动。

书生意气——青年时代的求学与文学梦想

“青年时代，我曾做过一场‘文学梦’。”谈起当年的求学经历，马虹的眼中依然流露出一种美好回忆的神情。年轻时的马虹，充满着那个时代年轻人的热血与激情，诗歌、散文都在他的笔下默默地记录着那个时代的风云变迁。正是勇气与执着，将马虹的人生轨迹与中国人民大学的历史联系在了一起，也由此深深地影响了他的一生。

马虹与华北联合大学的结缘充满曲折与传奇，他也由此见证了中国人民大学历史上的重大转变。1945 年 10 月，在河北师范专科学校学习期间，刚刚年满 18 岁的马虹在同学的介绍下加入了中共地下组织。1947 年，由于党的地下组织遭到破坏，马虹冒着生命危险，带领 5 名大学生从北平逃脱监控，经天津闯过三道封锁线来到中共北平市工委所在地沧州市。最终，经过组织严格的谈话与考察，马虹和他的 5 名同学被介绍到华北联合大学继续学习。为避免影响到还在北平的家人，他将自己的名字改为马虹，这来自他当年自创的誓言：“青春壮志信马列，身处险境气如虹。”

1947 年在华北联合大学学习初期，马虹就读于政治学院 11 班，不久华北联合大学与北方大学合并，成立华北大学，马虹便转到了华北大学教育学院文学系。“转到文学系，是因为那时候学

校要从政治学院选拔有一定高等文化的同学去教育学院。”

过人的天赋与师长的影响，使马虹很早就爱上了文学，并在文学创作上始终保持着积极的实践。华北大学文学系，更是为他提供了一个接触一流文学的广阔平台。“到文学系以后，我遇到了几个好的老师，教诗歌的是艾青，丁玲教小说创作，《黄河大合唱》的词作者光未然教文学概论，鲁迅的学生王冶秋教我们鲁迅的文学创作，哲学家艾思奇先生给我们讲哲学。”谈起这些久负盛名的老师，马虹满怀感恩与自豪，“在华北联大和华北大学的一年半，是我一生当中最幸运的一年半，这对我一生影响很大。在文学系，大家还选我当学生会主席，所以跟老师们接触也多，受益也多。所以对于太极拳，我多少有点儿贡献，也是沾了那时候学习了文化的光。太极拳的指导思想是中国的传统哲理，‘一张一弛，文武之道也’。孔子说：‘有文事者必有武备，有武事者必有文备。’我那时候的积淀就发挥了作用。”

“在华北联大和华北大学这一年半是我一生当中最珍贵的一段时间。”马虹回忆说，“那时的生活是很艰苦的，我们一周只能吃一顿细粮，同时还要备战、行军。冬天上课，屋子里连个炉子都没有，别说暖气了。我们睡觉没有褥子，都是打地铺，30 个人 · 个屋，一个挨着一个。不过也得到了适应艰苦生活的锻炼，所以说‘文化大革命’也好，‘五七’干校也好，各种生活都能适应，跟这段经历也有关系。”

大学毕业后，马虹被调入石家庄师范学校任语文教师。3 年的教学生活中，他不仅年年被评为“模范教师”，更是凭借着丰富的经历与创作热情，先后在《石家庄日报》《工人日报》《石家庄文艺》等报刊上发表诗作及散文 200 多篇，为报社撰写社论 34 篇，成了一名地地道道的“笔杆子”。

挥斥方遒——不惑之年的问道与武学期遇

文字上的功底，让马虹在青年时代尽情地展现年轻人的梦想，而也正是这份深厚的文字功底，让马虹的人生轨迹再一次发生转变。

1952年，马虹走下讲台，进入石家庄市总工会机关工作。由于机关领导看重他的写作水平，他先后担任市总工会办公室副主任兼秘书科科长、调研室主任等职务，十年间承担了大量文稿起草、写作等任务。繁重的脑力劳动加上精神压力使马虹不堪重负，身体终于被压垮了。百病缠身的情况下，机关门诊部的老中医建议马虹练练太极拳，通过适当的体育运动恢复身体。马虹听取了大夫的建议，就这样开始了他与太极拳的相依相伴，相辅相成。

1972年，是马虹在“文革”浩劫中身心遭受着极大痛苦的时候，也正是在这一年，马虹结识了他的恩师——陈氏太极拳第十代传人陈照奎先生。敬佩于陈照奎正宗的陈氏太极拳修为，马虹以照顾老人为由向“造反派”请假，偷偷从石家庄来到北京，开始跟随陈照奎学拳。“陈氏太极保留了武术的本质，所以我就喜欢这个拳。我那时候经历着劳动改造，后来有8年时间没有安排工作，正好就利用这个时间去学习!”

学拳之路并不容易，因为那时太极拳被列为“四旧”，陈照奎只能在远离市区的郊外树林里教拳。没有直通公共汽车，马虹就每天4点起床，步行好几公里去学拳，脚上起了血泡仍坚持不懈。陈照奎对其精神赞许有加，便允许马虹晚上到家里继续学。酷暑之下，师徒教习仍旧没有丝毫懈怠。在接下来的1973年和1974年两个夏天，马虹继续赴京学拳，并正式拜陈照奎为师。

说起这段习武的经历，马虹言谈间满是对恩师的感激与敬仰，而他也用自己的勤奋与认真赢得了老师的信任与器重。“1974年冬

天，我冒着风险到郑州学拳。这个冬天是我一生受苦最重、兴趣最浓、收获最大的时候。那时候我已年过四十，学这套低架子陈氏传统拳确实非常吃力，但我不服老，一天至少付出八个半小时练拳。”精诚所至，金石为开，马虹的努力都被陈照奎一一看在眼里。陈照奎不仅对他提出了更高的要求，还逐渐将秘而不传的太极精妙单独传授给他。师傅的倾囊相授与亲身示范使马虹得到了陈氏太极的真传，且尽得其拳理拳法之妙谛。

经过10余年对太极一道的钻研与躬行，马虹成了陈氏太极拳第十一代重要传人，不仅练就了强健的体魄，更成了精神上的强者。“经历‘文革’及在‘五七’干校的时候，我们被要求劳动改造，整天干最脏最累的活，如清猪圈、拉粪车等等，很多老同志都怨声载道，最后郁郁而终，而我却从太极拳阴阳相济的辩证哲理中深深体悟到磨难与幸运的辩证关系，能活到80多岁就得益于此。”

1987年从石家庄市政协离休后，马虹便把全部精力投入到了对太极拳的研究与传播中，先后在全国26个省市121个地区举办太极拳培训班，讲习太极文化。与此同时还先后前往10余个国家讲学、传拳，接待了22个国家来华学拳的大批学员，直接传授国内外学员共达16 000多人。然而，马虹最令人敬佩的地方并不是名扬天下，乃是他完全义务授拳的方式，这也是他最为自豪之所在。“我一贯坚持义务授拳，从没有发过招生广告，从没有向学员收过学费。”忠心、细心、苦心是马虹对于自己的全部认定，这也为他赢得了海内外广大学员的珍贵友谊和厚爱。

道源心生——从心所欲的心态与人生境界

如今，年事已高的马虹身上，更多了一份宁静，一份豁达。

谈起10年前一场令人心悸的车祸，他依旧淡然洒脱。“那时候我已经75岁了，早上骑自行车的时候和出租车撞上了。那天还下着小雨，当时遇到那种情况，我脑子里一闪念就用到太极中‘玉女穿梭’招式，一蹬脚跳向出租车，落在出租车前挡风玻璃上，滑倒在路边。我的自行车撞烂了，大梁折了，可是除了点儿擦伤我没什么大事儿。司机吓坏了，把我抱到车里要送我上医院，我说没事儿回家吧。回来抹了点儿碘酒，休息两天就都好了。一把年纪又一次死里逃生，这太极拳又救了我一命!”

经过半辈子对太极拳的研习，马虹对太极拳的理解也有了更多哲学上的思考：“中国传统哲学里有一个整体，那就是太极。任何一个整体，任何一个关系都离不开太极所包括的阴阳相济。太极分所谓阴阳，阴阳合而为太极，世界上所有的事物都离不开阴阳相济的关系。阴阳和谐，阴阳相济，阴阳互包，阴阳平衡，阴阳折叠，阴阳变化的螺旋形式，万事万物都离不开这几条。这太极拳里边有刚有柔，有快有慢，互相配合，就体现出中国的哲理与智慧，非常清晰，非常实用，每个动作都包含着这些道理。”

对经典的研读与对哲学的思考，使得马虹的太极拳不仅是一门武术，更成为一种人生的处事方法与思维模式。太极，这门蕴含着中国传统智慧的学问在马虹笔下幻化出源源不断的生命活力。他将习拳的笔记整理出版，加之多年来的深刻体会，让太极拳的精华很容易为世人所了解，让一批又一批习拳者从中获益。

以几十年学太极拳的经验而论，马虹认为，太极拳是中国传统文化中的一门学问，这门学问可以说是文化、武术、养生三结合。“这三个当中，一个是防身作用，因为它本质是武术；第二还有文化内涵，也就是哲理，太极拳的哲理让我在‘文化大革命’的坏事里边也看到好事，好事里边也有坏事，我觉得既然要批斗我，那我就正好练站桩，别人生气的时候，我就不生气，任何事物都有着两重性；第三它本身是个锻炼方式，对身体健康有

好处。”

“拳理就是辩证思维。”对于母校和青年大学生，马虹建议把太极拳列为一门课程，以更好地提高学生的思维和体魄，“不是因为我练这个所以强调这个，而是我觉得这确实是一项比较科学的运动，是使体力、智力全面得到锻炼的一项运动，能教给你很多东西。”

经历过风起云涌的战争年代，经受过文化浩劫的动荡折磨，品尝过习武问道的个中滋味，享受过平心静气的传学生涯，马虹的人生充满着波澜起伏，同时也渗透着处变不惊。一代宗师的人生与品性值得我们学习与体味，也经得起时代的检验与深思。

（原文发表于2012年）

白石：一片丹心向阳开

◉ 陈骊骊　赵佳音

白石简历

白石（1927—　），本名周德亨，河北乐亭人，中共党员。1944 年考入河北省立保定师范专科学校。1945 年参加革命。1947 年毕业于华北联合大学文艺学院文学系，留校攻读研究生。离校后曾做青年工作，1955 年因政治运动遭长期看押和劳动教养。1979 年平反后，历任中科院石家庄现代化研究所农经室副主任，中共河北省委常委、秘书长，河北省纪委书记、中纪委委员，河北省人大常委会副主任。1947 年开始发表作品，2009 年加入中国作家协会。著有长篇系列小说《从囚徒到省委书记》（共三部），长篇报告文学《金钱与诱惑》，特写集《做一个有文化的新式农民》，与人合作编写电视剧《噩梦醒来迟》。是河北省受中国作家协会褒奖的“对新中国文学作出贡献、坚持文学创作 60 周年”的五位作家之一。

20 世纪 40 年代的白石还是一个意气风发的年轻书生，在烽烟四起的战争年代，他和当时众多的热血青年一样，渴望用自身的努力来改变中国的命运。1946 年，青年白石毅然决然地走进了中国共产党亲手创办的华北联合大学，开始了他一生追求真理、坚持真理的漫漫征途。

戎马倥偬求学路

1945 年，就读于河北省立保定师范专科学校的白石在抗日战争中参加了党的地下斗争，抗日战争结束后，他不幸在当时的省会保定遭到国民党特务机构的逮捕。在严酷折磨审讯一无所获后，国民党特务机构便以“未决犯”的名义把白石小组三人一起投入了监狱。

作为一名政治犯，白石唯一允许接触的文字资料就是英语资料。他当时作为“未决犯”，生死未卜，但是觉得活一天就不能让时光虚度，所以就像在狱中坚持学习外语的革命者白莽、柔石一样，也不懈地坚持学习英语，并由此决定更名为“白石”，以表学习革命先烈之志。

忆起当年，白石老人眼前仿佛还能看到曾经的血雨腥风，值得庆幸的是，因为他们三人是全城戒严时被公开逮捕的政治犯，但又没被抓到任何证据，国民党当局在“双十协定”后便以落实释放政治犯的名义释放了他们。但他的行动仍然受到密切监视，1946 年 3 月，他又被列入了政治犯“黑名单”。在组织的掩护下，他和另外两名同志化装改扮，几经险阻到达解放区，进入华北联大文艺学院学习。

当时学制很不正规，学生学历从初中到大学，年龄从 15 岁到 30 多岁。条件也很艰苦，没有真正意义上的教材，只是“名著选

读”这类课程有油印的一些短篇小说类的作品，供大家认真阅读。其他的课程，只是教师有个讲课提纲，凭着他们渊博的知识，自由发挥。但是办学的团队从校领导到教师和主要工作人员，都是全国各方面的著名人士、专家、学者，同时又是革命家，所以在政治上、学识上都是这些青年学子的表率。

当时校长为成仿吾，后来吴玉章任校长，成仿吾为副校长，周扬、张如心、钱俊瑞、林子明等都担任过教务长。著名学者何干之、何戊双等负责讲全校统一的政治理论课程。文学方面主要讲课人是沙可夫、艾青、陈企霞（新中国成立后与丁玲一起任《文艺报》主编）、何洛（中国人民大学第一任文学系主任）、厂民（本名严辰，新中国成立后任《诗刊》主编）、肖殷（后来是全国著名文学评论家）、蔡其矫（著名诗人）。此外还有一些临时讲座，如贺敬之讲“民歌研究”，著名艺术家崔嵬、王朝闻等都有过讲座。

除了讲课外，学院注重学生的写作练习。学生除定期交写作作业外，还办了纯文学“刊物”——墙报，先叫《草叶》，后改为《文学新兵》。没有印刷条件，完全手写，每期约两万字，主要是同学们的创作，也有教师们的文章，先后发表的评论文章有30多篇。在“民间文学研究”专辑中有艾青较长的题词，提出了研究的方向和要求。墙报挂在全院吃饭的大院里，每期都吸引许多观众，也吸引其他院系的人关注。

华北联大重视在革命实践中锤炼学生的思想意志，增长学生的知识才干，三年时间里白石就参加了三次土改工作。其中1946年在张家口涿鹿参加土改时，作家丁玲也和文学系师生在一起，正是在那次土改中她积累了素材，写出了著名的作品《太阳照在桑干河上》。

1946年中秋节，在涿鹿完成了土改工作的华北联大师生集中到县城，正准备返回张家口市的学校，傅作义部队的骑兵却从北

面内蒙古逼近了张家口。张家口市党组织已经组织撤退，学校只能立即向西边山区撤退。因为知道这支徒手队伍是解放区的精英所在，傅作义部队穷追不舍。骑兵在后面追，飞机在天上轰炸，大家依靠险峻的山势在曲折的盘山道上前行，每个系每天都有新的宿营地。每天从天亮走到天黑，起初不少人脚上走出了血泡，慢慢都走成了铁脚板。一旦到达安全地带，大家就会休整一下，但放下背包就上课，只要有一两天时间就上大课，由校领导讲政治局势，分析战争形势，时间长一点儿便讲专业课。师生们累计行军 1 000 多公里，一天深夜突破了严密封锁的平汉线，终于到达了冀中的束鹿县。

从 1946 年起，白石一直在文学系第一班，前后入学的同学共 80 人，但很多同学应组织安排参加了工作或去了部队，到毕业时只有 24 人。毕业后 7 名研究生留下组成了创作组，崔嵬担任组长。研究生主要由教师带领去往艰苦残酷的斗争环境中锻炼学习，并进行创作。白石曾到过敌我交错地带的新兵团，到过太原前线，还随准备接管太原的公安机关一起活动，采写了许多报道。石家庄解放后，文艺学院由文学系、戏剧系研究生组成创作组，由贺敬之任组长，立即进入石家庄一边工作一边写作。其中，文学系的鲁煤、陈淼进驻大兴纱厂，主要由鲁煤执笔创作的《红旗歌》，是描写新中国工人的第一部剧本，受到周恩来和茅盾、老舍、周扬等人的高度赞扬，新中国成立初期很快演遍大江南北。白石和徐光耀在街道工作，白天工作和采访，晚上就是研究写作，几乎每天在报上发表文章。“以至于十几年后劳改时，石家庄的人还问我，你是不是刚解放时《石家庄日报》那个记者白石啊!”

在那个风起云涌、战乱频仍的年代能进入华北联大学习，白石说自己是一个幸运儿。虽然条件艰苦，学制也不正规，但和办学团队朝夕相处，不仅使他学到了社会科学和文学方面的知识，种下了一个文学梦，更重要的是在那样高素质、高水平的队伍里，

受到的熏染、言传、身教，锤炼了他的坚强意志和应对各种困难、问题的能力，教会了他如何做人、做学问——实事求是、独立思考、不怕困难、不惧权威、追求真理不停步、坚守做人的高尚情操。

正是这种态度和精神，使得白石虽然经受了半生的折磨和苦难，但终于闯过了种种坎坷磨难，而且事业有成，到了耄耋之年，还圆了青年时期那个文学梦。

不畏浮云遮望眼

在 1955 年因文艺争论引发的“胡风反革命集团案”中，因为河北省直机关大学生尤其是学文学又从事写作的大学生极少，再加上白石的同学中有成名作家和“胡风集团”有接触，白石被毫无根据又“顺理成章”地当成了胡风在河北的代理人，进而被打成“现行反革命”，其后因为查到他笔记本上关于文艺创作对象可以是知识分子的一句话，白石的案子被上纲定为“胡风集团”铁案。

在 1956 年历经要求、质询、抗争，为自己争取到“没有任何问题”的结论后，白石和《河北青年报》几个爱好文学创作的编辑又成了反右运动的批斗重点。面对要求自己违心认罪以求得从宽处理的逼迫，白石说：“我选择从严的道路。”此后经过长期批斗，他也始终没改变这种态度，最后被定为极右，开除党籍、公职，送“劳动教养”，在劳改 12 年后，又被押送回农村交“群众专政”10 年。

从 20 多岁陷入批斗、劳改、“专政”，到 1979 年 52 岁时才得到平反，在农村底层生活 20 多年，白石对农村贫困的真实情景有了深刻的认识。年轻时他曾引经据典宣传过农业集体化的优越性，认为那是农村光明的未来，而切身体验促使他破除了对一些教条

的迷信，苦苦寻求农村新的出路。获得平反时，因为没有单位接收安排工作，他自己找到中国科学院新成立的石家庄农业现代化研究所，开始研究农业经济。

到农业现代化研究所后，历经全国各地考察，白石打破当时政策法规的束缚，在 1980 年由国家农委和全国农经学会召开的农业经济研讨会上，第一个在全体大会上宣读论文——《建立农工商综合经营的农业经济体制》。文章指出，实行几十年的农村集体经济和人民公社制度，“不论是给农业生产还是农民生活，带来的都是灾难性后果”。建议取消党、政、经合一的人民公社，改为乡党委、乡政府，大队改为村，把农民从土地上解放出来，允许他们务工经商、办企业，生产队和乡村集体经济组织，自主经营，不受乡、村的具体指挥。

当时还是“两个凡是”的时代，老太太挎小篮卖几个鸡蛋都是“走资本主义道路”，农民到外边卖粉条、挂面都犯“投机倒把罪”，要判刑的，白石提出让农民去务工、经商办企业，这真可谓石破天惊。

一个身受 20 多年劳改、专政的“右派”，刚刚“改正”，马上就挑战当时被视为金科玉律的“金光大道”，冒这个险干什么？白石认为，共产党是追求真理的，自己既然选择了这条道路，就必须身体力行，坚持实事求是，说真话，承担风险也认了。

出乎意料，白石的发言深受大家的欢迎，与会的许多人参加他所在的组，和他热烈探讨研究。在当时形势下，组织召开会议的农委和农经学会负责人始终一言未发，在五个宣讲人的报告讨论后便宣布散会。但一年以后，白石的论文被以国家农委课题组的名义收入《1981 年中国农业年鉴》；三年以后，论文中提出的意见基本变成了现实。

在 1982 年的政府机构改革中，经中科院考察、酝酿并经民意测验，白石被批准为研究所党委书记，其后又经中央批准，进入

省委班子，担任河北省委常委。对此，时任河北省委书记的解峰在与他的谈话中说：“你历次运动中顶住巨大压力，决不说违心话，这是很不容易的。虽然为此付出了沉重代价，几乎葬送了自己的一生，但重新工作后，仍一如既往，冒着很大政治风险，在改革的道路上进行着很有价值的探索。省委讨论时，大家认为领导班子中应该吸收这样的人选。”

“这看起来十分偶然，但在这偶然中也存在着必然。”白石说。这还是来源于青年时在母校锤炼养成的坚强意志和对实事求是、追求真理的坚守。

笔耕不辍书写练达人生

年轻时白石就对写作有着特殊的爱好，发表文学创作、文学评论百多篇，出版过特写集。在河北沧州黄骅长达 12 年的“劳动改造”中，白石的文学梦不仅没有被击碎，反而结出了累累硕果。

“种豆南山下，草盛豆苗稀。晨兴理荒秽，带月荷锄归。”生活的磨砺于他而言，不仅仅是一段苦难与贫困的回忆，也是一段让人感受乡土、感受文学滋养的岁月。就是在那样的环境里，白石偷偷在笔记本上开始了反映地下斗争的长篇小说创作，并已成稿 30 万字，虽在“文革”中担心惹祸焚毁，但为后来创作长篇小说积累了经验。也正是这 20 多年的“劳改”和“专政”经历，为他后来的著名长篇小说《从囚徒到省委书记》打下坚实的生活基础。

“有人问我，你怎么到了劳改农场里还能不灰心、不丧气，还能自强不息？我说，我始终相信事在人为，天不负人，这是我的座右铭。他们说，你都被劳改了，还怎么事在人为？老天明明已经负了你，还怎么说天不负人？我说，‘事在人为’不是说不会遇

到困难、挫折，而是在任何情况下，包括在逆境中，也要选择一个目标，向着这个目标努力做一些改善自己处境、对人民有益的事情。”

白石是这样说的，更是这样做的。他所在的那个劳改农场距离黄骅县城几十公里，是一望无边的海边盐碱地，向来没种过菜，刚劳改时大家吃的咸菜都是从几十公里以外的地方运来。受指派担任菜园班班长后，他便和班里从前的菜农同农大园艺系学生一起研究，还把园艺系的全部教材借来，边学边实践。通过艰苦的努力，并在别人取得初步经验的基础上，居然在不毛之地创造了奇迹，种出了各种瓜果蔬菜，使 3 000 多人常年有菜吃。那种苦中作乐的感觉让人难忘。

1993 年，白石从工作岗位上退下来，终于能够全身心地徜徉在文学海洋之中。在阅读了大量的文学书籍后，他开始了长篇小说的创作。“总的来说，在联大这一段打下了我从事文学创作的基础，离休后又完全回归文学事业非常得益于那时的学习。”

在白石的文学创作中，最为重要的是与妻子合写，以他的传奇经历为背景，100 多万字的自传体长篇系列小说三部曲——《禁地》《荒村》《上任之后》，汇编为《从囚徒到省委书记》。《禁地》反映了白石被打成极右后在劳改队的种种奇特故事和“右派”群像，“禁地就是那个地方等闲人不能去，里面的情况充满了神秘感也鲜为人知，成了一个‘独立王国’”。《荒村》描写了劳改农场解散后，白石回到破败贫困的家乡，在“农村群众专政”中虽经历种种困苦和屈辱，但仍不失做人的底线。而《上任之后》则是根据他就任省委领导的亲身经历，反映省委高层的矛盾斗争。正如一位评论家发表的文章所说，书中一系列的尖锐复杂的冲突，悬念丛生，但读后没有廉价的快乐，而是给人多方面的思考和警示。三部长篇出版后受到铁凝等几十位著名作家、评论家的好评，多家省市电台对全书连续播讲。此外，他根据报告文学与人合作

编写的电视剧也在中央电视台等多家电视台播出。

如今，年过八旬的白石老人又在酝酿新的作品。“我最近在写自传，完全写自己的心里话，现在已经写了80多万字，还没有写完。写完后还需要大修改、压缩。”2012年，中国人民大学河北校友会正式成立，应广大校友邀请，白石为校友会题写了“自强不息”四个大字，这正是他一生的真实写照。

“我这一生就是这么过来的，只要意志坚强，去追求自己的理想，就一定会有所收获。”采访即将结束之际，一缕夕阳从窗外投射进来，照射在他书案那一摞厚厚的书稿上。

（原文采写于2012年）

乔羽：一条大河波浪宽

◉ 李培禹

乔羽简历

乔羽（1927— ），生于山东济宁，词作家、剧作家。幼时家庭生活拮据，高中期间当过小学教员。1946年初入晋冀鲁豫边区北方大学学习，开始在报刊发表诗歌和小说，并写过秧歌剧。1948年华北联合大学与北方大学合并为华北大学后，调入华大三部创作室，开始专业创作，代表作《让我们荡起双桨》《我的祖国》《人说山西好风光》《刘三姐》《难忘今宵》。2010年，担任北京大学歌剧研究院名誉院长。曾担任中国歌剧舞剧院院长、中国音乐文学学会主席、中国社会音乐研究会名誉会长。第八届全国政协委员。中国文学艺术界联合会第十届荣誉委员。

"一条大河波浪宽，风吹稻花香两岸……"

每当我听到这首动人的电影插曲时，便会想：乔羽是个什么样的人？他是怎样写出这么美的歌词来的呢？

在采访中，乔羽给人的印象是快人快语，推心置腹，爽直的话语中，不时闪现出睿智和幽默，就像他写的歌词一样，令人感到朴实、亲切，容易接近。

谈起当年在中国人民大学的前身——华北大学学习的情景，乔羽显得很激动。他说："我是1946年3月进的北方大学，后北方大学和华北联大合并为华北大学，吴玉章同志是校长。华北大学办得很正规，下设八个学院。组织上把我从教育学院转到艺术学院，进行了三年的系统学习，当时陈荒煤、张光年等，都是我们的教员。"

乔羽为祖国、为人民奉献了他的全部热情和智慧。他创作了大量脍炙人口的优秀作品：像新中国成立初期他写的"让我们荡起双桨，小船儿推开波浪……"已经伴随几代人走过美好的童年；像20世纪60年代风靡全国的电影《刘三姐》中的那些精彩的对唱；还有像《祖国颂》《心中的玫瑰》《春雨蒙蒙地下》《天地之间的歌》《牡丹之歌》等等。这些作品都受到了广大人民群众深深的喜爱，多年来传唱不衰。

1956年，长春电影制片厂投入很大力量拍摄影片《上甘岭》，需要有一首插曲。整个摄制工作已接近尾声，就等这首歌了。导演沙蒙和担任影片音乐的作曲家刘炽商量：歌词请谁来写？刘炽回答得很干脆："非乔羽莫属！"此时，乔羽正在江西进行电影剧本《红孩子》的创作。于是，一封电报从长春飞往江西。

乔羽读到电报后，看了看，便回了一封电报："请就地请别人写，我回不去。"然后又专心去搞他的剧本了。不想，长春跟着又来了电报，电文不是一张纸了，而是厚厚的一叠电报纸。电报到时，已经是晚上了。大概是由于这封电报太长了吧，电文没有翻

译出来就送到了乔羽手上。乔羽到邮局请工作人员翻译，电报的大意是，要他立即赶往长影，片子停机等待，有了歌词才能最后拍完，摄制组等一天就要花去上千元的经费……乔羽对邮局的同志说："下边儿的不用译了。"他决定立即动身，去长影。沙蒙导演早已同时拍电报给上影的袁文殊，使乔羽顺利地从江西经上海转车到达了长春。

乔羽原以为以抗美援朝一次战役为题材的《上甘岭》，大概净是打炮，喊冲啊杀呀一类的。看过已拍完的样片后，他沉默了，没有想到这部片子竟拍得这么好。他问沙蒙："对歌词有什么要求？"沙导演回答："没什么要求，只是希望将来片子没人看了，而歌却是流传的。"

乔羽感动了，他拿起笔，坐在书桌前苦思冥想，却怎么也写不出一个字来。一天过去了，两天过去了……沙导演一点儿也不催他，只是每天笑着到他的房间坐坐，聊几句闲天就走了。乔羽心里却明白，大家都在等他啊。就这样苦苦地"憋"了十几天，他终于词如泉涌，一挥而就，写下了三段歌词。他把稿子交给沙蒙。沙导演反复看了十几分钟，一言不发，最后大喊了一句："行，就它了！"

乔羽轻轻地吐了一口气。后来沙蒙和乔羽商量：歌词中的"一条大河波浪宽"，能不能改作"万里长江波浪宽"？乔羽说：不能改。他说："这首歌是写家乡、写祖国的，人们都会怀念故乡的小河，哪怕他家门前的是一条小水沟，但是在他的眼里却永远是一条大河。这样，'我家就在岸上住'才使人感到亲切。如果开头用'万里长江'，就会失去很多人，在长江边上住的人能有多少？毕竟是少数啊。"沙导演听后，连声说："对，对，就'一条大河'！就'一条大河'！"

歌词交给刘炽谱曲，他和乔羽是老搭档了，心是相通的。乔羽说："刘炽一向是个快手，可这回他却在屋子里待了十几天，用的时间比我还长!”

《我的祖国》终于完成了。最后决定由郭兰英担任领唱，到中央人民广播电台去录音。

> 一条大河波浪宽，
> 风吹稻花香两岸，
> 我家就在岸上住，
> 听惯了艄公的号子，
> 看惯了船上的白帆
> …………

歌声在流动、在飞扬。乔羽、刘炽、沙蒙以及在场的许多人都激动不已。有趣的是，第二天，电台的编辑在未同作者和长影打招呼的情况下，就向全国播放了这首歌，一下在城乡传开了。《上甘岭》半年后才公映，而“一条大河”早已家喻户晓了。

人们喜爱乔羽的作品，常有人来信问：哪儿能买到他的作品选集?

乔羽说：“我至今没有出版过一本歌词选集。”

许多已经出版的中青年作者的歌词集子都是由他作序的。我国出版的两部重要歌词选本《中国歌词选》和《现代百家词选》，其序言也都是请乔羽写的。而他的大量优秀作品却未能结集出版，不能不令人遗憾。乔羽笑笑说：“也许历史会给我出一本集子吧。一个作家的生命在于创作。”

（原文发表于1987年）

李希凡：希望平凡未平凡

◉ 邬静娜　翁美飞

李希凡简历

李希凡（1927—2018），著名文艺评论家，中国艺术研究院终身研究员、中国红楼梦学会名誉会长。出生于北京通州，祖籍浙江绍兴，原名李锡范，字畴九。1953 年毕业于山东大学中文系，1954 年毕业于中国人民大学哲学研究班。历任《人民日报》文艺部编辑、评论组长、副主任、常务副主任。为第二届、八届全国政协委员，第四届全国人大代表，中共十三大、十四大代表。1954 年加入中国作家协会，1986 年出任中国艺术研究院常务副院长。其一生致力于红学研究、鲁迅研究、当代文艺理论批评、散文随笔创作，是当代红学研究领域最具影响力、最具代表性的学者之一。

第一次打电话给李希凡的时候，心里真的有点儿忐忑，因为感觉名人是很难接近的，他们的世界离我们太遥远了。那天李老师正好在办公室里，而且正好接到了我的电话。听闻是为了纪念母校建校65周年，他爽快地答应了我的采访请求，并嘱我如果他不在家的话，可以去朝阳医院找他，因为他要去那里治疗。当采访中李老师微笑着谈起他的小外孙女的时候，我才发现：原来他是一个很慈祥的老人和长辈。

命运开了两次小玩笑

李希凡一直都在感慨自己赶上了好时光。他笑着说："人家都叫我'代代红'啊，虽然小的时候受了很多苦，解放之后可是一帆风顺。"他说，十几岁到二十几岁，上学特别是上大学是梦寐以求的事情。但是当时父亲病倒了，家里只有一个二姐做工补贴家用，根本就不可能供他上学。他回忆着，仿佛又回到了血气方刚的那个年代。他是"搭最后一班车"参加革命的。青岛解放后，他就被送进了培养革命干部的短期培训班。但是随着新中国成立，这种短期的培训不能满足需要了，短期的革命大学就开始向正规的大学转变。当时他所在的华东大学并入了山东大学，因为他当时经常写些东西，就进了山大的中文系。

本科毕业后，李希凡来到了中国人民大学哲学研究班。他说，这种研究班主要目的是为了培养教师尤其是大学的教师，当时国家实行的是分配办法，所以他是被分配到哲学研究班的。可是李希凡并没有读完，1954年10月，他被借调去《人民日报》当编辑，到了12月，也就是在离开学校两三个月之后，学校通知他回去考试，李希凡说："都离开这么久了，怎么可能考试?"于是报社就征求他的意见：是否就留在《人民日报》了。李希凡还写信

给当时管宣传的周扬同志，说想去文学研究所做研究工作。毛泽东知道了这件事情后说："那不是战斗的岗位。"于是，李希凡就留在了《人民日报》的文艺部，在那个岗位上工作了 30 多年。

1986 年，文化部征求他的意见，让他去中国艺术研究院担任常务副院长。当日，李希凡已年届 60，适应一个新环境对他并不是一件容易的事情。但是他还是去了。李希凡说，其中的原因当然很多，但最主要的还是自己想换换环境。他说，和"文化大革命"中曾经批斗过他的年轻人共事，他当然不能记仇，但是怎么说都有点儿不融洽。到了中艺之后，由于接手的是自己不熟悉的行政工作，李希凡说："当时真是困难重重。艺术研究院是一个出精神产品的地方，怎么能够创造物质财富呢？那里有很多的专家，可是都是穷专家，大家也习惯了。但是每年的职称评定、房子分配都是令人头疼的事情。其实评了职称当时就涨十几块钱的工资。"这期间，一位副院长因为办公司搞丢了 200 万元，使李希凡觉得雪上加霜。不过，李希凡自认在这个岗位上还是做了一点儿事情的，帮一些人出版毕其一生所写就的专著，上马了一些科研项目。

也许这两次的工作选择都不是出自李希凡自身的愿望的，但是工作也并没有过多地妨碍他的文艺研究。他说，在《人民日报》生活工作了 30 多年，为了报纸的需要写了很多的评论，他自己还在 20 世纪 80 年代出了有关鲁迅的研究专著：《〈呐喊〉、〈彷徨〉的思想与艺术》《一个伟大寻求者的心声》，那可以说是 30 多年工作之余治学的结果。报社对于他还是有点儿"优待"的，经常给点儿时间，让他搞文艺评论。《人民日报》的 30 多年留给他很多美好的回忆，因为他成长在那里，在那里也结识了许多好朋友，"现在我们还有小小的聚会呢，每两个月大家在一起聊聊天、吃顿饭"。其中有作家袁鹰、漫画家英韬、书话史家姜德民、作家徐刚等。从中国艺术研究院领导岗位卸任之后，李希凡又领头主编

《中国艺术通史》，1997年上马的这个项目现在大部分已经统完稿了。这个《通史》是国家重大项目，出版社出资200元万先期投入。“可就是这样，每位分卷主编的手里也就是每月区区的300多块钱补助，先付作者稿酬，每千字40元，但大家还是努力去完成。可是书还没有完成，已经有两位主编先后去世，还有一位病倒了。”李希凡说，比起他们来，他庆幸自己还挺得住。

暴风雨中的弄潮儿

搞《红楼梦》研究的人想必是绕不开李希凡这个名字的，其中很大的原因就在于他和蓝翎合写的那本《红楼梦评论集》，不仅给红学研究带来了新的视角，还有之后那场文艺批判。李老自己说：“很多人不是都说我们俩是‘暴风雨中的弄潮儿’吗?”

1954年春天，李希凡和蓝翎合写的批评俞平伯先生红学观点的《关于〈红楼梦简论〉及其他》发表在山东大学的学刊《文史哲》上，引起了毛泽东的重视。为了纪念这段历史，李希凡把自己的小女儿取名叫“李蓝”。李希凡笑着说：“别人都说我是御笔亲批‘小人物’啊。”“其实当时毛主席只是想支持一下年轻人的锐气而已。对于在文坛上掀起的这么大的波涛实在是我们两个人所始料未及的。当时整个社会的浮躁的气氛使批评过火，我们也提高了调门。这个运动的功劳不应该是我们的，责任也不应该是我们的。”“那时候的无所顾忌是历史给的，历史怎么评价那是后来人的事情。”

李希凡的作品除了散文之外，主要就是评论性的文章。“这种学术上的批评性应该说是慢慢形成的。当然特殊的历史条件也是其中很重要的原因。”李希凡说，他的青年时光是在一个新旧交替的时期度过的。那个时候，马列主义、毛泽东思想在中国已

经广泛流行了，但是大量的学术著作却都是旧的，宣扬的也是旧观念。“你比如说，对《红楼梦》的解释，俞平伯先生有很多考证，也是很有见解、很有可贵之处的。但对于《红楼梦》的伟大社会意义、在小说史上的地位、在思想上的成就，与我观点不同。《红楼梦》这本书对封建制度包括上层建筑都进行了无情的批判，塑造了那么多个性化的典型，写得那么美。像这样一本书的伟大价值，他们都不研究。”至于其中的原因，李希凡认为是“旧的世界观，像胡适说的那样‘平淡无奇地写一个家，写的就是曹雪芹自己’”。“如果《红楼梦》的思想价值、思想意义就在于此的话……”李希凡突然拍了一下桌子，笑着说，“谁看它?”“我们对俞平伯先生提出了不同意见，是因为世界观不同。当然这样严格要求老先生也是有点儿过分的，但那个时候的青年正在学习马克思主义，你缺乏这种观点就要受批判。当时写的时候只能说是一家之言，可能比较适合青年人的口味，所以大受欢迎。在日本、新加坡都很流行。”李希凡说到这里的时候大笑起来，眉宇之间都是笑意。

他点了一根烟说：“这里不涉及到任何对俞老个人有什么成见的问题，因为当时我根本不认识他。我们当时只是两个团员、两个文学青年，都只有二十四五岁。”其实李希凡不仅对《红楼梦》的相关评价有所异议，“对时人关于中国几部古典小说的评价都不怎么满意”。当时很多历史学家也是一哄而起，批判起《三国演义》来了。但是李希凡认为：“《三国演义》已经流传了800年了，况且里面的人物早已不是历史中的人物。曹操作为‘奸雄’的艺术形象有很大的影响。”李希凡说：“我当时不知道毛主席讲话，我对于为历史人物曹操翻案并没有意见，我只是不赞成他们的观点，那些可都是大历史学家，而且都是共产党员，其中就有翦伯赞。我当时也是靠一股冲劲，在《文艺报》上发表了不同的意见。于是也引起了轩然大波，得到了许多前辈文学史家的支持。”“我

的意见一直是这样的，不能把小说中的艺术形象当作历史人物来评价，研究历史的人不能这样做。”

除了在古典小说上的研究之外，其实李希凡喜欢的还有鲁迅的作品。他说：“我很早的时候就开始读《鲁迅全集》了，在1948年的时候就已经全看完了，50年代末就开始研究鲁迅了。”虽然新闻工作的性质使他很少有时间来做这方面的写作，但他在20世纪80年代初还是出版了这方面的两部专著。说起对鲁迅的热爱，李希凡幽默地说，也许是因为他骨子里是一个绍兴人。李希凡的祖先是来自绍兴的一位师爷，叫李应彪，李老说，小时候他很喜欢这个名字，认为非常有气派。李希凡曾经去绍兴寻找过鲁迅的遗迹并写过两篇散文。

李希凡原来的名字叫“锡范”，是他的父亲取的，据说来自《尚书》。但是小时候经常被小伙伴“稀饭”“稠粥”地叫。后来他的一个好朋友建议他把名字改称“希凡”，李老解释说：“就是希望自己平平凡凡的。”但是现实确实让他“希望平凡却不平凡”。李希凡说：“可以说我是幸运的，尤其是我们的一篇小小的作品引起了毛主席的注意，这是我人生的一个大转折点。”但是“小人物”并没能躲过那一场10年的浩劫。他沉默了一会抬起头笑着说：“‘文化大革命’中我被人贴的第一张大字报是‘破坏全国文化大革命的罪魁祸首’。那是因为那个时候正在批《海瑞罢官》，江青想让我写这篇文章，但是因为我不能接受她的观点所以就装糊涂蒙过去了，但是到了‘文化大革命’挨批斗的时候，我这个普通编辑可能比部主任还要‘罪孽深重’。后来有传言说江青在一次讲话中保了我一下，所以我被放出了“牛棚”，那不是事实。其实在我最困难的时候，是周总理让我陪他一起接待外宾，所以可以说是周总理帮了我。”“在那段日子里，别人经历的我也经历了。后来‘四人帮’倒台了，又来抓江青的黑线了。”

“但是我不愿意说这一段的苦，因为毕竟比我在时代洪流中经

历的苦要少得多，是共产党培养了我，给了我现在的一切。但是那段日子，”李希凡深沉地说，“是黑暗的10年，是把祖国拉向倒退的10年。老人家的出发点可能有他好的一面，但这种方式肯定是不对的。”李希凡低头望着前面的地板，烟夹在手指中，“现在有些人把些道听途说的东西都归罪于毛主席，我特别看不惯，当然不能说老人家在那场浩劫中没有过错，但是历史的功过自有后人来总结，我们的党会总结的，我们没有必要在许多事情仍不明了的时候就下结论。”

影响一生的两个人

李希凡1927年出生在通县的一个知识分子家庭中，他的父亲在当时是一个小有名气的饱学之士。李希凡的童年过得还算幸福，后来他的父亲由于不愿意给日本人做事，所以失业在家没有了固定的收入，他也就没办法上学，跟着父亲上私塾。李希凡说，父亲对他影响很深。他在《父亲》这篇散文中写道：“父亲教学很有特点，从选材来看，他并非‘夫子派’，与当时真正的私塾先生有很大的不同。《论语》要学生们通读，他也做过讲解的；《孟子》则只选几章；古代散文，只是选自《古文观止》，多系政治名篇，如《出师表》《讨武氏檄》《吊古战场文》，还选了蒲松龄的《聊斋志异》的若干篇……这把对古典小说的爱好深埋在我的志趣中了。使我在15岁以前，就已搜寻到《三国演义》《水浒传》《西游记》《镜花缘》，更不用说《封神演义》《东汉演义》《西汉演义》《说岳全传》《说唐》，以至《三侠五义》《彭公案》《施公案》之类的讲史和公案小说了。”

但是之后的日子里，他连私塾也没得上了，因为父亲的瘫痪，因为他在商店做学徒的二哥的夭折。他跟着二姐去了石家庄，李

希凡说："我进了石家庄图书馆当小管理员，所以有的是书看。"

李希凡说，其实这一生对他影响最深的应该说是他的大姐夫，当时在山东大学任教的哲学家赵纪彬先生。李希凡笑着说："当初送我到人大的哲学研究班学习，看来也是有原因的。"他回忆说："赵先生因为蹲过国民党的监狱，手颤、写字慢，我就帮他笔录，他的作品比如毛主席很喜欢的《论语新探》，他与侯外庐、杜守素合写的《中国思想通史》中的篇章，《中国古代儒家哲学思想》都是这样产生的，因为他的著作经常要引孔孟老庄诸子，我也只能去啃《诸子集成》之类的书。所以我对先秦诸子比较熟悉。另外，赵先生还是一个马克思主义哲学家，那些导师们的名字和著作，我以前听都没有听过，而他引用的时候又经常只写他们姓氏的两三个字，所以又要去学习这方面的知识。我这方面的基础可以说是他给打下的。"因为赵纪彬先生的缘故，李希凡能够结识当时许多在学术上很有造诣的老师，像杨向奎、丁山、王仲荦等。李老充满感情地说："可以说，赵先生是我人生道路、学术上的领路人。"

1947年到1949年和1951年到1953年在山大的那段日子，对李希凡来说，无疑是很重要的。这期间，他亲身感受到许多专家、学者的教诲，如杨向奎先生的中国古代通史，王仲荦先生的魏晋南北朝史，萧涤非先生的魏晋南北朝乐府诗歌，吕荧先生的文艺学，冯沅君先生的宋元明清小说、戏曲，陆侃如先生的中国文学史……这些学者名流的学术真传为李希凡的治学道路奠定了一个不低的起点。何况，在那里还有始终支持他的《文史哲》刊物和学校的领导。

说起自己的治学之道，李希凡笑着说："我是提倡多看的，别人读书都要做笔记，但是我就没有这个习惯。不过这也得益于我有很好的记忆力。现在是不行了，以前，我要是想要什么资料，翻开书就能找到。"

人事沧桑忆人大

说起人大来，李希凡凝重地说："人大培养了很多人才，包括全国大部分的政治理论教员，大批的干部，还有管理专业、法学专业的人才。我觉得大批国家建设干部是那时候培养的，绝大部分是有理想的。建国几十年来发挥了巨大作用。想起母校，我还是很自豪的。老校长吴玉章对我的谆谆教诲仍然深印于心。"时至今日，李希凡仍能说出当时的大部分校领导、授课的老师，还有一起学习的同学。

"我还记得当我离开人大的时候，吴玉章校长还挺不高兴。当时他还把我找了去，亲自询问我的意见。他当时说：'送你去苏联学习不好吗？让你先上俄文进修班，然后去苏联研究俄国文学不好吗？'在老人家的思想里，什么都得向俄国学习，主要是那个时代造成的。但是我那时候已经结婚，有了小孩，再说俄文也确实学得不好。所以就不想去。吴校长说，那怎么办呢？我说就去夜大完成学业吧。于是校长写了一个批示，让我继续上学。"李希凡笑了起来："现在想想，我是辜负了老校长的期望了。"他说："因为要做编辑，所以也没时间好好上夜大学，但是'中国革命史''政治经济学'都是上了的，至于本专业哲学就上不了了。俄文我也没听老校长的话继续学习。"

"母校还是给了我很多教育的，所以现在我也是把母校装在心里的。"李希凡大笑起来，"当年在天安门上碰到胡锡奎校长，他问我：'听说你对母校有意见？'我说：'没有，只是对课程方面有一点意见。'当时是苏联专家教课，我们哲学班的'实践论'和'矛盾论'的学习是由一位苏联专家来讲的。我是真的不满意，因为讲得很教条，毛主席丰富的革命实践总结出来的东西怎么能由

他们来讲呢？这似乎有问题。”

如今，李希凡已过古稀之年，他的老师甚至同学中的很多人都已故去。回忆起在人大的岁月，他珍而重之，说到当年的师友，也会开心地大笑。

（原文发表于2002年）

杨桓：献身共和国的导弹事业

◉ 宋　臻

杨桓简历

杨桓（1927—2014），生于宁夏回族自治区贺兰县。1948 年 12 月至 1949 年 3 月在正定华北大学一部学习。1976 年 8 月至 1980 年 12 月任国防科工委第十二基地副参谋长。1980 年 12 月至 1983 年 5 月任国防科工委第十二基地副司令员。1983 年 5 月至 1985 年 7 月任中国人民解放军第二炮兵技术装备部部长。1985 年 7 月至 1992 年 11 月任中国人民解放军第二炮兵副司令员。中国人民解放军中将。第八届全国政协委员。曾荣获中国人民解放军胜利功勋荣誉章。

提起我国第一颗人造地球卫星——“东方红一号”，几乎无人不晓。记者有幸走访了直接组织指挥发射“东方红”卫星的杨桓。杨桓，曾经历我国战略导弹和卫星从研制、实验到装备部队形成战斗力的全过程。一路走来，他对我国的航天事业及战略导弹部队的建设和发展做出了卓越贡献。

“忆往昔峥嵘岁月稠”

杨桓出生于宁夏回族自治区，青年时期便离开家乡，到陕西武功西北农学院读高中，一年后又转到四川绵阳国立六中就读。高中毕业后他考取了天津北洋大学——中国现代教育的第一所大学——学习水利。在北洋的三年，正值解放战争时期。那时在战场上，人民解放军不断取得重大胜利；在国民党统治区内，我们党领导的学生运动，一浪高过一浪。北洋大学的学生运动也是轰轰烈烈。“搞学生运动接触了一些进步学生、地下党。对当时的形势，共产党的情况有所了解，”杨桓回忆说，“在这个过程中国民党当然要镇压，‘八一九’事件就是国民党在全国各个大学打击进步学生的事例。这个时候有许多高年级同学去了解放区。他们走之后给我留下了去解放区的路线，找谁接头……我也陆陆续续送走了一些同学。1948 年 12 月初，有七八个同学要到解放区去。那时去解放区是比较危险的，有的要化装，化装成农民工人……我们这条路线也没化装，就大摇大摆地去了。虽然也要经过封锁线，但没有理会。因为有个同学家就在那儿（廊坊安次县——当时是游击区，交界地，还没有完全解放），过了封锁线就到了，我们几个约好就是到他家去‘玩’。他‘带’我们去——其实不是一块走，前面三个，后面两个就走过去了。”回忆当时的情景，杨桓笑笑说：“心里也不害怕，没想那么多。过去后走了一天路程就到了

解放区的接待站——1948 年党需要大量吸收青年学生参加革命，接待站就是为了吸收青年学生而设立的。”

“开始还犹豫，在接待站住了两天，接待人员问我是去解放区还是回去。我最后也决定到解放区去。这样就去了解放区，去了华大。”华大——当时的华北大学，也就是中国人民大学的前身。关于去华大学习还有一些故事，杨桓说：“到了泊头接待站，住了几天，接待员要了解了解情况——进行个人谈话。跟我谈话的那位同志问了我几个问题，印象最深的一个是‘新三民主义与新民主主义有什么不同’。我在学校虽然接触了一些进步同学，但是对共产党还是缺乏更加深入的认识。当时只是觉得国民党不好，贪污腐化。只知道这些感性的东西。在理论上，虽然知道新三民主义和新民主主义的概念，但是理解不深，所以没有说到点子上去。”杨桓总结说：“这说明人的认识、觉悟是逐步提高的。当时对革命的认识还比较模糊，所以就到华北大学学习了。”

“到华大被编到 28 班。我 12 月初到华大，一共学习了三个月。在当时的华大一部学习。一部是对当时来的青年学生进行思想政治教育的机构。主要对青年学生讲一讲革命历史、社会发展史、共产党的历史、当时形势……这样参加革命后脑海中便有了一个初步的认识。这可以说是我参加革命，认识共产党，学习马克思主义的开始。以后我一生的思想、工作都是从这里开始的；后来整个发展也都是基于这个前提，从这里开始的。”杨桓说到华大时颇有感触，“在华大的日子虽然只有三个月，但对我一生的影响很大。”

北平解放后，成立了第四野战军南下工作团。这也吸收了大批青年知识分子。华大当时在千余人中选出 300 人到南下工作团作为培训青年的骨干。杨桓也被选出，所以从那时就参军了，时为 1949 年 3 月。当时杨桓留在总团部，在机关搞部队的行政管理工作，之后，南下到长沙、武汉去中南军政大学基层做政治工作。

1953年杨桓又被送到哈尔滨军事工程学院学习。毕业后，留校当了四年教师。哈军工是新中国成立后组建的第一所最高军事工程学府，是为培养军队现代化建设的高级军事工程人才而成立的。党中央非常重视，从全国各大学选调了100多位有名的教授，聘请了许多苏联专家，提供了很好的教学条件、很新很齐全的实验设施。学校的起点很高，要求很严，既重视培养学生的科学技术知识，又充分注意学生的道德素质和工作能力。这为杨桓在科学技术知识方面进一步打牢了基础。

杨桓后因组织需要调到了国防科工委西北第十二基地，就是后来的甘肃酒泉卫星发射中心——我国第一个卫星发射中心，在那儿一干就是21年。当时条件非常艰苦，戈壁滩上，荒无人烟，只有呼啸的狂风黄沙。“我是1962年去的，开始没有房子，住帐篷，风沙很大。我在那儿做技术组织、指挥工作，那儿是我国第一个导弹试验基地。”“我们负责对火箭、卫星进行检查、测试，发现问题，解决问题，组织发射。”

杨桓回忆说：“要说事业的成就，还是从1962年到国防科工委十二基地从事导弹、卫星的试验发射开始的。可以说从1962年到1992年，我是和我国的战略导弹、人造地球卫星试验、战略导弹部队建设发展一起成长起来的。这31年，我主要工作在两个单位，先是在地处戈壁滩的国防科工委十二实验基地21年，之后在第二炮兵10年。从工作性质分，也是两段，即在团以下基层干了15年，后到各级领导岗位16年。但不管怎么分，其工作主题都是战略导弹和卫星。只不过在十二基地的工作，主要是导弹和卫星的飞行试验，在第二炮兵的工作则是战略导弹部队建设和发展。所以我觉得，我这31年经历了战略导弹和卫星从研制、试验到装备部队形成战斗力全过程，是很难得的。从心里觉得能为这个事业做出一个完整的贡献是很有意义的，也是一件值得庆幸的事。对这个事业我很珍惜。”

“东方红”成功了

杨桓直接组织指挥了“东方红一号”卫星的发射工作。1970年4月24日我国第一颗人造卫星——“东方红一号”发射成功。那是一个激动人心的日子。杨桓兴奋地回忆说：“卫星大约173公斤。卫星上还带着《东方红》的唱片，经过我国上空时地面可以接收到《东方红》乐曲。如果天气好，到了夜晚卫星还相当于一颗二三等星那么亮。发射后北京马上就知道了，报纸发了号外，举国欢庆。”杨桓又补充说：“发射前15分钟时发射场附近的人都撤离了。只剩下指挥、技术骨干、领导等在离发射点不到100米的地下室指挥发射。15分钟准备以后在那个地方鸦雀无声，大家的心都在跳——最后了，能不能成功是最担心的。只听着指挥员的口令，‘几分钟准备，到了什么程序……’操作人员操作以后也会回答‘什么做完了……’凡是在地下等待过的人都觉得那十几分钟是最紧张的。我那时候就指挥发布发射的命令。各种测试好了，情况了解好了，就下命令，让操作员按按钮……发射成功后大家都很激动，有的热泪盈眶，有的欢呼雀跃。”

杨桓在国防科工委第十二实验基地的工作中，直接组织指挥发射的导弹和卫星有17枚（颗），其中有我国的第一颗人造地球卫星（“东方红一号”），第一颗返回式卫星（“尖兵一号”），第一颗科学试验卫星（“实践一号”）和第一枚洲际导弹。加上在各级领导岗位上组织领导发射（包括在二炮的训练发射）的导弹、卫星近50枚（颗）。

经历危急时刻

导弹、卫星的飞行试验是导弹、卫星整个研制中的最后一道试验，也是成功与否的最严峻的考验。由于它是复杂的科学试验，就必然要遵循科学研究规律，既有成功，也有失败，有故障，有危险……但只要严格遵循其科学规律，且锲而不舍地进行下去最终一定会成功。

导弹发射工作也有一定的危险性。火箭推进剂是由氧化剂、燃料组成的，众所周知，这二者碰到一块儿就会引起大爆炸。推进剂一装就是几百吨，其爆炸威力相当大。苏联就曾出现过一次火箭司令及众多技术人员在发射场被炸死的惨剧。

杨桓也曾经历过多次紧急情况，而最紧急和危险的一次就是点火后火箭没有正常升空。杨桓回忆说："70 年代初，某型号导弹飞行试验初期的一发弹出现了'紧急关机'事故。处理事故过程中的紧张与危险，可以说是对基地工作的一次严格的考验。事情虽已过去多年，但当时的情景仍历历在目，使我难以忘怀。"

当时杨桓任发射阵地领导小组组长并直接指挥这发弹的发射。这天和以往一样，在地下室的人员，总是以一种既盼望成功，又担心出问题的复杂心情，屏着呼吸，盯着操纵台面板，在极其安静的气氛中等待指挥员的"起飞"口令。当操作员按下点火按钮后，杨桓从潜望镜中看到了发射机喷射的强大火焰。当他正要发出"起飞"口令时，只见导弹微微动了一下，并未起飞。刹那间，"紧急关机"的铃声响了，他未加思索立即下达了导弹未起飞、地下室人员不许动的命令。顷刻间人们都惊呆了，恐惧和不知所措的情绪充满整个地下室。大家几乎同时站起来，关注着可能发生的严重后果，急切地想知道发生问题的真实情况。当从指示仪表

上得知发动机Ⅰ、Ⅲ分机未点着火，推力不够，导弹仍安然直立于发射台上时，人们剧烈跳动的心，才逐渐平静下来，开始考虑如何处理由于紧急关机带来的一系列问题。

按照处理紧急事故预想的方案，在紧急关机 50 分钟后（此时可以断定导弹各系统都已不工作），不会再有危险时，才允许抢险人员前往发射工位做事故处理的安全准备工作。这也是接受了前面提到的苏联火箭司令在一次类似事故中过早离开地下室的教训。

根据临时党委的决定，于次日凌晨 1 点开始泄出推进剂。发射阵地领导小组对工作做了具体安排。在液体泄出前，对配气、消防、推进剂库房的准备工作进行了认真检查，场坪清场，无关工作人员不准进入，塔上工作人员减至最少，以防万一出现两种推进剂相遇爆炸而造成的可怕后果。12 月的戈壁滩，凌晨气温已接近零下 20 摄氏度。工作人员从开始加注推进剂起已工作了 24 小时，就是在这种既寒冷又困倦，既紧张又寂静的黑夜里，又鏖战了四个半小时，将推进剂安全地泄回了库房。

但由于发动机Ⅱ、Ⅳ分机工作过，其管路中的液体无法从加注管路抽出，必须用压力从发动机中吹除，在吹除中，两种推进剂相遇，产生了大量的火焰。烟雾和消防产生的水蒸气，一时间形成了戈壁滩上难得一见的奇观。但此时，大家哪有心思去欣赏，倒是奇观把原先的困倦一扫而光，使每个人的精神为之一振，并全神贯注地搜索着可能出现的任何危险迹象。在近一小时的吹除中，大家始终捏一把汗，可以说是在高度紧张的气氛中度过的。当这一切结束时，天已大亮。就这样在全体同志认真、细致、严格按照规程的工作下，安全、妥善地处理了这个极其危险的事故。此时，他有一种黑暗已过，光明到来的感觉，但更想的是睡觉。

这次发射危机，经过几天的紧张战斗，总算平安地解决了。导弹经过处理，可以继续发射。但回过头来看，它可以说是一次危险，一次考验，一个损失，也是一个收获。

1983年杨桓调到第二炮兵部队工作。先在技术装备部当部长，后来晋升为副司令员。杨桓介绍说："总的看，工作还是围绕着'导弹'二字，国防科工委的那段经历，对二炮的工作还是有帮助的。但也有区别：前者的工作性质是导弹试验，后者是战斗使用；当了高一层领导，管理性的工作重了，接触技术的工作少了；部队建设和发展方面的任务重了，去第一线做具体组织实践的工作少了；等等。特别是从80年代起，我军逐步加强了军队技术装备的力度。如我曾主管的技术装备部就是为了适应新形势，从我军传统的司令部、政治部、后勤部分出新成立的单位。以上都是我到二炮遇到的新情况。解决这些问题的办法还是不断学习和吃透上级的指示和要求，运用已积累的工作经验和知识，深入群众、现场，调查研究，加强协调，不断总结，努力工作，不断思考，尽快加强二炮武器装备的建设，不断提高二炮部队的作战水平，是我在二炮工作的实践和体会。"

对于工作和事业，杨桓总是服从组织命令，国家需要到哪里去就到哪里去，从不计较个人得失。他强调说："不管在什么岗位上，要工作就应该用心做好，用心琢磨。只有这样才能提高能力，有所发展。要知道，任何成就与功绩都不是凭空的，都是靠扎扎实实、一点一滴干出来的。"这也许就是杨桓一生的真实写照吧。

（原文发表于2002年）

周春：要有长期稳定的主攻方向

◉ 蒋和胜

周春简历

周春（1927— ），天津市人，1948年到华北大学一部学习。1950年9月，成为中国人民大学政治经济学专业首批研究生，毕业后留校任教。1955年10月调四川大学工作。1986年晋升教授，任四川大学经济研究所所长。历任四川省价格学会副会长、四川省资本论研究会副会长、中国价格学会常务理事。主攻社会主义经济理论，在《资本论》、社会主义经济理论、社会主义价格理论与实践等领域颇有研究。

1948年，周春在天津加入中国共产党，同年冬天，从家乡天津通过敌人封锁线到河北省正定进入华北大学一部学习。1949年1月31日北平解放，同年4月，华北大学迁址北平，当时，他在中共华北大学校部党总支做干事。1950年以华北大学为基础成立了中国人民大学，当时学校来了一批苏联专家帮助中国培养研究生。1950年9月招收研究生，他作为中国人民大学的干部被选派为中国人民大学首届研究生，学习政治经济学专业。

1952年7月，周春在人民大学研究生毕业后留校做了三年教学工作，1954年被评为讲师。“学校对研究生和教师要求都非常严格，研究生要熟读马克思主义基本理论，牢牢树立正确的立场、观点和方法，打好基本功，教师要认真负责，例如学校规定教师上课不准迟到，如迟到五分钟就要在全校通报。”周春对此记忆犹新。

20世纪50年代中期新中国刚成立不久，可以说是百废待兴，亟须大力发展教育事业，为建设新中国提供人才支持。周春认为，自己作为一名共产党员，是党和国家培养的新中国第一批研究生，有专业知识和教学经历，理应为党和人民的教育事业多做工作。当时西部地区急需教师支援，组织上安排他到四川大学工作，并征求他的意见，他听从组织安排，到党和国家最需要的地方去工作。

1955年10月，经教育部批准，周春带上一些书籍资料乘飞机到四川大学工作，担任政治经济学教研室主任。1956年组织上将周春爱人从北京调到四川大学。从那以后，他们一直在四川大学工作，到离休时，周春在川大工作了45年，主要从事教学、科研和党政管理工作。在教学、科研方面，主要从事“资本论”“政治经济学”“社会主义经济理论”“价格理论与实践”等课程的教学与研究工作，1980年晋升为副教授，1986年晋升为教授；在党政管理方面，1959年任四川大学经济系副主任兼系党总支书记，

1965年任四川大学经济系主任，1981年辞去系主任职务，1986年任四川大学经济研究所所长。

几十年来，周春培养了大批学生。从人民大学到四川大学，从本科生到硕士、博士生的教学，周春说，自己总的体会是要为人师表，当好一名人民教师，不仅要严谨治学，有深厚的理论功底，广博的专业知识，而且要有坚定的信仰，优良的思想品质，科学的教学方法，尤其是要以身作则，言传身教，做学生的榜样，用自己的言行去影响学生，调动学生学习的自觉性和积极性，能把学生培养成为政治立场坚定、专业知识宽厚、理论基础扎实的社会主义事业的建设者和接班人。

周春从事的专业是政治经济学，主要研究《资本论》、社会主义经济理论、社会主义价格理论，发表了一些论文，参与学术界的讨论。同对，他还应邀参编和主编了《〈资本论〉辞典》《当代中国的物价》《中国大百科全书　经济学》《政治经济学辞典》等工具书，承担了国家社科基金、教育部和四川省的社科研究课题，出版了《中国抗日战争时期物价史》《社会主义价格管理学》《论社会主义初级阶段》《社会主义市场价格机制论》等课题研究的最终成果。

周春长期致力于社会主义价格形成基础、我国价格体系改革、物价管理及物价史的研究，造诣很深。他研究价格理论是从研究《资本论》开始的。他认为，中国的价格理论应该以马克思主义的价值价格理论为理论基础，同时借鉴和吸收西方价格理论的合理成分并紧密结合中国的实际，这样的研究成果，才能对中国价格改革有所裨益。

“1978年以前，中国实行与计划经济体制相适应的计划价格体制，排斥价值规律的作用。1978年以后，中国步入经济体制改革时期，经济体制由计划经济为主、市场调节为辅，到有计划的商品经济，再到计划经济与市场调节相结合，最终确立了社会主义

市场经济体制目标模式，使市场在资源配置中发挥基础性作用，与此相适应的价格体制也必须由排斥价值规律作用的计划价格体制转向充分发挥价值规律作用的市场价格体制。”周春说，在推进价格改革，实现价格体制转轨的过程中，首先，从理论上看，价格改革就是要实现价格既反映价值，又反映市场供求关系的改革目标，要发挥市场在资源配置中的基础性作用，相当长的时期内，我国无论是国家定价，还是市场形成价格，只能以价值为基础，只有当我国部门之间的竞争充分展开，市场自发调节形成了平均利润和生产价格，市场价格形成基础的具体形态才有可能转化为生产价格，即使到了那个时候，市场价格以生产价格为基础，仍然没有改变价格以价值为基础的本质。其次，从价格改革的实践来看，由于改革之初中国的生产力水平低，各方面承受能力弱，加之20多年来实行高度集中统一的计划价格体制，使价格体系和价格体制方面的问题很多，积重难返。为了确保价格改革顺利进行，取得成功，必须走协调配套、渐进式的改革道路，坚持把价格体系与价格体制的改革、消费资料价格与生产资料价格的改革，价格改革与其他方面的改革有机结合起来，但前期应重点改革价格体系，然后再以价格体制为改革的重点。在价格体系改革方面，应当首先改革生产资料价格，然后重点改革消费资料价格。当时看来，这些观点和建议是符合实际的，我国渐进式价格改革是成功的。

对于中国抗日战争时期物价史的研究，周春当时是这样考虑的：抗日战争是中国历史上一个重要时期，还没有一本系统论述那个时期的物价史著作，但作为当时的大后方，重庆等地的档案馆一直还保存着十分丰富的物价史料，这些资料大都用毛笔或钢笔书写在纸上，由于时间较长，不少档案已出现破损，再过一些年，这些档案就会因自然损坏而无法利用，他和同事们工作在祖国的西南地区，有条件也有责任来完成这样一项有重要意义的拓

荒性工作。因此，他们申报了国家社科基金课题“中国抗日战争时期物价史研究”，并获得批准。完成这项课题，用了八年时间，课题组做了大量艰苦的资料收集和研究工作，去南京、重庆等地档案馆查阅了数万卷档案，收集了8 000多万字的物价档案史料，在此基础上编辑了30多万字的《中国抗日战争时期物价史料汇编》，撰写了专著《中国抗日战争时期物价史》，这两项成果均已公开出版，从而及时抢救和保存了一大批宝贵的物价史料，初步探索了抗日战争特殊时期物价运行的规律，对于进一步全面、系统、立体地研究我们的市场价格运行规律，具有重要的参考价值。

周春认为，做研究工作，首先要有长期稳定的主攻方向，才能不断积累知识和资料，有利于深入研究，出高质量的科研成果。科学研究，不能随行就市，赶潮流，什么都研究，否则最终将一事无成。其次，做研究工作，要甘于寂寞，乐于奉献，不怕坐冷板凳，潜心研究，有独立见解，不能完全随大流，要创新，提出的观点，要经得住历史和实践的检验，要有科学性，才能对社会主义现代化建设有积极作用。再次，从事科学研究，要有正确的指导思想和坚定的政治方向，这样才能少走弯路，避免误入歧途。

（原文发表于2002年）

高玉宝："我深爱人大"

◉ 高燕燕　宗媛媛

高玉宝简历

高玉宝（1927—　），知名作家，全国劳动模范，出生于辽宁省瓦房店市。1947年参加中国人民解放军。1948年加入中国共产党。1962年保送进入中国人民大学新闻系攻读本科。历任战士、通讯员、文艺干事、师职创作员。曾任中德友好协会理事，辽宁省民间文学协会理事，沈阳军区创作室名誉主任。共青团第二届中央委员会委员。第八届、九届辽宁省人大代表。创作长篇小说200多万字，发表短篇小说、散文、报告文学100多篇。

高玉宝和《半夜鸡叫》的故事可谓家喻户晓。他曾被毛泽东和周恩来亲切赞誉为“战士作家”。他 1947 年参军，1948 年入党，在辽沈、平津等战役中，荣立过 6 次大功，曾 23 次受到党和国家领导人接见。胡锦涛赞扬他：“你的书，教育了几代人。”

参军前仅念过一个多月书的高玉宝，利用行军打仗的间隙，采取写别字和画符号等办法，用一年半时间完成了感人肺腑的自传体小说《高玉宝》。这本书在国内已发行 500 多万册，有的章节被编入小学课本，还被译成 15 种文字在十几个国家出版。

自 1952 年至今，高玉宝结合自己的亲身经历，坚持为学生和社会各界人士做革命传统报告 4 800 多场，听众达 400 多万人次。

在中国人民大学 70 周年校庆之际，作为优秀校友代表，高玉宝与同是人大校友的夫人一同返校。虽已是 80 高龄，高玉宝依旧神采奕奕。谈起母校，他由衷感慨：“我深爱人大。”

高玉宝与人民大学有着割舍不断的情缘，从最初经推荐到速成中学读书，到后来保送至新闻系读本科，他在这里度过了整整 8 年的时光。也正是这 8 年，让他从大字不识几个的“扫盲对象”，变成了累计发表 200 多万字作品的“战士作家”。为此他一再强调：“在人大的学习，改变了我的一生。”

回想起当年入学的情景，高玉宝依然心潮澎湃，就连岁月在他脸庞刻下的皱纹里也溢满了欢喜，仿佛阳光下绽放的秋菊。“吴老（吴玉章）接到推荐信后，批示同意我来当时的速成中学读书。我高兴极了！在旧社会，我做梦都想上学，想念书，但饭都吃不饱，哪来的学上，哪来的书念啊！终于，在共产党的领导下，在新中国，我这个穷孩子上学了！激动得我好几夜都没睡着觉，现在想起来还忍不住要流泪。”

然而，上学并不像想象中那么简单。速成中学相当于现在高中的快班，可高玉宝连小学都没读过，所以一点儿进度也跟不上。

"当时学苏联，百分制改为五分制，头一个月，我一个三分也没得过，只得了20多个两分，很多功课一点儿都不懂。就连'算术'这两个字是什么意思我都不明白，别人挂在嘴边的'小九九'我也不会背。"说到这里，他还笑着讲了一段小故事，"那次上生物课，我听了一节也没明白什么叫'胚根胚芽'。下课后，我去问老师，老师翻开书指着图给我讲解，我一看，哭笑不得地说：'老师，我是个老农民啊，种子哪部分是根，哪部分是芽我还能不知道吗？你直接说根儿、芽儿不就行了吗，干吗要说胚根胚芽呀，我听不懂啊！'"

那段日子，可难住了没念过书的高玉宝。上课听不懂，就只能下课补，熬夜苦学成了经常的事。这样没多久，他就累病了。上吐下泻，起不来床。"吴老那么大岁数，身体也不好，还专门来看我。"说到这里，高玉宝突然顿住了，许久没有言语，那双写满沧桑的眼睛里噙着泪水，凝望着远方。他转过头，用手背抹了把眼泪，反复叹道："我永远忘不了，学校对我有恩啊！"

在高玉宝的回忆里，当时吴老拉着他的手说："小宝啊，你看你这么瘦，怎么能一口吃个大胖子呢？"高玉宝不懂什么叫"一口吃个大胖子"，吴老就接着说："你过去不能上学念书，现在想一下子就赶上是不行的。知识是要一点一点慢慢学来的。"他又问高玉宝："你身体好吗？"高玉宝不好意思地摇摇头："不好。""就是嘛，你身体不好，能学好吗？"吴老安慰说，"别着急，今年招来的学生当中，有十几个人都跟你一样赶不上。我们开会研究了，决定重新开一个班，从小学一年级开始学起。"这便是后来的文化补习班，班里最小的23岁，最大的近40岁。"为了祖国，为了建设，我们都拼尽全力，最终用了四年时间，学完了小学到高中的课程。"

当时，学校规定晚上10点之后必须熄灯，但好学的高玉宝总想再加点儿班。于是，就等大家睡了以后，拿着书去厕所，凑到

昏黄的灯下读书。那里不仅环境不好，还要时刻提防被人发现，实在不是长久之计。后来，高玉宝又想办法，买来蜡烛，晚上偷偷跑到教室里，在墙角用东西挡住，躲在里面学习，过了半夜才回去睡觉。“可这样学好了吗？没好，反倒糟糕了。第二天上课总打瞌睡，身体也越来越不好。后来学校领导知道了，就对我说，这样可不行，得锻炼好身体。于是，我开始坚持跑步。学校 3 000 米比赛，我拿了第二名呢！跳绳，我现在也敢跟你们比一下。”说到这些，高玉宝眼神里充满了自豪和兴奋，仿佛又回到了那个活力无限的青春时代。

四年的文化补习班读完，高玉宝被保送至新闻系攻读本科。“这四年，我学得也很卖力，那么多功课，我都用心学了。其间，还参加了两次学生代表大会，被评为‘三好’学生，又参加了全国文教群英会。”

那时候，长篇小说《高玉宝》已正式出版，在国内外产生了巨大反响。高玉宝也因此成为众人崇拜的偶像，每天来学校邀请他做报告的人络绎不绝。而最让高玉宝为难的，是雪片般纷至沓来的信件。“最多的时候，一天就有 200 多封。可我那时还是个学生，实在应接不暇。为了不影响我的学习，学校竟派专人来帮我处理信件，让我深受感动。”

饱含深情地回忆起在母校生活的点滴，高玉宝说自己永远也忘不了崔秀琳老师：“她像个老妈妈一样，一笔一画地耐心教我。在她去世之前，只要我出差到北京，就一定要到她家，帮她洗洗衣服，磨磨菜刀。”

高玉宝对人大还有着一份特殊的感情，因为夫人正是当年在人大读书时的同学。“我们俩是在学校结的婚，当时还都是学生。学校不仅给我们安排了房子住，连家具都帮我们置办好了，即使是亲生父母，也做不到这样！”

话及此处，高玉宝与夫人再次热泪盈眶：“八年啊，学校对我

们的培育，是父母都做不到的。学校像我们的母亲一样，把我们两个文盲培养成了有文化的人。如果没有母校的培育，没有吴老的关心，我们就不可能有现在。我总觉得，作为子女，我为学校做的太少。”

其实，高玉宝已经做了许多。他的生活并不富裕。这么多年来，他虽屡屡出书，却经常将稿费捐献出去；到各地做报告，也从不收取分文。家里的子女好几个也下岗了。但是这次返校，他坚持为母校捐款：“我听说学校要建图书馆，那就买几块儿砖头砌上，算是表达我的一点儿心意吧！”

“只要来北京，我们都会找机会悄悄回学校转转。学校变化太大了！人大的建筑，不仅气派，而且很艺术，很有讲究。看到这么多的变化，我们打心底里感到高兴！”

“人大的学生素质很高。我们学校是以人文社会科学为主的大学，是培育人才的地方，应该为祖国培育出更多全心全意为人民服务的人才。”高玉宝对人大学子提出了希望，“千学万学学做真人，如果不懂得做人，即使技术再高，也对社会无益。小时候，条件艰苦，我有‘三怕’——怕冷、怕饿、怕欠债；如今，条件好了，我又有‘三怕’——怕孩子没出息，怕孩子浪费，怕孩子忘了本。我希望，我们的学生能够奋发图强，饮水思源。我也相信，我的母校会为国家培育出更多德才兼备的顶尖人才！”

（原文发表于 2012 年）

田华：融入共和国的脉搏

◉ 浦树柔

田华简历

田华（1928— ），生于河北。9 岁上学，12 岁加入晋察冀军区政治部抗敌剧社。1941 年进入华北联大学习半年。1950 年参加东北电影制片厂《白毛女》的拍摄，饰演喜儿。1955 年考取中央戏剧学院表演训练班。在《党的女儿》《江山多娇》《风暴》《碧海丹心》《秘密图纸》《白求恩大夫》《法庭内外》等影片中塑造了一系列银幕形象，是深受观众喜爱的著名表演艺术家。离休后任中国关心下一代工作委员会老艺术家委员会常务副主任，为中国文学艺术界联合会第十届荣誉委员。

"我们的文艺工作必须坚持为人民服务、为社会主义服务的方向。田华同志实践了这一点，五十年来成就辉煌!"

这是聂荣臻元帅1990年为田华从事革命文艺工作50周年题的词。在烽火连天的抗战时期，作为晋察冀军区司令员的聂荣臻，经常观看军区政治部抗敌剧社"小鬼队"的演出，田华是"小鬼队"的一员。聂帅目睹了田华从一名小文艺兵到电影表演艺术家的成长历程。

新中国成立之初，我们的电影事业刚刚起步，影片《白毛女》便以崭新的面貌、独特的风姿，显示出中国民族电影强大的生命力。田华在该片中成功地塑造了喜儿这个勤劳、善良而又苦大仇深、敢于斗争反抗的农村妇女形象。她以强烈的艺术魅力，征服了国内外广大观众。自此以后，田华在《党的女儿》《江山多娇》《风暴》《碧海丹心》《秘密图纸》《白求恩大夫》《法庭内外》等影片中，成功塑造了玉梅、林祥谦之妻、冯医生、女法官尚勤等生动感人的形象。

1993年夏，国家教委"源泉工程"向延安老区赠书，田华代表中国关心下一代工作委员会老艺术家委员会前往，记者随行采访，有幸和她相处了一段时间。这位功成名就的电影表演艺术家很认真地说——

"我属于'松弛'那一类"

当年的"喜儿"已满头银丝，可依然精气神儿十足，目光亲切热情。无论是年逾古稀的长者还是二十出头的年轻人，田华都能与之找到共同话题，融洽相处。在延安，无论田华走到哪儿，总有人认出她来，请她签名，争着与她合影留念，她总是来者不拒，要是对方太紧张，还不忘提醒"松弛点儿，说'茄—'，瞧，

‘茄一’，一发这个音哪，你的嘴就笑开了……”

田华说：“有的人老爱绷着脸；我不，我属于‘松弛’那一类。”她的“松弛”为她在四海之内赢得了众多朋友。田华交朋友的原则是：只要是好人，只要谈得来，无论长幼尊卑。在西安，一位老朋友跑去看她，那份亲热令同行者皆以为必是田华的老战友无疑。末了一打听，竟是她的一位观众朋友——她们的友谊始于“白毛女”时代。这位观众曾被打为右派，备受冷落。田华的信却始终不间断地温暖着她的心。

继寻访枣园、杨家岭、王家坪、宝塔山等革命名胜之后，田华领着我们去了一处不是名胜的“名胜”——十年前她所拜访过的延安柳林大队一户叫常锁的农民家。

“都说他们家是柳林大队最富的。我想看看十年来他们家有些什么变化，通过这一家看看咱延安农村的变化有多大。”风雨刚过，一缕泥土的芳香沁人心脾，田华边说边急急地穿过打扫得干干净净的院落，跨进窑洞，一眼就认出了坐在炕上的常锁。走上前去问候，一口普通话立马改成了“陕北话”。

年与时驰，岁与日去。过了十年，常锁的儿媳妇当了婆婆，家里的土炕换成了床，墙上的十大元帅像被影视明星海报所取代……然而，还是熟悉的乡音、熟悉的面容，宾主的情谊却因时光久远而越发醇厚了。

“你啥时候走？来俺家住几天再回去。”常锁的儿媳妇拉住田华的手，热情挽留。田华则邀请他们一家有空去北京，一定去她家做客。临了又回头拉住常锁二孙女儿的手，嘱咐道：“好好照顾你的爷爷和妈妈。”小姑娘使劲儿点点头。75 岁的常锁和儿媳、三个孙女儿站在院门口送我们上车。“咱们快走吧！别叫老人家站久了！”田华关照司机。汽车启动了，田华朝车窗外挥挥手，常锁老汉也抬起手，缓缓地挥了挥，颤巍巍的。

那一瞬我忽然明白了田华：无论多么辉煌，她始终与人民保

持着血肉联系。这联系一如她的电影，是朴素、真实、无雕琢的。

田华，她的生活、她的心、她的艺术深深根植于脚下这块土地——

枣面、蝗虫、野菜及其他

一方水土养一方人。1928 年出生的田华，在硝烟弥漫的河北平原度过了童年，母亲去世早，父亲当爹又当娘，她 9 岁才上学。12 岁那年，晋察冀军区政治部抗敌剧社来到田华家附近的一个村庄为部队演出，田华作为班上的文艺尖子被推荐给剧社指导员，很顺利地成为剧社“小鬼队”的一员。

田华和小伙伴们一起排戏、练声、练功，在沙滩、麦垛、场院、村头树荫下挥汗度过了许多难忘的时光。

革命战争像个大熔炉，田华经受着血与火的考验。她和广大指战员、人民群众一起，参加战地救护，一起搞土改……1942 年最困难的时候，曾以野菜、黑豆、蚂蚱充饥。

在军民亲如一家的氛围中，田华从大同志那里一字一句地学会了普通话，掌握了舞台表演的一些基本知识。从舞蹈中的陈璧君（汪精卫之妻）、活报剧中的宋美龄到秧歌剧《兄妹开荒》再到河北梆子《血泪仇》、话剧《战斗里成长》中的铁柱妻，田华饰演了一系列自己喜欢或不喜欢的人物。

1941 年，田华和“小鬼队”的伙伴们幸运地被送到华北联大，学习了半年的文化、表演、音乐、美术。时光虽短，田华却从这里懂得了一些道理：文艺要为战争服务，为人民服务，要给部队带去欢乐，好让他们早一点儿把日本鬼子赶出去……“噢！原来唱歌、跳舞还有政治呢！”幼小的田华恍然大悟。

物资奇缺，学校伙食经常油水不够。田华约上另外一个小伙

伴，捏着5分钱（一个月的补贴）悄悄跑到老乡家里。“大娘，你们家有枣面吗？卖给我们点儿吧！”老乡给她们一人盛一小碗，用凉水一和，说：“你们就在这儿吃吧！”吃完给钱，老乡说什么也不肯收。

纯朴的乡音、慈祥的面容，令田华终生难忘。

华北平原的千里沃土，革命战争的艰辛，十年的舞台实践，这一切，构筑了田华丰厚的生活底蕴。22岁的她风华正茂——

“你和我们想象的喜儿差不多”

1950年，东北电影制片厂（长春电影制片厂的前身）决定把歌剧《白毛女》搬上银幕。他们为“喜儿”物色了几个候选演员，其中有呼声很高的王昆、孟于、林白、陈群等，她们都在歌剧中成功地扮演过喜儿——正当导演水华、王滨举棋不定的时候，原北影厂厂长汪洋等推荐了田华。

尽管田华脸部较平、拍摄角度少，但她的乡土气质无声地说服了剧组。导演、摄影一致认为，给观众的第一印象很重要，田华身上有乡土气息，这跟我们想象的喜儿差不多。她一出现在银幕上，观众会说：她就是喜儿。

田华所在的剧社沸腾了！领导把她找去，嘱咐她这是一个光荣而艰巨的任务，一定要谨言慎行，把任务完成好。

1945年才第一次看电影、对电影一窍不通的田华匆匆赶到东影。很兴奋——自己就要成为一名令人羡慕的电影演员，将来还能演话剧吗？也很恐惧——演电影？怎么个演法？自己一窍不通！田华回顾走过的路，为自己壮胆：人不是生而知之，我能一点一滴学会普通话和舞台表演，电影表演——只要努力，也应该学得会吧！她抱定一个想法：怎么做全听导演的。

参加分镜头工作，熟悉剧本，了解电影生产的流程……这一切在导演的协助下进行得有条不紊，田华对“喜儿”的方方面面也已了如指掌。尽管如此，她对喜儿这个经典的银幕角色的构思、设计微乎其微。给观众留下深刻印象的一些动作——系红头绳中的梳头、照镜子害羞捂脸等，都是导演设计的。至于田华，她几乎完全对导演“言听计从”，许多时候，她根本不知道该怎么“演”，只是按要求去做。22 年来丰润深厚的生活积累帮了田华的大忙——割谷子、做饭、包饺子、交租、地主逼债、喜儿与父亲相依为命的亲人关系、街坊邻里的关怀……熟悉的场景熟悉的人物、相似的经历相似的情感体验，在导演水华的启发下，田华的情绪迅速进入规定的情景——许多富有激情的戏就是这样完成的。“哭爹”一场实拍前，水华在一旁给田华说戏：头天晚上喜儿怎么过年？睡前爹拿出红头绳，还给她盖上棉袄。第二天就要结婚了，突然大婶和大春跑进来，问“你爹哪儿去了？”一看爹没了，喜儿冲出门外，见爹躺在雪地里……听着听着，泪水溢满了田华的眼眶。“眼泪待住！别流出来！”导演嘱咐田华，随即回头小声对早已准备好的工作人员说：“开始！”

…………

真实、生活、自然的《白毛女》被人们誉为田华的代表作，而她更愿意把《白毛女》看作值得珍惜的起点——在她，电影表演依然是块神秘莫测的土地，这块土地对她有着那么强烈的吸引力，田华决计去探索它。几经周折，她终于在 1955 年考取中央戏剧学院表演训练班，花一年半的时间学完了四年的大学课程。苏联专家所教授的斯坦尼斯拉夫斯基的表演体系使田华受益匪浅。

《党的女儿》是田华的第一部“探索片”，她成功地运用斯氏“从自我出发”的表演理论，把自己抗战时期对日寇的深仇大恨、对死难战友的缅怀等情感体验借用到剧中人的生活情景中去，塑造了李玉梅这个生动感人的英雄形象。

从喜儿到玉梅，田华完成了从“言听计从”到自觉创造的转变，然而，她艺术生命的主题却是永恒的——面向生活、面向人民、为人民说话。一个剧本该不该接受，一个角色该不该饰演，田华首先考虑的是社会效益，违背党的文艺方针的决不饰演，哗众取宠的决不饰演。

十年浩劫，田华难逃厄运。噩梦醒后，田华迫切想追回逝去的时光，电影、电视剧双管齐下——电影《法庭内外》中秉公办案又人情味儿浓浓的女法官尚勤再一次征服了亿万观众的心，电视剧《寻根》《太阳有七种颜色》也受到各方好评……

时光如梭，一晃田华该离休了，“离休不离伍”，她说——

“我生活得很充实”

离休后的田华名片印得很简单：除了姓名、地址、电话号码，左上角还印着中关工委老艺术家委员会的标志——一双强有力的手掌托着一棵幼苗。

田华很喜欢这个标志，这个标志表达了她的心声　　做烛光，照亮他人；做铺路石子，为更多的人铺平道路。她说：“我从一个无知的苦孩子成长为一个电影演员、表演艺术家，是人民养育了我，是人民给我以荣誉；如今我老了，不能躺在功劳簿上拿100%的薪俸等着去见马克思。”她渴望为脚下这块土地多做点什么……

离休后的田华更忙了。

一是帮朋友的忙。陈鹰、谢添、于蓝、卢晓薇……弄个片子，总有“这个角色戏太少了，只有你来演才会亮一些”的“说法”，呼救的都是老战友、老搭档，田华不能不去。

二是帮社会的忙。这儿成立个“协会”，那儿有个“帮教组织”，都爱请田华当个“顾问”什么的。她呢，几乎有求必应。

"我觉得这些活动都挺好，没法儿不去。"田华头上的"桂冠"多得连她自己都数不清了。作为中关工委老艺术家委员会的常务副主任，田华和她的老朋友们总是被邀请或主动到学校、工厂、军队、油田、劳改所、监狱……去慰问演出、做报告。没完没了地说话使田华患了不轻的咽炎，可她依然乐此不疲，她轻松而自豪地借用舒强、王苹的话说："谁叫共产党只教会了咱傻干活呢！"

田华尤其关照"下一代"——自己的成长历程倾注了多少前辈的心血！——她认为由她这样的人来关心下一代顺理成章、义不容辞。当第三届"百花奖"由陈冲获得后，田华给她写了一封信，有祝贺，更多的则是鼓励陈冲不要为鲜花和掌声所羁绊，要朝前看；斯琴高娃获"百花"和"金鸡"双奖后，田华一边打报告为其请调两级，一边专门约她促膝谈心……对"祖国的花朵"，田华更是倾注了拳拳爱心，孩子们热切好奇的目光常常使她忘情。无论哪个学校请她做报告、义演，再忙她也得抽出时间来。去延安赠书，田华冒了得罪三四家预约者的"危险"。前几年，有人告诉田华京郊有个"田华建筑公司"——"侵您的姓名权了！"田华自己则冷静地做了一番调查，原来该公司是京郊某乡的乡办企业，公司的几位负责人名字最后一个字都是"华"，公司还建了一所自己的学校。取个什么名儿呢？——"咱种田人也能振兴中华！"听校长这么一解释公司、学校名字的缘起，田华赞不绝口……她成了田华小学的校外辅导员和校办产业顾问。

问她累不累，田华深深点点头："年龄不饶人。有时候累得我都想出家——到一个幽静的地方，深山老林里，好好歇一歇……"

她始终没能体味"鸟鸣山更幽"的闲适。当年 6 月初从延安赠书回来，为教育台演小品、到广州为部队一个活动做主持人、为中顾委老同志演出……她的下半年已被"预订"一空——7 月参加全国首届影视"明日之星"大奖赛；7 月中旬全国电影表演协会评学会奖，身为副会长兼评委的田华责无旁贷身负多重使命，还

得为11月份的颁奖大会做准备；12月份，应邀参加韶山毛泽东100周年诞辰纪念会；珠海即将举办的“国际电影比赛”也向她发出了邀请……

每次参加活动前，田华心里紧张得直发怵，没出去就盼着回家。然而，当她全身心投入活动时，她便忘了辛苦忘了累。依然清贫的老区人民、大庆油田工人的冲天干劲、山区孩子期待的目光……都给田华以深挚的感动，为这些人奉献使她感到充实。

“外面的世界很精彩”，众多的社会活动也给田华不断补充新营养。她以极大的兴趣去观察所到之处的山川风物，捕捉社会细微的变迁，感受时代的脉搏。目睹了一些老年人违法犯罪的现象，田华认为老年人也必须自我完善，以积极的态度去生活。她不愿待在家里闭目塞听，她喜欢云游四方。这令她身体健康、精神十足、思维敏捷。

“我觉得自己生活得特别潇洒、充实。”田华的目光自信而热情。她轻轻地吟诵着：朝阳和夕阳/同是一个太阳/只不过东升西降/共同推动着历史向前方……

夕阳无限。田华，她的生活、她的心、她的艺术、她的生命，融入共和国的每一次心跳里。

（原文发表于1997年）

李琦、冯真夫妇：延河水长流

◉ 郑成武

李琦、冯真简历

李琦（1928—2009），生于北京，原籍山西平遥。1937 年随父母赴延安入儿童剧团，1941 年入鲁迅艺术文学院部队艺术干部训练班，后在西北文工团美术组从事文艺宣传工作。1947 年入晋察冀边区华北联合大学文艺学院美术系学习，1950 年入中央美术学院任教。创作以国画、年画、连环画为主，尤擅肖像画。曾任中央美术学院中国画系主任、中国美术家协会会员，被聘为中央美术学院教授。1991 年起享受国务院特殊津贴。

冯真（1931—　），生于上海。15 岁赴晋察冀解放区，先后在华北联合大学政治学院和文艺学院美术系学习。1949 年，作为解放军北平军管会文管会美术工作队成员进入北平。中央美术学院成立后，在美术干部训练班、徐悲鸿指导的研究班进修。1951 年开始在中央美术学院执教。早年致力于年画、连环画，后转攻油画，并涉足民间美术教学与研究。曾任中国美术家协会年画艺术委员会主任、中国民间剪纸研究会会长、中国出版工作者协会年画艺术委员会副会长、中国民间美术学会常务理事、文化部高级职称评审委员会委员等职。享受国务院“艺术上有突出贡献者”津贴。

一

画家李琦、冯真现在都已年近花甲。1947 年，他们相识于华北联合大学文艺学院美术系。当时，李琦 19 岁，冯真 16 岁。这个年龄，现在只意味着是涉世未深的青少年，但在革命战争年代，他们都已是坚强的战士了。

李琦是山西省平遥县人。他的父母李舜琴、阎林民都是大革命时期的老党员。1937 年，李琦随父母到了延安，他那时只有 9 岁，路经云阳时，彭德怀还抱起他问话呢。

冯真是革命文学家、大革命时期的老党员冯乃超的女儿。革命家庭的影响，使她幼小的心灵懂得了许多革命道理。上初中的时候，她就参加了“反饥饿、反内战”运动。15 岁时冯真经父亲安排，只身从上海乘船北上，在北平跟地下党的负责人徐冰接上头，然后化装，混在走亲戚的老百姓中迈过国民党关卡，到了解放区张家口。

1938 年，李琦所在的剧团，是随红军长征过来的，也就是斯诺在《西行漫记》中记述的“红军剧社”。红军改编为八路军后，剧团推进到国统区开展抗日宣传。几个月后，胡宗南下令八路军剧团不得在他的防区内活动。于是，剧团将年龄大的同志撤回延安，留下 24 个小同志，脱下军装，打扮成一群流浪儿，名为“流亡孩子抗战剧团”继续坚持工作。但不久剧团的真实身份就被国民党察觉，他们先收买，后来又威胁要把这批“红小鬼”收编到胡宗南部队。就在反动派要动武力的前夜，在原东北军爱国官兵的帮助下，他们逃出虎口，回到母亲怀抱——西安八路军办事处，受到了林伯渠、丁玲的热烈欢迎。后来，革命老诗人萧三和人民音乐家冼星海听到“红小鬼”们的这段经历，为他们写了团歌，

冼星海还亲自教他们唱。

二

李琦从小喜欢画画，在延安桥儿沟住时，受到了鲁迅艺术学院美术系师生的熏陶。后来在剧团写标语、画漫画和伟人像。日本投降后，他从延安来到晋察冀边区，入华北联大文艺学院美术系学习，这时冯真已经在这里了。他俩在一个班，还分在一个学习互助组里，朝夕相处。共同的追求和志趣，使他们结下深厚的革命的情谊。

冯真也是从小喜欢画画，初中时就开始办进步壁报。在联大期间，她是个品学兼优的“小鬼”，当年的老师如今提起她来还夸奖她。在土改运功中，她主动做儿童团的工作。1948 年，冯真创作出年画《娃娃戏》：好几个娃娃装扮成解放军、老百姓，另有两个装扮成蒋介石和美国人，他俩处在包围之中。这个画面就是冯真长期接触解放区儿童生活的艺术结晶。1949 年，解放区文艺进北平，《娃娃戏》是引起轰动的美术作品之一，冯真也由此成名。1952 年，她出席了在维也纳召开的国际保卫儿童会议。

如果说冯真的《娃娃戏》所表现的题材是解放战争的一个小小缩影，那么，李琦的《农民和拖拉机》则是新中国刚刚开始的经济建设的真实写照。这幅画在全国第一届年画评奖中获得甲等奖第一名，现存中国美术馆，是李琦的成名之作。

随后，李琦、冯真夫妇共同创作出年画《伟大的会见》，获得 1951 年度年画二等奖。当时在朝鲜的志愿军战士多次写信给作者，说他们从这幅画中吸取了无穷的力量。1961 年，王光美向毛泽东介绍这幅画时，毛泽东说：“这幅画画得好呵！”

1956 年，国家选派冯真到苏联列宾列宁格勒绘画雕塑建筑学

院油画系深造，6年后以优异成绩获“艺术家”称号回国。在以后的二十几年艺术实践中，女画家创作了许多幅油画、水粉画，如《白求恩》、《柯棣华》、《悼念周总理》、《恸地哀歌》（与钟涵合作）等。这些作品，都突出反映了当时广大人民最强烈的心声。

1980年，中央美术学院成立民间艺术系。冯真自告奋勇到这个系任教。她认为，民间艺术是我国美术传统的重要组成部分，与广大劳动人民紧密相连，有鲜明的中国气派和强烈的时代气息。几年来，冯真从事年画教学工作，经常带本科生、研究生下乡实习采风，教育学生热爱土生土长的民间艺术。在紧张的教学之余，她还搞了一些年画创作。1983年的《娃娃欢》炕围画，获全国第三届年画三等奖，1985年创作的喜帐《娃娃乐》也深受广大群众的喜爱。

李琦于1959年创作的《在十三陵工地上》获世界青年联欢节优秀作品奖。翌年创作的《毛主席走遍全国》更是家喻户晓的力作。它以不衰的艺术魅力，展示出人民对自己领袖的热爱和人民领袖平易近人的风范。这幅画在我国描绘领袖形象的美术作品中有着重要地位，现藏于中国美术馆。不久，李琦创作了《同志》：描绘了刘少奇和淘粪工人时传祥亲切交谈的情景。在创作这幅画的过程中，李琦跟着时传祥一起上班、淘粪，收工后一块儿洗澡、吃饭。北京市环卫局将此画印发全市近2万名环卫工人，并将李琦赠送的原作张挂在环卫局的大会议室里，成为对职工进行职业教育的好教材。

从《鲁迅像》《马克思》《白求恩》《李大钊》《奋进》等国画作品中，可以看出李琦执着于为革命伟人、名人树碑立传，他的创作意图是不言而喻的。另外，这些作品在表现技法上也反映了他对我国传统的“简笔”画法的继承和发展。用简洁的笔法在宣纸上画具体的名人，这在当今画坛上也是不多见的。1986年的新作《其实地上本没有路》，获北京市优秀作品奖。画中的鲁迅先生

昂首阔步，其意境不仅恰到好处地表现了鲁迅先生开拓奋进的风采，而且也鼓舞着“四化”建设者的探索勇气。

三

李琦夫妇在多年的艺术创作中，形成了自己的艺术风格。更重要的是，他们几十年如一日，坚持艺术为人民大众服务的方向，兢兢业业，不赶时髦。冯真每逢春节，不辞辛苦地到陕西、山西、河南等地采风，向老艺人学习。1985 年，冯真和她的同事们把陕北民间剪纸能手（好几位都是六七十岁的老大娘）请到美术的最高学府来做示范表演。冯真尽心照顾她们吃、住、行，为她们整理作品，帮助她们销售。有的同学风趣地说，冯老师对待陕北老艺人比照顾自己的母亲还周到。冯真对老艺人的敬与爱是出自内心的，她说：“土生土长的老艺人才是真正的艺术家，如果她们的技艺在农村能得到发展，民族的精华就保存下来了。百姓们才是我真正的老师。”冯真对她的学生也是一片丹心。《中国美术家通讯》记述着冯真的这样一段话：“我是同学们的朋友，我只希望他们有所作为，对艺术有所继承和创新。自己愿为他们蹚路子，做下手，这是为了我们的事业啊。”

李琦曾参加彭真接见部分延安时代文艺老战士座谈会。在座谈会上，他对美术界出现的一些不良现象谈了自己的看法。他认为：“吸收外来”是很需要的，但不应该把糟粕当成宝贝；“多功能”是对的，但不应该轻视教育功能；“多层次”也是对的，但不应该忘记人民大众。

（原文发表于 1987 年）

杨立："人民是我的主人"

◉ 童施意

杨立简历

杨立（1928—1997），生于上海，浙江宁波人。曾在华北联合大学学习。1947年于北京无线电专科学校工程系毕业。1948年后任东北行政委员会交通部秘书。1949年加入中国共产党。曾任《张家口民生报》副刊编辑兼记者。1949年后历任广东省政府秘书，省政法委员会机要科副科长，省政府办公厅秘书科科长、秘书处副处长，省经济工作办公室副主任，广东省人民政府办公厅主任、副秘书长兼办公厅主任，1983年任广东省副省长，1988年任第七届广东省人大常委会副主任。第七届全国人大代表，第八届全国政协委员。

杨立原名范云亭，现在的名字是参加革命后改的。青少年时代，他在天津工商中学读书。那时，他酷爱文学，崇拜鲁迅，曾以殷军、殷钧、艾器等笔名，在京、津报刊上发表过许多杂文和诗歌。文章抨击了当时弊政，抒发了他对理想、真理的追求。当时在天津常看报的人，可能还知道他。杨立于 1946 年开始参加党领导下的学生运动，后来被学校当局开除，转到北平读无线电工程。1948 年到了解放区，进入了华北联合大学。毕业后，被分配到东北行政委员会交通部，当该部部长古大存的秘书。1949 年入党。随后，同古大存一起南下到广东。1983 年，他被选为副省长。任副省长后，他分管的工作，都卓有成效，有声有色。

杨立甫一上任，就以谦逊出了名。比如，他讲话不要秘书代笔，坚持自己拟稿，写提纲；送他批文件，不超过 24 小时就处理完；他生活俭朴，身居高位而没有架子，对周围的同志平等相待，下乡时结识的农民朋友，仍然常跑到他家做客……

他对此倒显得坦然："我首先是普通的公民，我信奉人与人之间是平等的。我的职务、权力，都是人民给的。人民是我的主人，任何时候都要平等待人。我的权力只能用它好好为人民服务，怎么能摆架子，或盛气凌人呢?"

解决了"老大难"的问题

广州华侨补校有 1 000 多名归国华侨学生，"文化大革命"时被动员下乡务农，"四人帮"垮台后，虽同意他们回城，但由于"左"的影响，加上措施不力，进展缓慢。华侨知青回城，成为省侨务工作中的"老大难"问题。

杨立上任后，分管侨务工作。他认为把归国求学的青年放到农村去，10 多年了，仍不能回城，这是工作上的失误，感到很不

安。他知道，广东是我国主要的侨乡，全世界3 000万的华侨和外籍华人中，祖籍广东的约有70%，搞好侨务工作，对省内外影响极大。他决心把华侨知青回城问题作为突破口来抓。

那些日子，他大刀阔斧，拨乱反正，亲自处理了一大堆归侨知青来信。找侨务部门谈情况，并同他们详细研究解决问题的具体方案。随后，又亲自主持召开了各有关部门负责人会议。他在会上说：安置归侨知青的责任，应由政府来承担。“海外华侨送子女回国升学，是为了继承中华民族辉煌的文化传统，是可贵的爱国行为。动员大批侨生下乡务农，在农村成了家，增加了回城安置的困难，如再不解决他们回城问题，既对不起这些青年，也对不起他们在海外的亲人。海外亲友对此十分关心，迫切希望政府解决他们回城工作，我们一定要解决好。”这些话，在人民心中引起了震动，并被写进文件中——从1984年5月到7月，省政府就落实归侨知青问题，专门连续发了两个文件，文件对归侨知识青年回城工作共提出了15条具体意见，并拨了400万元专款解决安置中的实际困难。

由于指导思想明确，措施具体得力，领导亲自抓，抓得紧，这“老大难”的问题终于基本妥善解决。

考虑到清“左”对落实华侨政策，对更好地发挥广东华侨众多的优势的重要性，1985年，杨立在省《开拓》杂志第11期写了篇《清除“左”的影响，落实华侨政策》的署名长文。文章从理论和实践的结合上，总结了党的十一届三中全会以来落实华侨政策的成绩；同时认为，“左”的影响，仍然是落实华侨政策的主要障碍，文中提出了在认识上必须纠正的三个错误观点和必须明确的三个观点。省委机关报《南方日报》和海外十几家华文报纸，都在显著位置转载了这篇文章。由于针对性强，文章大大推动和加快了广东华侨政策的落实步伐，也加深了海外华侨对我们党的华侨政策的理解。

在全国首创港澳旅游

杨立促成在全国开创港澳旅游，更为人们所乐道。

广东历史上同港澳有千丝万缕的关系，又是华侨侨眷最多的省份。改革开放以来，申请去港澳探亲的人日益增多，排队等候的时间很长，怎么办？

杨立上任后，还分管旅游、政法工作，不少人提出：可用组织去港澳旅游的办法，即由外面的亲戚出路费，让国内亲属出去团聚，把旅游和探亲结合起来，这样，既可帮助加快解决一大部分申请出去探亲难的问题（包括海峡两岸的探亲），又可促进省旅游事业的发展。有人不同意，认为：人走了，不回来怎么办？

经过反复考虑，杨立支持搞港澳旅游。他说，我们是在开放条件下搞“四化”的，广东地处开放的最前沿，今后还会更加开放，广东有华侨和港澳亲属关系的，又是那样多，不让他们接触各种思想，相互往来，是不可能的，也很难增强免疫力。这样的接触往来，不一定是不好的。

就这样，由于他的大力支持，由于省公安部门和香港有关方面的密切合作，1983 年 11 月，第一批赴香港旅游者终于成行。这一举措的政治影响和经济效果都很好，中央肯定了这种做法。“港澳游”的活动继续扩大。

让地方外事工作为经济服务

需要特别提出的是，杨立对于分管的外事工作也抓得很出色。

广东接待外宾的任务重，有人提出：是否向中央反映一下，

减轻些接待任务。杨立循循善诱：中央交下的任务，坚决完成。有困难，想办法；广东改革开放最早，让外国朋友来看看，这正是向全世界宣传广东的大好机会！曾访问过90多个国家的美国前总统尼克松，来广州后住白天鹅宾馆。他大为赞赏，说这是他到过世界各地中最好最美的高级宾馆！这话可能夸大了点儿，但从一个侧面宣扬了广州开放的成就。英国女王也表示：她在广州过得很轻松愉快！

由于领导重视，主办方精心接待，来广东访问的外宾反映都很好，中央也满意。

杨立反复强调，地方外事工作不能只满足于对外宾的迎来送往，要让外事工作同本地的外经工作结合起来，为“四化”建设服务。因而，他要求搞外事的同志：必须注意经济工作，探索为国内经济建设服务的渠道；要积极利用外事工作对外关系渠道多这一有利条件，加强同经济、科技、教育等部门的联系，了解它们的需要，进行牵线搭桥；要收集资料，掌握信息，了解接待对象是经营什么的，他们的国家哪些东西最先进；等等。这样，才好为国内建设引进资金、技术、人才，当好“红娘”，也才能使广东的产品打入国际市场。

此后几年，广东省同美国马萨诸塞州、所罗门群岛的瓜省等五个国家的六个城市结成了友好城市，发展并开创了多种形式的经济合作和科技方面的交流。例如，通过与美国麻省的友好合作，帮助汕头市和南海县引进了惠福灵公司先进的机械设备；另外，促进美国加州一个华侨办的东方银行同省国际信托投资公司合办了一个财务公司，开展国际金融业务。1985年1月，由杨立率领的广东友好代表团，访问了所罗门群岛的瓜省。经过考察，帮助其建起了鸡场，生产的蔬菜和蛋等保证了首都霍尼亚拉的供应，反应很好。

谈到上述成就时，杨立反复说，这全归功于十一届三中全会

之后，中央在坚持四项基本原则的前提下，实行改革、开放、搞活的总政策，还有广东省委正确的领导，以及他分管部门全体同志的努力！他个人微不足道，只不过是协助省委和省长做了些具体工作，算不了什么。

杨立在新中国诞生前夕，为欢呼崭新的历史时刻即将到来，在国民党统治区报纸上发表过一首诗，其中写道："我们要在历史上写下一首灿烂的新诗章！"正如这句诗所言，他在改革开放的广阔天地里写下了一首以人民为本的灿烂新诗章。

（原文发表于1987年）

陈锦华：白发未除豪气在

◉ 浦树柔

陈锦华简历

陈锦华（1929—2016），安徽省青阳县人，中共党员。先后就读于中国人民大学工业经济系函授专修科、政治经济学专修班，北京电视大学中文系。1976 年，任中共上海市委常委、革命委员会副主任。1978 年至 1983 年，任中共上海市委副书记、上海市副市长。1983 年 7 月任中国石化总公司总经理、党组副书记。1986 年任中国石化总公司党组书记、总经理。1990 年任国家经济体制改革委员会主任、党组书记。1993 年任国家计划委员会主任、党组书记。1998 年当选第九届全国政协委员会副主席，并担任第九届全国政协党组成员，后又担任中国企业联合会、中国企业家协会会长。为中共十一大、十三大、十四大代表，第十四届中共中央委员，第七届全国人大代表。

1996年中国成功实现经济软着陆，既有效地抑制了通货膨胀，又保持了经济的较快增长，避免了大起大落。这对中国来说，是破天荒的第一次。在世界经济发展史上，也是不多见的，世界舆论对此给予了积极评价。

身为国家计委主任的陈锦华，因此备受有关新闻媒介关注——经济成功实现软着陆，表明历时3年多的宏观调控是成功的，而作为国务院管理国民经济和社会发展的最大综合部门，国家计委的核心职能就是宏观调控。

在他的从政生涯中，陈锦华已不止一次受到记者的关注。“文革”结束后担任上海市委副书记、副市长，主管经济工作，并兼任宝山钢铁总厂工程总指挥部党委书记和金山石化工程领导小组组长，1983年奉党中央和国务院之命组建中国石化总公司，1990年出任国家体改委主任、党组书记。过去和现在，他所领导的事业，都是值得采掘的“新闻富矿”。

然而，除了工作，陈锦华迄今没有对任何一家新闻媒体详细谈过自己。1997年3月23日《人民日报》在头版显著位置刊登了题为《成功的调控　宝贵的经验——访国家计委主任陈锦华》的文章，披露了1993年以来宏观调控的内幕。在这篇专访中，陈锦华仍然只字不提自己。

受母校的委托，记者于1997年4月3日采访了陈锦华。当我道明来意后，他微笑着说：“我是一向不大愿意接受记者就我个人进行采访的，但对母校的要求却不敢‘违抗’。”于是，在他简朴整洁的办公室里，这位学长向记者敞开心扉娓娓谈来，桌上的热茶散发着缕缕清香，仿佛他过去所经历的风风雨雨，都已经化作生命历程中的芬芳。

生命不息，奋斗不止，年近古稀的陈锦华丝毫未给人衰老之感。谈工作，他兴味盎然；谈养生，他见解独到；谈文学，他更是神采飞扬……令我这个刚出校门的“小字辈”钦佩不已。说到

会心处，陈锦华总爱开怀大笑，那笑容，有着阳光般的质朴。

听着他轻松的话语，我的眼前，出现了这位学长清晰的形象定格：对山情有独钟，将自己融入改革开放这一改天换地的伟业之中，并不断以参与者的形象、攀登队伍的一员，体验创业者那份“会当凌绝顶”的壮丽人生。

新境遇　新课题

当我问起“您担任过许多重要职务，最满意的是哪一个”时，“计委，”陈锦华丝毫没有犹豫，“这个角色比较合乎我的个性：需要精力、需要责任心、需要知识，面宽复杂，永远学不完，干不完。”

陈锦华自1993年担任国家计委主任以来的4年，是中国从计划经济体制向社会主义市场经济全面转轨的4年，国家计委经历了自身转轨的深切阵痛：原来属于自己的许多权力逐步被改革、调整、取消，这个在计划经济时代曾经大权在握、地位显赫的机构陷入了从未有过的境地。在很多人看来，计委的“黄金时代”已经结束，既然党的十四大决定要搞社会主义市场经济了，还要国家计委干什么?

陈锦华回忆说：“1993年4月我到计委上任时，正值国家正式提出建立社会主义市场经济体制不久。面对新的形势，计划怎么搞? 计委怎么工作? 社会上、计委本身都在重新认识，在探索。干部在议论‘有为和有位’的问题。我说，国家既然还保留计委，就有位置。有位置，就应当有作为；有了作为，位置当然更没有问题。有位无为。还要这个位干什么? 小平同志讲得很清楚，搞市场经济也要有计划，计划和市场都是资源配置的手段。”陈锦华认为，现在最重要的是实践，是探索。方向明确了，具体怎么做，

要靠大家去努力，等待、观望都是无济于事的。计委必须顺应潮流，向前看、向前走。经过一年多的体验，他认识到，计委以后的工作要从三个层次来下功夫：第一，要处理好计划与市场的关系，重视市场的作用，发挥市场对资源配置的基础性作用。第二，处理好与财政、金融的关系，财政与金融都是资源配置所不可或缺的手段。计委要在计划、金融与财政三者的关系中，发挥综合协调和总体指导作用。第三，计委本身要改革，要把工作的轨道转移到适应以上两个层次的转变上。

1994 年 4 月中央批准并重新公布了计委的新职能，这就是：加强对国民经济和社会发展的年度和中长期规划的重大方针政策研究和计划制订工作；加强对国民经济运行动态的预测、监测、分析和经济信息的发布；加强对国家产业政策、重大生产力布局以及地区经济发展规划的研究；研究结构的整体规划，安排、审批和协调重大建设项目；综合财政、信贷等经济杠杆，以及国家直接掌握的经济手段，加强对国民经济的宏观调控；研究制定价格政策，向国务院提出建议，监控全国物价总水平；指导管理关系国计民生的重要产品和生产资料的国家储备，加强市场宏观调控。

对计委来说，这次具有重大改革意义的重新定位，为它找准了自身的位置，计委从此摆脱了一度遭受冷落的尴尬境遇，各项工作按照新的职能运作起来。然而，要完全适应市场经济条件下的角色定位并非易事。为此，陈锦华经常对计委的干部讲，不要期望把所有的事情都“管”起来，那么大的市场，那么多部门、那么多地方政府、那么多企业，计委不该管，也管不了、管不好。计委的核心任务，就是营造一个大家都能有所作为的宏观环境。他强调说，这是他担任计委主任以来孜孜以求的重要目标。

四年来，在计委实践改革的同时，陈锦华全身心地投入到两件大事之中——宏观调控、“九五”计划和 2010 年远景目标纲要

的制定工作。

开始于1993年下半年的宏观调控，是新中国成立以来比较成功的一次实践。说起“宏观调控”，陈锦华兴味盎然。他回忆说，1992年下半年经济发展速度相当迅猛，外国人已担心中国经济过热。那次俄罗斯总统叶利钦访华，陈锦华奉命陪同，中午江泽民在钓鱼台国宾馆宴请叶利钦。饭后，江泽民说下午要到全国计划会议上去讲经济过热的问题。陈锦华说他举双手赞成。当时提出要防止经济过热，既要有看到“风起于青蘋之末”的远见，又要有相当的政治胆识和魄力。事情过后，陈锦华经常讲经济过热这个弯子转得非常不易。要是不转，按照当时的势头再搞上两年，很难设想会有今天这样好的局面。

从国内外的历史经验看，在不太长的时间内大幅度降低物价，往往要伴随经济滑坡、失业增加，造成经济停滞，甚至萎缩。既要明显地抑制通货膨胀，又要保持经济较快增长，是这次宏观调控的最大难点，也是这次宏观调控的成功之处。全国商品零售价格涨幅，从最高峰1994年10月的25.2%降低到最低点1996年12月的4.4%，回落了20多个百分点；而国内生产总值增长率，从1993年到1996年则一直保持在10%左右，年度之间波动幅度仅2个百分点左右，1996年仍高达9.7%。攻克难点，实现“一低一高”，陈锦华认为关键是抓住了抑制通货膨胀这个主要矛盾，把握总量，实行适度从紧的财政、货币政策，从抑制需求和增加供给两方面入手实行宏观调控。

这次宏观调控的成功，为实现“九五”计划和2010年远景目标打下了坚实基础，并将对“九五”计划及下个世纪前10年的中国经济产生积极的影响。

全国人大八届四次会议审议批准的《中华人民共和国国民经济和社会发展“九五”计划和2010年远景目标纲要》，向全国人民和全世界展示了未来15年中国改革与发展的宏伟蓝图，提出了

明确的发展目标、任务和政策，是指导中国迈向21世纪的行动纲领。在中共中央关于制定“九五”计划和2010年远景目标纲要的“建议”起草小组工作时，陈锦华就参与其事。“建议”经中共十四届五中全会通过后，国务院部署起草贯彻这一建议的纲要，李鹏指定陈锦华担任纲要起草小组的组长，会同有关部委、银行和计委的同志着手制订《纲要》。作为在发展社会主义市场经济条件下第一个中长期规划，《纲要》如何体现宏观性、战略性、政策性，是陈锦华和其他起草小组成员始终着力考虑的重大问题。这个《纲要》公布后，在国内外引起广泛反响，并得到各界的好评。

无论是计委自身的改革，还是宏观调控以及《纲要》的制定，作为国家计委主任这样一个重要角色，陈锦华倾注了他的全部精力。1996年中组部对计委的领导班子进行了届中考察。陈锦华在述职报告中说，我在计委3年多，同委党组的同志一起，在业务方面主要是抓了计划改革、宏观调控和15年规划纲要三件大事，自认没有偷懒，没有大的失误。

男儿志兮天下事，但有进兮不有止

陈锦华是如何评价自己的呢？他说，他崇尚毛主席倡导的“全心全意为人民服务”的思想，接受中国儒家“民本”思想和“勤政爱民”的传统，做事总要“仰俯无愧于天地”。“我这个人要讲有什么长处的话，就是比较勤奋，不偷懒，爱学习。无论做什么，我比较上心的就是如何把组织上交给的任务完成好，做到不负重托。每天早晨不到8点就到办公室，当天的事情当天处理完，一般都能做到不过夜。我的个性，可能是优点，也可能是弱点，就是比较要强，不甘落后。”

对陈锦华而言，工作是一种享受。

“有人说计委有一批工作狂，我算是他们当中排在后面的一个。工作给我带来期望和满足。”

陈锦华认为，多次受命于不平常的时刻都是一种享受。

“人的一生要经历各种境遇。有顺境，有逆境；有平淡，有多彩；有守成，有创业。我是比较向往多彩人生的。”

这番话，让我想起他10年前在文章《我与三个“山”》中所抒发的情怀：“人类社会如果光有路而没有山，那可太平淡、太乏味了！只有移山开路，筑路开山，才是改天换地的事业，是创业者的追求，是生存的最大意义，也才能由此领略到‘会当凌绝顶’的全新境界！”

1988年，身为中国石化总公司总经理的陈锦华在这篇为《瞭望》周刊纪念十一届三中全会召开10周年而写的文章中，这样写道：“刘禹锡在《陋室铭》中有两句脍炙人口的话，说‘山不在高，有仙则名’。金山、宝山、燕山三个山，按时下的语言，可谓知名度大矣。但他们的得名，并不是因为有仙，而是他们牵动过亿万人心的事业，是他们的产品，是他们在荒滩秃岭上改天换地的英雄业绩。”金山、宝山、燕山分别指的是上海金山石化总厂、上海宝山钢铁总厂以及北京燕山石化公司，文章记述了陈锦华领导“三座山”改革发展的难忘经历：

“上海石化总厂，在筹建之初，我就参与其事。粉碎‘四人帮’后，我调上海工作，在市委、市政府分管经济和工业，并先后兼任上海石化总厂第二、第三期工程领导小组组长。当时，第一期工程开始试车，十年动乱造成的后果开始暴露，职工纪律松懈，无政府主义严重；建设中的质量问题很多，公用工程系统不断爆管，生产不时中断；占全厂产量一半的腈纶生产长期不正常。质量不好，产品压在仓库里，资金周转困难，靠我批条子向银行借贷……1978年后……一期工程经过整顿和加强管理，很快达到

和超过设计能力，收回了国家全部投资。二期工程也建成投产，总规模达到年产30万吨合成纤维原料和20万吨合成纤维，还有塑料及重要有机化工原料、油品等。1987年的销售额达到42亿元，实现利税11.2亿元，在全国50家最大企业中名列第六……在第三期工程动工前……研究了方案……这个方案包括与中国人民建设银行合作，在国内发行企业和个人债券，筹集资金；在国外金融市场，通过筹组银团等形式，筹措外汇；在对外谈判、工程指挥、设备国内分交等重大问题上，实行简政放权，建立高效率的基建指挥机制。这一系列的基建改革与金融改革相结合的措施，为投入数十亿元的国家骨干工程注入了活力，加快了建设进程。”

正是凭着“会当凌绝顶，一览众山小”的豪情壮志，陈锦华担任党委书记的上海宝山钢铁总厂建设工程总指挥部，到1988年时“用并不比发达国家差的速度、质量和效益，建成了一期工程，现在正在紧张建设二期工程”，获得了合作方新日本制铁株式会社的高度赞扬。也正是凭着“移山开路，筑路开山”的开拓、改革精神，燕山石化公司所在地从10年前“杂草丛生、怪石峥嵘的穷山、荒山”，变成“一座座装置、管架、铁塔、油罐组成的人造群山”。“1988年的销售额将达到41亿元，利税16亿元。”成为全国实现利税仅次于大庆油田、鞍钢的特大型企业。

尽管当年的奋斗拼搏，与在国家计委的经历和成就不好相比，但金山、宝山、燕山从20世纪80年代至今，仍然是国家积累财富的金山银山，仍然是陈锦华情怀系之、心向往之的宝山金山。1992年他为《宝钢，世纪之谜》一书所作的序言中这样写道：“十多年了，我的工作已经几易其位，不管我调动到哪里，参与宝钢建设风风雨雨的8年岁月，总是作为生活经历中的美好回忆伴随着我，激励着我，成为我一生经历中最珍贵的一页。宝钢发给我的一件工作服，我至今仍保留着，我从心底里把自己算作宝钢人。我为宝钢的发展昌盛、为她的每一项成就、为她为祖国的巨大贡

献而感到由衷的自豪和欣慰。”

学而时习之，不亦说乎？

是不是从来没有累的感觉？陈锦华说“当然不是”。“当然累啊！我都年近古稀了。杜甫在《曲江二首》中写道：‘酒债寻常行处有，人生七十古来稀。’到了这样的年龄，累是自然规律。有时候紧张工作一天，回到家里一点儿都不想动了。”陈锦华认为体育和娱乐都是要花精力的，他没有这样的精力，也花不起，于是他把“能源”都消耗在了工作上。“娱乐场所我是从来不去的。直到1991年我才知道卡拉OK是怎么回事，太闭塞了！”他大笑着说。

陈锦华笑着说，各人的身体有自己的平衡机理，有的人通过运动来平衡，有人则通过工作来平衡，他就是通过工作学习来平衡。“我今年68岁，从来不锻炼身体，但没有什么大毛病。我看过一本书，讲述了德国的阿登纳总理时期，财政部部长为战后德国经济恢复发展立过汗马功劳。这个部长工作到80多岁。有人问他：‘您从不进行体育活动，为什么身体却这么好？’他说：‘我通过工作来形成身体的自我调节机制。’我认为他讲得很有道理。”

陈锦华表示，他之所以有良好的学习习惯，与在母校的学习经历是分不开的。回忆起在人大的学习经历，他说：“16岁我在家乡安徽省青阳县读初中，在上海的堂兄帮助我到上海勤工俭学，晚上读书，白天做工。解放后，我到上海军管会轻工业接管处工作，两年后被调到北京，在纺织工业部当秘书，后来到研究室。我在上海勤工俭学时，老师讲的是大学教材，与我原来的基础相比跨度太大，消化不了。因此总觉得书念得不够，想再上学。由于上海、北京的工作单位都不同意我脱产上学，我只好选择了人民大学工业经济系函授专修科，念了3年。1956年我再次进入人

大政治经济专修班。人大的毕业证书是校长吴玉章签名、高等教育部颁发的，至今我仍珍藏着。”

在人大学习的5年，陈锦华以“受益匪浅”来评价。“首先，人大培养了我良好的学习习惯。函授上课大多是晚上坐在小学生的课桌上进行的，学习条件艰苦，没有一点儿学习精神，可能坚持不下来。第二，人大的教育使我掌握了一定的基础理论，为以后在工作中加强理解能力奠定了基础。政治经济学专修班用的是苏联的政治经济学教科书第三版，强调客观规律的重要性。人们可以去认识客观规律，利用客观规律，但是不能违反客观规律，更不能制造客观规律。我还记得斯大林为这本教科书的出版还讲过大意是这样的话：苏维埃政权的巨大成就，造成好多人认为好像我们是无所不能的，他们就不去认识客观规律、尊重客观规律，做了违背客观规律的事，结果事与愿违，成效适得其反。虽然当时的教材中也有一些不正确的内容，但就认识和尊重客观规律这个真理来讲，使我终身受益，学校的系统教育对我后半生也有重要影响。”

稳定、良好的宏观环境比什么都重要

在国家体改委和国家计委的工作，促使陈锦华养成了跟踪关注国家宏观经济走势的习惯，祖国经济增长的点点滴滴，都深深地牵动着他、影响着他。

陈锦华认为，国企改革不是计委的职能，但计委要配合有关部委做工作。计委的任务是保持并继续改善宏观经济环境。有了稳定良好的宏观环境，才能集中精力办好事业，搞好建设。长江三峡工程、黄河小浪底工程、京九铁路、南昆铁路、沪宁高速公路、大亚湾核电站等，“一大批重点工程，是多少代人的梦想啊，

只是到了第八个五年计划前后才得以实施。还记得毛主席的《水调歌头·游泳》吗？那‘高峡出平湖’‘当惊世界殊’的词句，表达了多少代人的追求啊！”

关于如何继续创造良好的宏观环境，陈锦华提出，要把握好宏观经济的七项调控目标，即经济增长率、通货膨胀、投资、财政收支、货币供应、国际收支、人口和就业，测算好它们之间的量化关系，找到比较合理的结合点，给予相互适度的界定，使之推动经济持续、快速、健康发展，并根据市场的变化，适时适度地做出相应的调整，以保持宏观经济的稳定增长。此外，计委还直接负责通货膨胀、固定资产投资、国际收支等工作，特别是结构调整，包括重复建设、大而全、小而全等结构性矛盾，是我们当前工作的重点。“八五”期间的经验表明，抓好结构调整和优化很重要。哪个行业结构调整和优化搞得好，那个行业就得益；否则就背离市场、困难重重。

有人说，经济软着陆后，应该起飞了。陈锦华不同意这个观点。“这几年都是10%左右的速度，还嫌低啊？我们不能追求不切合实际的高速度。我们经过反复测算研究，认为长远规划定的8%左右的经济年增长率是比较适合全国情况的。有人提出要提高到百分之十几、二十，肯定持久不了，甚至诱发新的经济过热。”

陈锦华也很关注理论界的观点，从中得到不少教益。

他不止一次强调，宏观经济环境的稳定，是改革和发展的前提条件。“实施‘九五’计划，我们力求创造一个良好的宏观环境，这是非常重要的。任何一个国家要想发展，它的宏观经济环境必须保持稳定。大起大落不仅给经济带来损失，而且造成经济质量大幅度下降，挫伤群众积极性。我国的经济快车刚刚平稳运行，要是再有大的起伏波动，不但经济上要受损失，政治上的影响也不好。宏观经济环境不稳定，改革也难以进行，更不可能集中力量去建设社会主义市场经济体制。‘八五’是历次五年计划经

济波动最小的时期，农田水利、能源、交通、通信以及重要原材料、机械、电子等，这些制约经济发展的'瓶颈'都有所缓解，发展的步子迈得很大，改革的步子迈得也不小，确实成绩很大。近几年来，宏观经济环境的稳定与改善，已经在国际上引起了好的反响。连续多年的外商直接投资不断上台阶，一批国际著名的跨国公司纷纷前来投资建厂，就是很好的例证。这说明，外国人看重的是你中国的投资大环境，对他们来说，稳定的宏观环境，广阔而又可靠的市场，比优惠政策更重要。"

不知不觉间，两个多小时过去了。这位不断追求"会当凌绝顶"境界的学长，他的云水胸襟和壮丽人生事业令我心生一种高山仰止之感。告别时，我问他："我以后还能再采访您吗?"他又笑起来："等你拿了中国新闻的'普利策奖'再来。"看来，这位自己对山情有独钟的学长，大有将我这个后进学者"逼上梁山"的意味。从中，我体味到了他对校友寄予的那份关怀与厚望。

（原文发表于 1997 年）

曹子西：天行健，君子以自强不息

◉ 乔　衍

曹子西简历

曹子西（1929—　），天津人。1949年3月参加华北大学一部（政治学院）学习，1953年5月参加中国共产党。曾任华北大学校报编辑；中国人民大学研究部科学视导员，科学研究科副科长、科长，科学研究处副处长，校学术委员会学术秘书，校大学生科学研究协会会长，教务部总支专职副书记，语文系文艺理论教研室主任及语文系负责人。后任中共北京市委宣传部理论处处长，北京市社会科学院副院长、研究员，北京史学研究会会长，北京市文艺会会长，北京市地方志编委、《北京志》副主编。1991年加入中国作家协会。

几乎是每个黄昏，在北京西郊花园村曲曲折折的小径上，总有一位步履稳健、具有学者风度的老同志在漫步，夕阳的余晖照在他花白的头发上，使他显得更加精神矍烁。他就是华北大学校友，文史学界颇有名气、著述颇丰的曹子西。

一

曹子西最初从事文艺理论工作，是一位作家。

在他的《文化活动小传》里，曹子西这样写道："小时候，经常听奶奶给我讲她年少时亲眼见过的红灯照的故事，这给我留下了很深的印象。父亲粗通文学，他总是抱着一部《聊斋志异》，给我和我的姐姐们讲那些鬼魅花妖善良反抗的故事。这大概就是我受的文学启蒙了。"

学生时代的曹子西是一位文学爱好者，"成了 40 年代《诗创造》和《中国新诗》的热心读者，但最热爱的还是诗人臧克家的《泥土的歌》"。然而，当时的中国正处于水深火热之中，民不聊生。面对着如此动荡不安的祖国，曹子西感到万分苦闷，他追求民主，要求进步，但又不知所从，他心中孕集着火山般的激情，于是，他开始写文章，学写诗。从 1947 年到 1949 年初，他先后在平津的一些报纸的副刊上发表了 60 多首诗，使自己和同学们受到了极大的鼓舞。当我问及这些诗是否结集出版时，曹子西笑着说："原是结集准备出版的，结果正好赶上 1951 年整风，说这些诗流露着'小资产阶级感情'，便不能出了。后来，便不再写了。"这也许是曹子西文学创作的第一个阶段。

曹子西文学创作的第二个阶段该是在人大工作期间了。当时，他在研究部工作，经常和教师们接触，这就要求他不断地提高自己的理论水平，以适应工作的需要。于是，他便按照苏联攻读副

博士的必读书目拼命地学起来，先后读完了《资本论》《列宁文选》等经典著作，并做了大量详尽的笔记。政治理论水平的提高使他能够站在理论的高度全面地观察、思考问题，看得清，看得准，写起文艺评论来更是得心应手。50年代，他先后在《文艺报》《光明日报》以及京、津、沪其他一些报刊上发表了几十篇文艺评论文章，成为全国文联机关报《文艺报》主编丁玲、陈企霞亲切关心的首批文艺通讯员，并被聘为特约评论员。

谈到这一时期的著作，曹子西特地提到了《瞿秋白文学活动纪略》一书。这本书初版于1958年，是国内最早的一本关于瞿秋白文学活动、文艺思想的著作，1984年该书经修订后再次重印。1981年，美国加州大学出版了保尔·皮柯维支的《马克思主义文学思想与中国：瞿秋白的影响》一书，其中多次引用了此书的资料，并称之为“中国马克思主义学者最值得注意的专著”。

谈到这里，曹子西谦虚地说：“我爱好文学，但没有受过系统教育，文学功底不深，只是对文艺理论和中国现代文学史比较熟悉。由于专业基础差，到一定程度便上不去了。”“文化大革命”以后，他又主持编纂了四部《北京文艺年鉴》和《京华文苑》等文学论文集。后来，曹子西加入了中国作家协会。就在他加入中国作协时，他仍谦虚地反问自己：“你究竟算得上个作家吗？作家的责任你能担当得起吗？”

二

如果你还不熟悉作为作家的曹子西，那么，你一定知道在北京史学界负有盛名、身为北京史研究学者的曹子西了。

1978年，当时在中共北京市委宣传部理论处从事理论教育工作的曹子西，担负起筹建北京市社会科学研究所的重任。说到这

里，曹子西的话语里饱含着创业的艰辛，又流露着成功的喜悦。在北京市社科所建成后，曹子西被任命为副所长（所长空缺）。1986 年，社科所改称社会科学院，他又被任命为副院长，同时兼任院学术委员会主任，分管科研业务。就在社科所刚刚成立之初，上级就指示他们“要多研究北京问题”，并交给他们一项重大的科研项目：对北京历史进行系统、全面的研究，最后出一部《北京通史》，课题组组长兼主编即曹子西。

这，对于原来从事文艺理论工作的曹子西来说，基本就是改行。然而他却坦荡而诚恳地说：“我本来就没有什么专业，也无所谓改行。现在领导把任务交给了我们，我们就应想办法去做好。我们基础差，工作中总会有困难，但只要你勤奋，百折不挠，想办法拼命干，结果总会成功的，无非是快慢早晚的问题。”此时，曹子西深情地回忆起初中毕业时一位老师给他的赠言：“天行健，君子以自强不息。”他在 1956 年担任人民大学大学生科学研究协会会长时，曾收到中国科学院院长郭沫若给该会的题词：“绳锯木断，水滴石穿。”他就以这两句格言作为自己的座右铭，不断地鼓舞自己去拼搏，去进取。“我们可以先当小学生，从头认真学起，边学边干，做出成果来再让读者评个高低。”曹子西就是这样执着、倔强，不肯向困难低头。

我环顾了一下曹子西的居室，发现是这么狭小拥挤，然而书柜就占去了将近三分之一。曹子西告诉我，他有 12 个书柜，大约都有两米半高，每柜藏书总有七八百册，如果再加上屋里到处堆放的，总数超过一万册！我惊呆于这个数字了。如果按每天看一本书计算，也要用去 30 多年呀！我似乎看到曹子西在知识海洋里求索的雄姿和风貌了。

日升月落，春去秋来，寒暑易节。多少个夜晚，曹子西的身影久久沉浸在疲倦的灯光里；又有多少个白天，曹子西精神饱满地出现在资料室里。他在浩繁的历史文献中，筛选着有关北京的

材料，然后按照历史时期和历史阶段，分门别类，加以整理。10多个春秋的辛劳，终于结出了丰硕的果实。在准备资料的过程中，曹子西主编了“北京史研究资料丛书”（10 种，已出版 6 种），为通史的编写打下了基础。1984 年，他又主持并参加编写、出版了《北京历史纪年》（28 万字），而于 1988 年出版的由他主编的《北京历史纲要》（50 余万字），是一部按照历史发展，分阶段、分章节写的北京史专著，它初步形成了《北京通史》框架的基本模式。功夫不负有心人。如今，10 卷本的《北京通史》已经出版了 2 卷，2 卷正在付印，其余各卷也即将脱稿了。

身为北京市地方志编纂委员会委员，曹子西还参加指导了北京市地方志的编纂工作；同时，他还兼顾着中国各地城市志的编纂工作。在北京市地方史志研究工作中，曹子西先后主编、出版了《今日北京》（共 5 卷）、“燕山史志丛书”（共 8 种），为繁荣北京市地方史志的研究工作做出了贡献。

如此繁忙的工作，使我开始担心起曹子西的身体状况。但他却说：“工作是忙了点儿，但还是忙了好，总比没事干强。我的身体尚好。现在，还有许多书稿要审改，我是这些书的主编。是主编就要做主编应做的工作，我必须带头干。有些具体工作本来别人应当做的，但我既然是总管，每一个环节就都要亲自过问。”这朴实无华但实实在在的话语，使我对曹子西更生敬佩之情，我似乎看到了一头无怨无悔的老黄牛在孜孜不倦地辛勤耕耘着、耕耘着……

曹子西还向我透露，他正在主持编纂一部《北京百科词典》，共 30 卷，2 000 多万字，部分卷已经脱稿。他说开始时他犹豫过，因为这部书涉及政治、经济、文史等社会生活的各个领域，没有广博的知识是做不好的，但他最后还是担当了这项任务，因为他坚信“锲而不舍，金石可镂”。我衷心祝愿这部贯注了曹子西心血的鸿篇巨制早日问世。

采访快结束时，我问及曹子西的生活情况，他说："白天主要的仍是写作、审稿，偶尔写点儿小诗和散文，自己看，有的也被朋友拿去发表；晚饭以后总是陪老伴出去散散步。"于是，在北京西郊花园村曲曲折折的小径上，我们就会看到一位具有学者风度的老同志，夕阳的余晖照在他花白的头发上，使他显得更加精神矍烁，稳健的步履里迈着他信奉的格言：天行健，君子以自强不息。

（原文发表于1992年）

王秋坡：忆往昔峥嵘岁月稠

◉ 张　鹏

王秋坡简历

王秋坡（1930—　），河北省深县人，中共党员，高级政工师。1949年毕业于华北大学政治理论部。同年8月，响应党中央“将革命进行到底”的号召，随军南下到湖南。在湘西溆浦县连续工作6年多，参加了剿匪反霸、减租减息、土地改革、镇压反革命、合作化等运动。担任过工作队长、区长、区委书记等职。1956年开始从事政治理论工作，曾在中央高级党校进修哲学，结业后在湖南省委讲师团、湖南省委宣传部任理论教员、理论干部。1957年反右派斗争开始后，曾因撰写所谓“反党文章”问题，受留党察看一年处分。此后20多年政治上不被信任，在长沙市第一中学、长沙市教育局从事政治教员、新闻专干工作多年。“文革”中被强加“漏网右派”的罪名，受到迫害。党的十一届三中全会后，经落实政策，原“反党文章”成为“观点正确”的文章，原处分撤销，调湖南省新闻出版局担任落实政策办公室主任、机关党委书记等职。

中国人民解放战争胜利前夕，五千多名华北大学毕业生奔赴祖国各地，为全国的解放和人民政权的巩固立下了汗马功劳，一批功勋卓著的校友在那片也许是完全陌生的土地上洒下了汗水和热血。本文试图通过记录一部分当年华大在湘校友几十年的奋斗历程，表达对他们的敬意，并让今天的人大人为有这样的校友而骄傲，而自豪。这其中，就有湖南省新闻出版局原机关党委书记、华北大学湖南校友联谊会负责人王秋坡。

到革命最需要的地方去

军队在欢迎你们，
工人在欢迎你们！
同志们，
我们亲切地欢送你们！
到西北去，
到工厂去，
到南方去，
把毛泽东的思想普及到全中国，
把华大忠诚团结朴实虚心的优良作风带到全中国！
祝你们身体健康，勇敢、胜利地前进，
到南方去，
到革命最需要的地方去！！！

到革命最需要的地方去，是时代的最强音，是华北大学的学生们感受到的最强烈的召唤，是当年无数革命青年做出人生选择的唯一准则。“去，到南方去，我们是新中国的优秀儿女，为人民服务献出自己……”面前年近古稀的老校友唱起当年华大同学南

下时的这首歌，让笔者仿佛感受到了那个年代的脉搏。

白发苍苍的老校友回忆起当时的学习和革命生涯，仍禁不住有些激动："1948 年 8 月华北大学在河北正定成立，我是河北人，幸运地考上了当时年轻人心驰神往的这所革命大学。当时老革命家吴玉章担任我们的校长，著名历史学家范文澜和教育家成仿吾担任副校长。"不久，全国革命形势迅速发展，人民解放战争进入战略决战阶段，党中央发出"将革命进行到底"的伟大号召。此时，华北大学迁入北平，华北大学学生响应号召，自愿随军奔赴各地。当时王秋坡在华大一部政治理论部学习，主要学习哲学、政治经济学、科学社会主义和时事政治的知识。二部是社会科学部，主要培养师资和教育工作干部。三部是文艺部，培养为工农兵服务的文艺干部。四部是研究部，研究专门问题和培养大学师资。

1949 年 7 月 31 日，一部五千多名同学参加了毕业典礼。范文澜副校长对大家说："同学们一脚跨出了华北大学的大门，也就一脚跨进了另一个大学的大门，那就是整个的革命阵营。"他接着说："你们打背包出华大校门时，千万要把华大八字校训一起带出去。校训第一个叫作忠诚，意思是要全心全意地为人民服务，要不折不扣地对革命负责。第二个叫作团结，意思是要善于使用批评和自我批评的武器，和群众打成一片。第三个叫作朴实，意思是刻苦耐劳，不蹈虚浮。第四个是虚心，意思是谦虚谨慎，戒骄戒躁。"当时这些十八九岁的热血青年毅然做出随军决定时，从未考虑过生命安全、生活条件和个人前途。"革命需要我们到哪里，我们就到哪里；部队打到哪里，我们就到哪里；组织分配什么工作，我们就做什么工作。我们这一批同学，在华北大学学习的时间并不长，但我们对华大的感情很深。因为在那样一个特殊的历史阶段，华大教给了我们马列主义、毛泽东思想的基本知识，使我们初步奠定了革命的人生观，了解了共产党的纲领和政策，体

会了革命者应有的工作作风，树立了不怕牺牲个人一切、忠实地为人民服务的理想，这使我们在此后几十年的人生中都受用无穷。”王秋坡深情地说。

1949年8月5日，700多名华大学员随同第四野战军离开北平南下，9月初到达长沙，这时长沙刚刚和平解放。随军来到湘西溆浦县的，就有包括王秋坡在内的22名同学。

在湘西溆浦县，王秋坡这个北方汉子将6年的青春与汗水挥洒在了这片潇湘热土上。他们同南下干部一道，参加了剿匪反霸、减租减息、土地改革、镇压反革命、合作化等运动。回忆到这里，他深情地说："如果没有当时这几种大运动，新中国的政权就不会稳固，因而我们历尽艰险也从未后悔过当年的选择。”正如影片《湘西剿匪记》中所再现的那样，这批年轻的入湘干部就是凭着这股大义凛然的革命气概，配合南下的解放大军，将顽固的反动地主恶霸土匪一网打尽，用自己的热血和生命换回了人民的安居乐业。

当时，干部一律实行供给制，每人只发一套蓝布棉衣，内衣自己从家带来，开集体餐，每天8分钱菜金，净吃酸菜炒辣椒，王秋坡这样的北方人其实很不习惯，但为了革命事业他们也能尽力克服。土改后，大家住进农民的茅草屋，与贫苦农民打成一片，唤起他们的觉悟，与他们建立感情。王秋坡和同志们同农民一起吃糠咽菜，穿粗布衣，打赤脚，几个月洗不上澡，身上长了虱子。

生活上的困难没有难倒这些革命青年，在剿匪反霸斗争中，他们都经历过战斗，不少同学甚至将生命无私地献给了这片土地。王秋坡讲述了几个真实的故事：芷江地区的邹立汉，到洪江一带地方工作时，住在一个农民家里，伪保长的母亲向土匪报信，邹立汉被活活砍死。怀化县曾有过一次湘湾事变，土匪们搞假投降，年仅16岁的华北革大学员叶子平和另外两名老干部惨遭杀害，尸体被砍成几块，沉入河中。黔阳大坪的剿匪战斗，活捉土匪20多

人，连同土豪劣绅，共 40 多人关押在区政府。夜间只留了少数几个同志看守，土匪纵队司令易豪的 200 多人包围了区政府，被关的土匪听到枪声，拼命外逃，张赫如操起手榴弹和步枪，跑出去大喊："回去，都给我面壁坐着，谁动枪毙！"结果把土匪们都镇住了，一个也没跑掉。外面的土匪不敢轻举妄动。在场的另一位干部冷静沉着，假意打电话调动大部队。张赫如大声喊："解放军来了，土匪要跑了，狠狠打！"结果外面的土匪被吓跑了，增援部队听到枪声很快来到，取得了这场斗争的胜利。

说到这里，王秋坡拿出一封信，这是几年前湘西溆浦县政协文史办寄来的。信中说："溆浦是湘西地区解放时秩序较好的一个县。在这一划时代的历史变革中，你们披荆斩棘建立了人民政权，使溆浦县人民得以休养生息，安居乐业，多项建设蓬勃发展，日新月异。你们为此做出了卓越贡献，立下了不朽功勋，并献出了宝贵的青春，其丰功伟绩，极应笔之于书，载之于史册。"

海枯石烂心不变

1956 年，社会主义改造基本完成，党领导全国人民开始转入全面的大规模社会主义建设。王秋坡等南下知识分子干部，分布到国家的农业、工交、财贸、文化教育等各个部门。经过了急风暴雨的考验和实际工作的锻炼，他们已逐渐成熟起来，成为各方面的骨干力量，发挥着越来越重要的作用。

1956 年，王秋坡被调入湖南省委党校，在中央高级党校进修哲学结业后又被调入湖南省委讲师团担任理论教员。1957 年整风运动初，他写了一篇题为《谈谈按劳分配》的政论文，结合马列主义原理，谈现实生活中必须反对平均主义和特殊化问题。他在文中提到有的领导干部坐公家的汽车，是脱离群众。反右派斗争

扩大化后，他的文章被断章取义，被认为是“反党文章”，他受到了留党察看一年的处分。1962 年到 1970 年，他在长沙市一中当政治教师，由于辅导得当，高考很多考题都是他平日授课的重点。一名考生出考场后大喊：“王秋坡老师万岁!”仅仅因为这一句话，他又被扣上“漏网右派”的帽子，受到迫害。

1979 年的一天，在长沙市教育局担任新闻专干的王秋坡终于盼来了一纸落实政策的文件。平反后，他以前所谓的“反党文章”成了“观点正确”的文章，原处分撤销，他被调到湖南省新闻出版局任落实政策办公室主任、机关党委书记。1992 年，他离休后与其他老干部共同创办了湖南省芙蓉图书音像公司，他担任总经理，继续为湖南省的精神文明建设做贡献。

我禁不住问道：“从 27 岁到 49 岁这 20 多年中，您一生的大好年华都耽误了，您对党、对社会主义的信念从来就没有动摇过吗?”王秋坡毫不犹豫地回答：“我们这一代人，出生在旧中国，对黑暗的旧社会有深刻的切身体会。我们从来就坚信没有共产党就没有新中国。党曾经犯过错误，这些错误最终都是靠党自身的力量纠正过来的。因此党始终是伟大的，我们对党、对共产主义的信念海枯石烂永不变。”

焕发青春　振奋精神

当年先行随军入湘的华大校友共 350 多位，是南下入湘最早的一批知识分子干部。他们经历了湖南解放 40 多年来革命和建设的全过程，既是这段光辉历史的目击者和见证人，又是推动这段历史发展前进的一支重要骨干力量。

在王秋坡老校友保存的部分华大校友的回忆文章中，在湘潭工作的华大校友赵靖宇写道：“如果说我们初进华大时，凭的是青

年的爱国热情，那么，经过学习之后，我们已经初具革命的世界观，已经成为愿为共产主义事业奋斗的积极分子。我们对打倒蒋介石，解放全中国的战斗动员是那么由衷地拥护。我们毅然决然地响应党中央号召南下。此时此刻，我们谁也没有想过参加革命工作后的工薪报酬和物质待遇，而是把参加革命为人民服务当作唯一追求，为能当上一名享受供给制待遇的革命干部，感到特别自豪。”王秋坡感慨地说：“赵靖宇同学说出了华大老同学的共同感受，也正是由于这种共同感受，即使是经过了 40 多年的风风雨雨，华大同学之间，仍保持着深厚的感情联系。”

现在，多数校友步入花甲之年，陆续离开了工作岗位，大家不但没有因此疏远，反而联系得更加紧密了。校友联谊会应运而生，他们发起组织了华大校友庆祝入湘 40 周年征文活动，召开“华北大学校友入湘 40 年史料征集座谈会”。1989 年 10 月，华大在湘校友本着“焕发青春，振奋精神，联络感情，坚定信念”的指导思想召开了大规模联谊会。“焕发青春”就是要焕发当年随军南下时那种“怀着满腔热血和报国之志的青春”，“振奋精神”就是振奋那种“志中明知黄昏近，不用扬鞭自奋蹄”的精神，“联络感情”就是联络当年华大那种“忠诚团结、朴实虚心”的感情，“坚定信念”即“坚定共产主义信念，坚定地跟党走，海枯石烂不变心的信念”。这么多年来，他们始终心向共产党，将满腔热情都倾注到兢兢业业的革命工作中，满怀希望地憧憬明天。湖南人民也永远不会忘记，将毕生精力献给湖南革命和建设的来自五湖四海的华大儿女；今天的人大人，更应该将华大校友的献身精神继承下来，并发扬光大。

（原文发表于 1997 年）

朱训：为祖国找矿的一生

◉ 曲洁昊

朱训简历

朱训（1930— ），出生于江苏阜宁。1946 年加入中国共产党。1950 年进入中国人民大学工厂管理系学习。1952 年至 1957 年于苏联第涅伯尔彼得罗夫斯克矿业学院地质勘探系学习。毕业后分配到江西省地质局赣东北地质大队工作。1982 年任地质矿产部副部长、党组副书记、政治部主任。1985 年起，先后担任地质矿产部部长（1994 年卸任）、党组书记兼全国矿产储量委员会主任。第八届全国政协委员会秘书长、机关党组书记。中国共产党第十三届、十四届中央委员。1994 年后，任政协全国委员会机关党组书记，河南理工大学名誉校长。

“我原来是学化工的。”80 高龄的朱训如是说，随之打开了记忆的闸门。据他回忆，他的职业生涯融入了新中国地矿事业的开拓与发展中。

从苏北根据地到人民大学

1941 年，在刘少奇的倡议下，朱训的家乡建起了第一所中学——盐城阜宁联立中学。1942 年，朱训开始在盐阜联中初中部读书，并且参加了徐以达老师领导的化工研究小组。

当时的苏北抗日根据地被敌人封锁，国民党统治地区的商品进不来，可根据地的老百姓和军队都需要用肥皂。为了解决这一问题，徐以达老师开始带着同学们做生产肥皂的实验。从 1942 年到 1944 年，经过二三百次的实验，他们终于成功了。经过一段时间的发展，肥皂生产已初具规模，并基本解决了根据地军民对肥皂的需要。

1945 年初，抗战即将胜利，为了培养抗战胜利后国家建设所需的各种专业人才，盐阜联中被改建成了苏北工业专科学校，朱训随之被分到了化工科。在解放战争中，朱训就在这个工专学校的附属化工厂工作，任技师车间主任，负责肥皂的制造，稍后又开始制造牙粉和酒精，供苏北解放区军民使用。1949 年新中国成立后，化工厂从农村搬到了淮阴，也就是今天的江苏淮安。朱训在这个工厂一直工作到了 1950 年初，从普通的车间技术员，到车间主任，再到后来的工厂团支部书记、党支部副书记，后来还代理书记职务。就在这一年初，一个通知改变了朱训的命运。

当时正在淮阴光华化学厂工作的朱训，突然接到上级公司的通知，说是总经理要找他谈话。总经理告诉朱训说：“有一个消息，对你也可能是好消息。中央要在北京开办一所大学，叫中国

人民大学，专门培养高级管理人才。我们接到通知说这个学校要从解放区的干部、工厂的劳动模范、军队有文化的战士和军官当中挑选一部分学员，去推荐考试，当然需要有一定的文化基础。”总经理看朱训有高中文化，又是入党已经5年的工厂干部，全然符合推荐条件，就希望他去碰碰运气，如果考得上，就让他去读大学。听了这个消息，朱训十分高兴。在他看来，读大学完全是不敢想的事情。他认为能在现代化的工厂里工作，已经是从“土八路”变“洋包子”，很不错的了，还能去大学读书，简直就是天上掉下来一块馅饼。

在总经理的鼓励下，朱训赶到南京参加了推荐考试，当时招生办的负责人就是后来的人大校长、著名金融学家黄达先生。考试共两天，第一天考作文、历史地理、数理化等科目，第二天就是面试了。到了第三天，朱训便接到了通知，说他已经被录取了。就这样，朱训的命运跟人民大学联系到了一起。在移交完工厂的工作后，他踏上了北上读书的火车。

铁狮子胡同的记忆

对于年轻的朱训来说，人民大学的生活是全新的，也是一生难忘的。

朱训记得自己刚到北京时，学校还在筹备阶段，真正开学是在10月份。开学典礼就在铁狮子胡同的大操场。出席开学典礼时，刘少奇身穿灰军装，步子很快。紧跟在他身后不远处就是朱德，走得稍微慢一些。朱德说：“新中国成立了，需要高级管理人才，所以中央决定办一所大学，把你们从四面八方调来，你们要好好学习，不辜负党的期望，不辜负人民的期望。”

在人民大学，朱训读书学习，结交了很多良师益友。来学校

的第一天，朱训被告知分到了工厂管理系学习。在新生报到处工作人员的带领下，他来到了工厂管理系，见到了辅导员陆迅和系主任张琳（成仿吾校长的爱人）。工厂管理系的同学来自全国各地，背景也大不相同。在学习书本知识的同时，大家还会到工厂去实习。朱训所在的冶金班的实习地点便是石景山钢铁厂，即今天的首钢。

回想当时的大学生活，朱训以“团结、紧张、严肃、活泼”这八个字来形容。他说那时真是一派欣欣向荣的景象，同学们就像兄弟姐妹，两年多的时间，几十个人从未吵过架，校园里也不会有打架斗殴的事情。老师待同学也是非常好的，不仅关心大家的学习，还很关心生活上的情况。由于大家的学业基础都不很牢固，面对数理化基础课、政治课和俄语课等课程，大家的学习都很紧张。为了学好功课，大家白天学习，晚上自修。

从人民大学到苏联

1952 年，组织上决定派朱训到苏联学习经济学。于是在这年的 9 月初，还有几个月就要毕业的朱训与一些同学奔赴莫斯科。这一次出国学习的经历，又一次改变了他的人生轨道。

在去苏联的前一晚，刘少奇把准备出国的几百个同学叫到了中南海怀仁堂，跟同学们进行了两个小时的谈话。按照学校的要求，朱训和另一名同学负责在主席台做记录。

在这两个小时的谈话里，刘少奇鼓励大家好好学习，跟苏联人民友好相处。刘少奇以“有理三扁担，无理扁担三”要求大家，如果跟苏联同志发生纠纷，不管有理没理，都要打你们三扁担。他告诉大家，出国一年的学习费用可以抵得过几百个农民一年的收成，所以一定要好好学，要争取拿 5 分（满分）。刘少奇提到了

新中国建设对人才的需要：石景山钢铁厂要炼钢，必定需要煤矿和铁矿，要找煤矿和铁矿，就需要有人做地质工作。刘少奇还说："有一个机械厂的厂房没盖完就塌了，就是因为事前没有做工程地质工作。"

经过12个昼夜的旅行，朱训一行到达莫斯科。在几百个人都忙着从火车上搬行李时，朱训听到有人呼叫："谁是朱训，谁是朱训啊?"他闻声就跑了过去，向来人询问发生了何事。那人告诉他："我是中国驻苏联大使馆的。国内来了电报，让你不要学工业经济计划，让你学地质。"地质对于朱训来说，还是个很陌生的概念，而究竟为什么要让他改学地质，朱训至今也没得到准确的答案。

在当时，苏联的高等教育比中国要发达得多、普遍得多，但是跟人民大学一样都很注重理论联系实际。苏联的大学从一年级开始就组织学生边上课边做专题研究，学生可以自由选择专业课题研究小组。于是每周总有两三个小时，在没课的下午，同学们就在专门教师的指导下开展研究活动，培养研究能力和思考能力。除此之外，大家还要参加生产实习，到工厂、地质队去。学习地质的朱训去过野外观察，去过煤矿，还去过高加索的钨钼矿。

在苏联的生活就这样在紧张的学习和苏联人民的关心下度过了。起初在南俄理工大学（诺沃切尔卡斯克工业大学）学习的朱训，因为那个地区闹灾荒，在大学三年级的时候转到了乌克兰国立矿业大学（第涅伯尔彼得罗夫斯克矿业学院）继续学习，并最终在乌克兰国立矿业大学完成了学业，获得了"优秀生"的毕业证书和工程师称号。

与矿业结缘

1957年，从苏联回国后，朱训被分到了江西省地质局赣东北

地质大队，开始了自己为祖国找矿的职业生涯。

当时在江西发现了一种与镍矿、铬铁矿有关的岩石。江西地质局的领导听说有一个姓朱的留苏学生在苏联乌拉尔镍矿、铬矿地区实习过，所以向地质部申请，希望在此人回来以后能把他分到江西。朱训回来之后，就被地质部工作人员带到了南方地质总局总工程师办公室。总工程师告诉他已经被分到了江西，也告诉了他分配去江西的原委。然而朱训自己还是摸不着头脑，因为他并未在乌拉尔地区镍矿、铬矿矿区实习过。直到后来他才知道，原来有另外一个留苏学生也姓朱，而他在乌拉尔地区的镍矿、铬矿矿区实习过。因为这一张冠李戴的巧合，朱训到了江西，一待就是 25 年。

在江西的 25 年里，朱训从普通的技术员做到了工程师，后来成为赣东北地质大队队长、省地质局地矿处副处长和副总工程师、会战总工程师。他参与和主持编制了江西上饶地区地质矿产图件，成功组织了德兴铜矿和东乡铜矿等几个大铜矿的地质勘探。

1982 年 3 月 23 日，因为选拔干部实行革命化、年轻化、知识化、专业化，朱训被调到了北京，担任地质矿产部副部长、党组副书记、政治部主任。1985 年，中央决定由朱训出任共和国第二任地矿部部长、党组书记兼全国矿产储量委员会主任，后又兼中国地质大学校长。

朱训在地矿部任职期间，首要工作是实施“采宝计划”，其中重要部分是开展以“四新”（新地区、新领域、新类型、新深度）为目标的全国新一轮油气普查和全国第二轮固体矿产普查，以及实施全国金矿勘查工程。通过两轮矿产勘查，在全国新发现大中型矿产地 1 000 多处，为中国矿业的发展和国家建设提供了充裕的矿物原料基地。“七五”和“八五”期间，我国黄金储量大幅度上升，累计达 1 000 多吨。

实施“减灾计划”是朱训任期内又一重点工作。中国是具有多种类型地质灾害和地质灾害多发的国家，针对这种情况，地矿部从战略上推进地质工作从资源型向资源环境型转变，把环境地质与矿产地质工作放在同等重要的位置来抓，制定了十年减灾计划，建立了环境地质监测网络，加强了环境地质工作管理机构建设，从而将环境地质工作推向一个新的发展阶段。

难忘人大情怀

谈到自己之所以对中国地矿事业发展能有一个较为清醒的认识，朱训将其归功于在人民大学受到的教育。

朱训认为，自己在人民大学最大的收获，就是系统地学习了马克思主义哲学、辩证唯物主义和历史唯物主义。在他看来，这对他日后观察问题、分析问题、研究问题、解决问题是有很大帮助的。朱训坦言，如果没有在人民大学的基础，自己不可能写出《找矿哲学概论》这部专著。

回忆自己的人大生活，朱训同时为母校提出建议，为今天的人大学生提出建议。他认为，人民大学很重要的一个特点，就是培养人才时很重视世界观、方法论的培养，使得学生有科学的世界观和方法论。通过用科学的思维、马克思辩证唯物主义和历史唯物主义来武装大家的头脑，使得学生能客观看待问题、辩证地处理问题。朱训直言，人民大学就是要保持这个重要的传统。人民大学是要培养高级管理人才的，而科学的思维对于高级管理人才十分重要。人民大学培养的学生在这方面要有独到之处，要在认识论、方法论方面比别人科学一点儿，要办出自己的特色。

（原文发表于2012年）

朱旭："我只是一个普通演员"

◉ 毛建军

朱旭简历

朱旭（1930—2018），辽宁沈阳人，毕业于华北大学第三部戏剧系，中国内地戏剧演员。1952 年，成为北京人民艺术剧院演员。1984 年，出演话剧《红白喜事》，凭借该剧获得中国文化部颁发的表演一等奖。1991 年获得第 2 届中国话剧金狮奖"演员金狮奖"。1996 年，凭借剧情电影《变脸》获得第 4 届北京大学生电影节最佳男主角奖、第 9 届东京国际电影节最佳男演员奖。2001 年，凭借剧情电影《刮痧》获得第 24 届大众电影百花奖最佳男配角奖。2004 年获得第 5 届中国话剧金狮奖"荣誉金狮奖"。2007 年获得第 11 届中国电影表演艺术学会金凤凰奖特别荣誉奖。2011 年，凭借亲情电影《我们天上见》获得第 28 届中国电影金鸡奖评委会特别影人奖。

当我敲响北京西郊朱旭家门的时候，开门的恰好是朱旭。正像《小巷名流》中司马二哥的形象那样，映入我眼帘的是一位善良、谦恭的老人形象。他热情地把我让入家中。而我，却还在惊愕他那一米八的个头。趁主人倒茶礼让之际，我细细端详这位艺坛老人：消瘦的身躯挺拔而刚健，谦和的脸上总露着让人畅快的笑容。头发有些稀，却还乌黑。听我道明来意，朱旭陷入片刻的沉思中，习惯性地抚摸着略显光亮的额头。

"在华大学习已经是40年前的事了。1949年4月，那时我19岁，北平在几个月前解放了。高中没上完，我就考入华北大学三部。当时的学习时间很紧张，主要课程是'社会发展史'等。3个月后，就组织了文工队，到外地演出。想起那时候的学习很有意思，每人发个小马扎，上大课时大家在一起，听课、谈心，改造思想。当时的学习条件很艰苦，哪像现在的大学生，有那么好的学习环境。"

忆起那时的学习生活，朱旭很兴奋。小马扎、大课堂，培养了这些革命战争年代的大学生。正是他们，在日后的祖国建设中，发挥着不可估量的作用。

短暂而紧张的学习生活过后，接着就走上了社会，开始了艰难的艺术实践。1949年7月，华大组建文工队。朱旭随三队下天津等地巡回演出。11月调入华北大学文工二团。1952年进入始创的北京人民艺术剧院。打那儿开始，朱旭就和话剧表演艺术结下了不解之缘。

提起朱旭演的戏，那可多了。从第一个戏《钢铁是怎样炼成的》到后来的《哗变》，其间经历了40个寒暑，朱先生刻画了不同性格、类型各异的角色上百个，有《生产长一寸》中的班标、《霓虹灯下的哨兵》中的赵大大、《蔡文姬》中的左贤王、《骆驼祥子》中的二强子、《茶馆》中的秦仲义等，还有《左邻右舍》中的李振民、《小巷名流》中的司马二哥、《屠夫》中的伯克勒、《推销

员之死》中的查利等。而广大观众了解最深的莫过于电视剧《末代皇帝》中的老年溥仪了。在这部电视剧中，朱旭成功地塑造了溥仪这一“真龙天子”从龙到人的形象转变。话题谈到这部电视剧时，朱旭深沉地说：“作为一个演员，要活到老，学到老，得有股子不断进取的劲儿。演皇帝，对我来说也有比较大的困难，塑造一个历史人物比饰演一个现代人物要难得多。我们摄制组人员经过多方面的调查了解和深入生活，掌握了这中国历史上最后一个‘老爷子’的一些情况，经过艺术处理后搬上荧屏。对于能饰演这样一个角色我感到很荣幸，演得是否成功，还得要观众来说话。”

的确，历经4年摄制的28集电视连续剧《末代皇帝》播出后，在观众中引起强烈反响。观众普遍认为这部电视剧拥有很高的艺术价值和历史真实性，尤其充分肯定了朱旭饰演的老年溥仪这一角色；溥杰先生认为这部剧是所有描写末代宫廷生活剧中最成功的一部；国际关系学院年近八旬的教授劳陇题诗赞誉此剧：“重现历史呈异彩，四年心血不虚抛!”

为了演好“皇帝”，朱旭翻阅了大量有关溥仪的历史材料，拜访了溥仪生前好友和战犯管理所的管教人员。经过反复的推敲，终于把握住了角色的行动线索和感情脉络，并把它归结为“人性的复归”，也就是从“真龙天子”到普通公民的转变过程。朱旭用其娴熟、精湛的演技，成功地表现了这一过程。朱先生幽默地说：“用我们东北人的话来说，我的戏是从‘蹲扒篱子’开始的。22集一完，色彩辉煌的都过去了，简直成了黑白片。”而恰恰是朱旭成功的演技，给《末》剧后6集增色不少。

花甲之年的朱旭，从艺生涯已有40年，其艺术道路也不是一帆风顺的。早年在华大文工团巡回演出时，朱旭搞过灯光。他谦逊地说：“我那时演戏不行”。在舞台辅助工作中，朱旭通过自己的勤奋和汗水，终于登上舞台，并在表演艺术上获得了很深的造

诣。正当朱旭在话剧表演艺术道路上探索前进之时，“文化大革命”来了，“那时候我们这代人多数没能幸免。戏不让演了，被下放到干校劳动，有一个时期我还在剧院烧过锅炉”。

在长期的艺术和生活实践中，朱旭形成了幽默诙谐、凝重深沉的表演风格。他善于饰演身处逆境的“小人物”和知识分子。他的表演使观众在笑声中流泪，流泪中同情，以此得以反思。朱旭说：“我是个乐天派！我觉得生活本来就不会总是愁苦的，人需要自己调节心理平衡，去不断寻求希望。不要遇到点儿事儿总是闷在心里，倒把自己给憋坏了。”即使是烧锅炉时，朱旭也没有因此而消沉，他阅读了大量的文学和文艺理论书籍，托尔斯泰、马克·吐温、加里克，那时都成了他的好“朋友”。每逢时闲，他就去骑车锻炼身体，放风筝陶冶性情。这些为他后来重登舞台打下了良好的基础。

笔者曾听到一些话剧爱好者说，北京人艺一些老演员是人越老戏演得越红火，有点儿老来红的味道。朱旭正是这样类型的演员。长期的舞台实践和生活经历，加之日益深厚的理论素质，使他的演技日臻完美，达到出神入化的境界。在谈到自己的成功经验时，朱旭说：“我只是一个普通的演员，作为一个演员，要勤奋、努力，不断提高自己的知识水平。人都要活到老、学到老，更何况一个在广大观众面前献艺的演员呢？演员所饰演的角色只有演活、演真，让观众接受了，那才算成功。我们常说会演戏的演人，不会演戏的演戏。”谈到这儿，朱旭语重心长地说：“你们这代大学生要珍惜现在的学习机会。我们这代人当初没有一个良好的学习机会，现在在事业发展上深感知识浅薄的局限。人民大学有良好的校风和传统，你们应该努力使自己成为社会的栋梁之材，不要受社会上新‘读书无用论’的影响。”

朱旭有一个幸福的家庭，夫人宋凤仪也是毕业于华大并在人艺从艺多年的老演员，在电视剧《末代皇帝》中成功地扮演了瑜

妃。宋凤仪在剧本创作上也颇有造诣，她编写的故事片《张灯结彩》已由珠江电影制片厂推出与观众见面。他们有两个儿子，还有一个可爱的小孙女。朱旭的幽默乐观和超脱大度维系了一个和睦美满的家庭，也正是这个家庭给朱旭在艺术道路上的探索增添了力量。

（原文发表于 1992 年）

刘鸿儒："火山口"上的拓荒者

◉ 彭凯雷　曹　静

刘鸿儒简历

刘鸿儒（1930—　），1948年加入中国共产党。20世纪50年代初进入中国人民大学攻读研究生，后在吉林大学任教。1959年在苏联莫斯科大学经济系获副博士学位。回国后，先后任中国人民银行的处长、局长，中国农业银行副行长，1980年起任中国人民银行副行长10年，1990年调国家经济体制改革委员会任副主任，1992年至1995年任中国证监会首任主席。曾任第八届全国政协委员、经济委员会副主任，第九届全国政协委员，中共第十二届、十三届中央候补委员。为原中国金融学院首任院长，原中国人民银行研究生部教授、博士生导师、学术委员会主席，清华大学、北京大学、南开大学、中国人民大学的兼职教授，香港城市大学的访问教授，1996年香港城市大学授予他荣誉博士学位。

有人说他是中国银行业改革的领军人物，有人说他是中国证券市场的开山鼻祖，中国金融资本市场开创时期风云际会的历史就这样勾勒出一个长期处在改革“火山口”上的拓荒者的身影。许多金融高官提起他的名字仍敬仰有加，他就是中国人民大学校友、中国证监会首任主席刘鸿儒。

当记者当面将这些评价告诉这位儒雅、豁达的老校友时，刘鸿儒坦言：“我前10年是搞金融改革，后10年是搞资本市场改革，我只是在金融与证券领域做铺路育才的工作，俱往矣。我最感喜悦的是当初拓荒的事业现已开花结果，中国金融与资本市场已经迎来一个高速发展的新纪元。”

彼时已经走下改革“火山口”的刘鸿儒，还出任全国政协经济委员会副主任，依然忙于“传道授业解惑”，侧重考察调研并向中央提供金融资本市场的决策依据。难得他在这样一个春日的午后就着一杯清香四溢的乌龙茶，将那段风云激荡的历史向小校友徐徐道来。

1979年，共和国30年国庆，百废待兴的中国步入改革开放新时代，对现代经济的神经中枢——银行的改革正式提上议事日程。当年10月4日，邓小平提出“必须把银行真正办成银行”，“银行应该抓经济。现在仅仅是算账、当会计，没有真正起到银行的作用，要把银行当作发展经济、革新技术的杠杆”。

1980年，刘鸿儒担负起掌管充满险滩急流的中国金融体制改革之重任，执掌央行改革。

刘鸿儒上任伊始首先面临的难题就是“央行独立”。当时国内银行业在某种程度上已经出现“群龙无首”的局面。1979年开始建立专业银行，中国农业银行、中国建设银行和中国银行都已分离出来。而人民银行把工商银行和人民银行的两种业务交叉在了一起，这就造成了矛盾。人民银行应是“银行的银行”，是监管者，是裁判；工商银行管理具体信贷业务，是被监督者，是队员。

当时，关于成立中央银行必要与否的争论极为激烈。中央决策层迫切需要一个符合中国国情、富于实践与理论智慧的方案。

刘鸿儒就此专门率团考察了匈牙利央行改革进程，返国后结合中国金融业的实际提出了关于设立中国中央银行的建议。1982年初，根据国务院指示，人民银行成立由刘鸿儒担纲的“银行机构改革小组”，负责中央银行的建设方案设计。

值得一提的是，当时中国实行的是大一统的银行工作。对于什么是中央银行、中央银行的权责范围，人们知之甚少。“统一思想，首先要解放思想”，作为人民银行主管改革的负责人，刘鸿儒请教国内外专家，结合中国国情，开始写作《漫谈中央银行和货币政策》，写一篇发一篇，最后结集成册，一时间金融界洛阳纸贵。

1983年9月，中央正式下文决定由人民银行专门行使中央银行职能。刘鸿儒自然而然赢得“学者型官员”的美誉，而“摸着石头过河”的中国金融业改革就此多了一位智囊型干将。

“央行独立”确定后，再往前行，刘鸿儒又担起了全面绘就中国金融业蓝图的重任，刘鸿儒的思与行就此又驶上新的历史快车道。他说：“我在苏联学的是计划经济，市场经济是作为一个批判的对象，我只有一面工作，一面研究。”1984年，刘鸿儒向当时的国务院总理汇报时，总理表示：“财政是个透明的茶杯，一收一支非常明了。你这个金融不透明；它天天在动，不知道哪天会出事，会爆发金融危机。”

凡事预则立，不预则废，预事须将才。总理亲点刘鸿儒出任金融改革设计小组组长，构筑中国金融体制的全新框架。刘鸿儒的理想是，向计划经济体制下金融业这架“机器人”注入生命与活力，使它灵动起来，感人气，知时节。

刘鸿儒主管金融改革时，起用了一批年轻人，其中就有周小川、吴晓灵，这两人那时分任证监会主席、央行副行长，这是

后话。

银行改革宏图设计之初，有人主张银行政策性与商业性业务分离：四大国有商业银行拆成 10 个小银行进行竞争。这种设想脱离中国国情，难度大，后遗症多，一不小心就会打翻“茶杯”，导致社会动荡。

但银行改革箭已在弦，不得不发。以刘鸿儒为首的改革者从国情出发，采取“农村包围城市”的办法，即建一批新型的、小规模的、真正的商业银行。这些商业银行没有历史包袱和政策性任务，如果发展好了可以与传统四大商业银行展开竞争。

作为改革设计者，刘鸿儒还亲自上阵。1987 年，人民银行批准建立一批较小的商业银行，那时筹备上市的交通银行就是由刘鸿儒亲自重组的。

可谓“实践出真知”，随着招商、中信、深圳发展、广东发展和福建兴业银行的成立，刘鸿儒对银行的认识进一步深化，他提出这些银行就是商业银行，中国要大力发展商业银行。他又以此进一步指导实践工作。中国的商业银行自此迎来巨大的发展机遇。

回想 20 世纪 80 年代金融业改革遇到的种种指责，刘鸿儒说：“你搞改革就得先走一步，因而受到的指责就多，这是改革与先行者难免的。”在改革进程中，他把这些责难轻轻放在一边，自己身上不知不觉又增加了重担。

刘鸿儒推动改革的能量与不改初衷、谏言献策的秉性，在这之后的中国新一轮改革进程中受到包括江泽民、李鹏、朱镕基在内的中央领导的重视。内外因形成合力，在中国资本市场历史上最为关键的时刻成就了一个划时代的转折点，亦成就了刘鸿儒证券市场开山鼻祖的功绩。

1990 年春节过后，深沪股市人气高涨，优厚的分红派息方案以及发行数额，勾起了人们的股票发财梦。股市中一夜暴富的实例在社会中引起的激荡不亚于一场地震。盲目抢购之风盛行，交

易场所人山人海，甚至要出动警察维持秩序。自发分散交易带来的弊病已经显露无遗，缺乏法律规范管理，透明度低，中小投资者的利益得不到保护，对社会安定已经造成不良影响，局面已经发展到了是取缔还是规范发展的抉择关头。中央迫切需要一份审时度势、趋利避害、着眼将来、可靠可行的议案。江泽民、李鹏先后约见刘鸿儒，专门听取他的汇报。

1990 年 11 月，正值深圳和珠海经济特区成立 10 周年大庆，江泽民在深圳专门听取了关于股票市场的汇报。在珠海经济特区成立 10 周年大庆的主席台上，江泽民与刘鸿儒打招呼，约他在回京的路上谈。在广州回北京的飞机上，江泽民专门约刘鸿儒谈了两个小时。“我认为改革不能夭折，否则在国内外影响太大。因为没有经验，可能会走弯路，但不能稍有问题就上纲上线。”刘鸿儒坦率地向江泽民陈述自己的观点。

刘鸿儒向江泽民全面如实地汇报了调研的情况，并建议中央不要轻易取消沪深股票试点，关键是如何加强与改进工作。最后，刘鸿儒说：“要相信我们这些老共产党员，我们是不会搞私有化的，公有制为主体地位不会改变。”临下飞机，江泽民明确表示，两个试验点不取消，但暂不扩大，要加强管理，总结经验。

中国的股票市场渡过了一次难关。1990 年末深圳证券交易所、上海证券交易所相继诞生，从此结束了股票市场各自为政、分散交易的时代，标志着证券市场由自发分散走向集中统一规范发行和交易的新时代。

刘鸿儒的真知灼见、坦诚谏言，江泽民的虚怀若谷、审时度势，最终形成智囊人物与决策领袖间智慧碰撞造福于世的佳话。对于这种评价，刘鸿儒说：“保留这片改革成果，是党中央的英明决定。”

1992 年 8 月 10 日，深圳交易所因发行技术问题酿成震惊全国的“八一〇”事件，国务院紧急决定成立监管机构。主导此事的

朱镕基直接找到刘鸿儒，要他具体负责。刘鸿儒向朱镕基坦言："这项工作是火山口的事，又是一个非常敏感且没有做过的事，实在要我做，时间也不能长。一旦机构建立、市场稳定、规范确立后，必须要有人接力。"

1992年，刘鸿儒正式掌舵证监会。在他任上，中国股市进入了令人瞩目的大发展与大创意时期。B股市场、H股市场、期货市场、国企海外上市，一个又一个创意方案在刘鸿儒手上变为现实。他上任时，中国股市挂牌交易仅42家，年成交额681亿元，总市值1 028亿元，而在他卸任时的1995年，这三个数字分别达到381家，4 023亿元，3 474亿元……

更为可喜的是，在刘鸿儒任上还形成了中国证券市场的"海外团"，到1996年5月底，香港股市上的内地公司已达23家，直接在美国上市的有两家。海外金融界人士一直将刘鸿儒尊为内地公司境外上市的领路人。

早在1991年，中央对内地企业境外上市尚存疑虑时，刘鸿儒就率领一班人赴香港考察调研，回来后拿出一份沉甸甸的报告。这份报告提出内地企业到香港上市有几点明显的好处：一是有利于保持香港的稳定和繁荣，关系全局，影响长远，实际上是战略性的一着棋；二是通过香港股市筹集资金，对于内地和境外投资者来说，都是更为便捷、灵活的一种形式，而且支持香港证券市场成为国际金融中心，同样是中国的光荣，有利于提高中国在国际上的地位。更何况香港证券市场的成熟程度比上海、深圳要高得多，我们应当自觉利用这个条件。——刘鸿儒的这份考察报告于1992年4月初向国务院领导同志做过汇报。当时中央的决定是，企业到香港上市要慎之又慎，首先要搞好上海、深圳两个证券市场。

就在该年4月下旬，当时的香港联交所主席李业广率团访京，获朱镕基接见。李业广又提出内地企业到香港上市的问题，朱镕

基当即表示：选择10家左右国有企业到香港上市；并同意成立一个联合工作小组，负责此项工作。经过与港方协商并经国务院有关部门批准，“内地香港证券事务联合工作小组”正式成立了，包括内地与香港方面的10名成员和2名秘书，由刘鸿儒牵头。他们一共开了8次会议，研究了一系列问题。法律文件、双方的监管协议，各方面的程序问题都解决了，最后开始上市。刘鸿儒在这一阶段做了大量的调研，取经著书，实际操作，在国际上影响巨大，为中国公司进入国际资本市场、为香港的繁荣稳定、为国企体制改革和利用外资闯出了一条新路。

当谈及投市初创风云激荡的历史留给后行者的经验与教训时，我向刘鸿儒的杯中再添茶水，而他讲述多时，轻举茶盏已有些许疲累，所谈不多。

“股价，用不着担心。”在创市之初，中国股市大幅振荡，上蹿下跳猴气十足，刘鸿儒用调侃的口吻说：“股市猛跌，下边有怨气，赔钱的买卖谁愿做；股市猛涨，上边有意见，担心有风险；不涨不跌，所有人都有意见，说这哪像个市场。”在他任上，上海股市一度跌到333点，市委紧急打报告给中央。刘鸿儒总结说：“现在回过头来看，根本用不着，我相信地方党委现在也不会写这个报告，涨得猛，你就多放一点儿股票进去，放进去它不就平了吗？低迷时就要从经济上采取措施，单纯从股票市场上采取措施也不行。”

刘鸿儒任上还有一句话依然被投资者引用着，那就是“上市公司质量是证券市场稳定发展的基石”。刘鸿儒出任证监会主席后曾经对各国股灾进行过研究，以印尼为例，起初印尼的证券市场由于环境优越，吸引了大批的外国投资者，但是一年以后，就是由于一家上市公司披露虚假财务信息，使得外国投资者对该市场失去了信心，最终撤走资金，市场一落千丈。刘鸿儒说：“证券市场就像一座百货大楼，如果卖的商品都是假冒伪劣，再辉煌的万

丈高楼，早晚也要倒塌。国际经验告诉我们，证券市场都是垮在上市公司的质量问题上。”刘鸿儒在这一问题上的洞见，对中国资金推动型的皆大欢喜的牛市可谓一记永不过时的警钟。

刘鸿儒回顾从政生涯的风风雨雨，除了“主抓改革”外，他最满意的事就是“办学校、抓人才”。他亲手造就了一大批像他这样的中国本土改革派，在他们这一代人离开改革舞台的时候，这些后起之秀则担负重任，继续推进中国金融证券市场的改革大潮。

刘鸿儒先后创办了央行研究生部与中国金融学院，这些学校与其毕业者一直声名远扬。刘鸿儒办学的成功与其办学的思想密不可分。陕北公学是为抗日而设，培养的是富于“实际精神”的革命先锋队；而刘鸿儒则为金融业改革培养具有远见、勇于实践的人才。刘鸿儒说，金融资本市场改革的瓶颈之一就是人才，而过去计划经济体系中的教学手段和培养出的人才，无法适应新形势下的操作体制。正基于此，刘鸿儒央行上任伊始就创办了人民银行研究生部，全面系统传授经济学、数学、会计、法律等。

在坐落于北京五道口的央行研究生部，刘鸿儒推行的富于实践与开创精神的教学模式薪火相传。

初创伊始，刘鸿儒不聘请专职的专家，而是请社会上即大学和机关里的有才华的人，比如中国人民大学的学长黄达等知名学者讲课。他和央行其他负责人亲自主讲数门在国内属开创性的课程，如金融体制改革、中央银行制度、宏观调控理论、证券与资本市场等。而这些主讲方向，都源于刘鸿儒当时的探索实践，具有极强的现实针对性与可操作性，有人甚至将其比作中国金融业的MBA高级研修班。现任央行副行长的吴晓灵等一大批人才，其学识就在此得到锤炼。

刘鸿儒的这一系列做法受到质疑：办学校就应该有自己的老师呀，你们怎能没有专职教师呢？这样做不符合要求。当时的国家教委并不因为刘鸿儒是央行高官而“放松要求”，专门为此组织

了全国10名专家进行“重点检查”。

但正是这种中国本土的“MBA”教学法，令学生的理论及操作能力强于其他高校的学生。在1987年，刘鸿儒还创办了中国金融学院并亲自任校长长达8年，这是中国第一家专门培养金融专业人才的高等学府。

当谈及其学生生涯，刘鸿儒校友更显情深意切，无情的岁月洗去了50年前的诸多浮尘，而求学生涯却依然难忘。在人民大学以及在苏联学习期间所培育和保有的个人品性在刘鸿儒记忆深处仍然熠熠闪光。

刘鸿儒说，在1950年，他20岁时，由东北人民大学选派到中国人民大学学习。之前，他在东北人民大学（以前叫东北行政学院）法律系搞教学辅导等，并没有接触过金融。到中国人民大学做银行专业研究生时，才正式跟苏联专家系统地学习金融知识。当时黄达是他的学长，在货币流通教研室，而他在银行教研室，都是金融界的。可以说这3年，奠定了他赴苏联进一步深造及以后从事金融工作的基础。

刘鸿儒当时正值意气风发之岁月，来到中国人民大学不但增进了学识，更磨砺了品性。正如毛泽东在陕北公学题词中所言：“这些人是胸怀坦白的，忠诚的，积极的，与正直的。这些人不谋私利……”刘鸿儒求学生涯中锤炼的品性在以后长达40年的金融工作中都是一以贯之。熟知他的人都说：“刘是一个豁达大度、胸无块垒之人。”

刘鸿儒在随后苏联4年的求学中获得了副博士学位，并进一步提升了他的素质、这期间他用整整一年时间攻读了《资本论》，他采用笨鸟先飞的办法，每天学习时间都很长。这形成了他完善的理论知识基础，使他以后在推动金融业由计划经济向市场经济的过渡时游刃有余。

回忆在留苏求学中印象最深的一件事，刘鸿儒说那就是他亲

耳聆听了毛泽东主席向莫斯科留学生代表发表的那段激情澎湃的讲话，即："世界是你们的，也是我们的，但是归根结底是你们的。你们青年人朝气蓬勃，正在兴旺时期，好像早晨八、九点钟的太阳。希望寄托在你们身上。""青年人应具备两点，一是朝气蓬勃，二是谦虚谨慎"。

刘鸿儒说，他一贯的信念就是不干则已，干则干好。"说出来你们可能都不信，我做过系主任，留苏拿博士，可到人民银行第一个工作主要是做会议记录，连写会议简报的权力也没有。""但我没有意见，自己从没有做过的事，学一学又何妨。"看了他清晰的会议记录后，领导就开始让他编简报了，"官升了一级"，后来重要的讲话稿、文件交给他起草。"你基础打好了，干什么都不难。"

作为人民大学的老前辈，他把"朝气蓬勃，谦虚谨慎"八个字寄语后来学子。他对母校人民大学寄予很高的期望：在新世纪人文社会科学蓬勃发展的今天，中国人民大学应当抓住机遇发展壮大自己，再现辉煌。

（原文发表于 2002 年）

吴忠观：为学立言 50 年

◉ 刘家强

吴忠观简历

吴忠观（1930— ），四川省绵阳市人，人口学家、经济学家。曾担任国家计生委人口专家委员会委员、中国人口学会理事、四川省人口学会会长。1952 年毕业于成华大学经济系，随后转入中国人民大学马列主义研究班政治经济学分班学习。1954 年毕业后，一直在西南财经大学（前身为四川财经学院）从事教学和科学研究工作。1954 年至 1961 年从事政治经济学教学，从 1961 年开始转教经济学说史，1979 年开始转为人口学的教学与研究。先后担任助教、讲师、副教授，1985 年晋升教授，1990 年增补为博士生导师，1992 年被国务院批准为享受政府特殊津贴的专家，1999 年获首届四川人口奖。

容光焕发，精神矍铄，思维敏锐，是72岁的我国著名人口学家、经济学家吴忠观教授留给笔者的第一印象。

从1952年进入中国人民大学学习，到2002年的著作等身，德高望重，吴忠观已经度过了辛勤耕耘、为学立言的50个春秋。在这50年里，吴忠观潜心钻研，笔耕不倦，在经济学和人口学两个领域的学术研究中结出了丰硕成果，尤其是对中国人口学的理论创新与实践指导做出了巨大的贡献。

初出茅庐，一鸣惊人

1954年，吴忠观完成了在中国人民大学马列主义研究班政治经济学分班为期两年的学习，进入西南财经大学从事教学与科研工作。当时，祖国正处于热火朝天的社会主义经济建设初期，马克思主义政治经济学研究迎来了第一个春天，风华正茂的吴忠观立志要为中国经济研究干出一番事业。果然，工作不到一年，吴忠观便初露锋芒，出手不凡。

1955年，当时国内著名的社会科学杂志《新建设》第6期发表了吴忠观的题为《马克思主义的产生是政治经济学中伟大的革命》的长篇论文。该文系统地阐述了马克思主义政治经济学与资产阶级政治经济学的区别和对立。他强调指出，马克思主义政治经济学的产生是对以往一切政治经济学的彻底否定，是一场深刻的革命。同时，他也指出否定并不是简单地加以抛弃，否定包含着继承性。马克思主义政治经济学正是由于批判地继承了人类经济思想史上的一切优秀的科学成果才创立起来的。后来，他又把这篇论文加以补充、扩展，写成一本约有5万字的小册子，仍用原论文的题目为书名，由上海人民出版社于1956年出版。这是他公开出版的第一本书。

初出茅庐便著书立说，吴忠观可谓少年得志，但他并不因此而沾沾自喜，故步自封。他说，既然选择了学术研究这条路，就应该踏踏实实地一步一个脚印地走下去。

1965 年，他又完成了第二本书的写作——《伯恩施坦修正主义经济观点批判》。这本书是他综合 5 年来经济学说史教学的心得体会，在讲稿的基础上加以丰富、充实写成的，具有极高的学术价值。但是，由于“文化大革命”，这本书一直搁至 1975 年才由上海人民出版社出版。

学术研究的第二个春天

1976 年，“文化大革命”结束，吴忠观迎来了他学术研究生涯的第二个春天，又开始了一个创作丰收时期。

从 1976 年开始，他写了关于经济学、经济学说史的许多论文，在《经济研究》《中国经济问题》《财经科学》以及一些高等学校的学报上发表。他还主编了《经济学说史》这部教材，全书 26 章，共 50 余万字。上起古希腊、罗马的经济学说，下迄 20 世纪 30 年代凯恩斯主义，对几千年来经济学说产生、发展和演变的历史过程做了较为全面的介绍和评述。吴忠观撰写了其中 8 章，并对全书统纂定稿，这是他从事经济学说史 20 多年教学和研究的总结。该书 1987 年由西南财经大学出版社出版后，被许多高等学校采用作为教材，多次重印，发行面很广。该书由于具有较高的学术水平，1989 年荣获四川省优秀出版物奖，被认为是党的十一届三中全会以来四川省出版的优秀学术著作之一。2001 年该书经修订后，出版了新的修订本，使这部书更加完善。作为经济学说史的专家，吴忠观还应邀撰写了我国著名经济学家许涤新主编的《政治经济学辞典》和宋涛主编的《〈资本论〉辞典》中有关经济

学说史的部分条目。

1979 年，吴忠观转向研究人口问题。过去他就对人口研究极有兴趣，50 年代就写过论文批判马尔萨斯人口论，不过当时是作为研究经济学的附带产物。现在他把研究的重点转变为人口学，先后深入到四川省江津、大邑、什邡等县的农村，亲自访问了农民家庭，观察了他们的生产、生活、婚姻、家庭和生育状况，并与他们座谈。在大量调查的基础上，撰写并发表了一系列关于人口问题的调查报告和学术论文。他根据我国人口多、底子薄的国情，认为在我国加强人口经济学的研究具有特别重要的意义。发表了《建立和发展社会主义人口经济学》《社会主义人口经济学必须研究的重大课题》等论文，并与北京大学教授张纯元、南开大学教授李竞能一起，发起编写密切结合中国实际的《人口经济学》，组织我国 8 所著名高校十几位教师参加编写，经过 2 年多的努力，该书于 1983 年由北京大学出版社出版。张纯元任主编，李竞能、吴忠观、温应乾任副主编。这是我国出版的第一部《人口经济学》，这部共计 6 篇 24 章，40 余万字的著作，以辩证唯物主义和历史唯物主义为指南，系统地阐述了人口经济学的基本理论、主要内容和方法，为一部具有中国特色的人口经济学著作，填补了我国人口科学的一项空白，成为当时我国人口科学研究的重要成果之一，并于 1988 年获国家教委颁发的优秀教材奖。另外，吴忠观为了使人口经济学的知识得到普及，还独立撰写了《人口经济学概说》一书，由四川人民出版社于 1985 年出版。

吴忠观自从把研究的重点转向人口科学后，发表了大量关于人口问题的论文和著作，并参加编写了一些在人口学界很有影响的专著、教材和工具书。他还参加了我国著名人口学家刘铮主编的《人口理论教程》和《人口学辞典》的编写，参加了《中国大百科全书》社会学卷中人口学条目的写作。他还于 1995 年和 1998 年应邀赴新加坡、美国、中国香港等国家和地区进行学术

交流，访问了这些国家和地区的一些著名大学。对于促进中外学者之间、中国的内地学者和香港学者之间的学术交流起到了一定的作用。

人口研究，贡献卓著

吴忠观作为人口学家，对我国马克思主义人口理论的研究和发展起了重要作用，是我国人口经济学研究的开拓者之一，对介绍国外人口思想也做出了重要贡献。他注重理论与实际的紧密结合，为我国控制人口增长，振兴经济发展做了大量建设性工作。他在人口学方面的主要思想和贡献如下：

他对我国人口经济学进行了开拓性的研究。他率先较为全面地论证了在我国建立人口经济学的重要性，最早阐述了人口经济学的对象、性质和方法，并设计了人口经济学的体系、框架和结构。他认为，人口经济学是一门以人类社会各个发展阶段上的人口经济关系为对象的社会科学。它一方面要研究社会经济过程对人口过程的制约性；另一方面又要考察社会人口因素对经济过程的影响。通过这两方面的研究，阐明社会经济过程和人口过程相互联系、相互影响、相互制约、相互作用所形成的规律，即人口经济规律。他还把人口经济学分为宏观的研究和微观的研究。前者是从国民经济总体来研究人口与经济的相互关系，主要研究人口与所有制结构、产业结构、经济技术结构、就业结构、消费结构等等经济结构的关系，研究人口总量与经济总量、人口增长与经济增长的关系等等。后者是从个体上研究人口变动与经济变动的关系。人口经济学只有把宏观研究与微观研究结合起来，才能全面地阐明人口经济发展的客观规律。

他为阐明马克思主义的人口原理，特别是为重新评价“两种

生产”原理，恢复“两种生产”原理在马克思主义人口理论中的重要地位，做了大量工作。他认为两种生产原理是历史唯物主义的组成部分，是马克思主义人口理论的基石，并首先提出和论证了两种生产原理。他认为，19 世纪末期俄国民粹主义者米海洛夫斯基和资产阶级政治家卡列也夫攻击两种生产原理，受到列宁等人的反驳，这是第一次论战。20 世纪 30 和 40 年代，苏联部分理论工作者否定两种生产原理，后来受到我国和苏联一些学者的批评，这是第二次论战。第三次论战发生在 20 世纪 70 年代末和 80 年代初的中国。其涉及范围之广，参加人数之多，都前所未有，这次论战把两种生产原理推进到了一个新的阶段，使两种生产原理得到很大的发展和普及。

他在我国首先提出并论证了建立和发展质量人口学的必要性。他根据我国人口素质需要提高的客观实际，借鉴国外一些人口学家的主张，认为人口学必须分为数量人口学和质量人口学。他认为，质量人口学应研究：(1) 人口质量发展的规律。其中包括人口质量的概念、基本要素、衡量人口质量的指标体系、人口质量的发展阶段和类型、人口质量和数量的关系等等。(2) 人口质量和社会、自然的关系。其中包括人口质量和经济、社会发展的关系，人口质量和文化、教育的关系，人口质量和道德、风俗习惯的关系，人口质量和婚姻、家庭的关系，人口质量和遗传、优生的关系，人口质量和生态环境、自然资源的关系，等等。(3) 人口质量发展史和人口质量思想史。

他提出并论证了我国人口发展战略应分三个阶段和步骤的设想。他认为第一步到 20 世纪末的人口发展目标仅仅是短期发展战略；第二步实现人口零增长，是中期发展战略；第三步实现最优人口，包括最优的人口数量、素质、结构、分布等等，是远期发展战略。他主张这三个阶段和步骤应该互相衔接，必须在思想上、政策上、组织上、舆论上做好实现今后中、长期战略的准备。

淡泊明志，宁静致远，一直是吴忠观为学的境界，也是他贡献卓著的重要原因。50 年春华秋实，中国经济建设日新月异，吴忠观的治学道路，印刻着中国经济腾飞的脚步。2002 年，他依然辛勤地劳作于教学科研第一线，老当益壮，续写新的辉煌。

（原文发表于 2002 年）

吴宣恭：人大优秀学风的践行者

◉ 纪　元

吴宣恭简历

吴宣恭（1930—　），厦门大学经济研究所教授，博士生导师。1951 年厦门大学毕业留校任教。1958 年进入中国人民大学研究生班学习，1960 年毕业。1963 年再次到中国人民大学经济系讨论班进修，师从黄松龄教授。曾任厦门大学经济系主任、经济学院副院长、厦门大学副校长、校党委书记。

1988年，鹭岛的3月，已是一片生机勃勃，当华灯初上时分，在厦大的一幢极普通的教师宿舍六楼，我采访了厦门大学党委书记、副校长吴宣恭。

吴宣恭是我国经济理论界有较高造诣的学者之一。他在社会主义所有制等问题上的近300篇重要论文，对我国的社会主义政治经济学产生了重要的影响。他参与合编的我国南方十六所大学《政治经济学（社会主义部分）》的教材，曾荣获全国高校优秀教材奖。他是博士研究生导师，是我国那时高等院校中为数不算太多的教授党委书记。

年近60的吴教授，看上去比实际的年龄要年轻。高大的身材，潇洒儒雅，具有一派文人学士风度。虽近期胃出血初愈，但精神仍十分饱满。他把我热情地迎进那十来平方米的书房兼会客厅时，墙角的书桌上还散放着正待批阅的文件。和厦大海滨那十几幢教授楼相比，这里虽显得狭小和简陋，但却散发着浓郁的书卷之气。桌子上方挂着一帧鲁迅的肖像浮雕，靠沙发的墙上挂着吴教授手书的“大道之行也　天下为公”的横幅，其笔法飘逸之中含有古拙质朴之意。书橱前点缀着一盆盛开的小红花，透出一片盎然生气。

采访从我探询他的病情开始，寒暄之中，当我提醒他要多多注意静养休息时，吴教授微笑着说：“我平时总以为自己身体结实，对什么都不在意，工作一忙，什么都顾不上了，生活也没规律。还好，这次没出什么大事，明天还有一整天的校务会议等着呢!”

交谈很快地转入了吴教授从事政治经济学研究的经历。年轻时代的吴宣恭就读于厦门大学外文系，在解放战争革命形势的影响下，他对马列主义的政治经济学理论产生了浓厚的兴趣，他选择“辅系”外贸专业，跨系正式选修了著名经济学家王亚南的政治经济学和其他经济学方面的课程，始叩经济理论的大门。1951

年大学毕业之后，他服从国家需要，留校改行从事政治理论课的教学工作。1958 年至 1960 年，他作为新中国年青一代的知识分子被推荐到中国人民大学政治经济学研究生班学习。1963 年，又再次被推荐到中国人民大学经济系讨论班进修。

回忆起在人大学习的往事，吴宣恭眉宇之间流露出对母校的眷恋之情。他不止一次说道："这对我的一生来说，可是一个十分关键的时期。""当时，我是在研究生班的指导教师卫兴华，讨论班的导师、当时的人大副校长、著名的经济学家黄松龄的指导下，系统地学习马列主义政治经济学理论，打下较扎实的经济学理论研究基础的。许多原来在教学中似懂非懂的问题，在导师的指点、训练下才基本搞清楚的。"当吴宣恭提到恩师的精心培养和对自己的影响时，他心里充满了感激之情，人也兴奋起来，大病初愈的脸上，泛起红光。是的，就是通过这两次的学习进修，年轻的吴宣恭才脱颖而出。1963 年，他与当时讨论班的同窗谷书堂、林兆木合作，在《光明日报》上连续发表了《试论价值决定与价值实现》《关于价值决定与价值实现问题的再认识》等论文，以其深入的论述和精辟的分析引起了经济学界的关注，在学术研究上初露锋芒。

当谈到人大对自己的影响时，吴教授的谈锋更健了。他深有感慨地说："在人民大学四年的学习生活，是我一生的重要转折点。而且更重要的是人民大学的革命传统、优良校风对我一生的治学以至政治生活都产生了深刻的影响，对我本人在学术上、政治上的追求与进步的帮助实在太大了。"接着他又说："人大学风的第一个特点是注重系统地抓马列原著的学习和研究，引导学生练好扎实的基本功。当时我们就是在卫兴华教授的指导下系统地研究马列经济学原著的。"说到这里，吴教授走到书橱前，拿下一本用厚纸细心包着的旧版《资本论》，深情地对我说："新版的书我也都有，但这一本当年读过的书我却一直珍藏着。"当他翻开书

时，我看到在发黄的书页上，几乎每一页都留下读书时的圈点和眉批。这密密麻麻的行行小字，记录着当年的学习心得、求学的苦心，也记录着人大的优良学风。

"人大学风的第二个特点是十分强调理论联系实际。"吴教授继续说，"特别是在我第二次进讨论班进修时，黄松龄经常安排我们去与实际经济部门接触，参加经济界的各种活动，指导我们针对现实的某些经济理论课题进行研究。这种传统一直影响到我一生的教学和科研，从研究生班毕业回厦大后，我就本着研究的目的就是要解决中国实际问题的思想，毅然改变了以前教政治经济学资本主义部分的方向，转而承担了当时一般人不大乐意承担的政治经济学社会主义部分的教学任务，一教就是几十年。在科研的选题和攻关上，我也是一贯遵循与解决社会实际问题相结合、注重对社会调查研究的原则。如，为配合我国经济体制改革的需要，十年来我先后对社会主义按劳分配问题，我国社会主义现阶段的社会性质问题，以及对我国社会主义所有制等问题进行较长期的研究。"对按劳分配问题，吴宣恭在 1977 年就较早地在理论上肯定了社会主义按劳分配原则的必要性，1983 年又提出实现按劳分配必须考虑价格等因素，物价体制改革必须与劳动工资改革相结合，1984 年又指出既要防止消费基金的膨胀，又要克服企业局部分配上的平均主义等问题，这些都被几年的改革实践证明其理论的深刻性和预见性。对我国现阶段社会性质问题，1979 年吴教授就较早地提出了"不发达的社会主义阶段"的概念，清楚地意识到"不能把整个社会主义阶段都当成是向共产主义过渡的过渡时期"，"必须在社会主义阶段中作出阶段划分"。1981 年又提出"社会主义不发达的生产目的不仅是创造满足人民需要的使用价值，还要生产商品"。这些成果在理论和实践上都产生过重要的影响。在社会主义所有制问题上，从 1980 年至 1988 年，他连续发表近 10 篇论文，其中最主要的有 1980 年的《试论生产资料所有制是

生产关系的独立组成部分和基础》和1982年发表的《生产资料的所有、占有、支配、使用关系》。1980年，他就提出所有制关系包括了所有、占有、支配和使用等关系，不能把它狭义地理解为财产关系，指出“生产资料所有制是生产关系发生根本变革的主导环节”，“所有制的完善化是我国经济改革的核心”。1982年，他又较早地提出要从客体和主体两方面去观察所有制关系，提出在社会主义制度下也存在着“四权”分离的可能与必要。这些观点和论述对我国的经济体制改革具有重大的现实意义，目前我国推行的各类承包责任制的实践都证实了这些理论的重要价值。

吴宣恭接着又介绍说：“人大学风的第三个特点是在治学上强调严谨的科学体系和严密的逻辑。当时老师上课都十分认真，每节课的体系都很严谨，讲稿都写得清清楚楚，十分完整。当年老师们的这种治学精神给我留下深刻的印象。一直到今天，我无论是给本科生或是研究生上课，总是要认真备课并写出体系严密的讲稿。在我编著《政治经济学（社会主义部分）》《政治经济学教程》《社会主义初级阶段的政治经济学》等教材或专著时，我都以此来严格要求自己。”

从对人大学习生活的追忆，我的采访又转向我一直想了解的，我眼前这位一生在学术上执着追求的教授是如何处理好既是教授又是党委书记、副校长的角色。“几年来我之所以能较好地完成党交给我的这一重任，这同样也和人民大学注重政治理论学习、形势教育、革命传统教育的优良传统对我的影响分不开的。”吴宣恭深有感触地说：“从人大开始，我就养成注重政治理论学习的习惯。所以几十年来，我一直保持对马列主义、对党的坚定信念，即使在‘文革’中受冲击，以及后来下放农村，都从没有灰心动摇过。担任党委和学校行政领导工作后，即使遇到很大的困难，或是个人的学术研究受到严重的影响时，我始终都能把党的工作放在首位。我虽是教授，但作为一个普通的党员更要服从整个革

命事业的需要。我深知党交给的工作是关系到一万多教师、学生的大事，我深感到自己责任的重大。”“出任党委书记以来，我们围绕着高校的改革就是为了提高教学质量和科研质量，多出人才，快出人才的目标，一方面抓了党委本身的作风，抓党员培训、形势教育等，以党风带动校风。另一方面，给教师创造一个宽松、和谐、融洽、信任的气氛和环境，促进教师提高业务水平，端正教学思想，改进教学方法，充实教学内容，更新教材，树立良好的教风，以教风带动学生的学风。”在如何才能做好工作的问题上，吴宣恭认为，作为主要的领导干部，除了要通盘考虑全校的改革大政方针和改革措施外，领导的以身作则，关心人，做好人的工作是搞好学校工作的前提。1986 年，当厦大的教授、副教授及一批处级以上干部搬进海边较宽敞的新居时，校党委中除了危房必迁户外，其他人依然全部住着原来较小的旧房。作为世界银行第二期大学教育发展项目中国专家咨询委员会副主席，每年不论是在国内或国外开会，吴教授总是来去匆匆。1984 年至 1988 年，多少回上北京，多少回出国讲学访问，他都从不逗留，他心里总惦记着学校里的工作。

身为学校主要领导，吴宣恭不忘教师的职责，以身作则，主动承担着繁重的教学和科研工作，先后承担了国家“六五”“七五”计划以及福建省的社科重点研究项目，多次组织范围广、时间长的研究跟踪调查。他还先后带出十几名硕士生和博士生，还挤出时间为经济学院的研究生班、助教进修班讲授公共基础课。吴宣恭认为：“这样可以更好地体会教师的甘苦，及时了解学生，了解教学、科研上的问题，与普通教师保持密切的联系，这对教育管理者来说是十分重要的。”“我身为一名教师，对教师的困难有切身的体会。特别是教职工生活福利、住房、工作调动、两地分居、职称评定等问题都需要我们认真地关心、解决好。”吴宣恭除了白天日常工作外，晚上常常要挤出大量时间接待一些来访。

对于来信来访所反映的问题，他都尽可能做到件件落实。但对自己的科研，他则是利用晚上开夜车，或是节假日的时间悄悄躲进办公室、实验室或女儿的家中，尽可能利用那片刻的宁静，坚持在学术领域上耕耘。

时间不知不觉地过去了一个多小时，我突然意识到吴教授的身体还需要更多的休息，何况明天还有更重要的工作正等着他去处理，我起身告辞了。

当我离开这幢普通的教师宿舍楼时，当我最后再望一眼六楼上那灯火通亮的窗口时，“天下为公”的横幅、鲁迅的肖像和那盛开的小红花又一下子涌上我的脑海。

（原文发表于1988年）

张晋藩："史海探宝"人

◉ 咏　波

张晋藩简历

张晋藩（1930—　），著名法学家，辽宁沈阳人。中国人民大学法律系毕业，曾任国务院第二届（1985—1991 年）学科评议组成员，中国政法大学副校长、研究生院院长，1987 年被评为国家重点学科法制史学的带头人。任中国政法大学终身教授、博士生导师，教育部人文社会科学重点研究基地——中国政法大学法律史学研究院名誉院长，最高人民检察院咨询委员会成员，中国法律史学会专业顾问，中国教育家协会名誉会长。

20世纪50年代的第一个秋天，中国人民大学法律系研究生的新生队伍里，走来了一位身材不高、面容清秀的年轻人，他虽然只有20岁年纪，但已经走进了好几所大学的校门：东北长春大学、北京外国语学校、中国政法大学，由于种种原因，在这几所大学他都未能读到毕业，他真正读到毕业的是1950年到1952年的中国人民大学法制史专业研究生，所以，张晋藩是名副其实的“人大人”。从求学到执教他在人大度过了近30载，一谈到母校人大，张晋藩总是有一种特殊的感情。

1991年冬天，一个雪后的上午，笔者到张晋藩家里拜访。谈起自己的治学感受，张晋藩开门见山地说：“最重要的一条就是锲而不舍，持之以恒，四十多年治法制史从没有间断”，这也是他最大的优势所在。实际上，从1950年入学开始，他就作为研究生参加了教授法制史课程的一些环节，毕业后留校，则是教中国法制史课，一直到1973年。1973年到1978年5年间，他到了北师大清史研究所工作。这5年的史学研究使他受益匪浅，为以后专攻清代法制史奠定了很好的基础。1978年人民大学复校后，他又回到母校工作直至1983年离开。

在中国当代法学界，张晋藩享有很高的声望。他是全国第一批博士生导师，全国人大内务司法委员会特邀研究员，国务院学位委员会法学评议组成员，中美法学交流委员会副主席，还有许多其他社会兼职，但他十分平易近人。笔者在与他交谈的很短时间里，感到无拘无束、愉快轻松。由于时间关系，他非常简略地介绍了一下自己的治学经验和感受。他说，中国文化不仅历史悠久而且内容广博，是人类文化史上的瑰宝，需要从多角度、多侧面去开拓和研究。中国传统的法律制度、思想和文化是中国文化的重要组成部分，也是世界法律史上闪光的一页。张晋藩特别强调说，马克思主义从来是不割断历史的，我们研究古代法制史的目的无非是“以古鉴今”“古为今用”。1987年，他在为中央书记

处讲授法学课时，题目就是“中国法制历史经验的借鉴”。法制史的落脚点应是社会主义法制建设，应当为社会主义法制建设服务，失去了这一点，法制史就失去了意义。

谈到母校的历史和发展，张晋藩说：“人民大学是一所有着光荣传统的学校，我在人民大学学习和工作的几十年中，学到了法学知识和马克思主义的方法论。人大培养了政治素质、业务素质优良的大量建设者。回首过去，它光荣而辉煌；展望未来，它前景更加美好。作为人大的校友，我们应该保持学校的优良传统，严格要求自己，跟上学校前进步伐，无愧于人大校友这个动人心弦的称号。”

告别张晋藩，漫步在雪后宁静的人大校园中，我忽然联想起这样一幅画面：在中华民族浩瀚的文明史海洋中，有无数人正在锲而不舍地孜孜探求，他们用心血和智慧采撷到五彩斑斓、光彩照人的文化瑰宝；在中国法制史这一领域，张晋藩几十年如一日，用自己的辛勤劳动获得了丰硕的收获。这些成果为丰富中国法学文化宝库，为中国当代的法制建设做出了巨大的贡献。张晋藩不正是一位“史海探宝”人吗？人大这所具有光荣革命传统的学校培养了他，他在人大这所大熔炉里锻炼了自己。明天的人大，会出现更多的“史海探宝”人，会涌现出更多的各个领域开拓者。我们期待着。

（原文发表于 1992 年）

高清海：漫漫路上的求索

◉ 韩雪梅

高清海简历

高清海（1930—2004），生于黑龙江省虎林县，满族。1952年中国人民大学哲学研究生毕业。历任吉林大学（前身为东北行政学院）哲学系主任、现代哲学研究所所长、副校长，被聘为吉林大学哲学社会学院教授、社会科学学术委员会主任。著作有《哲学的憧憬》（1995、1996）、《哲学与主体自我意识》（1988）、《马克思主义哲学基础》（主编，上册1985、下册1987）、《欧洲哲学史纲新编》（主编，1990）、《唯物辩证法的实质与核心》（1959、1980）等10余部，论文100多篇。2004年成为吉林大学建立资深教授制度以来首批哲学社会科学一级教授。

在普通人的眼里，哲学是一门高深莫测的学科，而哲学家也不可避免地沾染上神秘的色彩。然而通过与高清海教授的接触，我发现，哲学本不应离人们的生活那么遥远，而哲学家除了有哲学赋予的严谨、深沉，更有普通人的正直、旷达、可亲。

高清海曾任吉林大学哲学社会学院教授、吉林大学社会科学学术委员会主任。他身材高大，神情和蔼，有一种平易近人的风度。虽已年近古稀，但眉宇间依然闪烁着学者的智慧。

采访高教授缘于他是中国人民大学的校友。在1950年到1952年间，他在人大的马克思主义教研室读研究生。谈起这段日子，高教授认为应一分为二地看。当时他们的导师都是从苏联聘请来的，教学方式也是“苏制”。一方面严格的学习使他的基本功扎实，记忆牢固；但另一方面由于当时的学习不准发挥个人见解，只要求牢记讲课内容，这又容易使人失去自我、思想僵化、头脑变懒，养成照本宣科、人云亦云的毛病。

研究生毕业后，高教授回到他就读本科的吉林大学任教，教授逻辑学和哲学。

1956年，他出版了《论辩证唯物主义与历史唯物主义的关系》，从此开始了对传统哲学教科书体系的批判和改造。也就是说，他较早地挣脱了教条主义的束缚，较早地进入了符合哲学研究本性的开放、自由、独立思考的研究状态，迈进了哲学研究的门槛。

同年，他破格晋升为副教授，年仅26岁。

当他风华正茂、意气风发、准备大展宏图的时候，厄运却悄悄降临到他的头上。

首先是1957年反右时，他和刘丹岩教授关于辩证唯物主义和历史唯物主义关系的观点，被指斥为割裂马克思主义哲学一整块钢铁的“分家论”，是资产阶级的反动学术观点。于是他被取消讲授马克思主义哲学的资格，改派到西方哲学史教研室。用当时的

价值尺度来衡量，这无疑是一种政治上的惩处。但“塞翁失马，焉知非福”。高教授反而因此有充分的时间来研读大量的西方哲学史原著，不仅打下了坚实的西方哲学史基础，而且能从哲学史发展的逻辑重新理解马克思主义哲学。

但是这样的日子也没能维持多久，1969 年，他的全家都被迫迁到农村插队落户，1970 年回到学校后，主要还是接受教育和改造。在这种情况下，他仍然坚持读书与思考。十几年光阴他孜孜以求，沉默的躯体里，始终燃烧着哲学的火焰。

颠沛沉浮 20 载，当年那个“指点江山，激扬文字”的 27 岁青年，已成为历经人世沧桑的 47 岁的中年人。1977 年，当他再一次踏上大学的讲台，学生们看到他那超过一米八的身材依然挺拔，然而面容却已苍老了许多。他拿起熟悉的粉笔，书写起明晰的板书；讲起熟悉的内容，声音是那样沉稳。对于曾经历的痛苦，他从不愿多谈，只是在他的著述目录上，从 1964 年到 1977 年的那段 14 年的空白，还在久久地烧灼着他的心。

不怕被埋没的，注定不会被埋没。高教授多年哲学思考的种子终于开花结果。进入 20 世纪 80 年代，他陆续出版了多篇（部）论著，在国内外学术界的影响和声望日益上升。作为一名博士生导师，他现在已培养博士生 20 余名，著述多次获得省级和国家级优秀教材、著作、论文奖励；1991 年被评为吉林省第一批有突出贡献的专业技术人才，1994 年被评为吉林省直先进工作者，1995 年获香港柏宁顿（中国）教育基金会首届孺子牛全球奖等奖励。

高教授的客厅里摆放着一台 586 的电脑。“您常用它吗?”我问。“就是打打字，搞软件什么的还不行。”他笑着说。曾经听他的学生说，高教授在哲学圈内以敢于吃各种地方小吃而闻名，他对新东西总有一种探索的欲望和热情。

高教授是黑龙江虎林人，满族，同许多关东人一样，比较喜欢高度数的白酒。但据他的学生说，他似乎从未醉过，是他的酒

量深不可测呢，还是哲学家的理性节制了他的豪情？

高教授的妻子也是中国人民大学毕业的，还是他读研究生时的同班同学。他们膝下有一个女儿，后来又抱上了可爱的小外孙。采访时，从里屋不断传来孩子稚嫩的叫声，家中洋溢着天伦之乐。

当我和高教授聊起当前的精神文明建设时，他谈起了目前社会上存在的“双重人格”问题。官场上，某些人眼睛朝上，只对上面负责，表里不一；市场上，某些人制售假冒伪劣产品，欺骗顾客。“现在有些人，靠出卖人格来赚钱。”高教授指出了这个令人心痛的问题。

他认为：建设精神文明要靠“外法”，用明确的法律条文、规章制度来约束人们的行为；更要靠“心法”，在人们的思想观念上下功夫，在人们心中确立做人的标准。

采访结束了，回想起高教授略带严峻的神情和冷静深邃的目光，他身上那种对社会、对历史强烈的责任感，以及对学术勇敢的探索和不懈的追求，让我怀着深深的敬意。

（原文发表于 1997 年）

于福海：蓝天上的壮歌

◉ 刘　勇

于福海简历

于福海（1931—　），出生于辽宁，1950年进入中国人民大学。在朝鲜战争爆发之时主动报名参军，入伍到长春某航空学校，成了一名飞行机组的领航员。1951年12月毕业分配到部队，后随部队驻守东南沿海。1958年12月，于福海等12名飞行员被派往苏联学习新型轰炸机技术。1965年，于福海担任第一领航员投下我国第一颗空爆原子弹。此后，于福海又先后9次参加我国核试验，并配合科技人员绘制出了我国第一张第一、二代核弹弹道表，编写了我国空军某型轰炸机的第一套领航教材，为我国国防现代化事业做出了突出的贡献。

1965 年 5 月 14 日，一架大型轰炸机在我国西部地区某试验场上空，投下了一个乳白色球体，蘑菇烟云随即腾空而起，直上九霄。次日，新华社向全世界报告了一个举世震惊的消息：我国第一颗空爆原子弹爆炸成功了！

20 多年过去了，人们对那惊心动魄的一幕仍无法忘怀。而投下我国第一颗空爆原子弹的飞行员，就是中国人民大学校友、现任空军某指挥所参谋长助理的于福海。

于福海是辽宁庄河人，童年失母，少年丧父，14 岁便下煤窑当矿工，受尽了苦难。1948 年的一天，于福海从黑暗的窑洞中爬出来时，喜庆的锣鼓告诉他——本溪解放了。于福海脱离了他这一年龄本不该过的挖煤生活，开始学习文化。1950 年，人民大学成立了。于福海连做梦都没有想过，他能够跨入大学校门，成为人民大学合作系第一批学员。

“那时我们班上几十个同学，大都是工农干部，文化基础都很差，大家都十分珍惜难得的学习机会，可是上一堂课就像干力气活一样，衣服都被汗水湿透了。后来，我和班上近一半的同学一起转入了工农干部速成中学补习文化。正当我们抓紧时机昼夜苦读时，美帝国主义把侵略战火烧到了鸭绿江边。为保家卫国，我毅然放弃了在大学学习的机会，报名参加了军干校，后又进入空军航校，成了一名飞行员。这一去就是 37 年，戎马倥偬，再也没回到母校看上一眼！”

1964 年 10 月 16 日，我国成功地以地爆方式爆炸了第一颗原子弹。但国外有人预言，没有十年，中国无法解决原子武器的运载工具问题。这就等于宣布中国的原子弹没有实用价值！然而，仅仅半年之后，1965 年 5 月 14 日上午 8 时 13 分，一架当时我国最先进的轰炸机从西部某机场起飞了，一直向某试验场飞去。弹舱内悬挂着那颗乳白色的球体。坐在第一领航员位置上的，就是大尉于福海。谈起那次难忘的航行，于福海眼中闪动着异常的

光芒。

“作为第一领航员，投弹时飞机由我来操纵，投弹的机关由我来按动，我深知责任的重大！这关系到国威振奋、民族强盛的试验，牵动着多少人的心?！试验能否成功，直接关系到我国原子武器能否进入实用阶段，关系到我国人民能否拥有维护世界和平的坚强盾牌。万米高空飞行投弹，直径200米的靶标，在瞄准具里，只有一枚硬币大小，可是瞄准设备本身误差就有百米左右，空中差毫厘，地面失千米，投不准，则冲击波、光辐射、放射性沾染等的杀伤力难以计量。此外，在核弹爆炸的瞬间，能够及时飞出危险空域吗？如果这颗‘争气弹’，竟在自己手里卡了壳，该怎样向全国人民交代啊。”

“在训练的日子里，我曾为成绩下降哭过、气馁过。当时负责试验指挥的副总参谋长张爱萍知道后，特意派人从几千里之外给我们投弹组送来一筐传说中的‘人参果’——库尔勒香梨，中央领导同志也特地嘱咐我们一定不要紧张，投下去就是一大胜利。”

“亲切的关怀极大地鼓舞了我们，瞄准具把眼睛碰得肿了消，消了肿，训练成绩稳步上升。盼望已久的时刻终于来到了。”

“9时59分10秒，飞机飞临试验场地上空。一切准备就绪，我按动了投弹机关，飞机轻轻向上一蹿，脱钩而出的核弹直向靶标飞去。”

“‘轰隆隆——’光芒四射，惊雷震空。我急迫地摇开遮光罩一看，只见一个巨大的火球出现在靶标上空，蘑菇烟云腾空而起，瞬间与飞机同高，冲击波仿佛要把飞机掀翻。爆炸成功了！据雷达测定，核弹在距靶心40米处爆炸，非常准确，非常成功!”

于福海成了人民共和国的一等功臣。

从那时起，于福海又先后9次参加我国核试验，为我国国防现代化事业做出了突出的贡献。他配合科技人员绘制出了我国第一张第一、二代核弹弹道表；他摸索出的高空轰炸修风法，被飞

行员们称为“祖传秘方”；他改革成功的领航计风仪和向量尺，20多年来一直在部队普及应用。他还和有关同志一起，编写了我国空军某型轰炸机的第一套领航教材。

1981年，中国人民解放军在华北某地举行大规模军事演习，于福海所在部队受领了大型飞机的编队受阅任务。这是一项艰巨的任务，要求上百架飞机从不同方向、不同机场分不同批次进入指定空域，稍有不慎就可能飞机相撞或“放羊”。于福海和战友一起奋力攻关，终于创造性地发明了“二次拦截法”，使大机群编队集合和准时到达的难题迎刃而解。

20多年来，他为我国国防现代化和空军建设事业做出的贡献很难用数字统计。然而，由于工作的特殊性，注定了他20多年的无名英雄生活。

一段时间内，他一家四口人挤在一间十几平方米的旧房子里。从1968年到1983年，于福海在副团职的岗位上干了15年。1983年组织上确定他转业，突然有紧急科研任务又需要他留下，于福海从未说过一个不字。提起这些，于福海淡淡一笑：“一个国家，一个民族，需要有人为她奋斗，为她奉献。我作为一名共产党员，一个共和国军人，理当如此。”

（原文发表于1987年）

胡松华：纵马长歌行万里　情在民族艺海中

◉ 雷蔚征

胡松华简历

胡松华（1931—　），满族，北京人，男高音歌唱家、作曲家、书法家。1949 年毕业于华北大学，成为华北大学第三文工团演员。1952 年入中央民族歌舞团成为独唱演员。历任中央民族歌舞团艺委会副主任、合唱队长，被评为中国交响乐团一级演员。享受国务院政府特殊津贴。任中华民族团结进步协会第一届常务理事，第四届至第九届全国政协委员。兼任中国民族声乐学会副会长、中国音乐家协会理事、中国书法家协会会员。

他从巍峨的雪山走过，他向辽阔的草原奔去，他从美丽的柳林驰过，又从温暖的海岛归来；他深入过边疆万里 47 个少数民族，他被成吉思汗的子孙和格萨尔王的后裔视为兄弟。然而，他不是位旅行家，而是被各族人民誉为“我们自己的歌唱家”的胡松华。

胡松华被中国各民族所喜爱，他受到蒙古族长调牧歌之王、回族“花儿王”、藏族藏戏之王甚至京剧大师们的称赞。

而他又被外国音乐界所推崇，世界音协主席、多名世界著名歌唱家以及各国听众对他的演唱表示赞叹。

胡松华——从 20 世纪 50 年代一直高唱到 90 年代的歌者，他的身后没有谜，只有一条弓背形的长长的路：演戏—绘画—歌舞—歌剧—纯唱，在艺术的殿堂里，他踏过了太多角落。

割爱丹青上舞台

胡松华是满族人、八旗子弟，父亲虽为中医却嗜书画一生。胡松华自幼受熏陶练上了书画，家中还为他请了中西两位画师严教绘画。中小学时，他的美术作品已多次获奖了。

“1949 年，我和几位同学怀着追求革命的一腔热情，决心寻找一所最艰苦的大学读书，锻炼自己。这样，我们来到了硝烟刚散的正定华北大学分校。”胡松华对母校至今记忆犹新。

华北大学的条件是够艰苦了，一人一个小马扎听课，不仅自制粗纸，连墨水都是槐树豆熬成的。

然而就是在那里，胡松华得到的一切使他受益终身。他很动情地总结在华大的收获：“一是追求真理知识的热情，二是扎根于人民的思想，三是艰苦奋斗的精神，四是脚踏实地为人民服务的专业技能。这些一直贯穿了我的大半生。”

在华北大学的日子里，胡松华开始接触到革命的文艺。他被选入了华北大学文艺工作队，演上了话剧，画上了宣传画。一次到冀中地道战地区为群众演出中，他病倒了，一位大娘悉心照顾，给他煮粥、换巾、熬药……“那时，我感到了真挚的母爱，我是和人民连在一起的。”

而原本打算毕业后仍舞丹青的胡松华，自己也没想到：一上舞台，他就没有再“下来”。毕业时，华北大学三团派干部，从分校选调了 10 名年轻人，其中就包括胡松华。他回忆说：“当时我们坐在开往北京的闷罐货车里，大声唱着歌：‘年轻的人，火热的心……’浓烟、雾气掠面而过，我意识到自己又踏上了新的革命征程。”

边关几度歌为证

1950 年，胡松华又被选调到中央访问团，参加大西南少数民族文艺调查研究及学习创作演出。在滇西北，他迷上了藏族山歌，便天天学日日唱。50 年代初，胡松华正是以一组藏族山歌初震歌坛的。

也是从那以后，胡松华开始了漫长的边关之行。“我每年都有三分之二的时间深入到各民族中去。”他解释说：“因为我是从事少数民族艺术的，我不去深入生活，不向各民族学习、不吸吮那里生活和艺术的乳汁，那么，我的演唱就成了无源之水，无本之木。”

1980 年，胡松华和妻子、舞蹈家张曼茹举办的独唱独舞晚会震动了京津。为此，1981 年中央电视台特地录制了长达一个多小时的专题文艺节目《并马高歌》，报道了他和妻子多年来并肩跃马、深入边疆同歌共舞的艺术生涯。

胡松华是骑在马背上的歌手。他说："我常在雪山和草原上观察雄鹰的活动形态，丰厚的生活积累和坚实的技巧磨炼就像鹰的两只坚强的翅膀，我只有展开有力的双翅才能保持平衡奋飞高远……"他长期师从蒙古族长调牧歌之王哈扎布、回族"花儿王"朱仲禄、藏戏之王扎喜顿珠及维吾尔族、朝鲜族歌师阿依木莎、金声民等。

为学好技艺高难的蒙古族长调牧歌，胡松华随哈扎布多次并马长歌在草原，又多次深入到伊克昭盟、锡林郭勒盟、呼伦贝尔盟的牧民和摔跤手们中间去进行同吃、同住、同歌舞、同牧猎的生活体验。他常说："要唱好马背上的歌就要靠'马背上的感觉'，不能用'沙发上的感觉'唱牧歌。而'马背上的感觉，只有在和牧民兄弟同放牧共驰骋的马背上去寻找'。"一次，在锡盟草原上，他在蒙古包里为一位双目失明的阿妈唱起牧歌《小黄马》，歌声中老人激动地紧握住他的双手，颜面上热泪纵横，泪珠点点滴落在他们紧握的四只手背上。歌罢，阿妈说："你是从北京来的娃娃，能到这破旧的蒙古包里来看我，还用蒙古人的嗓子为我唱这么好的歌，我这心就像滚烫的奶茶，你的声腔和我死去的儿子一模一样啊……"当年在大西南向藏族同胞学唱难度很大的各种山歌时，他也下了长期苦功，那时常常是马背上"长行军"，一走就是几十天，这倒为他提供了向"超级歌手"们——"马锅头"（马帮头头）们精学唱艺的好机会。长途跋涉中何以解闷？唯有歌唱。跨马背枪的"马锅头"掩耳长歌在前，全身藏装的胡松华掩耳轻哼在后。夜晚安营扎帐，篝火野炊之后，伴着酒香歌声又起。他又在"歌师"身旁潜心习练，一程程一日日，一句句一字字。忽然一天，前面"歌师"高唱了上句山歌"阿钟"，后面马上有人用清亮的嗓子放声以藏语对唱了下句，"马锅头"惊回头，哪来的藏族新伙计？原来是来自北京的小伙子——胡松华。众藏胞兄弟惊喜欢呼"亚莫谢扎都！"（真正好啊！）类似的故事在云南阿诗玛的故

乡、在新疆天山南北、在甘肃高原的回族聚居区、在白山黑水的屯屯寨寨比比皆是……

在深入边疆的日子里，他还不忘读书，各民族的史料大都是在马背上读完的。

功夫不负有心人，胡松华受到了各民族的欢迎和厚爱。哈扎布盛赞道：“你能用我们蒙古族嗓子唱好连蒙古族人都难得唱好的长调牧歌，能让蒙古族人听了喊‘赛汗道勒吉！马奈胡松华’（唱得真好啊！我们的胡松华），真是不容易呀！”藏戏之王扎喜顿珠称赞：“一个北京小伙子能唱一口地道的康马山歌就不容易，如今又和我们同唱藏戏，这和藏族人唱京戏一样难啊！”

歌峰登顶广蓄积

1960年，在胡松华于北欧的一场演出结束后，瑞典皇家歌剧院的一位歌唱家对胡松华说：“当年老国王训导我的父辈们要伸出右手去拿意大利人的声音，伸出左手去拿俄国人的表演，看来您也这样做了。令我们羡慕而又难以做到的是，您更多了一个古老中国奇妙的百宝箱，您将永远比我们富有。”

谈到“中国的百宝箱”，除了指他那中西合璧的精湛多彩而表现博广的歌艺之外，又要回到胡松华的书画生活。他的书房中除了从边疆各地带回的少数民族工艺品外，剩下的就是满墙的书画作品，笔架上几十支大小各异的毛笔画笔，几十个精致的篆刻石章。1982年经专家举荐他加入了中国书法家协会。胡松华从各民族艺术吸取精华外，还从中国传统文化中广泛地汲取营养。他认为：书法、绘画和歌唱之间有许多共性，如三者都讲坚实的基本功，其根乃在于气法（沉气、凝神、入境），只不过气一行于笔端，一行于歌喉。他总结说：“歌唱乃有声之书画，书画乃有形之

歌声”。他的书房门上挂有启功先生题写的匾额“养气斋”，每天他歌、书、画、剑四艺并练不辍，互补气功，又为自己编了一套“呼吸技法操”，这大概是胡松华“年长声益壮”的秘诀吧。

胡松华不仅寻找中国的百宝箱，还把视野投向了世界。他常说：“中国的艺术家应始终保持自己的民族气节和风骨，他应像一棵龙形劲松，将根深扎中华沃土，而伸展枝叶吸收宇宙间一切营养，然而决不能渐变成法国塔松和美国红松。”当他学习外国的演唱技法时，坚持“借外而不崇洋”的原则，把外国的先进发声技巧很好地融合于中国的民族歌唱中。

胡松华“借外”应从他的声乐启蒙老师郭淑珍教授算起。他入民族歌舞团后，又在杨彼得教授指导下苦练发声基本功。1957年至1960年间，胡松华在上海声乐研究所断续地进修三年，主修欧洲美声唱法技艺，他采用了博汇兼听的学习法，经常来往于研究所内外各学府之间，实践了京剧大师盖叫天嘱望的“学时一大片，用时一条线”的法则。而胡松华的刻苦勤奋为学友共认：星期天他全天关在欣赏室里听各国大家的唱片，常为攻克声音难关废寝忘食，甚至走错街路……

另外，胡松华出访过几十个国家，在访问期间，他与各国音乐界的朋友广泛交流，扩大了视野，不断充实着自己。

正因为胡松华广学博采，在1990年10月北京音乐厅举办的中国当代十位男高音歌唱家荟萃音乐会上，才会出现音乐厅演出声乐节目中少有的受欢迎的盛况。在胡松华用洪亮豪放的歌声唱完意大利民歌《登山缆车》和他的新作蒙古族歌曲《马背上的祝愿》两首风格截然不同的歌曲之后，掌声不息。在观众一再要求下，他演唱了“中西合璧”的代表作——被誉为“中国音乐宝鼎中璀璨的明珠”的《赞歌》，台下爆发了经久不息的掌声。最后一首非同小可的意大利《托赛里小夜曲》又陡然改变风格，感情深沉，给观众留下特殊而更为美好的印象。

意大利“歌王”帕瓦罗蒂在香山与胡松华面对面交流后曾惊叹：“我在听您演唱前，没敢想象世界上能有拥有两条以上歌喉的歌唱家。”

自谱新曲独放歌

胡松华唱的歌，尤其是他的成名歌，大都是他自己创作的。

20 世纪 60 年代前，胡松华已名传边疆。1961 年，他参加第一届上海之春音乐节演出中，由于自编自唱的《森吉德玛》和《丰收之歌》轰动上海，才名蜚内地歌坛。

1964 年，在音乐舞蹈史诗《东方红》演出中，周恩来指出“伟大节日”一场应增加一段蒙古族男声独唱加强节日气氛，任务落在胡松华身上。当时胡松华结合刚在内蒙古锡林郭勒大草原深入生活的体验，一夜之间奋笔作词编曲，东方拂晓歌稿交上。三天后周恩来约陈毅等在人民大会堂现场演出中实地审查名曰《赞歌》的这段蒙古族歌舞，高兴地一遍通过。陈毅在观众席中双手过头鼓掌的情景，至今令人激动。

《赞歌》传遍了神州，且远渡重洋。胡松华又新作新唱了《马背上的祝愿》《高唱酒歌》《努尔哈赤的骏马》等数十首歌曲。这些当然与他多年的生活积累分不开。为写《马背上的祝愿》，他曾两度专门瞻仰成吉思汗陵，他说：“许多感人的事物应该写成歌，但不亲到现场的氛围里写不出来!”胡松华热爱中国历史上的英雄人物，尤其是岳飞、戚继光、成吉思汗、努尔哈赤、林则徐、邓世昌……为写邓世昌的歌，他专门去了威海卫刘公岛。

有的作家评论胡松华，说他给歌坛带来了一股阳刚之气，这正是胡松华多年来热爱多民族艺术和祖国山河，长期抒发对壮丽的大自然、对各族英雄的珍爱之情所塑造出来的艺术个性。

纵马高歌不停蹄

回首往事，荣誉如云。胡松华曾为轰动一时的电影《阿诗玛》配唱，他曾主演大型歌剧《阿依古丽》，他在几十个国家的人民心中留下了自己美好的歌声，他被报刊誉为“没有危机感”的歌唱家……

在这些荣誉面前，胡松华毫不陶醉。他又策划了一部大型音乐艺术系列片《长歌万里情》，其中收录了他纵马边疆几十年吟唱出的大量保留曲目和平时内地难得听到的精彩新作。

胡松华，像永远骑在马背上的歌手，向着无垠的地平线奔去。

他热爱大自然、歌唱大自然。他常说：“只要马背上草原有路，又何必大都市虚榜题名?!”

艺术上要向高峰攀登
生活上要向底源深游

——胡松华

（原文发表于1992年）

凌志：母校教育　受益终生

◉阎　芳　李　舒

凌志简历

凌志（1931—　），北京人。1947 年 9 月入北京汇文中学读高中，同年 12 月参加地下党领导的“民主青年联盟”，1948 年 10 月根据组织安排离校到华北解放区正定入华北大学为学员，1949 年 1 月被分配到中央外事学校（北京外国语大学前身），因学校师生正在向北京行军的途中，故暂留华北军政大学工作，4 月到外事学校报到。1950 年 5 月 12 日入党。在校 25 年，大部分时间从事英、法、西语系党政工作，后调入中联部研究所担任综合调研室主任。1979 年末调中国银行总行任处长、副总经理、党组成员、副行长、副行长兼党组副书记、副董事长。1993 年 3 月至 1995 年 12 月任专职党纪纪律检查组组长、党组成员。

接到采访中国银行总行原副行长凌志的任务，我们有些惴惴不安。但凌志在电话里亲切的话语和爽朗的笑声使我们的一切顾虑都烟消云散了。

采访在凌志家的客厅里进行，房间面积不大，但布置得别致淡雅。凌志端着一杯清茶坐在靠椅上，用他那富有磁性的声音向我们娓娓谈起他的人生经历，凌志的故事如茶的清香一般弥漫了整个客厅，任我们细细品味和感悟……

心怀高远 求学报国

凌志 1931 年 10 月出生在北京，两岁时随家人到了天津。年少时母亲早逝，父亲在一家企业做普通职员，家境尚可维持。他初中就读于天津工商学院附属中学，当时的天津工商附中是教会学校，教学质量在天津首屈一指，但管理却保守专制，禁止学生在校议论时政，只能埋头读书。凌志在学校里成绩很好，有次物理的理论和计算两科考试都是满分，在学校里引起了不小的轰动。

少年凌志目睹了列强在天津侵我主权、欺我同胞的罪行。国民党的统治使物价打着滚地一路上涨，百姓生活十分凄惨。有时在冬天早晨上学的路上就会看见因饥饿和寒冷而死的穷人。十几岁的他心里已萌发了要多学本领报效祖国的志向。

随着毕业的临近，凌志将求知的视线伸向远方，希望在北京更好的学校里深造。但天津工商附中却要留住一批品学兼优的学生作为将来招生的宣传品牌，学校里的神父对凌志说："如果你要离开学校，那就永远不要再回来!"凌志就这样顶着压力，义无反顾地和几个志同道合的朋友一起进京"赶考"。到北京后他参加了三所高中的入学考试，被其中两所录取，最后凌志选择了教学水平高、民主气氛浓、学习环境条件好的北京汇文中学，这个选择

也得到了他父亲的支持。汇文中学是美国教会支持兴办的一所私立高中，学校引进了西方的教育体系和思维方式。这种比较宽松的环境有利于地下党组织和各种进步力量的发展，因此进步学生可以组织竞选团击败对手，组成学生自治会，当时学生对时政的议论也很热烈。这一切对凌志而言都是新鲜的，他所厌恶的那种不近情理的束缚没有了，思维和活动的空间都增大了，凌志很快就融入了汇文中学的学习生活中。

1947 年，国共两党和谈破裂，国民党悍然召开所谓的“国民代表大会”，国共两党在城市地下的斗争也十分激烈。国民党在北京的统治倒行逆施，使百姓苦不堪言。“百姓实在过不下去了，惨剧随处可见。”凌志现在谈起还流露出痛楚和心酸。他当时已开始认识到“国家兴亡，匹夫有责”这句话的深刻含义，感到再也不能在象牙塔内两耳不闻窗外事地安心读书了。

在地下党同志热心的引导和帮助之下，他参加了学校里的一个进步爱国青年地下组织——“民主青年联盟”，投入到了蓬勃的学生运动中。据凌志回忆，汇文中学地下党在发动争取群众、参加反蒋爱国斗争、提高师生觉悟等方面做了大量工作，而“民联”则是党的最得力的助手。通过一次次的抗议游行，为穷苦同学募捐，赴北大、清华与大学生交流思想，去北大红楼民主广场参加“五四”篝火晚会，越来越多的学生认清了形势，转变了立场，构成了国民党反动统治的大患，凌志也在这些运动中不断地成长起来。

国民党的特务组织在学校中暗地培养爪牙，戴着学生面具的特务分子手持皮鞭在校园里恣意横行，有时甚至将进步同学绑到偏僻的空房子里，拿枪威逼其讲出党和“民联”的组织秘密。学校里进步力量和反动势力的斗争冲突也越来越尖锐了，凌志恰在此时被特务学生侦知，身份暴露，上级组织决定安排他迅速离开学校到解放区去。这样，1948 年 10 月中旬，凌志悄悄离开汇文，

开始了新的人生征程。

历尽险阻　投奔光明

在天津，凌志同两个爱国青年一起按照上级组织指定的路线，奔向解放区。从天津经唐关屯、陈关屯来到闸口时已是深夜，他们走进一个过往车夫歇脚的破旧的大车店，屋里只有土炕，已有不少人和衣睡倒了，店内土墙上挂着的小马灯发出昏暗的光。“前面大河边的岗哨检查得特别严。”“一旦被发现谁是共产党或是去投奔共产党的，立刻装麻袋沉河!”一路上他们听到人们议论纷纷。从小在城市长大的凌志头一次见到这样的生存环境，他找了个地方躺下，手里紧紧抓住行囊，看着眼前的陋室，回想着人们的传言，一夜未合眼，以便在危险临近时保持清醒，随时准备脱身。

第二天清早人们开始排队过关卡，站在长长的队伍中凌志心潮涌动，也许现在回天津谋个小事做，留在父亲身边尽孝道还来得及，也许再向前走就会葬身河底……但他马上扪心自问：“我跑到这里是为了什么？不是要寻找国家的光明和进步么？我不能动摇，我要坚持初衷!”在队伍中凌志和另外两名同学交流了一下眼神，彼此都坚定了信念。凭着国统区的身份证，他们有惊无险地渡过了闸口大河。

这条河在别人眼中也许是一条普通的河，而在凌志眼中却成了他人生的一个重要转折。他冲过了闸口关卡，也冲破了思想的束缚和障碍，走上了革命的道路。一路上凌志的心境也日渐开阔，天空蓝得让人心醉，泥土的清香沁人心脾，农田里的农民从容地忙碌着，集市里热闹非凡，买卖兴隆，偶尔看见几个八路军战士，对乡民百姓却是秋毫未犯，到处都是欣欣向荣的景象。这一路上

凌志经常借宿农民家中，看到了中国农民生活的悲困，这对他以后比较深刻地认识中国的基本国情是十分有帮助的。凌志对我国减轻农民负担，增加农民收入，开拓农村潜在市场等问题一直都还十分关注。

当时正定虽然已经解放，但国民党的飞机还不时在衡水到石家庄铁路沿线扫射，凌志刚下火车就遇到了国民党飞机袭击，有乘客伤亡，这是他们一路上的最后一次险情。就这样经过半个月的艰难旅程，凌志终于来到了向往已久的土地上。

往昔岁月　终生难忘

1948 年中共中央决定将华北联合大学和北方大学合并，成立华北大学，以便集中力量扩大办学规模，为迎接全国解放培养大批建设干部。华大下设四部两院，即政治部、教育部、文艺部、研究部和工学院、农学院。凌志被分配到政治部 18 班学习，政治部当时主要对知识青年进行短期政治思想培训，开设党史党建、社会发展史、政治经济学和哲学等课程，帮助学员树立正确的人生观和世界观。

凌志在回忆中对当时华北大学优良的学风记忆尤深，这就是理论联系实际。当时除上大课和个人自学外，学校特别重视用生活中的现实问题帮助学生理解理论，再用它来指导行动，使学生有实在的进步。还有，学习中提倡自由提问，畅所欲言，从未有过听问题不顺耳就扣帽子的事情，倡导以追求真理为目的的自由讨论与争辩，提倡以理服人和服从真理。

当时好多学员刚从蒋管区来到解放区，头脑中问题很多，校领导对逐级汇总起来的学员问题十分重视，经反复研究后由校领导在上千人的大会上公开释疑解惑。他们的报告有极强的针对性，

有理论水平，有令人信服的事实和根据，更值得学习的是自然地贯彻在报告当中的现实问题以及分析现实世界的立场、观点和方法。报告之后都有各班、组的跟进讨论，允许对报告的看法提出不同意见或再提问。这样的学习方法确实澄清了许多学生的思想认识。

凌志还清楚地记得当时有些新来的同学提出的一个问题："在国统区蒋介石让我们喊蒋委员长万岁，老百姓很反感，为什么到解放区还要喊毛主席万岁?"学校通过大量事实，使大家深刻认识到毛主席是如何领导党和革命，使广大劳苦大众翻身得解放，为中国人民谋福利的，这样的呼唤是发自人民内心的，所表达的不仅是对毛主席本人的爱戴，也包括对整个党的敬仰和爱戴。当时主讲老师还讲到"东方红，太阳升，中国出了个毛泽东!"的歌词最初就是出自陕北一些农民的口中，这个细节凌志还记得，这样的阐释使学生茅塞顿开。在华大开阔博大自信的胸怀里，广大青年知识分子心悦诚服，思想觉悟迅速提高，为日后甚至一生的事业奠定了坚实的基础。

由于学校离中共中央所在地西柏坡很近，党中央及时把当时三大战役胜利的消息传达到学校。每到这时，学校都要开大会，把喜讯及时传达给师生，有时大家在深夜被唤醒，紧急集合，奔赴天主教堂（校部所在地）听战况喜讯。学校还组织学生下乡访贫问苦，跟农民谈心。吴玉章、范文澜、成仿吾等老革命家以及吴晗、田汉、安娥等知名进步人士还经常到学校为同学做报告和讲话。随着平津解放的临近，学校又增添了城市政策、军事训练等课程，加快了培养革命建设干部的步伐。

学校里的生活是十分艰苦和朴素的，吃的是小米饭，穿的是粗布衣，凌志还记得当时他领到的鞋尺码太大，就找了两根带子缝在鞋上，穿鞋的时候将带子系在脚脖子上，好快步走路。他当时还用从家带去的破褂子改成了一个书包。虽然生活上艰苦，但同学们的心情是很愉悦的，大家充分发挥自身特长，作曲、编歌、

演活报剧、打篮球、跳集体舞等，大大丰富了课余生活。凌志还记得当时一出活报剧的有趣场面，某班一位热心的老师编了一个小剧本《公审蒋介石》，开场采用京剧惯用的对白口吻。判官："带犯人，下跪何人？抬起头来!"蒋："小人有罪，不敢抬头。"判官："恕你无罪。"演出时这一句公式化的台词刚一出口就引起全场大哗："蒋介石罪大恶极，怎么能恕他无罪呢?"这个节目演不下去了，只好用下个节目顶上去。

近些年在政治部18班的同学聚会时，大家都难忘当年在华大学习生活中结下的情谊，难忘华大广博精深、兼容并蓄的学术氛围，难忘那虽然质朴却丰富多彩的课余生活。"华大使来自天南海北、不同年龄层次、家庭背景环境的青年们在很短的时间里树立了正确向上的人生观和世界观。我从开始仅对党有感情上的倾向转变成从理论上认识了解党，从一个一般的革命拥护者变成了革命的积极参与者，在真正意义上置身于革命的洪流之中了。"凌志道出在华大学习生活的深切感悟。

质朴无华　正直敬业

全国和地方的政权、经济、文化建设需要大批革命青年干部，华大毕业的学子服从组织的安排奔赴各自的岗位。凌志的外语较好，毕业后被分配到中央外事学校继续学习，留校后先在人事科工作了一段时间，后来调到英语系做支部（后改总支）副书记、系秘书，他还挤出时间去旁听研究生课程，并担任一些低年级英语教学工作。

1957年反右斗争开始，凌志作为领队和部分教职工下放到京郊农村参加劳动，后又到密云炼钢铁，前后近一年半。回校之后担任过西语系党总支书记、西语系系主任；后又调到中共中央对

外联络部所属的研究所工作。

1979年3月13日，经国务院批准，中国银行从中国人民银行中分设出来，原有中国银行总管理处改为中国银行总行。中国银行是一家有悠久历史的银行，其前身是成立于1905年的大清户部银行。新中国成立以来，中国银行在外汇筹创、管理和支出方面做了大量工作，保持了与国际金融与银行界的互通联系。特别是从分设开始，在改革开放国策的指引下，随着国家经济的巨大发展，中国银行也迅速发展成为一家业务品种齐全、实力雄厚、信誉卓著的国家外汇银行。20世纪90年代以后中行机构遍布全球，并跻身国际大银行之列。但在1979年分设之初，各类干部奇缺，上级部门曾要求有关部门向中国银行推荐干部。在这种情况下，凌志经中联部推荐，调入中国银行工作。

他一开始在银行内部几个部门实习，以尽快熟悉银行业务。半年后他在银行的国际业务部欧洲处任处长，后来被任命为该部副总经理。1984年春，他被任命为中国银行党组成员，半年后又被提升为中国银行副行长。

在和凌志谈到他的工作成绩时，他一直谦虚地说，中行这么多年的业绩和发展都是上级领导和党组集体以及全体中行人努力的结果，也是几代领导人努力奉献的结果。我们从侧面了解到凌志多次受到行内的表彰，在中央监察部的刊物上也有专文介绍过他的事迹。但当我们问及此事时，凌志笑着说："这不算什么，那些都是领导和同志们对我的鼓励和帮助，希望我做得更好!"

情系母校　寄予厚望

年与时驰，岁与日去。1995年末凌志退休在家，但他离休不离伍，他用每周一、三、五三个上午的时间到行里读文件，平时

在家里也读一些与金融相关的文献资料。他关心国内国际大事，不时还要上网浏览一下时事新闻，凌志说：这是在华大养成的关心时政的老习惯啦！“岁数大了，更要脑力激荡，follow 新世纪！”他还说如果自己的健康允许他还要做两件事：一是把在岗几十年未读过或读而未读好的几部书再读一遍；一是要和老伴再好好看看祖国的大好河山。凌志在家里阳台上种了一些花花草草，每天跟老伴一起侍弄它们，他说这倒也自得其乐，调节生活。

凌志是 18 班同学联谊会的副总干事，和老同学们的联系也比在岗位上时要频繁了。老同学们都在自己的工作岗位上默默无闻地为祖国做贡献，几十年了，彼此都非常想念。他还向我们讲了好几件老校友的感人事迹：一位某部专家翻译组组长在岗位上被错划为右派，调去教学岗位后仍任劳任怨，被评为优秀教师；有的身染重病仍自强不息……“我们觉得这一辈子值得，因为我们做了我们想做而又应该做的事！”凌志用这句话诠释了他们这代人一生的真谛和感悟。

（原文发表于 2002 年）

高涤陈：咬定青山不放松

◉ 李蕴华

高涤陈简历

高涤陈（1931—　），辽宁康平人。1948年参加工作，1949年加入中国共产党。历任康平县第九区政府助理员，康平县土产公司、百货公司副经理，县人民政府计委副主任、商业科科长。1955年至1959年在中国人民大学贸易经济系学习。1959年到1978年在中国科学院经济研究所工作，1978年任中国科学院财贸经济研究所商业外贸研究室主任，财贸经济研究所所长、研究员。1978年起兼任中国社会科学院研究生院财贸系主任、教授、硕士生博士生导师。1992年荣获国务院颁发的“为发展我国社会科学事业作出突出贡献”证书，享受国务院颁发的政府特殊津贴。

高涤陈很健谈。在一个多小时的谈话中，高涤陈追古论今，旁征博引，妙语连珠，神采奕奕。

“四十年了，我在这儿度过了将近半个世纪的时光。”忆往昔峥嵘岁月稠，高涤陈的思绪回到了大学毕业的那年那月。高涤陈于1955年至1959年在中国人民大学贸易经济系学习，毕业后被中国科学院经济研究所录用，入所从事研究工作。40年如一日，在这里度过了自己的大半个人生。

“您当时一定是很拔尖的了。”“不，不是的。”高涤陈摇摇头，“我们那时的毕业生都是干部，我上大学前只有初中文化水平，基础比较差，文字功底不扎实，并不适合搞科研。只是当时经济研究所的孙冶方老师重视实践能力，希望招收像我们这样有实践经验的毕业生。孙冶方认为那种‘三门’（家门—校门—机关门）干部在科研上总有一个重大缺口——缺少实践经验。”

孙冶方先生，就是端坐在研究所大楼三层的那尊铜像的原型吗？当我踏进这栋有些潮湿的楼房时，扑面而来的是一股淡淡的墨香，细细闻时，又闻不到了。我正疑心是自己感觉错了，忽然看见孙先生铜像沉静而悠远的眼睛，心知那便是墨香的源头了。

孙冶方先生的确好眼力，他看中了高涤陈的实践经验和经验背后蕴藏的潜力。高涤陈在商业经济和流通理论这方土地中辛勤耕耘了40年，用心血和汗水换来了累累硕果。20世纪60年代初，高涤陈作为孙冶方的得力助手参与经济学书稿的编写工作；80年代初，高涤陈再次与孙冶方合作，完成了在国内有重大影响的《流通概论》一文；高涤陈总结新中国成立以来的商业工作经验，运用自己丰富的实践经验和扎实的理论基础，先后提出了一系列中国商业体制改革的经济理论和政策主张。他曾承担了国家“六五”社会科学规划项目“社会主义流通过程研究”、“七五”社会科学基金项目“商业改革与发展”等重大课题，出版学术著作10余部，发表学术论文近300篇，并多次获奖。而今，年过六旬的

高涤陈仍活跃在学术研究领域，正在进行中国社会科学院招标重点课题“大宗农产品流通体制和宏观政策”的研究。高涤陈以治学严谨、见解独特而闻名于商业经济界。

做学问，重要的还是实践

“搞经济学，必须从实践出发，不断地了解实践，理论结合实践，解决实际问题。”“离开了实践就没法搞科研。没有实践经验就不要开口说话，开口就会说错话。”做过政府助理员、百货公司副经理、计委副主任，当年高涤陈凭借着丰富的实践经验优势走进了经济所，经过了半个世纪，高涤陈对实践仍然情有独钟。

从 20 世纪 80 年代到 90 年代中期的十五六年间，高涤陈平均每年大概外出 10 次，有四分之一的时间在外地开会调查。到企业、商场里去，到干部、群众中去——百货商店里的老太太告诉他什么东西买不着，收购站的农民告诉他棉花卖不掉。他每年参加各省商业厅局长会，了解各省的经济状况。他曾兼任商业部政策调研室副主任、北京市政府顾问、中国商业经济学会副会长，并在黑龙江商学院、安徽财贸学院等 10 所院校任兼职教授，这让他可以了解到政策动态和执行情况。他还先后考察了联邦德国、英国、瑞典、澳大利亚、日本和美国，了解世界各国的商业经济状况和学术动态。高涤陈说：“搞经济嘛，到处都是经济资料，每天都是经济生活。”活生生的实践信息源源不断地流进高涤陈的大脑，被加工提炼成见解、理论：1979 年他较早地提出了竞争不是资本主义经济的特定现象，而是商品经济的一般规律；提出商品流通领域的主要经济规律是价值规律、自愿让渡规律、供求规律、竞争规律和货币流通规律；不仅是生产决定流通，流通也决定生产，流通既可以决定生产的发展方向、发展速度，也可以决定生

产的发展规模和发展结构；1980 年春他率先提出了“社会主义经济是以公有制为基础的有计划的商品经济”；1983 年他在国内首次论证了在国际市场上，一国商品有两个价值尺度，在国际贸易中的比较成本原理是价值规律在国际市场上发生作用的特殊表现形式；1990 年首次提出服务经济的研究对象应该是服务过程中的经济关系和交往关系。他敏锐地捕捉着商业经济领域的热点问题，提出自己独到的观点。

“理论如何与实践相结合，在搜集资料的基础上形成观点，这个过程需要一个质的飞跃。”实践只是第一步，高涤陈深有体会：“每个人都占有了很多资料，但并不是每个人都能形成观点，完成这个质的飞跃一定要有扎实的理论基础，有了理论基础，你就比别人站得高，看得远。而理论要和实践相结合，才能产生新的思路。现在有很多年轻人学理论只记了一些符号、名词，却没有真正地领会它们的意义。”高涤陈忽然问我：“‘一把斧子＝两斤粮食’，其中是价值还是使用价值起作用?”我脑子里立即闪现出大学一年级在教三一层上政治课时的黑板上曾经写了很多这样的等式，在期末考试时我曾回答得很流畅。但真正的意义领会了吗?拿到实际中去应用了吗?公式已被四年的时光冲淡，我一时竟无言。高涤陈呵呵笑了，说这个问题当年他自己就想了很久，后来拿去考自己 6 个硕士生，不想竟难倒了一半，可见大家的理论功底还不够，没有真正学懂理论。“做学问要两条腿走路，一个是理论，一个是实践，理论来源于实践，理论要与实践相结合，重要的还是实践。”

耕耘不辍 40 年

“再过几天我就该回家种地了，种西红柿，种辣椒，我这个人

农民出身，现在该回到地里去了。”说到高兴处，高涤陈眼睛笑成弯弯的月亮。40 年了他几乎没有什么娱乐，除了种一些花草，大部分时间都用来学习、科研、实践。

我问他每天工作多少个小时，高涤陈连说：没法算，没法算。我们搞科研，又不是上班，在年轻时晚上工作到两三点也是常事。现在一般到晚上 12 点。以前外出常常是在这里刚开完会，又到车站赶火车，下了火车洗洗脸，就赶到会场出席会议。

我看着老教授被岁月浸润过的脸，看着那双闪着睿智、机敏的光芒的眼睛，心想在那些会议上，纵然风尘仆仆，这双眼睛也叫人不由为之一振。

“人的素质有高有低，有些是天生的，更多的是后天培养的。”高涤陈回忆最初的日子，他被招到经济所后，苦于根基不深，无从下手，深感自己不适合搞研究，屡次想回东北老家。但最终他还是留了下来，扎扎实实地补起基本功——《资本论》，外语、写作，一切从头开始。高涤陈发奋苦读，一步步地走上了学术研究之路。

高涤陈说：学术研究要处理好专和博的关系，局限一门，难免产生“职业病”。研究商业，必须对整个经济学有深刻的认识，对国民经济有全局的把握。事物都是相互联系的，博而不专，将一事无成；只专不博，就难以深入。科学总是代代相传的，只有在前人的基础上才能前进。科研是一种集体力量，它的主要表现形式是根接力棒，个人的认识是有限的，科学向前发展靠的就是这根一代传一代的接力棒。应该掌握相关领域的前沿问题、热点和难点，以及前人所有的基本观点。上大学时因为自己年龄偏大，便抓紧时间拼命学，养成了刻苦攻读的好习惯，并且受用终生。

谈到现在的年轻人，高涤陈意味深长地说：要珍惜时间啊，一寸光阴一寸金，寸金难买寸光阴。学海无涯，生命有限，不努力就太可惜了。现在有些年轻人热衷于打牌、跳舞，浪费了太多

的时间。但也有很多年轻人懂得勤奋刻苦，艰苦奋斗，尤其是从农村挣扎出来的，更懂得机会的来之不易。高涤陈眯起了眼睛，也许是想起了自己年轻时的身影吧。

谆谆园丁意，拳拳报国心

谈话时，高涤陈的一个博士就坐在我们旁边静静地听，不时做一些补充。

高涤陈自 1978 年起指导硕士生，研究方向是商业经济学和流通理论。从 1978 年到 1985 年共培养了 6 批 12 名硕士。从 1983 年起，他作为中国第一位商业经济学博士生导师，培养了全国首批商业经济学博士，到 1997 年共培养了 16 名博士。他的学生有的成为科研骨干，有的从事行政管理工作。第一批博士孙祥剑现任沈阳市副市长，1986 年毕业的硕士罗哲光任农业发展银行信贷部部长，博士王诚庆、白景明分别在中国社科院经济所和财政部经济研究所担任中层领导工作，还有的学生现在香港、美国、加拿大、日本……高涤陈如数家珍，满脸的自豪像是在检阅部队。我问："您有什么感觉?"他慈祥地笑了：这个感觉马克思早就说过了，当你历尽千辛万苦完成了一部作品坐下来静静回味时，就像刚刚生产完的老牛欣慰地舐着小牛一样。培养一个学生就像完成了一部作品，舐犊之情是与伟人相通的。

谈到香港问题，高涤陈认为，香港作为中西方文化的融合地和高科技的排头兵，必将对我国经济起到促进作用。但是香港回归的政治意义更为重大。"这是雪国耻啊。"高涤陈敛起了笑容，目光中透出了悲愤和忧郁。"要雪的国耻还有许多，我们东北被日本鬼子占了十四年，十四年啊，小时候我被日本鬼子抽了一百二十个耳光。一百二十个啊，你们能体会到那种屈辱吗?"高涤陈的声音不大，但字字句句如重锤敲在我的心上。“年轻人对国耻没有深刻的认识不行。只有国家强大起来，才能雪国耻。”

高涤陈说：“你算是找对地方了，我们所里有好多人大毕业生呢。你是财金系的？财金和贸易总是分分合合，一家人嘛。什么时候来我家尝尝我种的辣椒啊？”

我知道他是闲不住的，精神矍铄，目光敏锐。也许就像辣椒，愈老愈红，愈红愈辣。

（原文发表于1997年）

白水：有温情与胆识，更有坚定信仰与执着追求

◉ 文盈盈　刘宜卫

白水简历

白水（1932—　），1947 年伪造身份前往解放区。1947 年 9 月至 1948 年 5 月就读于华北联合大学。1948 年 5 月 1 日加入中国共青团，同年 5 月 8 日，调至军委二局从事机要工作。长期积极开展革命工作，退休前为总参三部副师级干部。

采访白水的那一天，恰好是北京城的初秋。略带凉意的风吹落了片片叶子，而已是耄耋之年的白水却依旧精神矍铄，如约出现在见面的地点，热情地与我们打招呼。

白水是个温暖的老人，耐心地讲述着自己的故事；她又是个多才多艺的人，喜欢唱歌，也热爱游泳、排球等各种各样的体育运动；她还是个时尚的人，不仅能说流利的英语，还能与年轻的采访记者们畅聊热播电视剧。

白水的故事平凡却生动，在她的身上，我们看到了历史里真实的生活，也看到了那特殊时代背景下的一个个鲜活的生命。

“我救了他一命”

白水其实不是她的本名。“我到联大才改名叫‘白水’的。1947年的时候还没有解放，我当时才15岁呢。联大在解放区，我们到解放区都是要经过国民党层层盘查的，必须要伪造身份。”白水回忆起当年往事，诸多场景仍是历历在目。

“我本来是姓‘戢’，但这个姓实在是太特殊了，这么特殊的姓多引人注目呀。而且我查了字典，这个字是武器的意思，我本人是非常爱好和平的。”她回忆说，“当时去解放区，我得取一个不起眼儿的名字。‘白水’读着顺口，而且喝口水的时候就能想起我了。后来很多人都一直叫我‘白水’，顺口嘛。”

谈起革命年代伪造身份的经历，她讲述了一个惊险的故事。当时，白水的姐姐是地下党，姐姐让自己的一个男同学带着白水去解放区。这个男同学比白水大10岁，一路上特别照顾白水。“去解放区都是要改名字的，他就叫‘尚笛’。”白水说，“在去解放区的时候，我们都提前写了据词，他装我哥哥，我们兄妹俩在北京开小铺，妈妈是山东人，我们是坐火车去山东看望病了的妈

妈。”白水和“哥哥”按这个背好了，准备蒙混过关。

在路上，一个国民党的军官找“哥哥”聊天，那军官听他能说会道的，就问：“你这念过书吧？有点儿学问啊。”“哥哥”赶紧说，自己就爱瞎看书。聊了一会儿，军官又问：“你是哪儿人啊？”“哥哥”实际上是南方人，他撒谎说自己是北京人，那国民党军官追着问：“欸，怎么你没有北京口音啊？”就这么突然一下，“哥哥”答不上来，还被吓蒙了。“当时，他脸‘唰’地一下就白了。那个国民党军官，我记得是个上尉或者校官。这要是露馅了可不得了啊！”白水在关键时刻灵机一动，连忙把问题抛了回去。她接话说：“您那口音也不像您那个地方的人啊。”国民党军官说：“我走南闯北的。”白水赶紧接住话：“我哥也是啊！”这一关就算这么过了。回去以后，这个男同学见了白水的姐姐就一个劲儿地夸白水聪明、机灵。“那时候在路上虽然紧张，但可有意思了。”白水说。这个和“电视剧情节一样的”的救命故事，成了白水在革命年代一段宝贵的回忆。

其实，15 岁前往解放区，对于白水来说是一件改变命运的大事。“我从小住在天津的英租界里，家里生活条件比较好，一直上的私立学校。当时我四姐是地下党员，她给我讲解放区，还讲王二小放牛郎的故事。王二小 13 岁嘛，和我当时也差不多大，但他就那么勇敢、那么坚定，给我的印象特别深。后来在行军途中，我曾见着有坟上面写着王二小，我也不确定那到底是不是他的墓，我当时特别激动就给他敬礼。我还看了一个电影叫《八千里路云和月》，我从小就是饭来张口、衣来伸手，我就特别向往电影里的那种集体生活，多好啊，多潇洒啊。结果后来我真过上了集体生活，还过了那么多年。”

“干革命，我一点儿也不娇气”

白水是 1947 年 9 月底来到的华北联大，那时候的学生都是住

在老乡家里，没有正规的教室和黑板。那时候白水比其他同学都小，她跟着大家一块儿上课。“我们上课一般就是学《论联合政府》这些毛主席的著作，有时候会有一些领导、名人来做报告，我们就在老乡家前面的空地里听。我当时是政治九班，因为年纪小，班里同学对我要求很低。比如说讨论，人家都是大学生啊，发言都特别积极，我就一初中生，根本不懂政治。讨论前，我就赶紧去查图书馆的书，争取第一个发言，要不一会儿我就没词儿了。”她回忆道。

这里的集体生活正是白水梦寐以求的样子。相比于其他同学，白水就是一个小妹妹。她笑着说：“那时候学校发衣服，棉裤穿起来到我这儿（比着胸口），我城市里长大的哪里穿过这个呀，袖子长得手都伸不出来了。穿上之后我就在床上蹦，我说：‘你们快看，我是僵尸！’大家都被我逗乐了。”

华北联大的生活十分艰苦朴素。白水还记得，许多同学基本就一件衣服，没得换，所以穿不久袖子就破洞了。“当时联大的男同学，都是这样的，穿着那破棉袄。老乡们都说：‘你们帮我们来搞土改，我看你们比我们还苦。’”在吃的方面条件也很糟糕，一个班十几个人打一铁桶的饭，桶里的菜就只是表面漂着点儿油花。同学们很少吃得到青菜，提供的都是陈年的萝卜干，“过十月革命节的时候放假，就能吃点儿好的，比如蒸馒头，还有大肥肉，现在看着非常腻的，那时候却觉得特别香”。

从小生活条件优越的白水却不娇气，尽力适应艰苦的革命环境。她语气非常坚定地说：“不适应也得适应，要强啊！我是来干革命的，我不能叫人小瞧我。那时候发的生活费只够买半块肥皂，可我舍不得买，宁愿买花生米。买一捧花生米，用手把皮搓掉之后搁饭里吃。我最小，大家都照顾我，谁买花生米了，就说：‘来，小妹，给你一个’，‘小妹，给你一口’。那时候就是这样的生活，都苦，但是非常愉快。我心想，能吃苦也是一关，不要让

人觉得你是小姐。”

因为表现好，白水在华北联大第一批入团。1948 年初，学校用板车拉着行李，老残病号可以上，其他人走路。班主任让白水坐那个车，她连说自己没有生病，坚决不坐。白水就这样，走在最前头。入团之后帽子上搁一颗小星星，用白水的话说，她是“光荣得要命”。

“娘要我找你的坟!”

白水在华北联大表现优秀，被选中调到当时的军委二局工作。“当时选人要年轻的、社会关系单纯且出身比较清白的党团员。我一下子就被选中了，我本来要去学唱歌的，根本不想去。后来班主任就跟我说：‘小白水，你还小，你的性格将来会改的，爱好可能也会改。现在国家真的很需要你们这种人，年轻的、历史清白的，去搞机要工作。’”“机要工作”到底是个什么东西，白水不知道，也没敢问老师。她猜想，这一定是和机器有关的，“还是盘算着先去了再说，实在不行就再回来”。

结果这个“小决定”之后，白水就开始了非常机密的工作。当时不仅不让随意回家，连和外界联系都不允许。当时白水在班里的人缘是很好的，在她走的时候，许多同学都给她留了联系地址，说：“小白水，你可别把我们忘了啊，一定要给我们来信!”白水当时回答“没问题!”可等到了单位之后，发现根本不能写信，工作相当于参军，必须得服从上级的命令。由于工作的特殊性，保密规定十分严格，凡事都是“三人结伴制”，上厕所都不许单独去，就怕发生泄密事件。

投身革命工作后，连白水的家人都不知道她的情况。因为组织纪律，她 5 年都没写信回家里。“1951 年还是 1952 年三八妇女

节，我去中南海怀仁堂听报告。我姐姐是妇联的干部，她也在那儿。看见姐姐，我第一反应是吓得要命，因为如果见了她我回单位还得汇报，干脆别见了。我就赶紧溜走。”姐姐一把拉住白水，说：“往哪儿跑！你做什么见不得人的事啊，都没信儿！娘跟我要人呢，说叫我找你的坟。”新中国成立以后，白水的姐姐哥哥都回家了，就她一个人没回去。姐姐通过组织知道她调到军委二局去了，知道白水做机要工作，不能跟家里说，只能骗母亲说白水已经死了。母亲对姐姐说：“你跟我说实话，她是不是已经死了，你别怕我难过，既然已成事实，你领我到她墓地去看看。”这次相逢，姐姐激动地对白水说：“我上哪儿找你墓地去！”

1953 年，白水才回家。回家头一天基本上没睡着觉，老早就起来了。到了家之后，拉开帘，用人杨妈开的门。杨妈从白水出生就在她家做用人，她一开门就说：“你是谁啊，这位小姐?”白水说：“我不是小姐，我是军人。”“你找谁啊?”“就找你啊杨妈!”“你怎么知道我啊?”“我是老六啊!”杨妈一看，脱口喊道：“哎呀，还真是六小姐!”这一喊，白水的母亲以及其他人就都出来了，都抢着抱她，她就跟香饽饽一样。多年不见，家人都高兴极了。

白水对这些革命时代的往事非常怀念，仿佛现在还有那种年轻的激情。她感慨道，年轻人就应该趁着年轻去闯一闯，时间是不等人的。采访结束时，她表露出对年轻的人大学子的关心，她说：“大学是一个开头，你们一定要多学习，知识是不压人的。你们要知道什么是对什么是错，要明辨是非。不要太懒散、安于现状，一定要有事业追求。”白水的话，每一句都带着一位老人对人民大学的深情。

（原文发表于 2017 年）

吕传赞：事业逐日而新

◉ 李晓东

吕传赞简历

吕传赞（1932—2018），山东牟平人。1947年5月参加革命工作。首任胶东军区卫生部医药厂试验员。1955年加入中国共产党。1957年毕业于中国人民大学政治经济学系。历任北京石油学院讲师（1957—1966年），中共中央对外联络部副处长（1966—1978年），河北建设学院办公室副主任、马列教研室主任、院长、党委副书记（1978—1983年），中共河北省委常委、科教部部长，省委常委、秘书长，省委副书记（1983—1993年）。1993年当选为第八届河北省人大常委会主任。1998年1月当选为第八届河北省政协委员会主席、党组书记。是中共十四大、十五大代表，第六届至第八届全国人大代表，第九届全国政协委员会委员。

2000年3月，世纪之交的北京，春天来得格外早。全国政协九届三次会议在庄严神圣、花团锦簇的人民大会堂举行。3月7日这天下午，大会的第二次全体会议进行大会发言。主席台上，一位委员正在充满激情地阐述着自己的观点和建议——

“国家应把京津冀作为一个统一的水资源生态环境区，由中央协调，统筹规划，共同投资，协同治理……建议中央将南水北调中线工程作为国家重点工程纳入国家‘十五’计划，尽快上马，及早扭转京津冀缺水局面，确保这区域社会和经济的可持续发展。”

这位发言者就是全国政协委员、河北省政协主席吕传赞。他的题为《合理开发利用京津冀水资源问题》的发言，以发人深省的忧思，缜密有力的论证，切实可行的建议，受到与会者的极大关注，赢得全场热烈的掌声。吕传赞是本次会议上做大会发言的唯一一位地方政协主席，也是前九届全国政协会议中第一位在人民大会堂登台献策的河北委员。

“不谋全局者，不足以谋一域”
转换的是角色，未敢忘却的是党和人民的重托

吕传赞1957年毕业于中国人民大学政治经济学系。在北京石油学院从事9年的教学工作后，1966年被调到中共中央对外联络部。1978年2月，他从北京奉调河北工作。1983年以后，他历任中共河北省委常委、科教部部长，省委常委、秘书长，省委副书记，省人大常委会主任。1998年1月，吕传赞当选为跨世纪的政协河北省第八届委员会主席、党组书记。到2002年，他已在河北工作了整整24个春秋。在河北的干部群众眼里，吕传赞给人的印象是：谦虚谨慎，平易近人，廉正严明，稳重务

实。这位1947年参加革命的政协主席，在燕赵大地可谓德高望重，颇受上上下下的倚重和信赖。

记得在1998年新年伊始，记者采访刚刚上任省政协主席的吕传赞时曾问他："从省委，到省人大，又到省政协，您怎样看待这三个不同的位置，如何在工作实践中实现'角色'的转换呢?"当时他说："我能走到现在的位置，其间的每一步，几乎都在自己的意料之外。作为共产党人，当以大局为重，服从组织的安排，听从党的召唤。不管在什么位置，都是为党和人民工作；无论何时，都不能忘却时代的责任，不能辜负党和人民的重托……"

回首几十年的道路，他用行动实践着自己的人生宗旨；在政治生涯的坐标系上，每一道轨迹都留下了他坚实的足迹。

在省委领导岗位上的那些年，吕传赞在省委的集体领导下，无论分管哪一方面的工作，都坚持把中央的指示精神和河北的实际情况结合起来，集中全力在抓落实、求实效上下功夫，努力把工作做得有声有色。分管组织工作，他强调必须把党的干部工作的"四化"方针和德才兼备原则贯彻到干部工作的全过程以及各个环节中去，坚持公道正派、任人唯贤，坚决抵制和克服选人用人上的不正之风，使那个时期河北整个干部队伍和领导班子的建设都沿着健康的方向发展，取得了明显进展；分管政法工作，他坚持把"稳定压倒一切"作为根本出发点，一方面坚持不懈地依法严厉打击严重危害社会治安的犯罪活动，一方面坚持不懈地开展综合治理工作，努力把重点打击和积极预防结合起来，把治标和治本结合起来，着力在预防和治本上见成效，使那一阶段河北的政法工作为全省的改革开放和经济建设切实起到了保驾护航的作用；分管宣传工作，他始终把唱响主旋律、打好主动仗作为自己的主攻方向，为此，他采取许多措施，强化全省宣传思想工作队伍的政治意识、阵地意识、服务意识和创新务实意识，加强和

改进薄弱环节的工作，不断提高宣传思想工作的水平，使河北的宣传思想战线呈现出蓬勃向上、健康发展的良好局面。那些年，吕传赞为做好自己所担负的工作，究竟牺牲了多少个节假日，付出了多少心血，谁也无法细数。而吕传赞自己说起来，却从来都是平淡的一句话：工作使然，责任使然啊！

在一般人看来，同党委、政府相比，人大常委会、人民政协的工作要清闲得多，不过“拍手”走过场而已。党委、政府的领导们来到人大、政协似乎便是“退二线”了。吕传赞不这样认为，他说，人大和政协都是我们国家政治体制中非常重要的组成部分。人大是国家的权力机关，有立法权、监督权、重大事项决定权，它依法对国家机关工作人员进行选举、监督和罢免；而人民政协作为最广泛的爱国统一战线组织，由各党派、团体和各族各界的代表人士组成，具有政治上的巨大包容性，是中国共产党领导的多党合作和政治协商的重要机构，也是我国社会主义民主制度的一大特点和优势。基于这样的认识，吕传赞无论是在省人大还是在省政协，都经常提醒和勉励同志们：要摒弃一切社会偏见，防止和克服在人大、政协无所作为的模糊认识甚至失落感，增强做好工作的荣誉感、使命感、责任感，保持良好的精神状态，以卓有成效的工作，充分展示人大、政协不可忽视和无法取代的作用……

近10年来，不管是省人大、省政协的机关干部，还是众多代表们、委员们，都切实体会到了吕传赞角色转换后饱满的工作热情、科学的态度和只争朝夕的精神。吕传赞担任省委副书记时工作的繁忙不言而喻，到了人大、政协，其工作紧张程度并未有明显的“落差”，工作日程依然是满满的，以至于机关干部们感到有些跟不上他的节奏。有位跟随吕传赞工作多年的同志私下和他开玩笑说：“你怎么把这儿当成省委啦？搞得这么忙，放松一点儿不要紧的。”吕传赞若有所思地回答：“松懈不得呀，不抓紧时间做点儿事，怎么向委员（代表）们交代？有为才能有位呀。”

吕传赞在省人大的任期内，本着“立足全局抓大事，统筹兼顾抓重点，讲求实效抓落实”的原则，谋划工作思路，带领广大代表和机关干部大胆探索，使各项工作都取得了显著成绩。特别是省八届人大始终把立法工作放在首位，立法步伐明显加快。5 年间，共制定地方性法规 89 件，批准市、县制定的法规 64 件，立法进度和立法总量都是前所未有的，使河北省在政治、经济和社会生活等主要方面基本上做到了有法可依，为保障和促进全省改革开放、经济发展和社会稳定发挥了重要作用，也为贯彻依法治国方略、推进依法治省提供了必备的条件。

第八届河北省政协，是跨世纪的一届政协，肩负着承前启后、继往开来的历史责任。“受任世纪之交，不负历史重托”，吕传赞常以此勉励自己。为了把政协工作提高到一个新水平，他可谓竭尽心力。

政协工作涉及范围很广，但主题就是团结和民主。吕传赞力求在政协创造民主、和谐、求实的氛围，特别注意发挥民主党派和无党派人士的作用，常鼓励他们畅所欲言，充分发表意见，以肝胆相照的精神和民主的方法，加强最广泛的团结，因为同是知识分子出身，加之从前曾分管过科教和统战工作，所以他了解知识分子和民主党派人士的所思所想，视之为良师益友，彼此间坦诚相见。他要求担任政协领导和在政协机关工作的共产党员，要尊重党外朋友，平等待人、诚恳待人、宽厚待人，善于听取意见，做民主和团结的模范。第八届河北省政协委员会产生 4 年以来，各民主党派、工商联和有关人民团体提出的提案逐年增多，共达 300 多件，其中包含着大量有价值、有分量、有影响的建议，促进了党政决策的民主化、科学化，充分发挥了政协作为增进团结、发扬民主、参政议政场所的作用。

“不谋全局者，不足以谋一域”。吕传赞认为：“政协工作要有全局观念，这个全局就是党在各个时期的战略任务，政协要找准

自己在全局中的位置和参政议政的着力点，主动围绕党和政府的工作大局，参重大之政，献宏观之策，出有效之力。”

调研活动是政协履行职能的重要形式。近几年来，河北省政协分别就节约和保护城市水资源、发展区域特色农业、普及九年义务教育、国企改革、鼓励引导个体私营经济健康发展、加强政法和执法队伍建设、“入世”对河北农业发展的影响等问题深入进行调研。在此基础上形成的常委会建议案和专题调研报告，对党政部门重大决策起到了重要的参考作用。为了掌握第一手资料，取得参政议政的发言权，吕传赞不仅牵头谋划选题，廓清思路，而且身体力行，亲自参与大部分重大调研活动。1998 年 2 月，针对河北省水资源匮乏、浪费和污染严重的问题，他带领委员们深入到石家庄、保定、唐山等 7 个市县进行调研，形成了《关于节约和保护我省水资源的建议案》，受到了省政府领导的重视。当年 9 月 22 日，在充分吸纳省政协的意见和建议的基础上形成的《河北省全社会节约用水若干规定》，以河北省人民政府令的形式在全省发布执行。在他的带动下，各位副主席参加分管课题的调研活动更加积极主动，使各项调研活动引起有关部门更大的关注，提高了参政议政的实效，推动机关树立起求真、务实的工作作风。

唯有不断开拓，大胆探索，才能使我们的事业“逐日而新”

“在继承中创新，在创新中发展”，是吕传赞多年来倡导并坚持的。

在省委工作时，他就经常鼓励他所分管部门的干部们，要敢于破除旧思想，打破老框框，力求在工作中有新思路、新举措、新突破。在省委支持下，他大胆进行了选人用人制度上的许多改革，其中，建立并实行领导干部轮岗交流制度，在全国是较早的。

为了繁荣和发展河北的文化事业，他在强调弘扬主旋律的同时，积极提倡多样化。特别鲜明地提出要加强对燕赵文化的开发、研究和宣传，把燕赵文化的优良传统和时代精神、时代特点结合起来，通过健全工作机制、完善政策措施，鼓励培养新人，推出精品力作。正是在他的大力倡导和积极支持下，那几年仅河北的影视界，就涌现出了分别摘取国际、国内大奖的《远山姐弟》《少年毛泽东》《马本斋》《誓言》等优秀作品。

到了省人大，他仍不忘创造性地进行工作。他与常委会组成人员进一步解放思想，更新观念，以改革的精神开展立法工作。对一些应兴应革的事项，在国家法律尚未规范的情况下，勇于探索，先行一步，创制地方性法规。在全国率先制定了10多部具有创新性的地方性法规。这些法规对推动河北深化改革和经济社会发展起了积极作用。有的还受到国家有关部门的重视和好评，在全国产生了一定影响。1995年，为了探索新的监督形式，健全新的监督机制，促进依法行政、公正司法，省人大常委会在总结石家庄等地实行错案和执法过错责任追究制的经验的基础上，做出了《关于在全省实行“两错”责任追究制的决议》，并报请省委批转各地，推动了“两错”责任追究制在全省的实施，《人民日报》为此编发了短评，中央新闻媒体多次进行采访报道。

记者翻开吕传赞在历次政协全会上的讲话，发现几乎每次他都要强调政协工作应着力于新的突破和超越。新千年伊始，他在省政协八届三次会议上以“开拓创新”为主题的讲话，就如一篇洗练精辟的理论文章，令人耳目一新：

“要将创造性思维引入政协工作，不要墨守成规。不断拓宽视野，开阔思路，拓宽渠道，只要对履行职能有利的事，就要大胆去试，勇敢去闯，使人民政协‘功业逐日而新，名声随风而流’。”

吕传赞认为，做到开拓创新，不仅要在思想上有新境界，更要在工作上有新思路，活动上有新特色。他和政协其他领导们着

力在抓大问题、出大思路、求大发展上倾心谋划，加大调研力度，集思广益，在拓展履行职能的形式上想办法，在民主监督等薄弱环节上下功夫。

2000年7月底到8月初，吕传赞亲自主持并参加了由河北省政协发起、承办，有京津冀三省市政协和水利部有关部门的领导、委员及专家学者参加的京津冀水资源合理开发利用与保护研讨会。会议把实地考察和专题研讨结合起来，与会者长途跋涉2 000余公里，实地考察20余处。这在河北政协历史上还是第一次。与会人员通过对京津冀共同水源地的考察，面对水资源匮乏、水环境污染加剧、水土流失尚未得到有效控制及水资源供需矛盾日渐突出的现实，深感震惊和忧虑。在掌握了大量实际情况的基础上，经过反复协商论证，研讨会达成了共识，形成了《京津冀政协水资源合理开发、利用与保护几个问题的建议》。这次研讨会对进一步缓解京津冀地区水资源紧缺状况、改善坝上水源地的生态环境起到了积极作用。

多年来，民主监督一直是各级政协履行职能的薄弱环节。为此，吕传赞多次强调要大胆尝试，力求有所突破。鉴于政协的监督是以协商讨论和批评建议为主的民主监督，吕传赞特别注意发挥这种监督形式的作用。1999年11月，针对群众反映强烈的政法系统存在的执法不廉、执法不严、执法不公的司法腐败现象，省政协组织部分委员，在吕传赞及另一位副主席的带领下，奔赴各地进行调研，并专门安排常委会就政法工作和政法队伍建设情况进行民主评议，提出了建议案。省公、检、法、司主要负责人在听取委员们的意见和建议后，给予了高度评价，并表示一定要吸纳委员们的建议，加大政法队伍整改力度，务求取得实效。

实施“1号提案工程”和运作政协“大会提案”，均是第八届河北省政协的创新之举。“1号提案工程”是指省、市、县（区）政协上下联动，分级负责，谋划运作本级的“1号提案”，并由政

协主席亲自督办。1998 年，吕传赞督办了《关于“放小”的几点建议》的“1 号提案”。该提案就河北省中小型企业改革中存在的问题提出了 5 点建议，有关部门积极采纳，很快修订了放开搞活的措施。截至目前，全省 11 市和 163 个县（区）政协都开展了“1 号提案工程”，取得了显著成效。“大会提案”是由政协提案委员会联合党派团体共同运作，经立案、审议通过后，作为政协全体会议提出的一件事关全局的重要提案。运作“大会提案”更是吕传赞主席提出的新思路，在河北政协史上尚属首次，引起了省委、省政府的高度重视。河北省政协 1999 年八届二次会议和 2000 年八届三次会议分别提出的关于《加快河北省高新技术产业发展，迎接知识经济的挑战》《加快高层次人才资源开发，促进河北经济、社会全面发展》的大会提案，因站位高、立意深、针对性强，得到了省委、省政府的高度评价，随后出台的几个相关文件充分吸纳了提案的建议和意见，为河北实现经济跨越式发展奠定了坚实的基础。

为了切实提高政协例会质量，吕传赞大力倡导和支持例会运作方式的改革。如将常委会议和组织常委视察结合起来，全体会议与专题座谈会结合起来，邀请省委、省政府领导和有关部门负责人参加，与委员面对面协商，直接交换意见等，都取得了创新性的效果。此外，他还主持调整和充实了专门委员会的工作机构，配备了专职领导干部，使各专委会由“虚”变“实”，其基础作用得以充分发挥。

非学无以练其事

读书，是他的唯一爱好；写日记，已坚持几十年

在省人大和省政协工作的一些同志都知道，凡是节假日里要

找吕传赞，经常是家里没有，机关的办公室也找不见，想找他只有到省委大院里。在省委的一座旧办公楼里，吕传赞当副书记时的办公室仍给他留着，他的大部分书籍存放在这里，满满当当的书柜挤占了四周的墙壁。这间屋子便成了吕传赞的“书房”，他的大部分业余时间也就是在这里度过了。他说这里安静，没人打扰，最适合看书。

吕传赞言自己没什么别的爱好，业余时间唯一可干的就是读书看报。他嗜好读书可以说与他的经历有关。生长在山东革命老区的吕传赞，刚上完小学就参加了工作，中学的课程就是靠自学完成的。考大学时，准备学理工搞技术的他，却先被中国人民大学录取了。大学里学的是政治经济学，自然少不了看浩如烟海的经典著作。由于品学兼优，被评为“优等生”和全校“三好积极分子”。毕业后分配到北京石油学院政治理论教研室。勤奋钻研的吕传赞因教学成绩突出，毕业仅两年半就晋升为讲师。后来中联部选调既懂马列又懂外语的人去搞国际共运研究，吕传赞被遴选了去，一干就是12年。如果加上他在河北建设学院的5年，那么他与书本打交道的时间的确比从政为官还要长。如此养成读书的习惯也很自然。

说起这些来，吕传赞还称自己是“书呆子”，并不太适合做官。要不是赶上干部人事制度改革，强调干部“四化”，自己很可能继续教书、做学问，那原本是自己的初衷啊。爱好没有最终成为职业，吕传赞多少流露出一丝遗憾，这也许是他愈发珍惜时间，加倍努力学习的缘由之一。

从马列经典到当代思潮，从政治经济到现代科技，吕传赞读书涉猎广泛，而且，他读书与他的工作作风一样，求真务实，不走过场，旨在消化吸收，活学活用。故此，他还有一个习惯：做笔记，写日记。笔记留下了他读书时的所思所感，不乏独到见解；日记用以审视自己的所作所为，每日反省自己。吕传赞说他退休

后的任务就是继续学习，整理自己的读书笔记，成不成书倒在其次。有道是"贵在坚持"，坚持写日记几十年，大抵已有几百万字吧，能做到这一点的人大概不会太多。即便在出国访问途中，吕传赞也不忘挤时间写日记。由此可见他做事的恒心和毅力。

吕传赞说："来河北以前，我没有在地方工作过，经验欠缺，只有通过学习，向书本学习，向同志学习，向日新月异的社会实践学习，增长才干，提高水平。"他也多次要求代表、委员们和机关干部要与时俱进，认真学习，更新知识，提高自身素质。在最近的10多次正式讲话中，他曾7次讲到要坚持读书学习，4次讲到加强理论研究。他曾深有感触地说，长期以来，我们工作和生活的各个领域，从管理体制、规章制度到思维方式、工作方法乃至生活习惯，都形成了一套与计划经济和传统体制相适应的东西。这些东西严重束缚着我们，使我们有些同志离开了这些传统就不会思考，离开了原有的模式就不能行动。当面对新的形势和任务时，显得束手无策，说套话、唱老调，因循守旧。要改变这种状态，我们就必须勤于学习，善于学习，以适应现代信息社会、知识经济时代对我们工作的要求。否则，我们就会被时代的潮流所湮没，就会在各种选择与被选择的考验中被淘汰……

体恤群众疾苦，言百姓心声
儿子的事我不能管，廉政要从自己身边做起

新年到了，吕传赞又收到了许许多多的贺年卡，其中最让他开心的是希望小学的孩子们寄来的自制贺卡、千纸鹤，孩子们永远也忘不了这位关爱他们的老爷爷。

吕传赞的名字在邢台市临城县前都丰村可谓家喻户晓。不管他的称呼是吕书记、吕主任还是吕主席，职务变了，他对这里的

牵挂和扶助没有变。近10年来，吕传赞每年都要到他的这个包村扶贫点看一看，有时一年跑几趟。他每次忘不了看望村里的老党员、烈军属、五保户和小学校的师生们，帮助村里打井、修路、兴办企业，甚至推销产品。现在，前都丰的村民们已逐渐走上了致富之路。

20年来，无论是在省委、省人大还是省政协，吕传赞年年都要安排许多时间深入基层，或调查研究，或走访慰问，燕南赵北、坝上川下，他的足迹踏遍了河北的山山水水。每一次下基层他都会有所感触。有两个场面至今仍印在他的脑海里。

1996年夏天，河北西部山区遭逢几十年不遇的洪涝灾害。吕传赞带领一支队伍到井陉县灾区救灾，望着被大水冲得一片狼藉的村庄和伤恸欲绝的群众，吕传赞心急如焚。他一边安慰灾民，一边和大家一起搬卸救灾物资。当他把救灾品送到一村民手中时，村民竟感激得在他面前长跪不起，吕传赞连忙上前搀扶……

还有一次，他到张家口的坝上地区进行考察，见到由于水土流失、草地沙化，原本茂盛的草场只剩下一片草根。一位牧民满脸的忧伤："吕主席，您看羊连草根都啃掉了，往后可咋办呀！"吕传赞抱起一只小羊，摸了摸地下的草根，不禁忧心忡忡……

吕传赞平日给人的印象是不苟言笑，严肃的时候多，但一提及这些，便有些激情难抑："群众对我们这些干部寄予了厚望啊，但只要你为他们做了点滴分内的事，他们就会感激不尽，我们有什么理由不为百姓办好事、办实事？所以，无论什么时候都不要忘记把群众的利益维护好。关心人民群众的根本利益，同样是政协工作的出发点和基本点。"由此也就不难理解他何以能在人民大会堂里慷慨陈词，谏言献策，议社稷之要政；何以能卧听箫竹，长夜未眠，想百姓之关心。

写了工作的吕传赞，读书的吕传赞，关心百姓的吕传赞，就是没说生活中的吕传赞。其实，他的生活就是三点一线，非常简

单，吃、穿、用亦是简朴为上。老伴是家庭妇女。他在家中称得上是一位严父，以至家教颇严。三个儿子都在科研或事业单位工作，为人厚道，事业有成，绝不属“衙内”型。吕传赞对孩子有两条建议：一不“当官”，二不“下海”。大儿子都40多岁了，至今还是个主任科员。

针对当时社会上存在的“跑官”“要官”“买官”“卖官”的不良现象，吕传赞痛陈这种干部任用上的腐败行为严重损害了我们的干部人事制度，败坏了党风和社会风气。从接连暴露的领导干部腐败大案、要案、窝案中，可以看出这方面的教训是惨痛的。早在1989年，吕传赞带领组织部门在全省搞起一项县级领导班子思想作风的调查，重点考察干部的政治敏锐性、工作作风以及团结和廉洁自律问题。此举得到省委的大力支持，并因其工作的超前性受到中组部的高度评价。有一点提起来让吕传赞仍感欣慰，当他分管组织工作时，在省委的领导下，那些年选拔任用的干部，至今没有发现这样那样的问题，而且还为中央国家机关输送了一批优秀干部，现都已成长为副部级以上的领导干部。

直到2002年，吕传赞还经常嘱咐做组织人事工作的干部，选拔任用干部一定要坚持原则，要把那些德才兼备、严于律己、忠于职守、勇于创新的干部选拔上来，而不能用感情代替原则，领导干部廉洁从政，不仅要管好自己，还要管好子女、下属、身边的人……

这就是吕传赞，一位在河北享有清官美誉的领导干部，一位为政几十年不改共产党员本色的人民公仆。

（原文发表于2002年）

朱作霖：有容乃大　无欲则刚

◉段　毅

朱作霖简历

朱作霖（1932—　），1952年被保送到中国人民大学专修科财政银行工作者专修班学习，1953年毕业后留校进教师研究班学习，1954年加入中国共产党，1956年毕业于马列主义研究班。后留校任马列主义基础教研室教员。1958年调到中央社会主义学院任教。“文化大革命”期间曾于1969年下放到“五七”干校劳动。1972年被分配到中央民族学院工作。1978年调入全国政协，先后担任学习委员会与工作组办公室处长、副主任、主任。1987年被任命为全国政协副秘书长、机关党组成员，后兼机关党委书记。1993年任全国政协常务副秘书长、机关党组副书记、台港澳侨联委员会副主任。为中国共产党第十四次全国代表大会代表，第七届全国政协委员，第八届、九届全国政协常委，中共中央直属机关第七届党代会和1987年、1992年党代会代表。

年轻，并不是生命的一段流程，不是粉面、朱唇与柔膝。它是一种心境，一种思考的力度，一种滚烫的情怀，是生命深泉永远鲜活的源头。

在见到朱作霖与他的夫人姚渭玉时，我突然想起一位哲人曾说过的话。他对年轻充满诗意的表达，也正是我对这两位令人尊敬的老校友最深的感受。

阳光透过宽大的窗户，暖融融地洒在整个房间，客厅的布置虽然简朴，但四壁的字画以及雅致的奇石花草可以体现出主人不俗的情趣。朱老师就坐在我的对面，浓黑的剑眉、光华灼灼的双眼以及硬朗的身体，让人一点儿也看不出他是一位年已古稀的老人。

一

由于朱作霖刚刚结束“两会”活动，我们很自然地首先谈到了他在政协的工作。朱作霖 1978 年调入全国政协后，先后任学习委员会与工作组办公室处长、副主任、主任。1987 年被任命为全国政协副秘书长，后兼机关党委书记。1993 年被任命为全国政协常务副秘书长、机关党组副书记、台港澳侨联络委员会副主任。1998 年以来任全国政协常委、文史资料委员会主任。回顾 20 多年的政协工作历程，朱作霖感慨颇多。

“从原来的马列主义教员转为统战机关工作者，是我人生的一大转折。”人民政协是爱国统一战线组织，是中国共产党领导的多党合作和政治协商的重要机构，是我国政治生活中发扬社会主义民主的重要形式。它的主要职能是政治协商、民主监督、参政议政。因此，全国政协机关的工作是政治性、政策性非常强的工作，责任重大。政协委员的知识、阅历都很丰富，政协本身就是个知识库、人才库。为此，朱作霖在政协机关曾反复强调，政协的干部必须树立三个观念：统战观念、服务观念和全局观念。

“我们要把自己摆在一个平常的位置，要抱着一种学习的心态，以诚待人，尊重委员，这样人家才愿与你合作、与你沟通，才能使政协成为真正的委员之家。”朱作霖甚至还多次强调要从打电话这类小事开始学起，学习尊重别人，改变机关口气生硬的衙门作风。他还给我们讲了一个小故事：一次，一位外地政协的工作人员来到全国政协办事，因为已到下班时间，被传达室生硬地阻挡。尽管在交涉中该同志感到身体不适，传达室也没有让他进来歇一下、喝口水。全国政协的领导知道以后，很严肃地处理了这件事，不仅派专人登门向这位外地的同志赔礼道歉，还调离了那位传达室工作人员。朱作霖说：“这样的人不适合在政协工作。政协的工作者，是称职的政治干部，更是特殊的政治干部，待人要亲切、诚恳，因为我们无论职位高低都是服务员。”

朱作霖说，在政协工作的实践，真正让他体会到做人的工作、做团结人的统战工作是一项细致、艰巨和十分重要的工作，培养了他为别人服务、为别人考虑的观念，可以说是对他性格的一次塑造。

现在，朱作霖转入文史资料委员会任主任，主要从事中国近、现代史料的征集和编纂工作。他尽管年事已高，仍然不断学习，笔耕不辍，亲自担任大型图书《文史资料存稿选编》（3 500 万字）编委会主任、《文史资料选辑》编委会主任、“文史资料精华丛书”编委会主任等。朱作霖家书房中现在摆着一套一套的史料文献，就是他这些年心血的结晶。

二

有人说，人生的道路虽然漫长，但关键性的步伐只有那么几

步。也正是朱作霖人生中的几大转折，造就了现在的他。

朱作霖生于1932年11月，世居浙江义乌农村。由于家庭生活艰苦，聪颖的他被迫辍学跟父亲学手艺、种田。后来虽然继续了并非一帆风顺的初中教育，但为了不增加父母的负担，朱作霖终于下了狠心不再考高中。同时，为了避免被抓壮丁，他先后尝试服用了大剂量的生半夏和奎宁，想把自己变成聋哑人。吃了以后耳朵像打雷一样隆隆响，嗓子根本发不出音，可想不到过了几天他奇迹般地恢复了。后来，父亲知道了朱作霖的心思，让他考高中。朱作霖选择了公费性质的师范学院。

这时正处于解放战争的最后阶段，当地时局一片混乱，社会动荡不安。年仅16岁的朱作霖和10多位同学出于对当时社会现实的强烈不满和年轻学生的正义感，在一位地下党员的帮助下，参加了浙东游击纵队6支队，被分配在民运队从事筹集军粮工作，以迎接南下解放军的到来。从此，他走上了革命的道路，而这也正是他一生中最关键的一步。

新中国成立后，朱作霖在义乌地方人民政府工作，先后从事农村、财经等工作。同时，他还参加了当地的剿匪、反霸和土改斗争。“那时，还有人让我当心自己的‘六斤四两’（人头）呢!”朱老师笑着将那场血雨腥风一带而过。面对复杂、残酷的斗争形势，年轻的他不顾生死，冲锋在前。“那时还真不知道害怕呢!”正是这段特殊的经历，培养了他的勇气和献身革命事业的热情。

1952年，根据中央决定精神，各地选拔一批青年干部进学校培养。朱作霖幸运地和其他几位同志一起被选送到浙江省干部升学补习班，补习高中课程。虽然时间紧、任务重、难度大，但他还是劲头很足，最终被选送到中国人民大学财政银行工作者专修班学习。怀着对未来美好的憧憬，他踏上了北上的行程。

三

就这样，朱作霖来到了诞生不久的人大，也开始了他与人大多年的渊源。

刚进大学的朱作霖对一切都感到陌生和好奇，财政班开设了令他深感兴趣的国家预算、货币流通与信贷、财政学等课程，也开设了他从未接触过的理论课——马列主义基础、政治经济学、中国革命史等。第一次有人将人生观、世界观、社会发展规律、经济基础与上层建筑、生产力和生产关系这些词汇带到了朱作霖的脑海中。新鲜系统的理论令年轻的他耳目一新，茅塞顿开。他学习起来如饥似渴，废寝忘食。

尽管朱作霖是班中最小的同学，但他还是被推选为团支部书记，组织参加了很多丰富多彩的课外活动。朱老师兴奋地回忆起那一段时光，仿佛那金色的年代又重回眼前。记得由于人大基建工作还未结束，他们经常参加搬砖运土等建校劳动；记得当时抗美援朝正如火如荼地进行，年轻的同学们积极参加各种支援活动，尤其是大搞爱国卫生运动，反对美帝在朝鲜搞细菌战；记得当斯大林去世时，全校的同学都流下了真诚的眼泪。当时的班主任崔槐青和董桂芬也经常帮助他，支持他。朱作霖回忆起来，仍很感谢这两位师长。

“这一年，我的思想变化很大。很快接受了许多新的东西，特别是革命理论的启蒙教育。我就是在这时开始树立革命的人生观和世界观，开始把为人民服务作为努力目标。另外，作为团干部，不仅要自己坚持学习，而且要做别人的工作，互相帮助、共同提高，这又让我学习了不少老同学的好作风、好经验和待人接物的道理。”

一年的时光飞快地过去，毕业时，朱作霖留校继续参加教师

研究班（第二年改名为马列主义研究班）学习。尽管这与他早日回家乡工作的想法不一致，但他还是愉快地服从了组织的决定。

“研究生三年是我成长过程中非常重要的三年。”在这三年里，他又学习了四门政治理论课以及俄语、世界通史等课程，进一步系统深入地研究了马列主义基本理论，为以后的革命工作打下了坚实的基础。“那时真是一字一字地抠原著，每门课都有几大本笔记，到头来可以一眼不看地讲下来。”当时班中学员的年龄也相差悬殊。他仍然是年龄最小的学员之一，并被推选为生活班长。通过与年长学生和其他优秀生的接触，他提高了处理问题的能力，甚至脾气也逐渐收敛，变得平和、冷静。在这里，他光荣地加入了中国共产党。而且也正是在这里，他结识了自己的终身伴侣——同班同学姚渭玉。毕业时，被评为“三好生积极分子”和“优等生”的朱作霖留校任教，后又被派到中央社会主义学院当教员，前后经历 20 多年的教师生涯。

朱老师深情地说：“到人大来是我人生的一大转折，我向理性成长的过程就是从这里开始的，我日后思想的基础也是在这里打下的。人大的教育令我受益终生，现在回想起来仍是十分留恋。”他更鼓励现在的莘莘学子，一定要珍惜来之不易的学习机会，认真地学好本专业。他送给人大同学八个字：勤学、钻研、探索、创新，每个字都浸透了他对同学们的殷殷期盼。“人大是一所很有名的大学，现在正向世界一流大学的目标奋进，前途无量。希望母校能在原有基础上做好进一步的发展规划，加强人大自身建设，特别是师资队伍建设。也希望母校进一步与社会各界沟通，争取中央和社会更多的支持。”

四

由于曾在师范学校学习的原因，年轻时期的朱作霖爱好吹拉弹唱，初到人大时还被校文工团选中，学习过舞蹈并登台表演。平日里，且吹且唱，情致盎然。但是他生性好静、喜爱思考。书房里摆满了大书柜，图书种类不少，朱作霖经常拿出来边阅读边思索，有时还与姚渭玉来个夫妻合作研究。

谈到做人、从政的原则，他说："一个人起码要有'三气'：第一要有志气，要立志在哪方面发挥特长，为社会做些有益的事；第二要有勇气，没有勇气什么也做不成；第三要有骨气，决不可因个人私利而失人格。"由于从事文史工作的缘故，朱作霖对书画很感兴趣，客厅墙壁上挂着友人赠送的字画，其中有一幅启功书写的对联尤为引人瞩目："海纳百川有容乃大，壁立千仞无欲则刚。"朱作霖说："我把这句话也写在笔记本的扉页上勉励自己，作为我的座右铭。我从一个不懂事的孩子到现在，从没想过历史会把我推到这个岗位。自己一生平淡，没有什么惊人的事。党和人民给了我太多，而自己对党对人民对社会做得太少，离党和人民的要求差距很大。我这一生，是党的教诲给了我信仰，党的培养使我增长了才干，没有党就没有我的今天。一句话，只有感谢党，一切服从党的决定。"

不知不觉，两个小时已经过去了。室内兰草飘香，仿佛他过去所经历的风风雨雨都已化作了生命历程中的芬芳。临别时，我望着这位生命不息、奋斗不止的学长的身影，默默地祝福他身体健康，永葆青春。

（原文发表于2002年）

李婉芬：功成名就忆当年

◉ 铁　铮

李婉芬简历

李婉芬（1932—2000），北京人，著名表演艺术家。1949 年考入华北大学戏剧科，毕业后被分配到华大文工团做演员。1950 年，李婉芬在大型话剧《红旗歌》中第一次扮演主要角色大梅，由此开始戏剧生涯，塑造了一系列性格各异、鲜活逼真的人物形象。1957 年，李婉芬在话剧《骆驼祥子》中扮演虎妞获得一致好评。“文革”结束后恢复演出话剧，李婉芬先后扮演了《咸亨酒店》中的五婶及《王昭君》中的姜夫人等角色。1983 年扮演电视连续剧《四世同堂》中的大赤包，荣获“金鹰奖”最佳女配角。

曾任北京电影电视艺术家协会副会长，北京电视艺术家协会顾问，北京艺术交流中心理事，北京语言学会、朗诵研究会理事，中国戏剧家协会会员，北京人民艺术剧院一级演员。其参加创作的话剧《老师啊！老师!》曾荣获建国四十周年创作三等奖。共发表戏剧评论、散文等数十篇。

"记得那是1949年，华北大学、革命大学，还有南下政治工作团同时招生。当时北平刚刚解放，一些人对共产党还持观望态度，报考这类革命学校并不积极。我念高中时读过一些进步书籍，高尔基的《母亲》啦，赵树理的《李有才板话》啦。还从做地下工作的表哥、表姐那多少了解到了一点儿解放区的情况，思想上不像有些人那样感到畏惧。再加上我特别喜欢演戏，就报考了华北大学戏剧系，一点儿顾虑都没有。"李婉芬脸上挂着笑容，说着一口地道的京腔，回忆起当年求学的情景。

当时，华北大学戏剧系叫三部，地址在国会街，办学条件挺差。大家发的军装是深灰色的，布挺粗。李婉芬穿最小号的，仍是跟大箩筐似的，她还是高兴得不得了。

同学们住的屋子是旧亭子改的，靠墙打了一圈儿地铺，上面垫着厚厚的稻草。李婉芬一点儿也没觉得艰苦，只是感到新鲜、愉快。同学们的学习以政治为主。胡绳讲社会发展史，然后大家你一言、我一语地争论，人到底是不是猴变的。大家还学习《在延安文艺座谈会上的讲话》，讨论文艺为什么人的问题。学校组织同学们看《白毛女》，看了以后一连几天李婉芬都睡不着觉。她生平第一次知道世上还有穷人、富人，知道了什么叫人压迫人、人剥削人。打那以后，她革命的劲头可大了，恨不得解放全人类。

华北大学沸腾的生活，揭开了李婉芬人生道路上崭新的一页。在学校的培养教育下，她从一个小资产阶级知识分子成长为一名无产阶级革命文艺战士。她始终保持着当年那股革命热情，不管遇到什么困难，都没有动摇她坚定的共产主义信念，都没有阻止她对事业的追求。20世纪60年代，她患了肝炎，可像《骆驼祥子》那样的重戏，她有时一天演三场。后来，岁数大了，病也多了，可她常常装着全休假条照常演出。1983年1月，她加入了中国共产党。她曾在"三八节"被评选为全国十八名先进妇女之一，还参加了北京市先进人物演讲团。

谈起在华大印象最深的事，李婉芬讲了一个“舞场风波”的故事。刚入学，大伙觉得挺新鲜。可过了一两星期，就有人受不了清苦日子了，开始打扮起来。先是抹口红，接着又抹黑眼圈儿。腰身也裁瘦了，裤长也去了。到后来，竟穿着军装溜进街上的舞厅。有人跳起来就忘乎所以了，有的还唱起了不健康的歌，影响很不好。当时，李婉芬岁数小，贪玩儿，也跟着去凑热闹。

学校发现后，召开了全班大会，来了个彻底整顿，帮大伙认识“人为什么活着”“什么是美”。同学们有的挨了批评，有的写了检查，有的后悔莫及，有的痛哭流涕。在这场风波中，李婉芬也明白了这么个理：凡事都得用脑子思索，可不能昏天黑地地活着。

在几十年的艺术生涯中，李婉芬先后在舞台上、银幕上、荧屏上塑造了几十个人物形象：话剧《骆驼祥子》中的虎妞、《女店员》中的齐伯母、《王昭君》中的姜夫人、《咸亨酒店》中的老板娘灰五婶，电影《嘿！哥们儿》中的奎婶……最受人欢迎的，要数电视连续剧《四世同堂》中的大赤包，不光为她赢得了电视“金鹰奖”最佳女配角的桂冠，更使她成了家喻户晓、妇幼皆知的人物。她还与人合写了《老师啊！老师!》《遛早的人们》两个剧本。

在中学，李婉芬演过戏，比如《画家之死》《殉情》等。可真正接触文艺，对文艺产生理解，还是从华大开始的。记得同学们排《王大娘赶集》，那是个秧歌剧，连扭带唱的。她演一个叫玉池的小姑娘。这是她到华大上台演的第一个戏，特别想演好，为的是让人们都知道她的艺术才能。

“可不知怎么的，竟演了个一塌糊涂。唱的也不对，位置也错了。下台后，我大哭了一场，哭了个昏天黑地。心想，这下在人们的心目中，我可成了最最不会演戏的了。”李婉芬说。同学们不劝还好，越劝她哭得越凶。辅导员慢慢地开导她：不要把自己的

得失看得那么重，演戏是为观众，而不是自己成名成家，演砸了也要想到观众，不能光想自己，光想我完了，我垮台了。这事对她教育很大，给她以后从事艺术工作奠定了坚实的思想基础。

打那以后，她树立了一心一意为观众服务的思想，这成了她孜孜不倦地在艺术道路上探索、前进的动力。《四世同堂》开拍之前，她对大赤包这个角色反感透了。家里人反对，她也担心演砸了会抱憾终生。但她想到，像大赤包这样一个民族败类，在当时那样的历史条件下，算得上是个典型的人物。将其揭露出来，引导人们爱憎分明，懂得该做什么样的人，不该做什么样的人，也很有教育意义，能达到这个目的，个人受点儿损失也就算不了什么了。她不但演了，而且把全部身心都投入到了角色的创造中去，最终取得了成功。

“在华大的时候，思想教育形式又多又活。没有人每天盯着你，教训你该怎么做，不该怎么做。主要是让我们自个儿思考，自个儿认识，自个儿教育自个儿，自个儿决定怎么办。”李婉芬说，辅导员经常找大家谈话，了解情况，加以必要的引导。学生中有不少骨干，好多事都由他们带头。当时，并不觉得怎样，可时间一长思想就进步了。

从陕北公学、华北联大、华北大学，到今天的中国人民大学，经历了多少风风雨雨，为党的事业、为国家建设培养造就了大批像李婉芬这样的人才。可以相信，这所具有光荣革命传统的学校，将随着时代的发展不断前进，培养出更多的“李婉芬”“张婉芬”“王婉芬”……

（原文发表于 1987 年）

何竹康：致力于改变吉林内陆省形象

◉ 廖静萍

何竹康简历

何竹康（1932—　），江苏南通人，1947年参加革命工作并加入中国共产党。高级经济师。1951年考入中国人民大学。1953年赴苏联留学，在莫斯科国立经济学院攻读国民经济计划专业。1958年回国，先后任河南省计委科员、秘书、处长、副主任、主任，副省长、省委书记兼省长等职；1987年调吉林省工作，先后任省长兼省委副书记、省委书记兼省长、省委书记、书记兼省人大委会主任等职，为中共十二大、十三大、十四大代表，第十二届中央候补委员、中央委员，第十三届、十四届中央委员，第六届、七届、八届全国人大代表。

吉林人很难想象，何竹康是由一个“小八路”成长为省委书记的。何竹康外表平和儒雅，善于思考，是个学者、专家型的领导人。谈到采访他，他说：“我这个人的经历可没有那么多有趣的东西，很平淡。”他的平易随和与他在把握吉林发展战略上的胆识和气魄，奇妙地统一在一起。中国美学理论有一句话可概括他的性格：绵里裹铁。

经济专家

何竹康 1932 年出生于江苏启东一个贫苦家庭。他回忆说：“我少年时候，启东农村是红区，城镇是白区。白天日本鬼子、还乡团横行乡里，晚上党组织开展活动与敌人做斗争。”共产党、新四军一心为民给他很大影响，少年时期，他就加入了儿童团，15 岁时就秘密加入了共产党，这在当时亦为破例，入党后他被送到专门培养革命干部的苏中江海公学学习，后来分配到华中指挥部工作直到“打过长江去”。过了江，他坚持自学，于 1951 年考入中国人民大学经济管理系。由于学习成绩优异，第二年被学校推荐报考留苏预备生，于次年 8 月赴苏联莫斯科国立经济学院学习国民经济计划。他一边刻苦学习，一边从事留学生党支部活动，并利用假日到苏联各地进行社会调查，为他后来从事经济管理工作奠定了坚实的基础。他在苏联时有幸参加了毛泽东接见留苏学生的活动并亲耳聆听了毛泽东那段著名的讲话：“世界是你们的，也是我们的，但是归根结底是你们的。你们青年人朝气蓬勃，正在兴旺时期，好像早晨八、九点钟的太阳，希望寄托在你们身上。”他深受鼓舞。1958 年毕业后，用自己省下的钱做路费，带着优异成绩回到了祖国。

从此，他一直致力于国民经济管理的实践和探讨，并讲学、著文。理论与实践的结合，使他成为一个有专业知识的行政领导人，同时又是在学术理论界有一定影响的经济专家。他在粉碎“四人帮”后第一次职称评定时就被评为高级经济师（当时河南省只评了 5 名）。他先后任河南省社会科学联合会副主席、经济学会会长、中国计划学会副会长、中国合作经济学会顾问等职，并先后被聘为洛阳工学院客座教授、黄河大学兼职教授和吉林大学顾问教授等。他在河南著有《振兴中原的思考》一书。另一著述《党的基本路线述要》被评为全国优秀图书，深受人们青睐。

施展抱负

谈到留苏归来分配的情况，何竹康说：“回国以后我的大部分同学留在北京。作为一个党培养的热血青年，我要求到艰苦地方工作。当时河南省要人，我的朋友劝我不要去，因为那个地方最穷。可我还是很乐意地去了河南。”

在河南，他从计委综合处科员干起，一干就近 30 年。他由于善于思考，提出的建议深受省领导同志重视而被器重。1980 年先后被提升为省计委主任兼党组书记、河南省副省长兼计委主任等。1983 年，他走上了河南省委书记兼省长的岗位，直到 1987 年调到吉林。

在河南主持计委和政府工作期间，他表现出善于抓宏观经济的才华。他参与主持并先后论证确定了 30 万吨合成氨工程、400 万台电视机玻壳厂等一大批项目，为河南现代工业的发展奠定了良好的基础。

黄河之水天上来。黄河历史上曾多次改道，泛滥成灾。提起黄河，河南人民首先想到的是一个“害”字。新中国成立前“水”（黄河）、“旱”（干旱）、“蝗”（蝗虫）、“汤”（国民党军阀汤恩伯）

被称为河南四大害。治理黄河不仅是河南的大事，也是国家的大事。1958年毛泽东视察黄河时就专门发出指示："一定要把黄河的事情办好"。在谈到治理黄河时，何竹康说："黄河安危，事关全局，治理黄河，始终是河南历届政府的一件大事。但治理黄河不只是保证黄河不决堤，更重要的是要利用黄河为人民造福。'水''旱'两大害，治理得好就可以以'水'治'旱'，变害为利。"所以他始终把利用黄河、兴修水利作为一件大事来抓。加固河堤，积极发展黄河水利灌溉，不仅减少了黄河水害，而且改造了黄河两岸大面积盐碱荒田。何竹康同时还积极推动治黄重要调控工程——在黄河河南段上游洛阳小浪底修建大型水库。

1987年，何竹康调任吉林省省长兼省委副书记。赴任前，国务院领导人告诉他吉林经济有基础，但农业有两大难题，一个是玉米脱水难，二是粮多没肉吃，希望他下功夫解决。经过半年的调查研究，他满怀信心地提出，用两年时间采取烘干办法解决玉米安全储存问题，用科学养猪、养鸡的办法三年内实现全省肉类自给。话一出口，即有人建议慎重，吉林多年解决不了的事，不是一说就能解决的，倘若实现不了不好交代。但他没有因此而动摇。从规划方案的研究实施，到资金的筹措，他都亲自参与，锲而不舍地督促检查，狠抓落实。结果这个被认为是"说大话"的计划硬是全部实现了。两年基本解决了烘干问题，不仅提前一年多实现全省肉类自给，而且大量外销。他说："农业要现代化，关键在于工业尤其是农村工业的发展，包括乡镇企业。因此，吉林还必须加快工业发展，眼界放宽些，要全面发展。"他几次进京，争取农业全面发展资金，在吉林发展了一批粮食加工项目。还积极推动吉林与泰国正大集团的合作。现在具有国际现代化水平的大型饲养加工联合企业——德大公司已在吉林发展起来并带动了一大批专业饲养场、户的发展。

三个决策

何竹康调任吉林七年多，吉林省 GDP、地方财政收入、居民人均收入等重要指标都翻了一番多，外贸出口创汇翻了两番。经济结构得到较大调整。凡到过吉林的人都称赞吉林城乡面貌变化很大。今夏国务院副总理朱镕基到吉林视察，指出吉林省形势好、有后劲、有困难、有办法，对吉林工作给予了充分肯定。何竹康说，这是吉林全省党员、干部、人民群众共同努力奋斗的结果。

问起他自己的作用，他不愿多讲，但了解情况的人却讲，他这个人没有特别嗜好，一心所念的就是工作。用他自己的话说，就是“结合实际，认真贯彻中央的路线、方针、政策，加快吉林发展，富省裕民，振兴吉林”。

如何加快发展？他把工作重点放在抓好决策和决策落实上，特别是事关全省发展的战略决策。由他做出的发展吉林的三个决策深为人们称道。

决策一，做好吉林经济工作要全面发展农业，重点加强工业，努力搞活金融和流通。他深入农村、工厂、学校、科研单位调查研究，下决心从发展商品经济入手，加快改革开放，充分发挥优势，调整结构，扬长避短，增强发展后劲，来解决制约吉林经济发展的问题。七年多过去了，农村经济全面发展，逐步向现代化农业迈进；工业新上一批重大项目，产值翻了近两番；金融和流通在工农业生产中发挥了积极促进作用，第三产业长足进步。全省经济蓬勃发展。何竹康认为农业是基础，任何时候都不能放松。但想要农民富起来，仅推粮食生产绝对不行。必须全面发展，包括实施多种经营、发展畜牧业和乡镇企业等，逐步实现社会化、专业化、现代化。

决策二，抓住机遇，组织全省经济上新台阶。1992年初，邓小平南方谈话一发表，何竹康就以一个政治家独有的敏感意识到这是一个千载难逢的机遇，按邓小平讲话中“隔几年使经济上一个新台阶”的精神，深入调查研究吉林经济如何上新台阶。他提出“全省动员，背水一战，拼搏三年，使全省经济跃上一个新台阶”的建议，并经省委常委讨论通过后付诸实施，吉林省委、省政府把这一总体目标分解成若干具体指标，组织全省人民扎扎实实苦干3年，基本实现了上新台阶的任务。全省GDP在这三年中平均每年增长13.1%，是改革开放16年来发展最快的3年。

决策三，改变吉林内陆省形象，把吉林建成发达的边疆近海省。在传统地理概念和经济区位划分上，吉林属内陆省似乎并无歧义。改革开放以后，吉林人对沿海开放城市的腾飞似乎只有羡慕的份儿。这种内陆意识严重阻滞了吉林发展。作为一省的高层决策者，何竹康清楚地看到了这一点。他从重新研究、认识省情开始，逐步形成了一个全新的概念，从而重新设计出了吉林发展蓝图，他指出，吉林省沿边近海，地处日本、朝鲜、俄罗斯、韩国、蒙古国与我国东北地区组成的东北亚腹心地带，边境总长达1 400余公里，距日本海15公里，距俄罗斯波谢特湾仅4公里，珲春处于东北亚地理位置的几何中心，长春位于东北亚十字交通的交汇点，具有图们江国际合作金三角和未来欧亚大陆桥枢纽的区位优势和资源、地缘、人文、劳动力等许多优势。这些使吉林与东北亚腹心地带有很强的产业互补性，合作潜力巨大。吉林要腾飞，就要利用这些优势，走开边通海以开放促发展的道路。从这个意义上讲，吉林不是内陆省，而是一个边疆近海省。吉林发展应有新思路。于是他提议：通过全省人民的奋斗，把吉林建成发达的边疆近海省。

经过一年多的实战，吉林对外开放取得突破性进展。外贸出口高速增长，开发开放区建设全面启动。珲春被国家批准为沿边

开放城市不到一年，国内外注册公司达千余家，建办事处300余个。一个个决策目标的落实，产生了骨牌效应，使人们信心增强，给人们的思想观念、精神面貌带来了很大变化。

与民忧乐

作为一个省的省委书记，同时身兼省人大常委会主任和省军区党委第一书记，何竹康每日需处理的公务是繁重的。他的秘书说："有时忙起来，夜以继日，二十四小时不休息，第二天早上，我觉得都快瘫了，可我就奇怪他怎么就不累。第二天照常上班，而且看上去比我精神多了。"尽管公务如此繁忙，他也从未远离基层，而始终与普通百姓息息相通。他每年至少有三分之一的时间在基层，在工厂、农村、学校、医院调查研究，有时还微服察访，不打招呼，不做安排，带几个身边工作人员，一竿子插到百姓家。这使他能与民乐其乐，又能与民忧其忧。他说"这样可直接了解真实情况"。1993年5月22日，他到四平市范家屯镇东河村六屯，下车就近走进农民孙振江家。孙振江下地干活去了，老伴郑淑珍正在洗头，他就坐在炕沿上同女主人唠起嗑来。女主人应书记的要求不一会儿找来一帮乡亲，炕上地下挤满了人。村民张玉梅说："现在种子、化肥、农药太贵，种地没多少收入。"朱万鹏说："我家四口人，种八亩地，去年摊派不少，也没啥明细账，不知道都是啥花销。"79岁的狄举老汉告诉何竹康，现在人民事业人民办，卫生、民兵、教育等等，什么都要达标，达标就要交钱，咱们农民实在负担不起呀。农民们七嘴八舌，不一会儿就提出了16个问题，能处理的他当即表态，当时未能解决的，成立工作组妥善处理。

过了几个月，人们以为此事已过去了，可12月17日，何书记又到这个地方了解问题真的解决了没有，怎么做的，群众是否满

意，是否还有没有彻底解决的。听到百姓讲砖厂污染菜地的损失是包赔了，但没到农民手中而被人挪用了，他马上指出即刻处理。从城市到乡村，从工人到农民，从企业工人分房子开工资多少到农家买什么鸡鸭合适到哪卖，他都仔细过问。他说："下去看看，不仅能帮老百姓解决一些实际问题，还能窥一斑见全豹地发现许多问题。使我们不断改进工作。"

为搞好国有大中型企业，他先后跑了长春、吉林、四平、通化等地的几十户企业，吸收方方面面的人开座谈会，尽量多听意见和建议，尤其是不同的意见和想法，然后写出调查报告，再开专门会议交流经验，研究具体工作部署和行之有效的办法。

科教兴省

在河南工作期间，何竹康就十分重视平原绿化、植树造林。他说："植树造林不仅是为改变生存环境，同时也为提高人们生活质量和文化品位，是一项造福人类、造福子孙的大事业。"

调任吉林之初，他了解到吉林西部多风沙干旱的主要原因在于植被差。于是提出由省政府做出"十年绿化吉林大地"的决定，为推动这一决定实施，他到过风吹白沙滚滚的不毛之地前郭县白沙尖亲自搞绿化植树点。七年来每年都到那里植树从不间断，硬是在之前不生草不长树的地方种出一片绿色的希望来。在省领导带动下，各级领导也都搞了植树点。现在，植树造林，绿化吉林已成为全省人的自觉意识。十年绿化吉林大地的目标明年即可提前完成。全省林木覆盖率达42％。

"科教兴省"是吉林发展战略之一。吉林科技教育水平在全国居领先地位，教育学科门类较齐全，人才集中。为了充分发挥这个优势，在何竹康的提议下，从1988年以来，各县都专设有科技

副县长，今年又成立了吉林省科技专家咨询委员会，全省制定了农村培养科技人才的“一二五三”计划和农村科技实验与推广结合的“二一三”计划。在城市搞了产学研集中开发，加速大中型企业技术改造。探索“经科教”结合的有效形式，促进了科技成果商品化、产业化。

何竹康似乎一生都与学校有缘。在河南任省长期间，为解决经济管理人才不足问题，他亲自主持组建了河南财贸学院。到吉林后，他仍坚持有时间就到学校走一走，即使到绿化点植树他也不忘到乡下小学去，给孩子们带去一批图书和动物标本。孩子们都亲切地叫他“何爷爷”。

去年6月3日他到吉林大学座谈，听到有个外省的学校为了上“211工程”，到吉林挖院士。他马上意识到此事关系重大，回机关后在常委会上提议给院士、博士生导师发特殊津贴，他说：“财政虽不宽绰，但这个钱还是要拿的。”仅两周时间，便由常委会通过、人事厅正式出台一条优待科技人才的政策，给每位院士月津贴人民币1 000元，博士生导师300元。原籍东北的留苏工程师李工在四川省政府做顾问，他手里有一批先进科研成果。月是故乡明，人老还思乡，李工对家乡很有感情。何竹康到白山视察工作，知道李工正将自己的研究成果“生物降解农膜”在该市塑料厂搞试生产，便亲自见他，与他亲切交谈。他不仅帮白山市为李工工作创造条件、在长春市给李工解决住房，当了解到李工丧偶独身一人时，还特意嘱托人为他物色一个老伴，一时传为佳话。

平民生活

何竹康生活淡泊，尚节俭，爱清洁，他的平易随和与夫人朱

仪娴的热情直爽相得益彰。记者采访时，他跟夫人说“军功章有你一半”，夫人却打趣“有我一多半”。夫人秀外慧中，在家里是个好主妇，工作时亦很出色。她说：“他从小学习就特别好，总考第一。无论什么衣服穿在他身上都干净利落。他总是自己洗衣服，无论在家还是出差从不要别人插手。”谈起这些，夫人的眼角眉梢，流露出相濡以沫的爱和关切。

何竹康对家人要求严格。他的许多亲属至今还在江苏乡下务农。亲属曾多次来找何竹康，希望他能帮忙在市里安排工作，但他不安排，也不许工作人员安排。他说：“我手中的权是给老百姓办事情的，不能滥用。”

（原文发表于1995年）

沈宝祥：尊重历史　实事求是

◉ 徐　珊

沈宝祥简历

沈宝祥（1932—　），江苏武进人。1961 年毕业于华东师范大学，1964 年于中国人民大学研究生毕业。1965 年到中央党校工作。1977 年 6 月起，在胡耀邦指导下参与筹办《理论动态》，后从事撰稿和编辑工作，先后任理论动态组副组长、组长，《理论动态》编辑部主任、主编。长期从事中国特色社会主义研究，发表论文 300 余篇。在拨乱反正中，有 30 多篇文章作为《人民日报》《光明日报》《解放军报》等报纸的社论、特约评论员文章、评论员文章、观察家文章发表，其中多数由新华社转发。1978 年 11 月 20 日在《理论动态》第 98 期发表的《平反冤案的历史借鉴》一文，由《人民日报》于 11 月 22 日作为特约评论员文章发表，新华社转发全国，对平反冤假错案起了积极推动作用。1999 年参与筹办《学习时报》，任《学习时报》顾问。

在一个春光明媚的上午，我采访了中国人民大学校友、中共中央党校教授沈宝祥老师。打电话联系的时候，沈老师一再谦虚地说："我确实没有什么轰轰烈烈的事迹，都是一些很平淡很普通的事情，既然是校友，咱们可以随便聊聊。"走进沈老师的办公室，我的第一感觉是这里似乎更像一个书房。房间的两面立着两排书架，上面密密麻麻全是书。在两个多小时的时间里，坐在他简朴整洁的办公室里，听沈老师侃侃而谈，用一个词来形容我的感受，那就是——如沐春风。

一

1932年，沈宝祥出生于江苏武进的一个农民家庭。1937年11月武进沦陷，一家人外逃避难，坚持留下守屋的老祖母惨死在日本侵略者的枪口之下，"老祖母硬是不愿离开自己的家，日本人来了，放火烧屋，祖母出来救火，被日军发现了……我记得特别清楚，祖母一共中了三枪，右边耳朵被打掉了，手臂上中了一枪，还有一枪打在了心脏部位。她死了以后，手里还紧紧攥着一条扑火用的湿毛巾……"沈宝祥的童年，就是在沦陷区的悲惨生活中度过的。

然而，穷苦不能改变人们对知识的尊重和追求，即使是在沈宝祥家这样一个普通的农民家庭，从小也教育孩子"万般皆下品，唯有读书高"。虽然生活困顿，12岁那年，沈宝祥终于还是上了小学。1947年，仅仅上了三年半小学的沈宝祥以优异的成绩考取了当地中学，但这时家里再也无力负担他上学的学费，怎么办呢？当时江苏还有师范学校，免收学费和伙食费等，也正因为这样，报考的人很多，要考上很难，怀着继续求学的强烈愿望，沈宝祥从众多考生中脱颖而出，被江苏省立师范学校简师部录取。1949

年，江苏解放，当时沈宝祥还是在校学生，他加入了中国新民主主义青年团（即后来的共产主义青年团），积极参加各种活动，到农村搞宣传、做调查。

新中国成立之初，国家迫切需要大量人才，1951 年，师范毕业的沈宝祥被分配到当时的无锡县教育局，深入农村搞农民教育和扫盲运动。百废待举，沈宝祥在农村不光要管教育，还要负责其他很多工作。他兢兢业业地忘我工作，不断锻炼和充实自己。1954 年，在各个方面都日益成熟的沈宝祥加入了中国共产党。在农村的六年中，青年沈宝祥更多地深入群众，认识和了解社会，把理论和实践结合起来，学到了很多书本上学不到的东西，为以后的学习、工作和生活打下了坚实的基础。

1957 年，沈宝祥调入无锡县委文教部，当时国家急需大量受过高等教育又有一定工作经验的干部，因此，鼓励和动员参加过工作的年轻干部报考大学。沈宝祥考虑到自己只上了三年半小学和四年师范学校，从没接受过正规的中学教育，应该把机会让给那些基础更好的同志。但是他平时的学习精神和工作成绩都被单位领导看在眼里、记在心里，文教部的领导几次找他谈话，鼓励他报考，沈宝祥经过充分比较和仔细考虑，分析了自己的优势和劣势，抱着试一试的态度选择报考了华东师范大学历史系。不久，当沈宝祥在登有录取名单的报纸上找到自己的名字时，那种既激动又兴奋的心情，简直无法用言语来表达。

二

1957 年，沈宝祥有生以来第一次到了上海，进入华东师范大学历史系学习。当时全年级共四个班 120 多人，由于沈宝祥以前工作经历丰富，他入学初就当选为系党支部副书记，第二学期竞

选学生会委员，担任华东师范大学学生会秘书长，此后，又兼任校团委委员，负责学校学生的统战工作，社会活动很多。沈宝祥十分珍惜这来之不易的学习机会，在尽心尽力做好学生工作的同时，他在学习上更是严格要求自己。进大学后他遇到了一个棘手的问题：当时学习的是俄语，沈宝祥没有外语基础，连字母都不认识。不甘落后的他下决心从头开始学习俄语，每天天不亮就起床到校园里朗读、背诵，一个字母一个字母，一个单词一个单词地学，硬是很快就赶上了班里其他同学，在考试中取得了很好的成绩。社会工作多，又不能放松学习，沈宝祥的四年大学生活，真正自己支配的业余时间少得可怜，基本上没有什么娱乐活动，他几乎把所有的时间都用在看书学习和社会工作上面。

1961 年，沈宝祥大学毕业等待分配。他明确表示："愿意服从组织分配，哪里最需要，就到哪里去，到祖国最需要的地方去。"分配结果出来，他没有被分去边疆，却接到了先到北京参加中国人民大学历史系研究生班考试的通知。这个研究生班是当时教育部委托人民大学办的，主要是要为高校培养一批师资力量。沈宝祥顺利地通过了考试，成为中国人民大学中国近代史研究班的一员。

说到在人大的学习，沈宝祥至今记忆犹新："当时我们一个班 17 个人，教我们的都是非常优秀的老师。戴逸先生，还有那时候还很年轻的李文海老师，都教过我们。"沈老师印象最深的是著名历史学家、当时任北京市副市长的吴晗同志的讲座，题目是《怎样研究历史》。吴晗讲，最重要的是三个字：多读书！"'读了书不一定有学问，不读书一定不可能做出学问'，这句话很有道理，很辩证啊，这么多年过去了我都还一直牢牢记得。"讲到这里，沈老师充满感情地回忆道："人大是一所具有优良传统的学校，在那个年代，受一些社会思潮的影响，我们也强烈要求多出去劳动什么的，可是学校对这样的要求控制很严，要我们学生一定先把书读

好，要理论和实践相结合。在人大的三年，真是一心在读书啊!”在人民大学念研究生的三年里，沈宝祥读了大量的书，回想起来，古今中外的大量名著，多是在这一时期读完的。他还养成了一个好习惯，一边读书一边做笔记，甚至是一本《西游记》也被他密密麻麻地做了好多批注。在人民大学这所有着光荣革命传统的学校里，他还认真读了许多马列主义、毛泽东思想的经典著作，如《毛泽东选集》《资本论》《反杜林论》等等，打下了坚实的理论基础。沈老师回忆说：“人大严谨的学风、理论联系实际的教育方式和实事求是的校训都让我受益匪浅，毕业后我写的文章、从事的工作、进行的研究，都离不开从那时积累起来的深厚的理论功底。”

三

1964年底，沈宝祥在人民大学念完了研究生。毕业后，他被分配到了中共中央党校。

“山雨欲来风满楼”，正是“文化大革命”之前的那段时间，到处都在搞“四清”，党校的气氛也已经不太正常了。整个“文化大革命”中，沈宝祥没有参加任何派别，他始终坚信，被搞乱的东西也总有被理顺的一天。终于等到了1976年“四人帮”被粉碎，1977年3月，中央决定恢复中央党校，由当时的中共中央主席华国锋亲自担任校长，具体的学校事务由胡耀邦主持。胡耀邦到校以后召开了多次整风会议，明确提出：“要把被林彪、‘四人帮’搞颠倒的理论是非、思想是非、路线是非再颠倒过来!”要办一个内部刊物，一个问题一个问题地澄清。6月，党校决定创办一份拨乱反正的杂志《理论动态》，并组建了一个工作班子，称为“理论动态组”，沈宝祥也是成员之一。这个理论动态组，在相当

一段时间内，都是在胡耀邦直接领导和指导下进行工作的。

沈宝祥从一开始就参加了《理论动态》的编辑和撰稿工作。经过紧张的工作，1977年7月15日，《理论动态》第一期出版了，并迅速地扩大了影响，发行量从最初的300份很快增至几千份。杂志是内部发行的，但是许多重要文章都被《人民日报》《光明日报》《解放军报》等在头版以“本报特邀评论员”报道，并被新华社、全国其他各大报刊转载。这期间，作为理论动态组的骨干之一，沈宝祥写了大量分量很重的文章，在拨乱反正的运动中发挥了很大的作用。《用批评与自我批评的方法清理“左”的思想》一文在《理论动态》上刊出后，被《人民日报》以社论的形式登在头版，迅速被新华社转发，其他报刊纷纷转载，这是粉碎“四人帮”之后第一次公开地大规模提出反“左”的口号；《略谈人权问题》也是粉碎“四人帮”之后第一篇比较缜密地讲人权的文章，为了这篇文章，沈宝祥研究了大量卢梭、孟德斯鸠的著作，并与外交部联系，找了很多国外的资料，文章刊出后反响非常强烈；1979年沈宝祥发表文章，谈个人在历史上的作用问题，大胆批评个人崇拜，这篇文章被作为当年中央理论工作务虚会的10篇重点文章之一在《光明日报》《人民日报》上刊出……

在拨乱反正的日日夜夜里，沈宝祥和理论动态组的其他成员一道，写了大量的文章，对一系列有争议的重大问题进行了讨论，产生了巨大的影响。那些日子里，沈宝祥完全没有节假日的休息时间，晚上也不能好好休息，他在办公室里放了一张床，晚上就睡在办公室里，一有了什么想法就立即起床写下来，有时候一晚上要起来好几次，为了突破某一个问题，经常殚精竭虑、废寝忘食。回忆起那段日子，沈老师说：“那是我一生中最重要的一个阶段，我的思想不断提高，真正成熟起来，都是在理论动态组完成的。”

在真理标准问题讨论的过程中，《理论动态》这个刊物起了带

头和重要的推动作用。《实践是检验真理的唯一标准》一文，最早是发表在《理论动态》上的，在《光明日报》公开发表时，署名是“本报特约评论员”。由于参加《理论动态》的编辑和撰稿，在一定程度上沈宝祥也成了真理标准问题大讨论的参与者与见证人，在真理标准问题讨论发动和展开的那些不平常的日子里，他和理论动态组其他同志一起为取得的进展兴奋不已，对那些逆历史而行的现象表示愤慨。后来，沈宝祥看到一些对真理标准问题讨论的不准确不全面的记载以后，一种强烈的历史责任感使他产生了要将自己经历的和知道的真实情况写下来的念头，他希望能通过调查研究，比较全面地写出这段历史。1991 年，时任《理论动态》编辑部主任的沈宝祥再三向领导提出，希望在 1992 年他 60 岁的时候及时退下领导岗位，以便在记忆力和精力尚好的情况下，集中一段时间来完成这个项目。从 1993 年开始，沈宝祥集中精力从事《真理标准问题讨论的回顾与总结》（原定名）一书的写作。

从 1987 年开始酝酿，收集资料，沈宝祥对所有的材料都力求真实，他访问了当年真理标准问题讨论的一些重要当事人，向 100 多位当年在中央党校学习的领导干部发函，请他们回忆在中央党校学习时讨论真理标准问题的情况和回去贯彻的情况。到 1997 年底，历经 10 个寒暑，《真理标准问题讨论始末》一书终于出版了。这本书的写作原则和方针是八个字：实事求是，尊重历史。沈老师发扬了中国史学秉笔直书的优良传统，力求按照历史的本来面貌来记载和述评，达到实事求是、尊重历史的要求。他用的都是翔实的、第一手的材料，因此不仅做到了整体上的真实可信，而且做到了细节上的真实可信。在这本书的“序言”中沈宝祥提道：“我知道，这样做就要得罪人，很可能会引起非议，但我坚信，历史老人会是公道的。”《真理标准问题讨论始末》一书出版后引起了社会各界的强烈反响，1998 年，恰逢真理标准问题讨论 20 周年，这本书的出版，为引导大家正确地看待这段历史起到了重要的作用。

四

退休后，沈宝祥一直没有闲下来。除了完成自己长久以来的心愿，搞关于真理标准问题讨论的项目外，沈宝祥还负责中央党校的其他几个研究课题，1998 年到 1999 年底，他一直参加中央党校教材的编写和统稿工作，1999 年 3 月，中央党校筹办《学习时报》，党校领导一再表示希望沈宝祥能参与筹备，经过紧张的工作，这份由江泽民亲笔题名的报纸在半年后顺利出版，沈宝祥担任高级顾问。同时，沈宝祥还是中央党校研究生班的研究生导师、中央社会主义学院和北京社会主义学院的兼职教授。他在退休后还一直密切关注国家和社会发展，笔耕不辍，发表的《中国共产党的现代化问题》《社会主义需要建设政治文明》《怎样看待现代社会的剥削现象》等多篇文章，均被多家报纸转载，影响很大。

当我问起沈宝祥是否有什么人生准则或座右铭的时候，沈老师笑了，他说："做人，研究学问，其实都是一样的。我的生活其实说不上什么轰轰烈烈，都是很平淡的，真的要问有什么原则的话，我想那就是'实事求是'！不管什么时候，怎么样的情况下，都要实事求是，不说违心的话，不做违心的事，只有这样，才能真正站得住脚，自己的心里才能轻松、坦然！"在理论动态组工作多年，沈宝祥和胡耀邦等领导人也都结下了深厚的友谊，但是沈宝祥从来不搞个人关系，从来没有因为个人私事去找关系、走后门。"珠穆朗玛峰有 8 000 多米，有人爬到顶峰，有人只爬到 2 000 米、4 000 米，但是自己能爬多高就爬多高，不要别人拉你上去。是自己一步步努力靠真正的实力达到的，心里就总是坦然的。"

（原文发表于 2002 年）

俞钦：耄耋老人的大学情缘

◉ 陈骊骊　董晓彤

俞钦简历

俞钦（1932—　），河南省汲县人。1949年3月参加革命工作，同年进入华北大学学习，1955年7月15日加入中国共产党，曾任河北省乡镇企业局办公室主任。在乡镇企业局工作期间，创办《乡镇企业指南》杂志，后改为《乡镇企业科技》，对河北省乡镇企业发展起到良好的推动作用。曾著《随忆集》。

在一个安静的午后，笔者品读着俞钦亲自撰写的回忆录《随忆集》，不禁感慨万千。在这本书中，有爱情、幸福、安乐，也有苦难、痛苦、绝望，然而令笔者最为动容的是那一颗炽热的为国为民之心。俞钦在书中写道：衷心希望为了国强民福，做官的、为民的，都讲实话，讲真理，坚持真理，使我们的祖国繁荣昌盛，免受外辱，巍然屹立在世界的东方。

北上华大：艰难曲折任重道远

1948 年 11 月，俞钦的故乡河南省汲县解放，俞钦当时正在正德中学读高中。临近 1949 年的春节，俞钦在县政府看到了华北大学的招生简章，不禁热血沸腾。当时的华北大学是中共中央和华北局领导的革命老区的最高学府，时任校长为吴玉章，学校下设政治部、教育部、文艺部、研究部、工学院、农学院，校址在河北省正定县。学校为培养南下干部，招收青年学生入学深造，不收学费，还提供伙食和衣服。家境贫寒的俞钦得知这一消息，便决心报考华北大学。

1949 年 2 月初，俞钦带上父亲凑的四斗小麦钱作路费，背上母亲筹备的一床粗布被子、一条粗布单子、两件内衣等简单行李，告别父母兄妹，同 11 位热血青年，跟随两位思想进步的老师，持县人民政府的介绍信，在不通铁路和公路的条件下，千里跋涉，徒步进发，怀着“追求光明，解放全中国”的愿望，开始了艰辛的北上华大历程。

从未离开家乡的俞钦，第一次经历如此的长途跋涉。一天行走 80 里路，脚上磨起了血泡，但他不喊苦不掉泪。当时恰逢乍暖还寒的时节，气候干燥，在路上喝不上水，鼻子流血了，他就用草纸堵住继续前进。为了赶路，俞钦一行人晚上就在公路边的客

店休息。谈及此处，俞钦不禁笑言："当时在客房的大土炕上，我还给大家表演过《王贵与李香香》《兄妹开荒》《血泪仇》等戏剧片段，博得了热烈的掌声，让大家都忘记了一天的疲劳。"

俞钦一行人昼行夜宿，终于到达了位于河北正定的华北大学。然而俞钦到了正定才得知，由于1949年1月31日北平解放，华北大学的校本部已迁至北平，已经不在正定招生。当时学校负责人让俞钦等人自愿选择：愿意到北平参加考试、上华大学习者，发给粮票、菜金；不愿意继续北上者，可到石家庄财经学院报考学习。对于这突如其来的变故，俞钦选择了继续北上，到北平报考华北大学。从正定继续向北，途经高碑店，攀爬到一辆军用货车上，俞钦终于到达了铁狮子胡同华北大学招待所（现中国人民大学张自忠路校区），此时的他已经身无分文。

至此，历经一路艰辛，俞钦终于到达了他心心念念的华北大学。他在回忆录中写道："1949年，我北上华大艰难曲折的经历，锻炼了我，考验了我；在革命的大熔炉里党培养了我，教育了我，在我一生的征程中奠定了人生坐标。"

求学华大：革命起点青春之歌

谈及当年在华北大学的学习生活，俞钦回忆道："我们当时住在华大招待所。学校每天供应两餐小米饭，发给每人一套书，有《论联合政府》《大众哲学》《辩证唯物主义与历史唯物主义》《社会发展史》《新民主主义论》，让我们自学，还学习时事、政策，做考试前的准备，晚饭后学校还派音乐教员教我们唱革命歌曲，有《解放区的天》《没有共产党就没有新中国》《解放军进行曲》《跟着共产党走》。"

令俞钦印象最深刻的是当时听过的几场重要报告与讲话，他

曾聆听过朱德《关于解放战争形势和展望的报告》。这次报告鼓舞了俞钦和同学们的士气，让他们明白祖国长江以北的广大地区，除了个别据点外，已全部解放，解放军正在准备过江，全国解放的日子已为期不远。俞钦还聆听过叶剑英《关于城市管理的报告》，此外还有宋庆龄、薄一波、郭沫若、李德全等人的报告。谈及这些报告对他的影响，俞钦动情地表示，这些生动感人、催人奋进的讲话，使当时对于革命尚且懵懂的他提高了觉悟，开阔了视野，丰富了知识，增强了对祖国美好未来的信心。

经过近一个月的学习准备，俞钦参加了华北大学的入学考试，于 1949 年 3 月 15 日被分配到华北大学政治系 48 班，开始了正规的学习生活。俞钦在其回忆录中深情地写道："这是我革命生涯的起点，也是我人生旅途中的青春之歌。"

在华北大学学习生活一个月之后，在校长吴玉章的动员下，俞钦带着对于祖国的热爱与激情，再次来到了位于河北正定的华北大学分校学习，立志学好知识，解放江南。正定校区的学习条件比较艰苦，由于没有教室，学生只能坐到小树林里上课。就在这样艰苦的学习环境下，俞钦学习了中国近代史、社会发展、政治经济学、辩证唯物主义、新民主主义论、新民主主义运动史等课程，他还自学了《论联合政府》《目前形势和我们的任务》等，聆听了校长吴玉章，副校长成仿吾、范文澜等人所做的报告。"虽然学习很紧张，但我们的学习生活是愉快的，每天除听课、讨论、自习外，文艺部的老师还会教我们唱革命歌曲，跳秧歌舞。"俞钦回忆起当时的校园生活，脸上洋溢着愉悦之情。

返校后，俞钦本想积极投入到解放江南的浪潮中去，可就在此时，他发现自己患病，只能暂且放下理想，住进了医院。俞钦仍然记得，当时他的班主任来医院看望他，送给他一本《钢铁是怎样炼成的》，让他向保尔·柯察金学习。保尔·柯察金艰苦奋斗顽强拼搏的革命精神，百折不挠战胜困难的毅力，鼓舞了他，激励了他，最终他战胜了疾病。后来校方为了照顾他的身体，便安排他在正定县工作。

感恩华大：求实精神砥砺人生

华北大学留给俞钦最深刻的理念便是忠诚团结、朴素虚心，在俞钦此后几十年的工作经历中，他始终以此严格要求自己。

1951 年俞钦在河北正定担任文化教员。任职期间，他以满腔的热情为工农干部服务。这些人由于贫困和战争而被剥夺了学习的机会，俞钦便利用每日的空余时间，到各个小区去给他们讲课，而对于那些不能来小区的干部，俞钦便深入到村里去补课。“干部走到哪里，我就教到哪里”，俞钦表示。也正是因为这份执着与认真，俞钦在当年被评为了石家庄模范教师。

俞钦不仅在工作中无私地服务大众，更始终秉承着清正廉洁的做人准则。他在河北乡镇企业局担任办公室主任时，没有一次利用职权谋取私利。他不管处于什么样的岗位，都处处以身作则，事必躬亲。在乡镇企业局任职期间，他主动提倡创办《乡镇企业指南》杂志。经过艰辛努力，此刊改刊名为《乡镇企业科技》，对推动河北省乡镇企业发展起到了良好作用。在工作期间，他曾多次获得先进工作者、优秀共产党员等荣誉称号。

俞钦说，正是华大的精神感染着他，华大的教师影响着他，才使得他能够踏实稳重地迈好人生的每一步。

寄语人大：社会栋梁世界一流

1949 年，俞钦进入中国人民大学前身华北大学学习，2004

年，俞钦的外孙女也考入了中国人民大学艺术学院，“祖孙同校，这不能不说是机缘巧合。”俞钦笑言。2006 年，俞钦与夫人一起来到中国人民大学，俞钦感慨学校变化之大。宽大宏伟的教学楼、图书馆，条件良好的阅览室、实验室、教研室，给他留下了深刻的印象。

谈起自己的母校，俞钦不禁有一种由衷的自豪感：“人民大学为国家培养了无数的高级人才，已经成为全国的名校！我坚信，人民大学将越来越好，在不久的将来，母校必将建设成为世界一流的大学！”

对比过去的艰苦岁月，俞钦对现在在人大学习的大学生羡慕不已。他对于当今的人大学子更是充满殷切的期待：“你们有这样优越的生活环境、得天独厚的学习条件，成为国家栋梁之材指日可待。但同时，你们也应该看到，当下国际风云变幻莫测，社会发展一日千里，作为人大的学生，不能懈怠，要发扬人大精神，发愤图强，掌握先进的科学技术，努力将中国建设成为国强民富的社会主义国家！”

（原文发表于 2017 年）

王其超：一身正气　求真务实

◉ 谢天武　降瑞峰　刘华章　唐　诗

王其超简历

王其超（1933—　），河北省沧县人。1953年加入中国共产党。1950年就读于中国人民大学工厂管理系，1956年8月于中国人民大学工业经济系研究生毕业，留校任中国人民大学工业企业管理教研室教员、讲师。1970年10月后历任北京市委组织部干事，组织处副处长、处长，副部长。1988年任中共北京市委副秘书长。1989年9月至1992年12月任浙江省委组织部部长；1990年6月至1995年8月任浙江省委党校校长；1991年4月至1993年10月任浙江省委副书记。1993年10月任浙江省委常委；1993年3月至1998年3月任浙江省纪委书记。2004年3月任浙江省党建研究会会长。中共十四届中纪委委员，第九届全国政协委员。

3月的浙江还带着些许料峭的冬意，但坐在浙江省委大院的一间屋子里，听着对面这位身着便服、满头银丝的老人娓娓诉说着自己的人生，就好像迎面拂过一阵杨柳微风，使人感到温暖与宁静。老人已近耄耋，却丝毫不显老态，回忆起几十年前的事情还能如数家珍，缜密的逻辑中不时迸发出智慧的火花，而他那丰富的人生阅历更是引人入胜。他就是王其超，一位与中国人民大学有着20年情缘的老校友。

六年求学路　廿年人大情

1950年3月，仅有小学学历的王其超参加了由中国人民大学开办、为期半年的大学预备班，并在六个月后成为一名中国人民大学工厂管理系的学生。

“我的年轻时代基本是在人大度过的，具体来讲我是人民大学培养出来的。”谈起母校，王其超的话语中充满感恩。1953年大学本科毕业后，王其超又考取了本校的研究生。“那时候有一个词很有意思，我们叫正规研究生，就是通过考试从本科毕业生里面选拔那么一部分，很少的。这样又学了三年，到了1956年，我留校，就在企业管理系。”

谈起过往，王其超说自己的经历其实很简单，从1950年开始有三个20年，1950年到1970年在人民大学，1970年开始到北京市委，1989年到浙江，在浙江工作了10年，退休了10年。他表示这其中在人民大学的20年是最重要也是最难忘的。

“我觉得人大在培养学生的理论功底上投入的力量比较大，我在人大就觉得理论学得比较扎实，这对我以后的工作和分析能力、思维能力的养成都有很大的帮助。”王其超谈到了自己的一个习惯：“我除了正式的工作会议讲话有稿子，一般的会议都没有稿

子，包括党校开会之类的。我在浙江当组织部部长时，除了组织部以外，分管工青妇工作，我去讲话从不写稿子的，我有一个提纲，甚至有一些自己事先准备的详细的东西，我讲的时候把它压在那里一字不看。”他将自己不看稿子的能力归功于自己的理论功底，而这种能力正是在学校培养的。

除了深厚的理论功底，人民大学带给王其超的还有调查研究的能力和作风。研究生毕业后，王其超按照学校要求在沈阳第一机床厂住了一年零一个月，1956 年去上海机床厂工作了四个月，“大炼钢铁”时去河南工作了半年，大庆油田开发后又到大庆油田待了四个月。谈起那段经历，王其超说：“我有一半的时间都不是住在北京，而是在外面，是在基层工厂里面，了解企业的发展，了解企业的生产。这对我的调研能力的大幅度提高很有帮助，对我以后的工作帮助极大。”王其超还指出现在许多干部都不太会做调研了：“一上去就问老百姓你们干部廉洁不廉洁，你让人家给你说什么？你要跟他融合在一起，你要想了解老百姓的心里话，你也要讲心里话，你一讲官话，人家也会用官话来讲。这样是调查不出来什么东西的。”

王其超还谈到了那时学校良好的氛围和丰富的资源，特别是当时学校邀请的外来专家来做报告的非常多，而且非常及时。“举个例子，朝鲜战争发生以后，国家派了一个代表团参加联合国大会，伍修权去的，那是中国共产党代表团第一次出现在联合国大会上，他回国后就到人大给全体职工做报告。郭沫若出席世界和平大会回来以后也到人大开了工作会议。”谈起这些，王其超的眼神中充满了骄傲：“除了政治理论报告以外，像年轻人怎么对待恋爱的讲座也有，我当时听过丁玲讲，听过李佩之讲。还有生理卫生也讲，说评书的连阔如也来讲《三国演义》。其他文化娱乐活动也很多，国内著名的演员几乎都去人民大学演过戏，人大对学生的熏陶和培养各方面影响都很大。”

当时学校的学术氛围也很好。“我有一点疑问就可以敲老师的门，那时候老师和学生之间我感觉都是同志一样的关系，像何干之同志、胡华同志。我在当研究生期间，大概没有叫过老师，都是同志，是解放区带去的很好的传统。”王其超不无感慨地说。

回顾在人民大学的20年，王其超说自己得到了很多，他引用了人民大学老领导郭影秋的一段话：“郭老说人民大学的学生到了国家机关、企业单位有三条基本功：第一条是理论基础，第二条是调查研究的能力，第三条是文字口头表达能力。而这些也正是人大带给我最宝贵的财富。”

极心无二虑　尽公不顾私

1970年10月，王其超离开人民大学担任北京市委组织部干事。此后虽然职位不断变化、提升，但不变的是他那一心为公、不考虑个人得失的作风。

“从北京到浙江，大家都说我这个人公道、正派。我在北京组织部工作那么多年，没有人说我给朋友、给亲戚或者自己牟利的。他们都说沾不上我的光，我说你沾我光干吗呢，如果你是沾我光，是你没有出息。”王其超简单质朴的话语中传递出的是极心无二虑、尽公不顾私的作风。

说到这正派的作风，王其超表示还是在人民大学培养出来的。他说自己在学校做教师的时候，教师之间关系都很亲密，那时候还经常开展批评与自我批评。比如写讲义的时候，都是大家一起讨论该怎么写，如果不行就要重写，大家都是为了把教学质量提上去，有时候是真的批评，完全没有考虑别人会不会对自己不满等等。那个时候组织民主生活会，一开始是一周一次，后来是一个月一次。在星期六下午坐下来，大家都要进行批评和自我批评，

不只是工作上的，还要讲思想上的。“在这一点上你不是考虑个人的得失，真是一心为公，就是为了事业，为了集体，大家也都看得很清楚，你这个人公道不公道，正派不正派，你怎么待人处事的。这样你在一个地区工作，你说话人家就信你，就有威信。”回想起那段在人大的岁月，王其超还记忆犹新。

在王其超担任浙江省委组织部部长时，有一次，一位领导想把自己原来的秘书调到身边工作，顺便再帮秘书提升一级。王其超当时就回答说，调过来可以，但是要提升职位可不能随便安排，原来是什么职位调过来还是什么职位，如果工作得好是可以提的，要看他的水平如何。为此王其超没少得罪人，他的老朋友见了他总是说他又犯傻了，每到这时，王其超总是说：“我已经养成这个习惯了，敢说话。该批评就得批评，我敢于批评人，我也欢迎你们批评我。”

“我在北京市委工作了 19 个年头，口碑应该说还可以，因为我一直把工作干下来了。我离开人大以后这 40 年，基本是干组织工作。60 岁以后转到纪委去，那真是要坚持一条，敢于批评也愿意接受人家的批评。反正我在省委班子里面是敢说话的人，遇到不对的问题我是敢批评的。”王其超的话语间透着一股执着，也正是他这种耿直的脾气和正派的作风使他获得了认可，赢得了尊重。

丹心怀未来　诤语寄青年

退休后的王其超并没有赋闲在家，而是积极地关注着国家的现状和未来的发展。几年内，王其超参观、考察了多所机关单位、学校等地，从金华开发区到温岭造船厂，从台州的核电站到浙江理工大学的校园，处处留下了他的足迹。

谈起新时代的年轻人，王其超表示：“时代变了，生活的条件

也不一样了，现在富裕多了。像我们那个时候，一开始一个月4毛钱零花钱，我记得我穿鞋是穿解放军做的粗布鞋，2毛钱一双。这4毛钱可以买一双鞋穿，还可以买牙刷、牙膏，买买就完了，没有什么钱了。现在的孩子们生活质量都很高，但多数缺乏吃苦的精神。”王其超觉得现在的年轻人基本上是独生子女，这往往导致在吃苦耐劳方面做得还很不够。“他们接受新鲜事物都很快，但是很多人心理很不成熟，遇到一点儿挫折就受不了。”

王其超真切地希望年轻人要多向老一辈学习，学习他们踏实肯干的作风、吃苦耐劳的品质、一丝不苟的精神，为此他举了一个例子：“前几年组织部进行传统教育，组织了一些年轻干部到延安去学习。回来以后写了一本书，拿给我看，问我写得怎么样。我说文字很华丽啊，但是说老实话，写得太过于花哨了，没有自己的话，看不出你的真实感受。现在这个社会，年轻人接收信息的渠道太多了，很多东西在网上都能找到。我们总是说要联系实际，但是，现在的人往往流于表面，这样是不行的。”

“青年是国家的未来，尤其中国人民大学的学生更是国家的栋梁，每个人大人都应好好利用学校丰富的资源提升自己的能力，都应努力成为‘国民表率，社会栋梁’。”作为老一辈校友，王其超对人大学子寄予希望。

（原文发表于2012年）

王福如：千淘万漉虽辛苦，吹尽狂沙始到金

◉ 赵少钦

王福如简历

王福如（1933— ），江苏省泰州市人。《法制日报》研究员。1950年至1956年在江苏省地方做党务、农业、水利工作。1956年起在中国人民大学国际政治系学习，1960年研究生毕业于中国人民大学马列主义研究班，毕业后留校任教师。1970年以后，任《北京日报》理论部编辑、部主任。1982年至1992年任中央宣传部新闻局副局长、局长。1992年起任《法制日报》社长、编委主任。为中国记协常务理事、特邀理事，中国经济报刊协会副会长，中国人民大学新闻学院兼职教授。1994年起，经批准享受国务院给予有特殊贡献专家的政府津贴。1999年2月退休后，担任《中国资产新闻》等报刊顾问。

虽然是周六的下午，可王福如的办公室里仍不断来人、来电话。他有条不紊地处理完这些工作，和蔼地笑着对我说："周末算是比较轻松的时候了。"

"第二次戴上红校徽"

说起不久前受聘为人民大学新闻学院兼职教授一事，王福如高兴地说："第二次戴上了人大的红校徽，心里的确很激动。"于是，他便向我道出了两次戴红校徽的缘由。

原来，早在1950年，年仅17岁的王福如就参加了革命工作，到今年已走过了各具特色的4个10年：1950—1960年，头6年在江苏泰州市委、扬州地委工作，后4年上了人大国政系（当时叫马列主义基础系）的国际共运史专业；1960—1970年，留校在国际共运史教研室任教；1970—1980年，在《北京日报》理论部工作；1980年到了中央机关工作。看来，别了20年之后又成了母校的兼职教授，这缘分还真不浅哩！

理论是行动的指南

提起在人大学习、工作的经历，王福如动情地说："首先我要感谢老教师们的培养。当时我们结合历史学理论，系统地读了不少马列主义的书，这样就打好了理论基础，也更坚定了自己的社会主义信念。在以后的工作中，无论遇到什么样的问题，我都能比较正确地观察、处理，共产主义信念从未动摇过。"

谈到离开母校之后的工作体会，王福如说："我感受最深的两句话，一句是'理论是灰色的，而生活之树常青'，另一句是'理

论是行动的指南’。这两句话的意思，绝不是说不要理论，完整地理解，是说既要有扎实的理论功底，又要善于把理论运用到实际工作中去，使两者结合起来，互相促进。”

王福如是这么说，也是这么做的。在《北京日报》工作时，由于有了系统的马列主义理论基础，无论搞宣传、调查、研究，都能运用自如，得心应手。粉碎“四人帮”之后，为了拨乱反正，澄清是非，王福如撰写、组织了一系列文章，收到了较好的宣传效果。

1980 年，王福如到中央书记处研究室帮助工作，参加修改党章、编写党章讲话等各项具体工作。

1982 年底，王福如到中宣部新闻局工作。他围绕党在新的历史时期的中心任务，对于宣传工作的指导方针，提出了自己的意见，并多次参与起草了中央与中宣部有关文件及政府工作报告。他还具体主持制定了一系列有关新闻工作的文件、规定，对于新闻工作的具体情况与新闻改革做了大量调查研究。在每一次重大活动成功报道的背后，有谁知道王福如洒下了多少精心规划组织的汗水。

20 世纪 90 年代左右，由于资产阶级自由化思潮的影响，新闻战线一直是个敏感地区。面对种种错误认识，王福如能够依据马克思主义的立场、观点、方法，深入剖析，理直气壮地予以反驳，澄清思想是非，旗帜鲜明地捍卫四项基本原则。在一段时期，“党性”与“人民性”成了讨论的热点。“人民性高于党性”“用人民性制约党性”的声调很高，搞乱了不少人的思想。王福如通过认真剖析，撰写了一系列文章据理驳斥。他指出，中国共产党代表了中国人民最根本的利益，党性是无产阶级阶级性的集中体现。反映、代表人民的利益、要求本是党性原则的题中应有之义。因此，用“人民性”来制约、取代“党性”，是一个十分错误和有害的观点。王福如的这些文章在内部及公开发表之后，在新闻界产

生了积极的影响。

1989 年春夏之交的政治风波之后，针对风波中一些新闻单位舆论导向的错误，为了分清马克思主义新闻观与资产阶级新闻观的界限，王福如在《人民日报》上发表了《坚持新闻舆论的正确政治方向》一文，并由新华社转发，全国其他各大报纸都全文转载了。文章有理有据地批评了“用人民性取代党性”以及少数人鼓吹的抽象“新闻自由”，系统阐明了党对新闻工作的领导，在新闻战线引起了很大反响。

“像蜜蜂一样去酿蜜”

王福如在繁忙的工作之余，没有放松对社会主义理论的研究，并取得了丰硕的成果。

早在 20 世纪 60 年代初，王福如就参与编写了《国际共运史》教科书，整理研究资料，并在《红旗》等一些刊物上发表文章。

粉碎“四人帮”之后，为了更好地拨乱反正，帮助人们澄清错误思想，学会运用马克思主义观点来看问题，王福如研究了马列主义的科学思想方法，在 1980 年出版了《科学思想方法漫谈》一书。书中运用具体实例，结合实际、深入浅出地阐述了辩证法与唯物论，清算了形而上学的观点。该书出版之后，反响非常好。

在中央书记处研究室帮助工作期间，王福如专门探讨了党的建设与党员修养问题，后来出版了《共产党人的理想和现实》、《新时期共产党员的标准和修养》（与人合写）、《共产党人的思想和风格——党员共产主义思想教育读本》三部著作。

为了便于广大人民群众学习掌握社会主义理论，1984 年，王福如与向美清合写了《科学社会主义 100 题》一书。该书一出版就得到了广泛的好评，两次印刷共计 16 万册仍供不应求。《红旗》

杂志曾专门做了推荐，而人们更称赞它是“学习社会主义理论不可多得的一本好书”。

1990年以来，王福如作为编委会成员，参与编辑了“邓小平生平、思想研究丛书”，并与向美清一起写了其中的《邓小平建设有中国特色的社会主义思想研究》一书。这部26万字的著作，分理论形成、初级阶段、治国总纲、基本特征、安定团结、“一国两制”、独立自主、多党合作、中国特色9个部分，全面、系统、准确地阐述了邓小平同志的建设有中国特色社会主义的思想体系。许征帆教授在序言中热烈祝贺这本书的出版，称赞它有助于“用社会主义主旋律的清楚而优美的强音去取代那些非社会主义、反社会主义的种种噪音”。

另外，王福如还参与编写了《社会主义政治学》《中国现代化建设的指南》《在新的历史条件下坚持和发展马克思主义》等数部著作，在《红旗》《光明日报》《解放军报》《文汇报》等多种报纸上发表10多篇重要论文，在《中国记者》《新闻战线》《学习与研究》等许多刊物上发表数十篇文章。

王福如的这些成果，都是他业余时间勤于研究的结晶。忙里偷闲，见缝插针，成了他利用时间的准则，就连节假日也常常顾不上休息。他的每一本著作，每一篇文章，都是这样在一点一滴的余暇中“攒”出来的。

一个人在繁忙的工作之余还能有这么多成果。该是很满足了吧？而王福如却还是十分谦虚：“我在理论上创见不多，成就甚少。自己所做的只是像蜜蜂那样到处去采集花粉，加以消化、吸收，而后吐出一点儿蜜来贡献给大家而已。”

谈起今后的设想，王福如说：“新闻战线要一抓导向，二抓队伍，搞好这个重要舆论阵地与反‘和平演变’前哨阵地的建设。做好本职工作的同时，我还要继续进行理论研究，和大家共同来回答‘怎样认识社会主义’这个大问题。”

勤勤恳恳地工作，踏踏实实地研究，这就是王福如一贯的作风。凭着坚定的社会主义信念，他将鞠躬尽瘁，奋斗不息，把自己的一片丹心献给党的新闻事业，献给社会主义理论研究事业！

（原文发表于 1997 年）

孙家贤：敏于事 慎于言

◉ 降瑞峰 谢天武 王子妹一 唐 诗

孙家贤简历

孙家贤（1933— ），江苏苏州人。1951年9月参加工作，1952年7月加入中国共产党。1958年中国人民大学农业经济系毕业，任中共浙江省委农工部、省委办公厅干事，省委社教工作队组长，省毛泽东思想学习班教员。1977年3月任中共杭州市委、市革命委员会办公室主任。1981年8月任浙江省文化局（厅）副局长、党组副书记，厅长、党组书记。1988年3月任中共宁波市委副书记。1988年6月任中共宁波市委书记、宁波市人大常委会主任。1988年12月任中共浙江省委常委、宁波市委书记。1990年1月任中共浙江省委常委、省委宣传部部长。1993年1月至1998年1月任第七届浙江省政协委员会副主席、党组书记。曾任浙江省国际文化交流协会理事长、名誉理事长，浙江省政协之友社理事长，省慈善总会会长。第八届、九届全国政协委员。

“从1958年离开人大以后就到了浙江，来的时候小青年，现在已经是年近八旬的老人，所以你说我的后半辈子啊，基本上是在浙江度过的，经过了风风雨雨。”这是孙家贤在中国人民大学浙江校友会一次活动中的发言。朴实简洁背后，是他那一代大学生一生的缩影：有信仰有抱负，有荣光有曲折，耐得住寂寞经得起挑战，以实际行动实现人生的价值。

火热的青春

1951年，正在读高中二年级的孙家贤作为被选拔出的青年干部，赴上海华东团校学习。不久，他得到了人生中第一个工作机会，和同届学生一起加入了安徽省亳县土改工作队。

“那时候亳县的工作与生活条件都比较差。我对一个场景的印象很深：当时正是冬天，一个老乡只穿了一条单裤，就这样赤脚站在冰凉的地面上跟我们交谈。”在土改队工作的三个月，他迅速成长起来，“我们从上海出发的时候还是没有任何工作经验的城市学生，回来后已经改变了很多”。

返回上海后，孙家贤被分配到黄浦区委“五反”办公室工作。主要任务是收集材料，深入基层了解情况并及时向领导汇报。“在安徽时我和农民们生活在一起，深入了解了他们的疾苦。而在‘五反’运动中和我打交道的是城市的资产阶级。这些人有的是留洋归来的，学识渊博。这两份工作让我接触到了不同阶级不同类型的人，拓宽了我的视野。”

经过培养和锻炼，孙家贤不再是温室中的花朵。1952年7月，他光荣地加入了中国共产党。他的家庭没有任何政治背景，父亲是本分的银行职员。但凭借工作与学习中一贯的踏实勤奋，他从众多同龄人中脱颖而出，得到了党组织的肯定与信赖。如今一甲

子已过，谈起往事，当年的那份自豪又清晰地浮现在孙家贤的脸上。

1954年，在中共中央华东局农工部任干事的孙家贤响应刘少奇同志“培养又红又专的年轻干部”的号召，报考了与自己工作对口的中国人民大学农业经济系并顺利通过了考试。

“入学前我对人民大学的了解并不多，对自己要学习的农业经济专业也是一头雾水。”孙家贤坦言，“当时20岁左右的年轻人思想是很单纯的，我得知了自己被录取的消息，没有多想就动身去了北京。”就这样，同年秋天，他带着为数不多的行李走进了人民大学的校园，从此与人民大学结下了长达半个多世纪的不解之缘。

孙家贤在人民大学学习了四年，这短暂的时光成为他一生中最为珍贵的记忆。

在校期间，他每月可以领到25元的调干助学金。“每月这25块钱很难攒下来。其中一半左右是伙食费，剩下的几乎全部用来买书和学习资料。自己的生活可以解决了，但是很难再补贴家里，没有办法了。”孙家贤谈起了求学时拮据的经济状况。实际上，当时很多人大学子和他的处境是相似的。新中国成立不久，百废待兴，正是需要各方面优秀人才的时期。包括孙家贤在内的无数年轻学生肩负建设祖国的使命，热情百倍地投入到学习中去。

“生活虽然很艰苦，但是大家的情绪都十分饱满。”孙家贤微笑着回忆，“那时候我们最期待的就是晚上结束了一天的学习后在图书馆门口一起看电影。每人坐一个小马扎，披一件破棉衣，看得津津有味，完全沉浸在剧情中了。晚上气温很低，但是同学们的心是火热的。”

除了学习专业知识以外，孙家贤还抓住了每一个能够锻炼自己的机会。“当时人民大学录取了一批来自越南的留学生，中国同学积极和他们结对子互相帮助。我和一个留学生住在一个双人间，而不是住大通铺，住宿条件还是很不错的。他在越南的时候是相

当于省级干部，比我年纪大，但是我们相处得很好。”

孙家贤在中学时曾经担任过学生会主席，又是共产党员，所以入校以后就被同学们推选为农业经济系的系学生会主席，后来全校学生干部改选的时候又当选了校学生会副主席以及校团委常委。肩上的担子重了，他毫无怨言地揽下了大大小小的任务。“那时候我在学校里有一定的影响力，但影响力再大也决不能用于为自己牟私利。”这是他对自己最基本的要求。

孙家贤清楚地记得每一位学校领导和恩师，再次念出这些熟悉的名字，他感慨万千：“在人大的那四年，对我们而言是一个锻炼和成长的过程。这期间打下的基础让我们受益终身。”

作为中国人民大学的校友，孙家贤感到由衷的自豪：“人民大学是我们党亲手缔造的高等学府，从革命根据地的陕北公学开始，培养了一大批人才，他们成了各界的领军人物，是建设新中国的中流砥柱，很不简单，这是我们的荣耀。”

孙家贤认为，我们需要向优秀大学学习，也要充分认识并发扬中国人民大学的长处，同时要牢记优良传统，实事求是、脚踏实地地走好未来的路。现在中国人民大学是人文社会科学领域的顶尖学府，集中了优秀的专家、学者，在学术上树立了相当的威信，这样的成就不是一蹴而就的，是几代人大人默默奋斗、点滴积累的结果。“人大真正成为让大家口服心服的学校不容易。人民大学培养出来的学生不要给母校脸上涂灰，长江后浪推前浪，要推动我们的母校成为世界一流大学，让她的牌子在国际上发光发亮。”孙家贤对人大学子寄予厚望。

远大的抱负，不变的信仰

四年求学时间转瞬即逝，孙家贤和他的同学们挥手作别母校，

奔赴各个岗位上。

孙家贤被分配到浙江省委农工部任干事，虽然他很想留在上海或杭州，但却毫无异议地服从了组织的安排，奔赴最需要他的地方。他说，这样的选择在当时的人民大学毕业生中很普遍，“我的好几个同学都被分配到了边疆地区，其中有一个原来在江苏省委办公厅工作”。

当时孙家贤每月只有50多元工资，还要把一部分寄回家里，生活上难免捉襟见肘。因为是刚刚工作的大学生，他只分到了一间大约12平方米的房子。“那间小房子我上一次去看时还在。我结婚的时候，仅有的家具是一张床、一张桌子、两个凳子。也没有办酒席，就是把亲朋好友叫到家里来，大家开开心心地吃花生瓜子、聊聊天，结婚仪式就算完成了。”

生活虽清贫，但孙家贤的工作热情丝毫没有被磨灭。“文化大革命”期间他被下放务农，依然任劳任怨、保质保量地完成每一天的劳动任务。“文革”结束后，他就任中共杭州市委、市革命委员会办公室主任，迎来了崭新的人生。

“我们求学的时候国家正值困难时期，还坚持每月发给大学生25块钱。我们对这笔钱也是十分重视，尽可能充分利用。在这样的情况下培养出来的干部，懂得感恩，懂得成果的来之不易。”他感慨老一辈大学生的奋斗史，希望年轻人要有信仰与抱负，也要耐得住寂寞，决不能急功近利。而现在有些年轻人自信于自己的小聪明，把金钱与权力看得过重，梦想一踏出校园就能成为社会风云人物，恰恰忽略了最重要的积累过程。“这种不正风气应当引起社会高度的重视，通过加强舆论宣传力度，把年轻人的思想引上正轨。我们的信仰是至关重要的，我们就应该坚信在中国共产党领导下，在中国的土地上建设自己的社会主义国家，会有光明的未来。”

以国家为重，以百姓为重

“衙斋卧听萧萧竹，疑是民间疾苦声。”作为第一、二届会长，孙家贤在浙江省慈善总会会长任上一干就是10多年，目前还担任着慈善总会顾问。

他亲身考察浙江省最贫困的地区，为当地群众送去社会各界的问候以及各类生活必需品。在贫困落后的乡村，他拉着孤寡老人的手亲切地问候，传达党和政府的牵挂之情，鼓励他们不要放弃对未来的希望。

“现在中国人的生活比过去好了，但是与发达国家的差距还是很大的。”孙家贤说，“现在我们可以通过电视了解到各贫困地区百姓的生活状况。比如贵州山区里有好多地方至今不通公路，许多人一辈子都走不出深山。很多人觉得浙江省已经发展得很好了，但前几天我看到一条新闻，说是因为雨水太多，乡下许多土房子墙体开裂。年轻人都到外面打工去了，老人们只好住在这样的危房里。这是浙江真实存在的情况。”

对贫困群众的生活了解得越多，孙家贤越清楚自己身上的担子有多重，慈善总会的工作有多繁杂。每到一处，他都向特困群众嘘寒问暖，详细了解他们的生产、生活情况，嘱咐当地政府一定要安排和照顾好他们的生产、生活。他深知，要想让慈善工作真正落到实处、惠及大部分困难人群，只依靠慈善总会是远远不够的，必须让更多的人有足够的重视：“在歌颂美好生活的同时，我们不能失去判断能力，觉得中国不得了了。实际上中国还是一个发展中国家，人民的生活水平还有很大的提升空间。”

“浙江慈善事业起步于上世纪90年代，浙江已成为全国慈善事业发展最快的地区之一。在浙江，慈善事业已经形成气候。”对

于慈善事业的发展，孙家贤倾注了诸多心力。他介绍说，目前浙江已基本建成覆盖城乡的慈善组织及工作网络，捐款数额位于全国前列，其中最基本的经验就是：把国内外发展慈善事业的先进理念与当地实际相结合，在培育劝募市场中赢得发展先机。

敏于事，慎于言，孙家贤用自己的实际行动实现了人生的价值。高龄的他没有像大多数老人一样赋闲在家写回忆录，印在纸上的文字终究是苍白无力的。他还继续脚踏实地地工作，发挥自己的光和热。

（原文发表于 2012 年）